中国社会学
经典文库

当代中国社会分层

李强 著

生活·讀書·新知 三联书店　生活書店出版有限公司

图书在版编目（CIP）数据

当代中国社会分层 / 李强著 . — 北京 : 生活书店出版有限公司 , 2019.7 （2024.11 重印）
ISBN 978-7-80768-257-8

Ⅰ . ①中… Ⅱ . ①李… Ⅲ . ①社会结构—研究—中国
Ⅳ . ① D66

中国版本图书馆 CIP 数据核字 (2018) 第 188422 号

丛书策划　杨震林
责任编辑　欧阳帆
装帧设计　罗　洪
责任印制　孙　明
出版发行　生活書店出版有限公司
（北京市东城区美术馆东街 22 号）
邮　　编　100010
经　　销　新华书店
印　　刷　天津睿和印艺科技有限公司
版　　次　2019 年 7 月北京第 1 版
2024 年 11 月北京第 21 次印刷
开　　本　635 毫米 ×965 毫米 1/16　印张 34
字　　数　480 千字
印　　数　126,001-146,000 册
定　　价　59.00 元
（印装查询：010-64052612；邮购查询：010-84010542）

目　录

序　言

社会分层这个社会学术语，在今日中国，已经成为老百姓比较熟悉的词语了，然而，40 年前，当改革开放刚刚开始的时候，它还是个新近从海外传入的、比较专业的社会学术语。那个时候，最为人们熟知的类似词语是“阶级”。阶级与社会分层是什么关系呢？社会分层是个包容性比较强的概念，社会上多种多样的群体地位差异都可以涵括为社会分层，比如，按收入地位差异可以分为高收入层、中等收入层、低收入层，按教育地位差异可以分为高学历层、中等学历层、低学历层，以及按照职业地位、声望地位区分等，绝大多数的地位群体都还称不上阶级，而阶级是“属性差异”最为明显的社会分层群体之一。中国社会曾经经历过社会矛盾、社会冲突比较尖锐的“文化大革命”时期。那时候，动辄就使用“阶级”“阶级斗争”概念，迄今，老人们说起那个时期还是谈虎色变。相反，社会分层的概念则温和得多，它是指社会上普遍存在的地位差异现象。

社会分层是社会学，乃至社会科学研究的主题之一。社会是由各种各样的人和人群组成的，要研究社会，最基本的方法就是将人和人群按地位差异分类，这种分类既包括垂直地位差异的区分，也包括空间地理位置不同的区分，这就是社会分层的内容与方法。由于人们的分层地位不同，对于同一个问题往往可能给予不同的乃至截然相反的回答。比如关于“学区房”的争论或优质教育资源究竟应该怎样配置的争论，处在不同位置的群体常常会给予完全不同的回答。所以，社会分层的研究必然涉及什么是社会公平正义，什么是合理的资源配置，涉及关于社会理论的最基本的问题。社会学主张构建和谐社会，但是，怎样走向和谐社会呢？社会学主张社会走向中产化，即未来中国形成“橄榄型”社会结构，用中央文件的语言说，就是扩大中等收入者比重，形成橄榄型收入分配格局。[①]

我对社会学、社会分层的研究始于20世纪80年代初。当时，我在中国人民大学读本科生和研究生。我是1978年考入中国人民大学的（也是中国人民大学正式复校后的第一届），当时的学校里还没有社会学学科，学术界对于社会分层的研究也不熟悉。我本人最早接触到社会学，大约是1979年，在北京中国美术馆的一个外文图书展览会上。当时，刚刚改革开放的中国，引进了大量外文图书，记得在书展上，我见到一整架一整架的图书都归类为社会学（sociology），在翻阅中引发了对社会学学科的极大兴趣，进而阅读了很多社会学、社会分层的文献著作。

我从1978年入校到1985年毕业，在中国人民大学学习的七年时间，系统阅读了大量学术著作。当年的人大图书馆的藏书量并不多，但我很快就发现了一个图书的宝库：坐落在城里北海南门附近文津街的北京图书馆（现在已更名为国家图书馆并且也搬迁到海淀区的白石桥了）。70年代末、80年代初的中国社会，改革开放之初，全社会都有一种好学之风，有一种崇尚读书、笃信好学的气氛。像我这样，多年下乡劳动，现在终于有机会上大学了，学习热情之高可以想象。当年北京图书馆的藏书，尤其是外文藏书极其丰富，据说是当时全国唯一不受外汇额度限制购买外文图书的图书馆。我年复一年地来往于北京图书馆和中国人民大学之间，阅读了大量社会学著作。除了读书，就是听课，印象很深的课程有：苗力田教授的欧洲哲学史、徐大同教授的西方政治思想史、吴大琨教授的美国经济、吴易风教授的西方经济学等等。这一阶段的很大收获是得到了系统的学术梳理，将下乡时候杂乱无章读的书、获得的知识，按照

---

① 《中共中央关于全面深化改革若干重大问题的决定》，人民出版社，2013年版，第46页。

文明的进程梳理起来。虽然当时我学的专业不是社会学，但是，回想起来，我的毕业论文已经是典型的社会学或社会分层研究了。1982 年本科毕业时写的毕业论文题目是《美国工会运动中的“集体谈判”》，1985 年研究生毕业时写的论文是关于欧美社会的白领阶层，实际上是属于中产阶层研究了。

当然，读书只是一个方面，社会分层的研究需要深入的社会调查、需要深入基层、需要实证研究。我这一代人的经历与现在的年轻人完全不同。1966 年我在北京四中读到初三，即将毕业准备考高中的时候，“文化大革命”突然发生了，学校停课、搞运动，到 1968 年 7 月听从学校安排“上山下乡”，坐火车、汽车颠颠簸簸三天时间，来到了黑龙江边境，距离珍宝岛不太远的地方，我在这里“上山下乡”9 年。我所在的这个地方从编制上说是属于沈阳军区黑龙江生产建设兵团的一个连队，其实也就是一个村庄，原来的老百姓也就 200 多户人家，山东来的移民是主体，也有东北原来的老百姓，有很少的转业官兵，不多的农业技术人员，后来又加上“文化大革命”中从一些城市来的知识青年。社会学有个概念叫“参与式观察”，指研究人员深入到社会实际生活中，与普通居民和老百姓过一样的日子。今天看来，我的 9 年下乡生活，很像是参与式观察，我本人也确实就是老百姓的一部分，这 9 年的生活教会了我怎样理解社会。当然，作为学术的研究也需要大量采用科学的定量方法、定性方法的社会调查。自 1985 年我在中国人民大学留校后，前前后后组织了很多区域型的和全国大规模的城乡居民入户抽样问卷调查，当年还组织建立了“中国人民大学社会调查中心”，在当时全国各个社会学系里，中国人民大学的社会调查是最为突出的。1999 年转入清华大学后，也继续带领学生坚持多种多样的社会调查，包括全国城乡居民入户调查。本书的不少数据都是基于我所组织的这些社会调查研究的成果。

在实证研究的基础上，多年来，我写过一些社会分层的学术著作。最早一本是 1989 年出版的《中国大陆的贫富差别》，分析了 20

世纪 80 年代的中国社会分层状况。此后，1993 年出版了《当代中国社会分层与流动》，分析了新中国成立以来的社会分层，特别是分析了当时中国农民、工人、知识分子、干部，以及个体、私营企业主阶层、社会贫困层等所发生的巨大变迁。后来又陆续出版过《市场经济、发展差距与社会公平》（1995）、《中国扶贫之路》（1997）、《生命的历程：重大社会事件与中国人的生命轨迹》（1999）、《社会分层与贫富差别》（2000）、《转型时期中国社会分层》（2004）、《当代中国社会分层：测量与分析》（2010）等。本书的很多章节也是以往这些研究的延续。

本书是对多年来，特别是近年来研究的一个学术总结。全书共有 24 章，第一至二章是关于社会分层的总体介绍，以及分析中国社会分层具有哪些基本特征。第三至七章分析了新中国成立以来，特别是改革开放以后，中国社会分层方面发生的巨大社会变迁，提出了关于中国社会分层的四个试验、政治分层与经济分层的重大变迁、社会中心群体与社会边缘群体关系变迁、社会整体聚合体与“碎片化”利益群体等理论观点。第八至十一章，着重分析了近些年来中国社会分层结构发生的一些整体变化，提出了中国社会的四个利益群体、中国社会分层结构从“倒丁字型”向“土字型”社会的转变、中国社会分层的“四个世界”等理论观点。第十二至二十章，用了很大的篇幅来探讨中产阶级、中产阶层和中等收入群体等问题。第二十一至二十三章，探讨社会分层中的高层，即高收入群体，以及探讨住房地位群体等，最后以关于中国的贫富差距问题的研究收尾。第二十四章是文献梳理，介绍了近年来中国学界关于社会分层的一些研究。

本书各章的文字，有些是以往发表的论著，此次结集出版又重新增删、整理、修订，有些是新近发表的论文，修改之后纳入本书。还需说明的是，本书有的章节是我与他人的合作文章，所以，要特别感谢以下几位合作者：本书第十一、十四章，源自我与中国农业大学王昊博士的合作论文，第十三章第二节源自我与北京工商大学徐玲博士的合作论文，第十六章源自我与中国社会科学院民族学研究所赵罗英博士的合作论文，第十七章源自我与中国社会科学院社会发展研究院戈艳霞博士的合作论文，第二十四章第一、第二、第三节是我与中国社会科学院社会学所张宛丽研究员的合作文章，第四节是我的博士研究生杨春滋帮助做的文献整理工作。博士后王艺璇为全书做了细致的勘校工作。在此，谨对所有合作者的贡献表示深深的谢意。还要感谢上面没有提及的很多友人、学生在社会调查和写作过程中对我的诸多帮助。此外还要感谢三联生活书店的肖严编辑，她对本书做了非常认真的编辑工作。

尤其还要感谢我的夫人张华女士多年来对我生活上无微不至的照顾，她对于日常生活的很多领悟，也常常能够启发我的思维。

我的研究和写作多年来也受到国家社科基金项目的资助，特别是近来从事研究专项（18VXK005）的资助，在此也特致谢意！

我也深知，社会分层理论、中国当前的社会分层问题极其复杂，读者们的看法、观点也不会完全一致，所以，也真诚地希望得到各方面读者的指教。也敬希读者对于本书的疏漏、不足之处给予批评指正。

李强

2019 年 6 月 1 日

于清华大学熊知行楼

第一章
中国社会分层概述

一、什么是社会分层

我们知道，社会分层现象是普遍存在的，我们还没有发现哪一个社会是完全没有层化现象的。当然，开宗明义，先要澄清概念。社会分层（social stratification）这个词，对于有些人来说恐怕是个生疏的概念。如果从字面上推测，大约可以理解为，是指社会分成层次的现象。在社会学上，“分层”这个词最初是从地质学中引入的，是用地质中的分层现象比喻人类社会各社会群体之间的层化现象。如果从学术上给社会分层下定义的话，可以理解为：社会分层是指社会成员、社会群体因社会资源占有不同而产生的层化或差异现象，尤其是指建立在法律、法规基础上的制度化的社会差异体系。

100 多年来，社会分层既成为社会学研究的最重要领域之一，也成为公众最为关心的社会现象之一。这一方面是因为社会分层、地位差异现象涉及每一个人的切身利益，所以十分引人关注，在社会发生巨大变迁的时期尤其如此。另一方面，社会分层研究也是剖析社会的重要手段。试设想，面对芸芸众生，比如像中国这样接近 14 亿人口的社会，究竟应该从何处着手进行研究呢？当然，最简便的方法之一就是对人群进行分类。分类有多种方法，比如，根据性别分成男性、女性，或根据年龄分成老年人、中年人、青年人。但是，最重要的，还是根据人们垂直地位的差别进行分类，比如根据人们财产或收入的差别分成不同经济地位的群体，再比如根据人们职位的高低分成管理者、被管理者等。因为从这种社会地位的差别中，更容易解释人们的社会关系与社会行为。

社会分层，在中国人的社会生活中起着非常重要的作用。中国自古以来就是十分讲究等级层次的社会：孔夫子讲“礼”、强调社会秩序，很大程度上就是指等级的分层次序。迄今为止，无论是出席礼仪、会议发言、电视镜头、报纸上人名之先后等，都常常是遵循着严格的级别顺序。

既然是分层，那么，处在不同层级上的人群之间当然就是不均等的或不平等的，这样就涉及平等与公平的话题。在社会分层的理论中，不均等（不平等）与不公平有根本的区别。不均等（不平等）指资源在人们或人群中的分布是有差异的，有的人得到的多一些，有的人得到的少一些。而不公平指的是，从某一种价值观看，资源分布的格局是不合理的、不公正的。所以，均等（平等）的也可能不公平，比如，从按劳分配的价值观看，劳动多的人与劳动少的人如果得到的收入是均等的或平等的，是不公平的，多劳多得、少劳少得才是公平的。同样，不均等（不平等）的也可能是公平的，比如，贡献大的人比贡献小的人多得一些虽然是不均等的，但却是公平或公正的。

在这里，我们不得不回答两个问题：第一，人们之间的地位差异或地位不平等是否可以消除？因为，如果地位的差异可以消除，那么，分层就没有必要了，也就不成其为问题了；第二，如果不能消除，那么，什么样的地位差异或不均等（不平等）是公平的或合理的？对于第一个问题比较好回答，因为，我们考察有文字记载以来的人类历史，还没有发现哪一个社会能够将人们的地位完全拉平；就是没有文字记载的社会，据称所谓“母系社会”“父系社会”，至少性别造成的地位差异也是显而易见的。其实，差异并不是坏事情，水如果没有“落差”都不会流动。既然不能消除差异，那么，什么样的地位差异或不均等是公平的呢？许多研究者认为，既然地位有差异、同时人们的能力、贡献也有差异，那么，让最有才能、贡献最大者去承担最重要的职位就是公平的，换言之，让最适当的人处在最适当的地位上是公平的。这种观点与邓小平同志讲的“一部分人先富起来”的政策是有相似之处的，即让有才能、贡献大的人处在经济收入的较高位置。

那么，怎样才能够让有才能的、贡献比较大的人去承担比较重要的职位呢？这就是上文所说的需要流动。不允许流动的分层是不公平的，比如，一个国有企业的厂长没有本领，把企业搞亏损了，却没有被撤职，仍然当厂长，就是不公平的；同样，一个可以救活这个企业的能人，长期被排斥在企业领导层之外，也是不公平的。从这个角度看，我国市场改革以后的社会，虽然收入差距拉大了，但是，却从不流动的社会分层转向了流动的社会分层。

如果比较中国 1979 年的改革开放以前的社会分层和改革开放以后的社会分层，就会发现两种分层在体制上有重大差异，这就是，改革开放以前的“不流动”性与改革开放以后的“流动”性形成鲜明对比。本节试用社会分层的理论，剖析一下我国改革开放以前的社会分层状况。

对于改革开放以前的社会分层，笔者以为，其突出特点是“身份制”，或者说是它的“不流动”性。身份（social status）是社会学的一个专门术语，指由法律、法规、规范等认可的与一套权利义务相联系的社会位置。所谓身份制，就是通过法律、法规的规定，将获得某种资源和机会的可能性限定在具备某种资格的身份群体内部，为此，就会选定某种社会的或自然的属性或条件作为排斥其他身份群体的正当理由。在改革开放以前，区分身份群体的属性或条件包括户口、家庭出身、参加工作时间、级别、工作单位所有制等。比如，农村户籍身份的人就不能随便流动到城市里面来。中国 50 年代中期形成的身份制，还较多突出了政治身份，比如，当时将社会各个群体的成分确定为：贫下中农、富农、地主、职员、革命干部、革命军人、右派分子等，这些成分主要是指政治身份，对此，笔者曾撰写了《政治分层与经济分层》[①]一文加以研究，此处不赘述。到了50年代中期，这样一套非财产所有权型的社会分层，已经形成了一套比较稳定的制度体系，并一直持续到1979年的改革开放以前。这套社会分层制度体系，我们可以称之为“身份制”。

对于身份和身份制度，国际社会学界有着长久的理论传承，本书第四章将会有进一步阐释。在中国的社会环境中，改革开放以前的身份制又具有什么样的特点呢？笔者以为，有三点十分突出：其一是比较强调“家庭出身”，家庭出身是指从20世纪50年代开始，对中国家庭的父辈或主要成员所进行的阶级成分划分，这种划分在当年是有严格标准的，一个家庭的父辈，其阶级成分一旦被划定，子女或后代就要按照这样的阶级成分填写家庭出身，在很长一段时间里，我们填写的履历表格里都有一项是“家庭出身”。在改革开放以前，家庭出身对于人们的社会生活、对于一个人能否获取各种社会资源的影响是巨大的。其二是比较强调“政治身份”，政治身份更为特殊，它主要与历次政治运动中的政治表现有着十分密切的关联，而且政治身份一旦被划定，也几乎是不可变更的。其三是比较强调户籍身份，对此下文还会述及。

区分身份地位指标的一个重要特点是，它们多与一些“先赋因素”（ascribed factors）有关。所谓“先赋因素”指一个人与生俱来的、不经后天努力就具有的因素，比如，一个人的年龄、性别，又如一个人的家庭出身，再比如在严格实施户籍制度国家的户口类别、居住地区。当“文化大革命”中“红卫兵”喊出“老子英雄儿好汉，老子反动儿混蛋”的口号时，这显然是用“先赋的”指标来区分社会群体，一个人的父亲是与生俱来的，用此种标准区分的当然就是“身份群体”。

以“先赋因素”来确认人的身份地位，该体制的最大特点就是讲究等级、秩序。当这种身份得到了法律、法规的认可以后，各身

---

① 李强：《政治分层与经济分层》，载《社会学研究》1997年第4期。

份群体也就难以越轨，没有了跨越身份界限的非分之想，每一个人都被定位在一定的等级上，整个体制井然有序。此种体制的最大弊端是束缚社会成员的活力、积极性和流动性，因为，它将每一个人定位在先天决定的身份体系上，人们很难突破此种先天的限制，很难超越级别、很难流动。所以，这是一种不流动的社会分层体制。在此种体制下，人们的后天努力与地位变迁没有太大的联系，因此，这是一种缺少公平竞争机会的体制。

身份制突出，一方面反映出改革开放以前，中国社会基本上还属于一种传统的社会结构，例如，当时农民占到全部人口的 80% 以上；另一方面也反映出中国社会在将阶级体系打碎以后，财产分层的地位下降，因而身份分层的特征就更为突出了。这种以身份制为核心特征的制度，具体说来表现在户籍身份、职业身份、干部级别身份、档案身份和单位身份等诸多方面。

中国自 1979 年推行改革开放政策以后，身份制开始出现了解体的迹象，身份分层的地位下降，经济分层的地位上升。新体制的突出特点是，社会分层具有了流动性。比如，户籍制度有所放松，农民不再被约束在农村劳动，也可以到城市里来打工，从一个人的发展看，确实有了更多的发展机会。也确实有一些农民因为经营成功而变为“专业户”“个体户”甚至上升为“农民企业家”。再比如，在城市里，原有的“单位体制”、严格控制“档案”的人事制度也发生变革，人们更换单位、变动工作不但可能，甚至成为比较普遍的现象。所有这些都推进了以经济分层为基础的新的社会分层体制的形成，改革以前的那种重视家庭出身、社会身份的分层体制逐渐弱化，而按照经济收入、财产财富、政治权力等区分社会地位的新的体制逐渐成熟，并成为全社会地位分层的基础。也可以说，是产生了一种新的社会结构。

那么，究竟什么是社会结构呢？

二、什么是社会结构?

社会结构（social structure）的说法，听起来似乎是十分学术化的概念，笔者以为，实际上也没有什么复杂的。那么，怎样理解这个概念呢?

首先我们要回答，社会是怎样构成的?人们会说，社会是由人构成的。对，人是构成社会的分子，但是由于构成社会的单个的个人，人数太多，比如，我们中国社会有接近 14 亿的单个的个人，如果不从结构上考察社会，而从单个的人考察社会，我们几乎没有办法对整个社会进行研究。而社会结构则是指人与人形成了一种比较稳定的关系，这样，我们只要研究这些稳定的关系，就可以了解社会了。如果给社会结构下一个学术定义的话，那么可以说，社会结构是指社会各要素或各部分相互之间的一种比较稳定的关系模式或互动模式。例如，社会经济结构、社会阶级结构、社会职业结构、社会组织结构等，分别反映的是社会经济要素、社会群体要素、社会职业要素、社会组织要素的一种比较稳定的关系模式。

人们会问，我只看得见社会上的个人，但看不见你说的“社会结构”?其实，结构也是可以看见的，不过需要宏观的视角。打个比喻吧，有人在山崖上画壁画，如果处在作画者的位置上，确实看不清楚壁画，只看见一些颜色的涂抹，但是如果到远处去观察，就可以看到一幅宏伟的图画。这就是考察社会结构的宏观角度。

在这个意义上，社会结构就是一种超于个人之上的关系，它作为一种宏观的模式制约着每一个人的行为。对于社会结构可以从不同的角度去考察。一般说来，个人或群体在社会中的地位结构更易引起人们的关注。所谓社会地位结构，涉及两个基本方面，一个是社会地位的垂直结构，另一个是社会地位的水平结构。

社会地位的垂直结构亦称为社会不平等的结构，这与“社会分层”讲的是同一种现象，指个人或群体在社会中高低位置的不同，比如阶级结构、人们因经济收入不同或拥有财产不同而形成的贫富结构、权力层级结构、教育地位差异结构等。而社会的水平结构则是指社会个人或群体的横向关系，如人们的地区分布、空间分布、产业分布、性别分布、婚姻状况等。当然，实际上垂直结构与水平结构常常是交织在一起的，很难分开。比如，人们居住地的分布表面上看来是水平结构，但是，居住在城市里的人的经济地位往往高于居住在农村地区的人，居住在北京、上海、广州、深圳等超大城市的人往往占有更多的教育资源、更昂贵的住房资源、更高水平的医疗资源、更便捷的交通资源，因此，大量的人群都向往和流入这些号称“一线城市”的地区，地区之间的流动，本来应该是“水平流动”，但是，显然也有垂直流动的含义，所以，垂直结构与水平结构有时候是难以分割的。

总之，社会结构中，最为核心的问题还是人们因为经济收入、经济地位、财产地位、权力地位不同而形成的一种社会垂直结构。对于这种结构，我们也称为社会分层结构。所以，在社会地位差异的问题上，社会结构与社会分层指的是同一领域的问题。

尽管社会分层的说法，让人感到有地位差异或高低不平等的含义，但是，不可否认，社会分层的现象是普遍存在的。上文已经说过，社会分层是指社会成员、社会群体因社会资源占有不同而产生的层化或差异现象，读者可能注意到了，笔者使用的不是简单的财富概念，而是“社会资源”的概念，什么是社会资源呢？社会资源是各类的、多种多样的“有价值物”的总称，它包括政治资源、经济资源、文化资源、技术资源等，当然，在社会资源中最为核心的还是包括财产、收入等在内的经济资源。既然社会资源是多元的，所以，造成的层化现象或社会结构分层的现象也是多种多样的。一般认为，从社会学家韦伯开始提出了三元社会分层的观点：即财产地位分层、权力地位分层和声望地位分层。其实，有多少种社会资源，就可以形成多少种不同的社会分层或社会分层结构。比如，不同群体因收入差异而形成的收入结构，因财产不同而形成的财产结构，因房产不同而形成的房产社会结构，因教育资源不同而形成的教育结构，因职业地位不同而形成的职业结构，因文化资源不同而形成的文化分层结构，因社会关系资源不同而形成的社会关系结构等。所以，在社会分层结构这样的大概念下，有各种各样的社会结构。

讲到社会结构与社会分层，就不能不提及社会流动。社会结构与社会分层讲的是人或人群所处的既定社会位置，那么，人们处在这种位置上是不是稳固的呢？换言之，地位低的人有没有可能爬到上层去？巨大财富的拥有者是否也有可能破产呢？这就涉及社会流动。什么是社会流动呢？社会流动，英文是social mobility，指人们的地位、位置的变化，更准确地说，它包括两个方面：一是个人或群体在社会分层结构中位置的变化；二是在地理空间结构中位置的变化。当然，社会学更注重的是研究前一个方面，即社会地位高低的变化。像农民工的流入城市、工人的调动工作、家庭成员几代人的变迁、干部的升迁、富裕集团的形成等，都属于社会流动的领域。社会分层与社会流动是一个事物的两个方面，两者密切相关，一个讲的是社会分成高低不同的层次，另一个讲的是人们是怎样进入这种层次中来的。下面就分析一下这两个方面的关系。

三、谁得到了什么？为什么得到？

上面所说到的社会分层的这两个基本方面，社会分层与社会流动，社会分层展现的是既有的资源分配状态，即谁得到了什么；社会流动展现的是形成社会分层的过程，即为什么会得到。

如果用规范的学术语言来表述，就是：

第一个方面，指社会的不均等结构或者说“地位差异结构”，即社会分为地位高低不等的结构或社会地位差异的网络。这是我们考察任何一个社会、社区时，一眼就可以看到的，譬如，收入分层、级别分层、权力分层，社会上有的人贫穷、有的人富有等。

第二个方面，指人们究竟是怎样进入地位差异结构中来的，比如从各级学校毕业的学生是如何进入职业的分层位置中来的，有的穷人后来变成了富人，有的富人后来变成了穷人。社会学家管这种进入的程序叫作“地位准入”（recruitment）机制[①]，也可以说是“地位获得”（status attainment），即人们通过什么渠道而获得这种地位的。

对于社会分层研究的这两个基本方面，社会分层理论大师伦斯基（G. E. Lenski）给予了非常通俗的阐释：每一种分层理论所涉及的基本问题都是两个方面：第一，谁得到了什么？第二，为什么得到？[②]谁得到了什么，关注的是结果，看谁有钱谁没钱。而为什么得到，关注的是进入社会层级中的过程，一个人究竟是凭什么获得巨大资产的？是凭借竞争在市场中脱颖而出？还是利用垄断权力，甚至是贪污腐败？

由此，我们可以发现两种截然不同的公平观念。一种公平观认为，社会分层结构本身就是不公平的，要实现公平就必须消除此种层级结构；另一种公平观认为，分层结构本身的差异是难以消除的，公平是指人或人群进入这些结构中的过程是公平的。我们暂将第一种称为“消除地位差异”的公平观（也有人称之为“结果公平观念”），将第二种称为“地位准入”的公平观（也有人称之为“机会公平观”或“程序公平观”）。

从“地位准入”的角度看，历史上曾经出现过如下的一些准入机制。

第一，血统的或等级的“地位准入”。例如，中国古代皇权的承继、欧洲资本主义以前的等级制社会，那时，贵族的地位是通过家族血统继承的。尽管今天看来，这种地位获得是不公正的，但是，在历史上，这种地位获得曾经是非常重要的、合法的渠道。所谓“龙生

---

① Frank Parkin: *Classes Inequality and Political Order*, Mac Gibbon & Kee London, 1971, p.13.

② ［美］格尔哈斯·伦斯基:《权力与特权：社会分层的理论》，浙江人民出版社，1988 年版，第 8 页。

龙、凤生凤”曾经是地位获得的最主要的制度渠道。中国人在1911年辛亥革命以后，在法理上否定了这种自夏朝以来曾经奉行了约4 000年的制度，在世界共和国的历史上也算是名列前茅的。虽然在此后的年代里，血统继承的幽灵还不时地浮现出来，不过作为一种制度，它在中国的土地上已经失去了法理的依据。当然，直到今日，很多奉行君主制度的国家，也还因袭着此种地位承继的社会分层。

第二，通过关系网或熟悉人的关系而获得地位。尽管人们往往避讳谈私人关系、熟人关系对地位上升的影响，但是，从世界各国的精英集团的来源看，关系网或熟人关系都对“地位准入”发挥了重要作用。中国自古就是人际关系、熟人关系极其发达的社会，孔夫子儒学的突出贡献是阐释人际关系的规则，所谓君臣、父子、夫妻、兄弟、朋友的关系有一套准则，成为社会运行中最为核心的内容。熟人关系容易形成帮派，有负功能也有正功能。中国近40年的改革开放也是社会关系的一次大演练和大变革。然而，矛盾的是，改革的重要逻辑之一就是试图从依靠人情关系运作的社会转变为法理社会，要走向以法治国。但是，熟人关系又是人们难以摆脱的。所以，很多人都在探索，试图在关系社会与法理社会之间找到一个均衡点。

第三，推荐的制度。据传说“夏禹”以前的时代，一国之主是由推荐产生的。中国自古就有举孝廉、举秀才的举荐制度。推荐的制度在今天的社会生活中还是发挥作用的。

第四，选举制度。上面说的推荐的制度就与选举制度有关，选举制度更具有国家政治制度的特征。选举制度通过选票的多寡决定“地位准入”，在现代社会，越来越成为社会政治地位获得的主要途径。中国近来在选举制度上也有很多新的实验，比如，村民选举的实验，又比如近来也有很多乡镇进行领导班子直选的实验，再如中国共产党中央委员、候补中央委员、中纪委委员差额预选的实验等。可以预见，21世纪会是中国实践和实验选举制度的重要世纪。

第五，考试制度。中国的“科举制”开世界上通过考试实现

“地位准入”之先河。今天世界各国的文官制度、公务员考试制度也都是通过考试来筛选政府管理人员的。考试的基本原则是公平竞争，根据考试成绩或结果来决定“地位准入”，这一原则在地位筛选中，最容易为人们所接受。正是在此意义上，我国的“高考”制度，尽管存在着这样或那样的缺点与不足，但是，在“地位准入”上，比起其他的人才筛选办法，更具备公平的特征。特别是在关系、人情盛行的局面下，这一点就更显得难能可贵。目前，考试制度的领域已经大大拓展，诸如律师、会计、评估师以及各类技师考试，五花八门，不一而足。

第六，文凭制度、学位制度。它们是考试制度的进一步延伸，使“地位准入”更加标准化、规范化。

第七，市场竞争或经济竞争，即在商业经营、市场交易过程中，或被淘汰，或获成功。我国自20世纪90年代以来，明确提出了建立社会主义市场经济，这样一种经济竞争机制为广大老百姓提供了更多的发展机会。经验研究证明，确实有一些远离政治权力的人在市场竞争中获得成功，经济上变得富裕起来。

第八，绩效考核。对于多数受雇者、职员、工薪层来说，被提拔及工薪收入上升是依靠自己的辛勤工作，取得成绩、成就。当然，如果是屡犯错误，不但没有成绩反而损失巨大，就应该受到惩罚；不但不应该获得地位，反而应该失去地位。这是下降流动。那么，对于不犯错误的“熬年头”怎么看呢？应该承认，这也是一种“年功”的成绩，即人家辛辛苦苦工作多年，“没有功劳也有苦劳”，也应该归到这一类。

我们试分析一下上述八项地位准入的机制，前两项（血统等级的“地位准入”和熟人关系的准入）都具有“非公正竞争”的特点，在现代法理社会中都具有不公正之嫌。而第三项至第八项都属于竞争型的，是符合现代社会“地位准入”公正观念或公平观念。总之，从历史变迁的角度看，在现代社会中，地位准入的渠道变得越来越依赖竞争体制。

我们再思考一下本章开始所说的“两种公平观念”（消除差异的公平观和地位准入的公平观），如果将中国改革开放以前和以后进行对比的话，就会发现，改革开放以前占上风的是第一种公平观或公正观，即认为只有消除分层结构、缩小地位差异才是公正。而在改革开放以后，随着邓小平同志提出“允许一部分人先富起来”口号的普及，主导意识形态开始注重“地位准入”或“进入过程”的公平观或公正观，即并不一般地反对分层本身，而是主张竞争型的“地位准入”，给社会各阶层的地位上升提供了更多的竞争机会。近40年来的中国社会，既经历了社会分层结构的巨大变迁，也经历了公平、公正观念的巨大变迁。

四、研究社会结构、社会分层对于我们有什么意义？

表面看来，社会结构、社会分层是很具有学术色彩的话题，其实，它是关系到我们每一个人日常生活的非常实际的问题。

首先，社会分层与我们的实际生活密切相关。举个例子吧，我们今天遇到了经济滑坡的问题，不仅是中国人遇到了，全世界人民都遇到了，而经济状况与每一个人的联系太密切了。那么，这次经济滑坡的原因是什么？与社会分层有关系吗？我要说，当然有关系，而且有密切的关系。我们知道，近年来，我国经济滑坡的一个重要原因是所谓“产能过剩”“需求不足”，即市场上积压的商品太多了，卖不出去了。为什么卖不出去了呢？当然，首先是国外的订单大量减少，而我们的“产能”却大大过剩。中央提出要扩大内需，让我们自己的老百姓来购买这些过剩的产品。面对国内待售商品房的大量积压，根据国家统计局的数据，2016年初，国内待售商品房面积已近7亿平方米之多，中央提出“去库存”，支持农民工市民化，希望农民工来购买。那么，我们的老百姓为什么不买呢？是他们家里的东西太多了吗？是因为他们不愿意离开农村？要知道，占全国人口近70%的“农村户籍”人口，他们家里的东西不是太多了，而是太少了，他们当然也希望过上“市民”的生活，让他们的孩子和城里人一样上同样的学校、享受优质的教育资源，让家里的老人享受到城里的高水平的医疗服务。他们之所以不买是因为他们的收入水平低下，没有剩余的钱，所以买不起这些东西和商品房。这样，我们就遇到了一对尖锐的矛盾：一方面是大量商品、商品房卖不出去；另一方面是大批缺少这些商品、商品房但是没有购买能力的农民。从社会分层和社会结构的角度看，我们面对的生产过剩、产能过剩和消费不足是由于我国社会结构中的低收入者比例太大，他们不是不需要这些产品，而是没有消费能力，没有钱。所以，扩大内需的关键是社会结构的调整。只有提高了广大老百姓的收入水平，扩大了中等收入者在全社会的比重，社会结构变了，多数人变成了有消费能力的人口，我们的市场过剩问题才能够最终得到解决。

其次，40 年来，影响中国人民生活的最主要的制度因素就是改革开放的政策。而社会结构、社会分层与改革开放有着极其密切的关系。我们需要理解，什么是改革？改革是中国人民社会生活的体制或规则的变化。比如，改革以前的农村只能是人民公社体制，改革以后农民可以“包产到户”了。换言之，农民赖以生存的生活规则、劳动规则、经营规则发生了变化，这样管理生产的权力就从社队干部的手里转移到了一家一户农民的手里，于是，农民与干部、农户之间、农民与城里人之间的社会关系，就都发生了变化，所以，改革本质上是改变了人与人之间、群体与群体之间的社会关系，也就是改变了社会结构与社会分层。总之，如果从组成社会的各个群体之间所形成的一种关系体系，尤其是从社会各群体政治、经济、社会地位差异的角度去考察的话，可以说，我们 40 年改革开放的最突出的变化就是改变了中国的社会分层结构，或者说，从社会学角度看，改革开放以来的最主要变化可以归结为社会分层结构的变化。改革开放 40 年来，中国社会分层结构的变化，既是政治关系、经济关系、社会关系、意识形态变化的结果，也是进一步推动政治、经济、社会、文化变革的动力。因此，社会分层结构处在一种比较核心的位置上。考察中国社会分层结构的变化，注重的是探索社会中的人、群体所发生的变化，社会的任何一种演变、变革、革命、改良，当然最终会体现为人的变化、群体的变化。而社会分层结构的视角更侧重于人们的利益结构、地位结构，也就是说将经济、政治、物质利益、社会资源放到了比较重要的位置。而这些也恰恰是我国40年改革所涉及的最主要内容。改革的外在表现是经济发展迅速、城乡面貌更新、物质财富膨胀。中国在改革开放40年间所盖的房子，超过过去几百年盖的房子的总和，而改革的内在的、意义更为深远的变化是：人们的社会关系、生活方式、生活目标、态度观念变了。而正是人们的这些变化，使得新的需求、新的目标被创造出来，由此，推动改革不断前进。所以，社会分层结构的变化也更可以解释改革的不断创新。

最后，社会结构、社会分层也与今天众多的社会矛盾、社会问题有着密切的联系。比如，近来的调研显示，贫富差距持续扩大，已经成为引起普遍关注的社会问题。人们很容易看到社会上的两极化现象，比如，一方面是腰缠万贯的“煤矿主”，另一方面是在这些私人煤矿里劳动的收入十分低下的煤矿工人，他们所处的劳动环境十分恶劣。中国社会长期以来又有着“不患寡而患不均”的传统，贫富分化的现象常常引发很大的不满情绪。比如，社会上流行的歌谣称：“大饭店往里看，里面都是贪污犯，先枪毙后审判，基本没有冤假案。”说饭店里面都是贪污犯，肯定不是事实，但是，这样的歌谣在社会上传诵却是事实，歌谣所反映的社会仇恨情绪却是存在的。研究表明，多数的社会矛盾、社会冲突，都与利益分化、利益分割、群体利益、社会分层有着密切的联系，比如，城市向农村征地造成了“失地农民”问题，城市房地产开发造成了“拆迁”中的利益冲突，再如近来房产主、业主与居住者的维权运动，城市外来人口与城市管理层的矛盾等。所有这些方面的社会矛盾、社会冲突，都直接与社会分层相关。所以，社会分层是今日中国关乎社会安全、社会和谐、社会稳定的非常重要的研究领域。

第二章
中国社会分层结构的特征

我们知道，社会的层化现象是普遍存在的，无论是我国古代社会还是现代社会，都存在社会分层现象。那么，从较为长远的历史看，我国的社会分层现象具有什么特点呢？特别是与世界上其他国家、民族比较，我们的特点是什么？笔者以为有如下九个特点比较明显。

一、社会分层差异巨大

中国历来是差异性很大的社会，从古至今，莫不如此。有些人以为只是1979年改革开放以后社会差距才逐渐拉得很大，其实差距从来没有小过。当然，对于差距的认识，人们会有不同的角度。本书第一章在定义社会分层时就指出，社会分层指因社会资源占有不同而产生的层化现象，社会资源可以是政治资源、经济资源、文化资源等不同方面，所以，我国的这种巨大的差异性也可以表现为不同方面。比如，20世纪90年代以来，居民的收入差距、贫富差距是明显地扩大了。但是，在20世纪80年代以前，其他方面的社会差距难道就小吗？笔者曾写过一篇文章，分析比较了“经济分层”与“政治分层”。[①] 笔者认为，在“文化大革命”时期，社会方面的差异程度并不小。那时候，虽然经济上的差异不是很大，但是，政治上

① 李强：《政治分层与经济分层》，载《社会学研究》1997年第4期。

的差异十分突出，有所谓“红五类”“黑五类”的说法，出现了政治歧视，这难道还是差异小吗？当时政治斗争的激烈性，也反映出了社会方面的巨大差异。所以笔者以为，如果想弥合这样一种巨大的差异性，一定要认识到这是几千年来形成的，既有经济的惯性，也有政治的惯性、文化的惯性、习俗的惯性，难度非常大。

当然人们会提出问题，为什么差异会这么大？笔者认为秦统一以来，中国建立了集中型的社会，社会财富和资源的集中性很强，秦以后的社会更强化了这样的体制。毛泽东主席曾经说“百代都行秦政法”，也就是说，后来的社会都是复制秦朝的集中型政治体制。集中型的体制自然会形成社会中心区域和社会边缘区域，各种社会资源的分布首先集中于中心区域，然后向周边扩散，所以资源在中心地带和边缘地带当然会有巨大差别。笔者将居于资源中心地带的群体称为“中心群体”或“核心群体”，而将处于社会资源边缘地带的群体称为“边缘群体”，当然这只是笔者的一家之言了。[①]

反观改革开放 40 年所走过的历程，虽然在改革的初期，20 世纪 80 年代曾经一度出现过资源中心地带与资源边缘地带差距缩小的现象，但是，到了 90 年代和 21 世纪，各种数据都证明，这种差异不是缩小了，而是扩大了。

二、城乡分野

上述的巨大差异性，又特别突出地表现在城乡差异方面，中国自古以来就是城乡差异巨大的社会。我们历来是城乡资源配置很不平衡的社会，有些人以为，城乡差异是 20 世纪 50 年代建立了城乡户籍制度造成的，但实际上，城乡差异的形成历史是很久远的。古代中国有所谓“国人”“野人”之分，“国人”就是指在城市里面居住的人，“野人”就是指在城外、乡下居住的人。中国是世界上建立城墙

① 李强：《转型时期中国社会分层》，辽宁教育出版社，2004 年版，第 23—27 页。

最多的国家，城墙就是用来区分城里人和乡下人的。过去，每到晚上是要关城门的，一旦关了城门，城乡的流动就完全阻断了，而城墙当然是用来保护城里人利益的。费正清在对比美国与中国的社会结构特征时说：“自古以来就有两个中国：一个是农村中为数极多从事农业的农民社会，那里每个树林掩映的村落和农庄，始终占据原有土地，没有什么变化；另一方面是城市和市镇的比较流动的上层，那里住着地主、文人、商人和官吏——有产者和有权有势者的家庭。”①

当然，从50年代中后期开始，严格户籍制度的建立，更加固化了城乡分野的格局，从1959年到1979年，在20年的时间里，城乡之间的人口流动基本上终止了。那时候，农村户籍的人、特别是年轻人，最高的期望就是能够被城市“招工”，农民称之为“鲤鱼跳龙门”，可以一步登天了。在资源短缺的年代，如果能够获得城市户籍，就意味着可以从资源相对较多的城市的分配体系中获取多方面的利益。改革开放以后，虽然城乡之间的流动是自由的，但是从历史的传承看，要想在不太长的时期里消除城乡差别，仍是难度很大的事情。

今日中国几乎所有的社会难题都与城乡分野的二元社会密切相关，而在社会分层方面，最为突出的分层就是城乡之间的分层。虽然近年来，我们也在大力推进户籍制度改革，试图建立淡化城乡分野的居民制度，但是，迄今为止，2亿多在城市、城镇打工的农民工，也并没有真正实现“市民身份”的转换，根据清华大学经济社会数据中心组织的全国城乡PPS抽样调查，目前农村户籍人口真正转变为城镇户籍人口的比例非常低，仅占全国总人口的27.6%。农业户籍转变为城镇户籍的变迁步伐也比较慢，该调查还显示，在20年的时间里，“农转非”的百分比仅为7.7%。②

---

① 费正清：《美国与中国》，世界知识出版社，2000年版，第20页。

② 清华大学经济社会数据中心：《清华大学中国城镇化调查大型数据发布》，载《人口与计划生育》2014年第2期，第60页。

三、金字塔型社会结构

中国社会分层结构的第三个总体特征，是金字塔型的社会结构。社会学在分析社会结构的时候，常常使用结构图形的方法。比如，按照人口的收入分布，将高收入的放在上面，低收入的放在下面，这样就可以看到社会分层的结构图形了。中国自古以来就是一个金字塔型的社会结构。也就是说，顶层是锥型，上层很小，中下层很大。中国自古就是一个皇权社会，皇室、贵族、高层官宦人数是很少的，绝大多数还是贫苦的农民。虽然有士绅阶层，处在中间层或中上层的位置，但是，其人数也是很少的，早年康有为在批判科举制度时就曾提到这一点，说考科举的人数本来就不多，而考中者仅占千分之一，甚至万分之一。1949 年以后，特别是改革开放以后，中国的社会结构，确实已经发生了不小的变化，但是，直到今天还是大体上属于金字塔型的，为什么呢？其实，我们从城乡的分化就可以体会到上面小、下面大的总体结构。到 2016 年，如果将长期在城市里打工的农民工也计算在城市人口里面的话，城市人口确实超过总人口的半数了，但是，我们知道，这些在城市里打工的农民工是很难真正转变为市民的。上文已述，如果真正按照户籍统计的话，属于农村户籍的人口仍然占全国总人口的 72.4%。所以说，我国现代化的社会结构还没有形成，如果想形成现代结构，就只有把农民占的比重大大缩小，不断扩大中间阶层在全社会所占的比例。

社会学有很多的研究分析方法来直观地展示社会结构。在本书第十、十一章里，笔者采用“国际社会经济职业地位指数（ISEI）”的方法，对中国第五次、第六次人口普查的数据进行分析，试图揭示社会结构模型及其变化。笔者根据对第五次人口普查结果的分析发现，中国社会是一种“倒丁字型”的社会结构，也就是说问题比金字塔的情形还要严重。也就是说，占中国人口多数的农村人口大体上处在“倒丁字型”结构的下面的一横道上，而城市人口大体上是该图形的竖道。2010 年第六次人口普查的数据显示，“倒丁字型”的社会结构有所变化，笔者称之为“土字型”社会结构，也就是说，中层和中下层有所扩大，有现代化转型阶段发展的意义，但是，底层仍然不小，大体上，仍然倾向于金字塔型社会结构。

十八届三中全会提出要逐步形成“橄榄型分配格局”[①]的目标，当然，该目标的实现还需要长时间的努力。所以，中国现代化转型的真正实现，从社会分层与社会结构的角度看，最为重要的标志就是中间阶层为主体的社会结构或者称橄榄型社会结构的形成。这样一种社会分层结构的形成，将是中国最为深刻的现代化改造，该现代化转型，在中国五千年文明史上具有划时代意义，将使得中国彻底摆脱“金字塔型”社会结构的束缚，这将成为中国长期稳定的现代化发展的基础。

四、身份等级社会

中国社会历来十分重视社会身份，身份、等级是很森严的。孔夫子特别重视“礼”，提出“礼治”的治国理念。“子曰：克己复礼为仁，一日克己复礼，天下归仁焉”，“子曰：非礼勿视，非礼勿听，非礼勿言，非礼勿动。”[②]“礼”强调的是等级身份差异，重视老幼尊卑的区分，后来的儒家学者解释为：贵贱、长幼、贫富等都是社会制度中的不同位置，每个人各安其位，整个社会就实现了礼治。这种文化理念，对中国社会有深刻影响，内化为人们的行为规范。比如，迄今为止，每当举办仪式或开会介绍来宾时候，首先从官职最高的介绍，依官职大小排列介绍后，非官员的民间人士也有一套人们共识的老幼尊卑的顺序。集体照相是一定要摆座次的，开会的发

---

① 《〈中共中央关于全面深化改革若干重大问题的决定〉辅导读本》，人民出版社，2013 年版，第 46 页。

② 《四书五经》（上），岳麓书社，1991 年版，第 39 页。

言顺序、会场“台签”的位次排列，报纸上人名排列之先后，这几乎可以称为一门专门的学问。所以，此种情况绝非自今日始，中国自古以来就是十分讲究身份、官阶、等级、层次的社会。

改革开放以前，由于户籍制度与利益的挂钩和单位制等，强化了身份制度。比如城市市民的户籍身份、农民的户籍身份、干部身份、工人身份等，这些身份是很难改变的，很大程度上会陪伴人的一生。改革开放以前，身份方面的再一个突出特征是比较强调政治成分，比如：贫下中农、中农、富农、职员、革命干部等。当然，改革开放以来，笔者以为我们社会在淡化身份制上，应该说有了很大的推进。过去那样一种非常强化的——比如说农民都不能够随便进城找工作——的体制已经大大弱化了，但是我们也不能忽视身份制是几千年形成的，是不可能在很短时间解决的问题。

改革开放以来的再一个新问题是，新产生的社会阶层在原有的社会身份体系中找不到他们的位次，比如，新富阶层就常常抱怨，在正式的社交场合中，他们的地位常常被降低或被忽视。近来在官方的文件中，已经正式使用了“新的社会阶层”的概念，该概念指私营企业主、自由职业者等新产生的社会阶层，官方已经正式修改一些规定，以使得这些新阶层能够与原有的身份体系接轨，使得新阶层能够适应社会的身份体系。

五、官民社会

与身份的特点相关联，中国社会历来是一个“官民”社会，即官吏与一般平民形成了两种有明显地位差异的群体，这种情形在汉朝以后的历代封建社会中均表现得很突出。根据对汉朝阶级结构的研究，官员不仅身份地位高、占有较多财产，而且“官员属于特权阶级。根据制度规定，他们可以依照各自的身份，专享某些物质生活资料”。[①] 官员成为社会中控制大量社会资源的最主要群体。

科举考试的制度，使得官僚体系有了再产生、晋升的常规渠道。当然，官僚体系再生产的渠道除了考试以外还有恩荫、举荐、军功以及捐官等其他渠道，但是，科举制还是产生官员的最核心机制。

总之，官僚体系成为全社会的中心，吸引着社会上的各种精英人才。因为对于精英来说，有了官位，功名利禄就全都有了。反之，中国社会由于受儒家思想的影响，轻视商人阶级，商人阶级虽然有资产，但是社会地位并不高，无法与作为社会中心的官员阶级相抗衡。而且，商人的地位也不稳定，如果不与官府缔结良好关系，也常常会受到官府的侵扰。在中国封建社会，富有商人财产被查抄的事例屡见不鲜。中国官僚体系比世界其他各国的显得更为发达，官僚体系、政治权力控制着全社会最主要的资源，社会地位区分的主线在于政治权力，财产资源变成了从属于政治权力的因素。这恐怕与中国秦以来一直奉行中央集权的政治制度有关。虽然中国封建社会确实是有官绅、地主和农民三大群体，但是，地主与官绅阶级往往是结为一体的，地主的家族成为士绅阶级的重要源泉，民间的地主又往往要与官僚阶级通过联姻等方式结成十分密切的关系。总之，最重要的关系还是官和民两个基本阶级之间的关系。

学者文崇一认为，传统中国社会“形成的贵贱两阶级，或统治阶级与被统治阶级，或官阶级与民阶级，或地主阶级与农民阶级，是长期专制政治下各种特权所造成的结果，形成一种官、民文化”。[②] 所以，官民社会是一种落后的社会文化传承，中国社会在废止了帝制以后，特别是在建立了人民共和国以后，摈弃了这样一种落后的社会关系和社会文化，但是，正如马克思说的：“一切已死的先辈们

---

① 瞿同祖：《汉代社会结构》，上海人民出版社，2007 年版，第 100 页。

② 文崇一：《官民阶级与阶级意识：中国的阶级模式》，载《民族学研究所集刊》第 72 期油印本，台湾“中央研究院”民族学研究所，1993 年 4 月，第 100 页。

的传统，像梦魇一样纠缠着活人的头脑。”[①] 所以，中国社会要想真正走向现代化，真正构建一种新型的社会关系，摆脱这种历史痼疾的纠缠，还需要做出长期的努力。

六、精英层的巨大作用

所谓“精英”（elite）是社会学的一个专门术语，社会学认为人群中最为突出的那部分人是精英。什么叫作“最为突出”呢？从社会分层的角度看，这可以有两种理解，一种理解是，精英是在分层体系中占据最高位置的那部分人。比如，政治精英就是政治领导人，经济精英就是高层企业家。另一种理解是指人群中具有杰出才能的人，这两种理解可能是同一部分人，也可能不是同一部分人，这就涉及当政的精英与不当政的精英，台上的精英与在野的精英，以及精英循环的问题。本书并没有专门介绍社会学的精英理论，这方面的理论是很成体系的，比如：莫斯卡（G. Mosca）、帕累托（V. Pareto）、米歇尔斯（R. Michels）、米尔斯（C. W. Mills）、拉斯韦尔（Harold D. Lasswell）、吉登斯（A. Giddens）、熊彼特（Joseph Schumpeter）等人的精英理论。此处仅简单分析一下中国社会分层中精英层的特点。

既往的精英理论认为，在任何社会中，精英都是规模很小的群体。虽然精英群体人数很少，但是，其能量巨大，特别是政治精英，往往对全社会甚至对一个时代的世界格局发生重大影响。中国社会的一个突出特点就是精英人物，特别是政治精英人物在社会中发挥的作用尤为巨大。这可能是因为，自秦以来两千余年的中央集权体制造成政府具有超强的管理功能，并由此形成了具有深厚根基的精英文化。在中央集权的体制下，最主要和最重要的指令都是从上面

---

① 马克思、恩格斯:《马克思恩格斯选集》第1卷，人民出版社，2012年版，第669页。

发出的，下级官员都是由上级官员任命的，下级必须听命于上级，在上下层的比较中，上层当然影响作用很大。不管是在中华文明的5 000年的历史中，还是在有文字记载的3 000年的历史中，中国在政治方面大体上表现为精英政治，即政治的活动是由最高层的人士决定的。精英政治与民主政治是一对矛盾。精英政治主张将重大事务的决策权交给高水平的精英，民主政治则主张将决策权交给大众。

既然在中国精英层的作用巨大，那么，谁成为精英、如何选拔精英、精英的构成、精英群体是否团结、精英的来源等就变得异常重要了。笔者以为，我国的精英群体面临着四个基本问题，这就是精英配置、精英循环、精英互换以及精英团结的问题。下面试对我国改革开放以来处理这四个问题的方式做一分析。

所谓“精英配置”，是指社会中不同类型精英群体的比例关系。任何社会都有三种基本的精英群体[①]，即政治精英、经济精英和技术精英。三种精英的数量比例需要有一定的配置，三种中的任何一个都不可以无限制地扩张。改革开放以前，我国的政治精英群体过于强大，相比较之下，经济精英和技术精英就显得十分弱小。改革开放以来的一个重要举措，就是开始突出经济精英和技术精英的重要作用，比如改革开放初期邓小平同志就召开了全国科学大会和全国教育大会，提高技术精英的社会地位。改革开放以来比较强调培育企业家——经济精英的队伍。长期以来，由于政企不分的体制，我国的经济精英只能隐藏在政治精英的队伍里面，或者说政治精英完全取代了经济精英。90年代中期以来，政府积极推进政企脱钩的改革，一部分经济精英开始离开政府。此外，在40年的市场经济演练中，多种经济成分的体制也造就了国营企业高管、民营企业家、乡镇企业家、企业承包人、外企高级雇员等一批经济精英人物。政府精简机构等措施，也迫使一批过去的政治精英不得不转入经济精

① 美国社会学家C.莱特·米尔斯认为还有第四种精英群体：军事精英。但是，在中国的情况下，政治精英与军事精英往往难以区分，所以，笔者还是讲三种精英群体。

英的队伍。经济精英队伍的扩大，显然对于中国经济的进一步振兴具有重要意义。

当然，不是任何人都可以进入精英队伍的，一部分转入经济精英的干部，不擅长企业经营，使得企业走向衰败，这样的人就应该被淘汰出局。这就遇到了精英循环的问题。

所谓精英循环是指精英群体的继承问题，意大利社会学家莫斯卡说，精英群体要从底层吸收精英才能保持活力[①]。这就遇到了现有的精英集团与未来的精英集团的关系。居于社会高层的现有精英集团总是试图将自己熟悉的人输送到精英集团，总是希望自己的子女能够继续维持在精英集团以内。但是，从社会公平的角度看，在现代社会中，人们很难垄断精英的地位。于是，统治集团就要采取一种公平的方式，既使得精英集团的循环得以顺利进行，也使得自己的子女能够比较容易进入该集团，这就是考试、文凭、公开招聘、专家投票、选举、公开招标、竞标的体制。从形式上看，考试、公开招标、竞标、选举是公平的，评价指标是客观的。当然，由于原有的精英集团的子女在文化上、教育上、社会关系上占有优势，所以，考试、竞争的结果往往是原有的精英集团的子女进入精英集团的比例会稍高一些。世界各国莫不如此。

在“文化大革命”的10年中，“高考”的制度曾经遭到废除，结果，传统的干部、政治精英和技术精英都无法得到循环。于是精英循环采取了“超常态”的做法，比如，不少人曾以“造反派”的方式进入政治精英队伍。所以，“文化大革命”刚刚结束，邓小平同志就积极主张恢复高考，从而使得中国的精英循环走入正轨。经过40年的努力，中国技术精英的循环已经有了比较完善的体制。40年来，学位制度的恢复建立，多系列技术职称的审核、评审体制的建立，使得中国的技术精英的循环机制比过去有了巨大的进步。当然，当前的“假文凭”、买卖文凭、混取博士等头衔，以及“教授”“博

---

① 莫斯卡:《统治阶级》，译林出版社，2002年版，第173—174页。

导”满天飞的现象，也证明技术精英循环仍存在不少问题。

随着我国市场体制的逐步建立，经济精英的循环也开始纳入正轨。企业在市场中的成败，正在逐步成为经济精英循环的唯一标准。一批有相当水平的企业家队伍正在成长起来。根据中国大陆企业家调研课题组的调查，我国企业经营负责人中，中专、高中及以下学历的仅占20.2%，大专学历的占35.6%，大学本科学历的占26.6%，博士、硕士学位和研究生学历的占17.6%。他们所学的专业，经济类占31.3%，管理类占48.7%，理工农医占24.5%，文史哲法律占7%，其他类别占13.1%。[①] 所以，我国经济精英素质水平的提高也是十分明显的。目前中国已加入WTO，经济精英的竞争机制和循环体制将更趋完善，我国会涌现出一批具有国际高水平的企业家，当然，与此同时，一些低水平的经营者会被淘汰出企业家和经济精英的队伍。

近年来，中国选择干部的体制也有很大改革，比如，强调文凭、学历等因素，差额选举的方式也被频繁采用，使得中国政治精英集团循环的体制有了很大进步。

这里就要提到所谓“精英互换”。“精英互换”是指政治精英、经济精英和技术精英之间的流动。前述政企脱钩、政府精简机构等改革，推动较多的政治干部转变为企业家，就是典型的精英互换。如前所述，精英是社会中的杰出人才，因此，精英互换是有其道理的。从现代化国家的实践看，精英互换的现象也是比较普遍的。

改革开放以前，我国的精英互换并不普遍，一方面由于精英之间缺少认同，另一方面由于经济精英消失殆尽，政治精英高度膨胀，因此也缺少精英互换的基础。当然，我国由技术精英转入政治精英还是有不少事例的，但是，由政治精英转入技术精英的现象却比较少见。然而，在国际上政治精英转入技术精英的现象却屡见不鲜。

---

① 中国企业家调研课题组：《2007中国企业经营者成长与发展专题调查报告》，中国企业家调查系统，2007年，第3页。

比如，基辛格卸任后到大学去教书就是典型的事例。在我国，技术精英和政治精英转入经济精英的现象被称为“下海”，人们对于此种转换似乎还有些心理障碍。笔者认为，精英互换会有利于精英群体之间的相互认同和社会团结。当然，不是任何精英都可以互换的，互换的精英总需具备一定条件。

中国精英结盟的观点，是笔者与孙立平教授、沈原教授在1998年的一篇论文里提出的。[①] 笔者以为，从理论溯源看，精英结盟（interlocking of elite）的概念最初是由拉斯韦尔（H. D. Lasswell）提出的，后来，米尔斯（C. W. Mills）在《权力精英》一书中予以发展，但他们都是在负向的意义上来使用这个概念的，比如米尔斯认为，美国社会的精英结盟，其结果是形成了与大众社会相分离的群体。[②]

笔者以为，就中国的场景而言，对于精英结盟的现象应该从两方面来看，有负向的作用，也有正向的意义。因为，与精英结盟完全对立的现象是精英分裂，精英分裂曾经给我们带来巨大的灾难。中华人民共和国刚成立时，曾经聚集了中国历史上的一代精英，政治协商会议制订的《中国人民政治协商会议共同纲领》体现了精英结盟的重大成果。但是，1957年的“反右”斗争及其他政治运动，造成了精英集团内部的重大分裂，原本结盟的精英内部出现重大冲突，最终导致了中国的精英群体长期处于冲突和分裂的状态，一直到“文化大革命”结束之前，共和国曾长期陷入动荡不定的政治运动之中。“文化大革命”结束之后，邓小平同志立即组织召开的全国科学大会和全国教育大会，应视为弥合精英群体裂痕的重要举措。到了90年代中后期，中国的经济精英、政治精英、技术精英终于建立了相互信任、全面合作的结盟关系，这种关系十分明显地维护了

① 中国战略与管理研究会社会结构转型课题组：《中国社会结构转型的中近期趋势与隐患》，载《战略与管理》1998年第5期。

② Mills, C. Wright. *The Power Elite,* New York: Oxford University Press, 1956, pp.7–8.

中国社会的稳定与发展。到了 2002 年，中国共产党的十六大修改党纲、党章，允许“新阶层”加入中国共产党，这也是体制内精英与体制外精英合作的重要标志。总之，从总的评价上看，精英结盟有助于稳定与发展，当然，我们也不可忽视米尔斯的警告，即精英结盟容易造成忽视社会下层阶级利益的问题。

七、社会基层群体的重大社会功能

强调精英的作用不意味着忽视广大基层群众的作用，如上所述，长期以来，中国社会的整体结构是金字塔形状的，下层、基层群体的比例和数量均十分庞大，如果不重视这个群体，忽视了这个群体的利益，必然带来严重的社会问题。在中国长期的封建社会里，社会的下层和基层群体是农民，每当社会矛盾激化的时候，巨大的农民群体是社会不稳定的潜在因素。研究历史的人都知道，中国历史就像有一个内在的周期律一样，新王朝刚建立的时候总是蓬蓬勃勃，一直发展到鼎盛时期，到了后期财富过于集中，下层或底层聚集着巨大的生活困苦的群体，社会矛盾激化，于是有底层领袖人物组织社会下层农民发动暴力起义，推翻上层建立新王朝。总之，数千年间农民或下层、基层、底层起义总是延绵不断，所以自古以来当局总是强调要稳定。一个好的时代，叫作“大治”，如“文景之治”“贞观之治”等，不好的时代称为“乱世”，实际上讲的就是由于社会的分化、社会矛盾激化而造成的治乱兴衰。历代的统治者，在新王朝兴起时一般都是采取宽松一点的政策，翦伯赞教授称之为“让步政策”，使分化的程度降低一些，缓和了社会矛盾、降低了社会紧张度，于是社会又恢复了稳定。

如果考察唐朝末年以来的农民起义诉求，就会发现，起义的矛头和目标越来越明确地集中于财产、财富的公平问题。当财富的不均等配置已经威胁到社会的底层、下层群体的生存基础，威胁到农民的基本生存条件的时候，社会就处于“高张力”时期、社会结构紧张时期，这时候，一旦有导火索事件发生，往往就会引发燎原大火。

八、社会流动机制的特点

本书第一章曾介绍说，所谓社会流动，主要是指人们地位垂直的，上下、高低的变化。一个公平、公正的社会应该有比较好的社会流动机制，应该给人们以机会，使下层的人有机会流入上层。从这方面看，自古以来，我们就创造了比较好的流动机制，这是很有中国特色的社会机制。虽然我们自古以来分层明显、社会差异性很大，但是中国社会从公元587年就建立了科举制度，这个制度当时在全世界是领先的。当时的欧洲社会以及其他社会，大多还是贵族制度，通过家庭关系、血统关系来继承爵位，他们都还没有建立通过考试来选拔人才的制度。而且，科举制度不是一般的考试选才制度，它能够将精英人物通过考试直接输送到社会上层去，比如，出任官职，成为很重要的社会管理者。当然有人会问，考中科举的究竟是富家子弟还是贫家子弟呢？历史文献可以证明，中国直到明朝的时候，科举登第者的家庭背景，有约50%的人来自“前三代俱无功名”的贫寒家子弟。[①] 所以应该承认，中国自古就有比较好的社会流动机制，当然，后来西方社会发展出了市场机制，并且也学会了文官制度，就在体制上大大突破了，因为市场是面对每个人的，人人都可以在市场上竞争。所以在这些方面，西方逐渐地就超过了我们。可见在流动机制上，我们也要不断创新。

从社会流动这一点上看，近代以来，中国社会一直是流动率比较高的社会。社会学将社会区分为两种类型，一种是流动率偏低的社会，亦被称为“封闭社会”；另一种是流动率比较高的社会，亦

① 张仲礼：《中国绅士：关于其在十九世纪中国社会中作用的研究》，上海社会科学院出版社，1991年版。

被称为“开放社会”。比如，贵族等级制的社会就是流动率偏低的社会，贵族是世袭的、是依据血统传递的，社会下层阶级无论多么努力，也难以突破血统的藩篱，这样的制度、法规阻止着其他阶层流入贵族阶层或上层社会。一般认为，西方工业革命以来，社会流动的最大变化就是传统贵族等级制度衰落，资产、财富成为西方工业社会的新的筛选机制，资产所有者在市场竞争中的地位得到认可，社会流动比率也明显高于贵族等级社会，所以，被视为现代开放社会。中国的情况比较特殊，即在传统皇权、贵族社会时期，也创造出了像“科举制度”这样的流动机制。所以，简单地使用封闭社会或开放社会这样的概念来描述传统中国社会也并不准确。

中华人民共和国成立以来，中国一直是社会阶层流动率比较高的国家，当然，造成流动的原因有很大差异，在改革开放之前的中国社会，造成高流动率的更多是政治原因。比如，“土改”中地主阶层的向下流动和农民阶层的向上流动；再比如1956年的社会主义改造运动，工商业经营者与工人阶级地位的变迁，基本上是一种政治变革的原因。至于“文化大革命”中的地位流动就更是体现了政治的冲击，很多政治地位很高的人一夜之间被“打倒”，一些所谓“造反派”在运动中通过夺权“一步登天”。当然，在改革开放以后的40年历史中，政治生活逐渐走向稳定，造成高流动率的原因更多是经济的，比如个体户、民营经营者在市场中的崛起。根据笔者的测算，中国20世纪90年代和进入21世纪以来，父母子女两代人之间的职业地位流动率，与美国的代际流动率近似，用布劳和邓肯的“路径分析”方法测算，无论是两代人的职业地位还是教育地位，都超过了0.4的水平，在国际上均属于流动率比较高的社会。这证明，目前中国社会还是有相当活力的。当然，近来关于“阶层固化”的说法也不断呈现于媒体之中，代际流动率究竟是高还是低，本书后面还有进一步探讨。

九、家庭纽带弥合社会差异的重要功能

最后一个特点是家庭关系对社会分层的影响。自古以来，中国的家族、宗族一直发挥着穿透社会阶级、维系社会团结的重要功能。在上述的特点中，前面五个特点都是强调分层差异的方面，其实，任何分层制度也都有其社会整合、社会融合的方面。上述第八个特点，讲到高流动率现象，就是通过社会流动而实现社会融合。这里第九个特点是强调，血缘关系在社会融合方面的作用。宗族、家族在传统中国社会占有重要地位，梁漱溟说："家庭在中国人生活里关系特见重要。"[①] 宗族，指有着共同的祖宗因而使用同一姓氏的人们，其成员的联系可以延续数代、数十代，甚至近百代，因此，宗族可以是极为庞大的群体。家族指同一血统的几代人所形成的群体，也有人称之为"大家庭"，它包括直系的和旁系的两种血缘联系，旁系的亲属是将叔、姑、姨、舅、甥等都包括在内的，因此，也常常是比较大的群体。

在同一宗族或家族中，常常是有富裕者也有贫穷者，常常据有不同经济地位或阶级地位。虽然经济地位或阶级地位不同，但是，血统的纽带以及由此形成的血统的文化，比如家谱、族谱、同族的归属感等，维系了同一个宗族或家族内部的团结。

如前文所述，中国改革开放前是政治分层社会，改革开放后逐渐演变成经济分层社会，由于两个时代的社会结构巨变，造成了在同一个家庭内部，也常常出现阶级混杂的局面。家庭中，有的兄弟姐妹致富了，也有的兄弟姐妹趋贫了，有的当老板了，有的却下岗了。与西方社会不同，中国家庭成员之间在经济上的互相帮助是很普遍的，所以，血缘关系起到了转移支付的作用。家庭纽带起到了弥合阶级裂痕的作用。当然，近年来，中国城市受独生子女政策影

---

① 梁漱溟：《中国文化要义》，上海人民出版社，2005年版，第27页。

响，家庭规模普遍小型化，独生子女没有兄弟姐妹，这使得家庭关系弥合阶层裂痕的功能被大大地弱化了，而“二孩”政策的实施，预计会对重塑中国家庭关系发挥一定作用。

以上就是笔者试图归纳的中国社会分层的总体特征。如果考察中华人民共和国的历史轨迹，就可以发现上述这些总体特征留下的明显印记。当然，新中国的历史也创造了社会分层的许多新的特征。

第三章
社会分层的四个实验

在中华人民共和国成立近70年的时间里，中国社会发生了巨变，从社会分层结构的角度看，也是翻天覆地的巨大变化。怎样理解这些变化呢？共和国的领导人在创建这个共和国的过程中分别提出过“新民主主义”[①]的理念和“社会主义”的理念，这种新型的理念或社会模式，在中国的历史上是没有先例的，是一种创建全新社会模式的尝试，所以，我认为可以称为一种“社会实验”。如果从社会结构变革和实验的角度看，我认为，共和国近70年的历史中，做过四个重要的实验。下面分别述之。

一、打碎原有阶级结构的实验

笔者将第一个实验，称为打碎原有阶级结构的实验。关于打碎原有社会结构或阶级结构的思想，马克思没有表述过，尽管马克思确实有打碎原有国家机器的思想，他在总结巴黎公社的经验教训时说：“工人阶级不能简单地掌握现存的国家机器，并运用它来达到自己的目的。”[②] 此前马克思在分析法国资产阶级社会利益集团在国家机器的争斗时还说过：“一切变革都是使这个机器更加完备，而不是把

---

① 毛泽东：《新民主主义论》，《毛泽东选集》第2卷，人民出版社，1991年版，第662—711页。

② 马克思：《法兰西内战》，《马克思恩格斯选集》第3卷，人民出版社，2012年版，第95页。

它摧毁。”[①] 但是，到了列宁才明确和直接表述了工人阶级革命应当“打碎、摧毁”全部国家机器的观点。[②] 所以，中国共产党在这样一个有着数千年文字记载历史的文明古国中，进行打碎社会结构、阶级结构的实验，确实是一种全新的尝试。因为中国历史上的农民起义也曾经多次打碎原有政权，但是，从来没有打碎过原有的阶级结构。地主占有土地的所有制是 20 世纪 40 年代后期的革命首次打碎的。1950 年 6 月 30 日《中华人民共和国土地改革法》正式颁布，到 1953 年土改基本完成，农村的阶级阶层结构被重新构建。打碎阶级结构的实验不仅在农村进行，到了 50 年代中期，中国共产党又尝试了对城市阶级阶层结构的重塑实验。当然，采取的手法要温和得多，即采用了在一定时期里付给利息的赎买的方式。城市里重塑阶级阶层结构的实验，主要涉及财产制度的三个大的方面。其一是对私营工商业的社会主义改造，改造以后将原来私有的工商业变为“公私合营”，再以后就转为公有制了。其二是城市私有房产改造。根据中共中央批转中央书记处第二办公室《关于目前城市私有房产基本情况及进行社会主义改造的意见》，私有房产改造的基本内容是：“对城市私人房屋通过采用国家经租、公私合营等方式，对城市房屋占有者用类似于赎买的办法，即在一定时期内给以固定的租金，来逐步地改变他们的所有制；同时对依靠房租作为全部或主要生活来源的房东和二房东，进行逐步的教育和改造，使他们由剥削者改造成为自食其力的劳动者。”其三是城市土地制度的变革，1954 年《宪法》第十三条提出：“国家为了公共利益的需要，可以依照法律规定的条件，对城乡土地和其他生产资料实行征购、征用或者收归国有。”后来，财政部又发文，提出城市土地采取无偿划拨的方式。所以，在 50 年代中期的社会主义改造以后，城市土地实际上已经是采用了公

---

① 马克思：《路易·波拿巴的雾月十八日》，《马克思恩格斯选集》第 1 卷，人民出版社，2012 年版，第 761 页。

② 列宁：《国家与革命》，《列宁选集》第 3 卷，人民出版社，2012 年版，第 142—160 页。

有制的运作方式。

经济所有制的变革表现在社会阶级结构上就是阶级结构的重构。刘少奇代表中共中央在八大政治报告中描述了这种新的社会阶级结构：即地主阶级和官僚买办阶级均已经被消灭，富农阶级正在消灭中，这些剥削阶级的具体成员正在被改造为自食其力的新人；民族资产阶级的分子正处在由剥削者变为劳动者的转变过程中；广大农民和其他个体劳动者，已经变为社会主义的集体劳动者；工人阶级已经成为国家的领导阶级，知识分子也已经组成了一支为社会主义服务的队伍。①

这种新的社会阶级结构的最主要特点是，拥有生产资料和资产所有权的阶级被消灭了，其他阶级地位也都有相应的变化。就城市阶级结构和农村阶级结构打碎的程度而言，农村打碎得要更彻底一些，因为，农村采取的是革命的方式、斗争的方式、没收的方式，而城市则采取赎买的方式，城市里原有的比较复杂的职业群体还是得到了一定的延续。今天，我们反思打碎阶级结构的这段历史，就会发现，打碎社会结构有很大的代价。社会结构本质上是一种社会关系，关系破碎了，社会管理、社会治理必然困难重重。中国农村从 50 年代一直到今天，管理上一直是难度非常大，这与当年打碎社会阶级结构有一定联系。传统的中国农村，是所谓的家族宗族社会，家族的管理者也就是村庄社会的管理者，两者是合一的，传统上也称为“士绅阶层”。费孝通说，“绅士可能是退休官员或者官员的亲属，或者是受过简单教育的地主”，他们作为“受过较好教育的有钱人家里的头面人物”管理着村庄，“愈是有学问的人愈有威信做出决定”②，他们传播着农村治理的理念和文化观念。费孝通还说：“每一种社会结构都有一定的观念体系，它制定行为规范并支持这个结

① 刘少奇：《中国共产党中央委员会向第八次全国代表大会的政治报告》，《中国共产党第八次全国代表大会文件》，人民出版社，1956 年版，第 9—10 页。

② 费孝通：《中国士绅》，中国社会科学出版社，2006 年版，第 11、50 页。

构。"[1]所以，结构打碎了，观念体系也就不复存在。新中国成立以后我们用干部来代替士绅，这里面出现的不仅仅是管理体制变革的问题，更值得关注的是文化传承和观念体系产生了断裂的问题。直到今天，中国农村的突出问题仍然是缺少思想意识形态的引导者。传统的社会信任是依赖于家族、宗族建立起来的，今天的社会信任究竟能够建立在什么基础之上？迄今仍是一道难题。

在打碎阶级结构以后，中国奉行的是以"均等化"为特征的收入分配政策。如果对比当时中国城市和农村的均等或不均等程度的话，那么，城市的"均等程度"要更高一些。根据世界银行经济考察团1980年所撰写的报告，改革开放前，中国城市居民家庭人均收入的基尼系数只有0.16，如此低的基尼系数在世界上其他国家和地区还没有见到过，我们知道，目前世界上均等化程度最高的国家，即那些高福利型的国家，基尼系数也要在0.2以上，比如，奥地利0.231，丹麦0.247，瑞典0.25，挪威0.252，芬兰0.256，德国0.281。那么，为什么改革开放前的大陆城市居民家庭人均收入的基尼系数会如此之低呢？世界银行经济考察团的报告认为有三点原因[2]：第一，改革开放前，中国居民基本上没有因私有财产带来的收入，比如租金、股利及利润等。当然，我们知道，1955—1956年社会主义改造以前，中国的私营工商业者还是有这方面收入的，1956年以后直到1966年9月以前，他们还能获得一些私人股份的定息，而在1966年9月以后，确实就完全没有了。第二，改革开放以前的城市居民基本上没有自营的收入，所谓自营活动包括从小商小贩的经营到靠一技之长而独立获得收入的活动，世界上多数国家由于有了这方面的经营活动而产生了收入的多元化和不均等。第三，工资的收入比较平均，虽然也有等级工资制，但是，与其他发展中国家比较，管理人

① 费孝通：《中国士绅》，中国社会科学出版社版，2006年版，第14页。

② 世界银行经济考察团：《中国：社会主义经济的发展》，中国财政经济出版社，1983年版，第59页。

员、专业技术人员的相对工资水平不高。其实，不仅如此，到 1966 年“文化大革命”开始后，连体现劳动差异的奖金也取消了，所以，城市职工收入的均等化已经走向了极端。

除了上述原因外，当时以计划和行政手段配置资源的方式，也是导致城市高度均等化的重要原因，当然，当时之所以采用计划和行政手段配置资源，是因为资源极度短缺。特别是 1959—1962 年的 3 年困难时期，粮食、食用油、鸡蛋、肉类、糖类、布料、棉花等，几乎一切物品都十分短缺，只有靠高度组织的行政手段将这些物资用分配票证的方法逐一配置给每一个人，才可以使大家勉强维持生存。而 3 年困难时期度过以后，这样一套采用计划和行政手段配置资源的方式却长期延续下来。

导致当时城市居民收入高度均等化的再一个原因是房屋资源的平均分配。1956 年的社会主义改造以后，中国城市的住房大部分公有化了，或者是经由国家去分配和出租了。由于房屋主要不是通过市场购买的，于是房地产市场也就消失了。人们获得房屋的方式，按照当时的说法叫作“分房子”。分房子也是有规矩的，当时每个单位都有“分房条例”，笔者曾经研究过不同单位的“住房分配管理办法”①，结果发现，奉行的基本原则是均等化原则。首先，只有无房者或住房标准很低者才能够申请住房；其次，申请住房有严格的年龄限制和婚姻限制，只有达到一定年龄比如 28 岁或 30 岁和已经结婚成家者才能够申请住房，这是一种朴素的基于自然原因的平等主义。再次，家庭人口也是住房分配的重要依据，当然这要按照“户口本”的正式人口（70 年代中期以后还强调不能违反计划生育政策），人口多的多分、人口少的少分。

总之，城市居民经济上的高度均等化是与当时一整套均等化的政策密切相关的。

以上阐释的是城市的情况，那么，农村的情况如何呢？1949 年

---

① 李强：《社会分层与贫富差别》，鹭江出版社，2000 年版，第 218—231 页。

革命的成果最突出地表现在农村的土地改革方面。50年代初的土地改革，彻底地改变了革命前那种占人口比例较低的地主阶级占有大量土地，而广大贫苦农民却没有土地的局面。因此，自50年代起，因土地等生产资料不均等而造成的农村巨大的贫富差距现象消失了。但是，从数据上看，改革开放以前，中国农村的不均等程度仍然要大大高于城市。根据世界银行经济考察团的报告，1979年中国农村居民家庭人均收入的基尼系数是0.31，上文说过，同年，城市居民家庭人均收入的基尼系数只有0.16，为什么农村的不均等程度比城市的高出如此之多呢？首先，这是由于中国农村巨大的地区差异造成的，中国沿海地区的农村比西部、西北、西南等内陆地区的农村无论就收入水平还是消费水平来说，都要高出很多。中国农村集体化以后，同一村庄内部的农民在经济上变得比较均等了，但是不同的村庄之间，经济上的差距还是很大的。特别是跨区域的差异就更为巨大了。其次，即使在集体化以后，农民在一定程度上，仍然具有多元化的收入来源的可能性。1959年出现经济困难以后，农村中的自留地、自由市场、小包工、包产到户都一度变得十分普遍，这些都大大增加了农民除集体经济外获得其他收入来源的可能性。其实，即使到了“文化大革命”的经济和政治控制最为严格的时期，也难以阻止农民上山采蘑菇、采木耳、养蜜蜂、养鸡、养鸭、养猪等经济和经营活动。所以，改革开放以前中国政府试图实现经济均等化的努力，在农村遇到了很大的阻力。政府对收入分配的调控能力，在农村远远不如在城市那样强大和那样有效。所以，农民由于个体差异、经营活动的差异而形成的收入差距都远远高于城市。

当然，即使是这样，如果与世界上类似发展水平的国家相比，改革以前的中国农村，收入分配的不均等程度也还是很低的。

除了以上阐述的城市和农村在经济上、收入分配上的均等化特点以外，中国当时的其他一些社会政策，也特别体现出了均等化的特点。这里仅述及三个方面：第一，1950年以后，全国的城市和农村的就业率大幅度上升，特别是妇女的就业率增长更快，广泛的就业使得获取收入的人口大大增加，这在一定程度上确实形塑了普遍的低工资体制，也是导致当时收入均等化的原因之一。而且，普遍就业也导致了人们社会地位的平等化倾向。第二，教育的均等化也成为突出的特征。1949 年全国的小学入学率仅为 20%，文盲率达到 80%，而到了 1965 年，全国的小学入学率已经达到 89%，大大高于当时世界上的其他低收入国家。第三，基本医疗卫生服务的均等化，到了六七十年代，城镇地区的公费医疗制度覆盖了城镇中的几乎所有参加工作的劳动者，而农村地区的合作医疗制度覆盖了大约 90% 的农村人口。

总之，将改革以前的收入分配局面，特别是收入分配政策总结为“均等化”的特征还是符合实际的。

二、恢复社会结构的实验

笔者将第二个实验，称为恢复社会结构的实验，指 1979 年开始的改革开放以后，在全新的社会政策的干预下社会结构变化的过程与结果。所谓恢复结构，绝不是说改革开放 40 年，这个社会完全回到过去了，而是说，社会从否认经济分层的社会结构，回到了再次承认经济分层的社会结构。也就是说，社会分层、社会结构的逻辑恢复了，即承认人们经济地位的差异，承认财产的私人所有权等。在改革开放以前的一段时间里，社会主导意识形态认为经济地位差异、阶级阶层差异是不合理的，不承认财产私人所有权的合法性。

当然这里面有一个比较大的理论问题：一个社会如果社会结构、阶级阶层结构被打碎了，怎么可能恢复？其实，在中国社会结构恢复的道理十分简单，那就是一些社会群体又“重操旧业”。笔者曾经目睹结构恢复的现象。1982 年笔者曾经在中国河南新乡一带进行社会调查。当时，正是改革开放初期，党中央的政策是鼓励“老个体户”重操旧业，所谓“老个体户”就是 1956 年中国社会主义改造以前的私人经济经营者。这些人很擅长经营、搞活经济。他们本来就从事工商业，虽然被中断了20年，但是这些人、这些群体还在，捡起过去的经营很容易，不需要别人教，自己本来就会。所以，中国社会结构恢复得很快，在一定程度上是因为中国打碎结构的时间不长，社会记忆还存在。中国和俄国比，有一个优点，俄国打碎结构的时间太长了，从1917年十月革命开始，到1991年后的大变革，被打碎的那个阶级的人群，已经完全不存在了。而中国的情况则完全不同。

这涉及一个问题，我们可以称之为“社会记忆”。对于中国人来说，记忆回到哪里？这一点我们和俄国有很大的不同。叶利钦当时想让苏联回到俄罗斯，回得去吗？回不去了。为什么呢？时间太长久。当然国旗、国歌他可以搞，但实际上，今天的俄国人无法再重复远在100年前的那个社会了。直到普京，他在一定程度上让人们回到了第二次世界大战的苏联，这就能够回去了，因为还有社会记忆。那么对中国来说，社会结构很快就恢复了，毕竟我们打碎结构的时间很短，社会记忆还在。中国老百姓对社会分层是有深刻体会的，比如“文化大革命”中把干部打倒了，说他们走资本主义道路。但是这些人到了农村以后，老百姓仍然认为他们是社会高层，根本不管什么打倒不打倒。老百姓问：“您一个月工资多少？”一听说他们挣200块、300块（这在当时是高工资），很惊讶，听都没听说过。所以，老百姓实际上还是按照原来的结构去思考社会。从这点上看，我们在结构的恢复方面应该说具有中国特点，共和国在一段时间里完全否定的那些分层原则，后来又都奉行了。换言之，世界各国区分阶层的标准都有很大的一致性，中国的实验只是在很短一段时间里否定了这些原则。

恢复社会结构的起点是中共十一届三中全会提出的关于“允许一部分人先富”的新政策。邓小平同志于1978年12月13日做了相当于三中全会主题报告的讲话，指出：“在经济政策上，我认为要允许一部分地区、一部分企业、一部分工人农民，由于辛勤努力成绩大而收入先多一些，生活先好起来。”[1] 邓小平讲话和“允许一部分人先富”政策成为启动中国改革的最初的动力之一，也成为转变社会分层机制的重要力量，该政策在转变分层机制方面至少有以下三方面功能。

首先，这是关于社会分层和社会公平基本原则的重大变革。1949 年以后，国家政策的基本导向是寻求经济上财富分布、收入分配等方面的均等化，从理论上看，这属于“结果公平”的原则。邓小平提出的“允许一部分人先富”的政策，从理论上看，属于“机会公平”或“程序公平”的原则。[2] 正是由于基本原则的重大变革，最终导致了社会分层机制的重大变迁。

其次，“允许一部分人先富”是一种最为基础的政策，以它为基础形成了一组政策群，在这组政策群的作用下，最终改变了社会分层结构。中国社会的一个重要特征是“政府主导型社会”，即政权机构在政治、经济、思想文化等各个领域重大事务的管理和决策上，起着最主要的作用。因此，在中国就出现了这样一种非常特殊的局面：政策对全社会的影响巨大，甚至可以改变社会分层结构。笔者曾经分析过在中华人民共和国 60 多年的历史中，政策是怎样一次次地改变社会分层结构的。[3]

最后，“允许一部分人先富”政策是每一个老百姓最容易理解的改革内容。中国的改革是多方面、多层次的改革，改革的内容包括政治、经济、思想文化，涉及党政军民学的各个方面，但是，最让老百姓体会深刻的，与老百姓的过日子联系最密切的，还是“允许一部分人先富”政策。尤其是与改革开放以前形成了强烈反差，过去的政策是批判个人致富，改革开放后的政策是鼓励个人致富，所以，这项政策对在亿万老百姓中启动改革起到了非常巨大的作用。

---

① 邓小平:《解放思想，实事求是，团结一致向前看》,《邓小平文选（1975—1982年）》，人民出版社，1983 年版，第 142 页。

② 李强:《社会分层十讲》，社会科学文献出版社，2008 年版，第 267 页。

③ 同上书，第 327—345 页。

自80年代以后，在“允许一部分人先富”这一原则的指导下，国家出台了一系列的具体政策，最终改变了整个社会，形塑了新的经济分层机制。这些具体的政策内容十分广泛，下面仅列举其中一些方面为证。在农村政策方面，从允许农民经营自留地、从事家庭副业，鼓励和扶持农民增加个人收入，到后来的包产到户、包干到户，最终形成了家庭联产承包责任制。比较重要的中央文件包括：1982年中央一号文件《全国农村工作纪要》，提出了推行包产到户；1983年中央一号文件《当前农村经济政策的若干问题》，鼓励联产承包责任制，鼓励农民家庭经营，鼓励农民承包果树、林木、荒山、荒地；1985年中央一号文件《中共中央、国务院关于进一步活跃农村经济的十项政策》，提出放开农产品价格，推进商品市场。在城镇的政策方面，从1980年开始，企业普遍实行了奖金制，开始了“打破大锅饭”试验，取消平均主义的分配方式，鼓励多劳多得，计件工资、承包制、包干制等在企业中流行起来。在改革的形势下，逐步形成了企业的工资奖金由企业自行决定的机制，不少劳动者、工作人员从奖金中获得的收入大大超过了基本工资。同时1984年党的十二届三中全会通过的《中共中央关于经济体制改革的决定》明确提出，适当发展个体工商户和私营企业，承认雇工的合法性，这是具有划时代意义的变革。由此，私营经济、个体经济迅速发展起来。此外，对外开放，大力引入外资、外企，三资企业经济所有制的变化和就业方式的变化，也成为分层结构转变的一个重要方面。

通过80年代的重要转型以后，到了90年代，经济分层的机制已经基本稳定了。几乎所有的经济政策都是有利于经济分层的。比如，在所有制方面，鼓励多种所有制并存，鼓励私营经济的发展。又如，在收入分配方面，允许多种分配方式并存：即个体经济收入、利息股息红利收入、资本收入都是合法的，中国共产党的文件明确提出：劳动、资本、技术、管理等生产要素按贡献参与分配。

90年代初期，自邓小平同志南方谈话后，中国的改革大大加快了引入市场经济的步伐。具有重要标志性的政策变量是：1992年10

月中共十四大报告，第一次明确提出改革的目标是建立社会主义市场经济；1993 年 11 月中共十四届三中全会通过了《中共中央关于建立社会主义市场经济体制若干问题的决定》。市场经济的加速发展，导致资源在社会阶级阶层和社会人群中配置的数量、内容和方式均发生重大变化。仅以土地资源的配置为例，自 1990 年国务院令第 55 号《中华人民共和国城镇国有土地使用权出让和转让暂行条例》和 1992 年建设部令第 22 号《城市国有土地使用权出让转让规划管理办法》实施以后，我国城镇土地的出租、批租就合法化了，从此房地产业迅速发展起来，而在社会分层中的富有集团——房地产集团和房地产商业迅速成长起来。房地产市场化以后，房产和地产资源的配置与过去分配房屋时期资源的配置有了本质的不同。城市住房体制改革中最为核心的是土地制度改革。土地制度改革以后，房地产商才能够占有土地，然后才能盖房子。说是房价，实际上大部分是土地价格。21 世纪以来城市住房价格暴涨，很大程度上是土地价格暴涨的结果。那么，高涨的土地价格的收益被谁拿去了呢？根据国务院发展研究中心农村经济研究部部长韩俊的报告：土地增值收益的 40%—50% 被各类城市房地产公司、开发商、外商投资公司拿去了。[①] 所以，新的资源配置的机制在塑造着新的社会群体的分层。除了土地以外，其他一些资源诸如国有企业改革中的资源、一些矿产资源、医疗资源等，在 90 年代急速的市场转型中，也都出现了类似的配置倾向。21 世纪以来，一些重要的法律和法规，进一步固化了业已形成的经济分层机制，比较重要的法规如 2007 年 3 月通过的《中华人民共和国物权法》，十分详细地阐释了法律对于国有、集体所有权和私人所有权的保护状况。因此，所有这些法律、法规成为新的经济分层的制度保障。

当然，新的社会分层机制形成以后，一个新的社会问题凸显出

---

① 王平:《地根政治：全面解剖中国土地制度》,《中国改革》，2005 年 8 月，转引自“新文秘网”，http: //www.wm114.cn/wen/20/38230.html。

来，那就是贫富差距问题变得比较严重。上文已述，改革开放以前由于平均主义的分配政策，中国居民的收入差距是很小的。而改革开放以后，从80年代后期开始，贫富差距一路攀升。根据中国社会科学院赵人伟教授和李实教授等调研的数据，中国城乡居民家庭人均收入的基尼系数1988年为0.382，1995年为0.452。[①]1996—1997年，根据笔者所做的全国调研数据，城乡居民家庭人均收入的基尼系数是0.457 7。所以，学者们的数据很接近。2009—2016年，笔者比较了国内多种调查数据，发现我国城乡居民家庭人均收入的基尼系数达到了不低于0.5的水平。当然，上述这些数据都是学者们的调研数据，而不是官方的数据。学者们的这些数据都是在全国做的抽样，虽然抽样方法设计有所不同，但是在调研方法上、调研设计上还是比较周全的。所以，数据还是可信的。

总之，虽然不同来源的数据有所差异，但是，几乎所有的研究都承认，中国目前的贫富差距是比较高的。根据研究者的经验，当基尼系数在0.3—0.4之间的时候，属于中等不平等程度，而大于0.4时，属于“高不平等程度”。那么，中国的不平等程度是大大超过“中等不平等程度”了。

那么，怎样看待贫富差距比较大的这种现象呢？我们知道，评价任何一项社会政策都不能脱离当时的社会背景。当初邓小平提出一部分人先富的背景是：生产效率与劳动效率十分低下，经济发展严重滞后。改革开放40年来，致富、挣钱成为一种巨大的利益驱动力量，由此，中国经济进入高增长时期。所以，在研究贫富分化的问题上，也不能抹杀该利益驱动力量在刺激中国经济增长上的巨大的社会功能。

当然，事物总是辩证的。一个国家经济动力不足是个严峻问题，但是，如果追求金钱的动力过大也会成为严峻的问题。今天的中国

---

① 赵人伟、李实等：《中国居民收入分配再研究》，中国财政经济出版社，1999年版，第11页。

社会，财富成为很多人追求的重要目标。据报载，前一阶段的一次青年人的网络投票显示，青年人将追求“更多的钱”排在了第一位，占到了投票者的72.68%。[①]相比较而言，目前，中国人对金钱追求的动力超过了其他很多国家，表现为一种急于致富的大众心理。这对经济有没有刺激呢？当然有刺激。中国经济的高速增长、迅速膨胀都能够说明这一点。但是，追求金钱的动力过大、贫富的迅速分化，也不可避免地带来了负功能。

什么是贫富分化的负功能呢？显然，穷人群体与富人群体的差距拉得过大，两者之间的利益失衡，会造成社会矛盾、社会冲突。当前，此种利益失衡有多种表现：比如城市发展与农村发展之间的失衡，在国企改制中获得利益的群体与丧失利益的失业下岗群体的利益失衡，以及在城市拆迁改造、工程项目移民中的利益失衡等。

总之，贫富分化是个双刃剑，一方面，它确实刺激了人们追求财富的欲望，刺激了经济的增长；另一方面，它也带来了诸多的社会问题。对这些矛盾和缓解矛盾对策的分析参见本章第四部分。

三、改变社会资源配置方式的实验

第三个实验是资源配置方式的实验，即各种各样的社会资源是通过什么样的方式、什么样的规则，以及怎样分配给社会各个群体的。本书第一章就提到，伦斯基认为，社会结构、社会分层的核心问题是两个：第一，谁得到了什么？第二，为什么得到？“在我们的国家中或其他国家中，是什么原则在掌管着报酬的分配呢？是什么东西在决定着每个人所获得的报酬的大小呢？”[②]这当然关系到每一个人切身利益，也是每一个老百姓最关心的问题。

---

① 《中国青年第一欲望：发财》，载《新文化报》2005年7月20日第6版。

② ［美］格尔哈斯·伦斯基：《权力与特权：社会分层的理论》，关信平等译，浙江人民出版社，1988年版，第6—7页。

从理论上说，任何一个社会，能够影响资源分配的力量有哪些呢？传统上有所谓三元社会力量之说，①指政府、市场和公民社会是社会的三大构成部分或三大社会力量，社会资源的配置是在这三大力量的制衡中实现的。三大力量的制衡在解释欧美等西方社会时还是有解释力的，但是，在解释中国社会时就会发现这三种力量的严重不平衡的特征。笔者试着总结了一下中华人民共和国近 70 年历史中的配置社会资源的社会力量，或也可以称为社会方式与手段，大体上可以分为六个方面，即政府干预、市场机制、权力的作用、关系的作用、单位的作用、老百姓的博弈。这六方面的力量当然是不一样的，中国是政府主导型社会，所以，政府的力量最强大，其他一些力量也不是各自孤立的，有些是交织在一起的，下面分别述之。

第一是政府干预，即政府动用行政体系，直接干预或直接进行资源的配置。当然，此种方式在毛泽东时期最为突出，上文已述，无论是土地改革还是私有企业的改造，都是政府直接干预或操作的。改革开放以前，就连一般的生活用品也是通过政府发行的票证分配给广大公众的。由于当时政府干预的基本原则是实现资源配置的均等化，所以，配置的结果自然是一种平均主义的分配了。当然，改革开放以后，政府的干预与过去比有明显变化，市场机制逐步被启动，所以，这一时期的政府干预与市场机制往往交织在一起。当然，政府在资源配置上的重大功能，仍然不可忽视。这一时期由于指导资源配置的原则变化了，开始强调竞争的机制，所以配置的结果是不均等有了明显的增长。

下面，试举一个例子说明政府干预与市场机制是怎样交织在一起的，而且政府还是起到了主导的作用。迄今为止，中国的银行、

---

① 哈贝马斯：《公共领域的结构转型》，曹卫东等译，学林出版社，1999 年版；柯亨、阿拉托：《社会理论与市民社会》，载邓正来等编：《国家与市民社会》，中央编译出版社，2002 年版。

金融业基本上还是由国家控制的，这样政府的干预往往是通过对银行、金融的控制而实现的。比如，2009 年为应对金融危机，政府通过银行放贷 4 万亿，用投资拉动经济，直接缓解了经济危机。但问题是，政府通过银行放出的 4 万亿贷款是向谁倾斜呢？中国投资的明显取向是向国有大企业、向具有垄断性质的大资本倾斜。政府干预的结果是垄断企业的垄断性更强了，而中小企业的生存却更为困难了。目前中国金融业的一个大问题是只有大企业能够拿到贷款，中小企业得不到贷款，这甚至导致了众多中小企业的债务链条断裂和破产。这种资源配置的原则显然对中国社会结构未来的发展是十分不利的。

根据“全国工商联”2011 年的《中国民营经济发展形势分析报告》，到 2011 年 9 月中国登记注册的私营企业已超过 900 万家（2014 年为 1 275 万家），按照比例计算，私营企业投资人超过 2 500 万人。但是，据统计，这里面的大企业很少，企业资产超过 1 个亿的企业仅占 2.2%，企业资产的中位数仅为人民币 200 万，可见，即使在中国的企业主、老板层里面，绝大多数都是中小工商业层。而且，目前在中国，做工商业经营、做买卖的绝大多数人并不是私营企业主，而是个体工商户，其人数近年持续上升。2014 年我国的个体工商户总数超过 4 480 万户。如果再将那些没有正式注册的、农村中自行经商的、城市里各类人员包括失业下岗人员转而搞经营的人员都计算在内，人数更会大大增加。按照中共中央的总体思路是要“扩大中等收入者在全社会的比例”，也就是说，希望未来的社会结构是中层为主体的。而为了使中间层逐步扩大，在各类政策上当然应该向中小工商业者倾斜。如果能够使中小工商业者获得更多的利益，也是社会公众普遍获益的一个重要方面。但是，从上面的例子可以看出，政府对于资源配置还是有比较强的干预能力的，但问题是，干预的结果却与政府理论上倡导的原则并不一致。中央政府已经意识到了中小企业得不到金融机构贷款的严峻问题，目前，正在进行中小企业获得贷款和建立新的融资渠道的实验。

第二是市场机制。中国经济体制改革的最明显特征就是引入了市场机制，所谓市场通常由三驾马车组成：商品市场、劳动力市场和金融信用市场。到了20世纪90年代中后期，商品市场和劳动力市场的引入已经大体完成，目前，金融体系的市场化还在实验之中。什么叫作市场机制呢？从亚当·斯密以来就解释为：用看不见的手去配置资源，也就是说让人们在市场竞争中去完成资源的配置。中国改革开放40年的实验证明，市场机制当然有其正面效应，它表现为中国经济的高速增长，中国终于告别商品短缺时代，生产能力的剧增有目共睹。劳动力市场机制的建立，同样带来了巨大变化，教育收益率（指受教育年限与收入关系的系数）上升十分明显。

当然，以崇尚竞争为标志的市场机制显然也有其负面效应。市场机制引入的直接结果是与市场接近的群体成为直接受益者，与市场远离的则利益受损。谁与市场接近呢？当然是做买卖的工商业层，所以，90年代中期曾有一段时间出现全民下海、全民经商的浪潮。当然，由于我们的市场机制初建，很多环节都不健全，比如：市场的审批环节还比较繁琐，市场竞争机会并不均等，于是，出现了很多官商勾结、靠批件赚钱的、市场寻租很普遍，所以，权力及社会关系与市场搅在一起，权钱交易的腐败现象逐渐蔓延开来。权力和社会关系分别是笔者阐述的第三和第四个方面，此处不赘述。

第三是权力的作用，这里讲的更多的是个人动用公共权力，个人利用公共权力获取财富毫无疑问属于腐败行为。改革开放以来的40年，有二个巨大的资源配置受到了这种权力的干预，所以也是腐败频发的领域。第一是土地资源，虽然自20世纪90年代起中国就开始了出让土地使用权的市场化实验，但是，迄今为止，中国的土地资源很大程度上仍然是采用“划拨”的方式。这样，市场价格与划拨土地之间就有一个巨大的差价，这个差价的利益常常受到个人权力的干预，因此这一时期与土地利益相关的腐败案件层出不穷。第二个受到权力干预的巨大资源是矿产资源，尽管在法律上，中国的一切矿产资源均归全民所有，但是，实际上，在改革开放中，地方上的一些矿产资源被私人承包的现象屡见不鲜。而这种被私人承包背后往往有权钱交易。于是，在不少地方，煤矿主成为最富有的阶层之一。而且，这种富裕阶层常常是一夜暴富，老百姓对此非常不满意。第三大资源是国有资产。改革开放以前，中国几乎所有的企业都是国有的或集体的资产。20 世纪 90 年代是中国国有企业改革突飞猛进的年代，包括“抓大放小”“股份化”“破三铁”“优化组合”“下岗分流”等多种举措。比如，在“抓大放小”的过程中，很多国有资产被拍卖了。但是，这种拍卖的价格是否合理呢？对谁有利呢？情况非常复杂。比如，一个著名的案例是经济学家郎咸平抨击顾雏军卷走国有资产，按照郎咸平的说法，顾雏军在香港注册了一家公司，收购了科隆、美菱、亚星客车、ST 襄轴四家大国企，收购国企价值高达 41 亿，实际投入仅 3 亿多，很大程度上是将国有的资产不合法地转移到自己资产的名下。后来由于事情被媒体曝光，经司法调查，顾雏军被关进监狱。于是，大家的印象是，假如不是郎咸平在媒体上曝光，顾雏军也就不会出事。当然，后来的情况变得更为复杂，2012 年 9 月顾雏军被提前释放，他立即举行新闻发布会，顾雏军头戴高高的纸帽子，上面写“草民完全无罪”，并接着提起诉讼，披露这个案子里面有更大的黑幕，甚至指出有司法不公正问题，并抨击郎咸平从中获益。2017 年 12 月 28 日，最高人民法院宣布对顾雏军案依法再审，直到 2018 年 8 月初，该案件还处于延期宣判状态中。所以，目前我们尚无法判断事实究竟怎样。但是，通过这个案件，我们可以深刻感受到，在国有企业转制过程中，体制不完善、漏洞甚多，于是，社会上的诸多利益集团、权势集团，都争相角逐，试图从中获得一些资源，不管是转制中的资源还是司法干预中的资源以及各种类型的资源。总之，在国有资产转制中，一些人利用各种各样的权力试图获取国有资产的案件屡见不鲜，国企的多数职工失业下岗，成为弱势群体，而少数有权力者则获得巨额财富。

第四是关系的作用。对于中国社会，社会学常常称之为“关系社会”，中国自古就是人际关系极其发达的社会，其社会关系的复杂性超过了许多其他民族和文化。社会关系网也不能说完全都是负功能，它也是一种润滑剂，在改革过程中，常常是对社会关系网的运用突破了体制的束缚。所以，中国改革的一个特点是制度不僵化、制度有弹性，造成了制度具有灵活性，而人际关系是制度松动的重要渠道之一。当然，在资源配置方面，关系对制度的侵蚀也对法治社会形成巨大威胁。在这种情况下，法治的原则被关系冲破了。例如，表面上看起来都是合理的市场机制，都是“公开招标”“公开招拍挂”，其实很多都是内部关系在运作，公开性都是做样子给别人看的。在关系网的作用下，配置资源非常不合理的事件频发。即使限制了家庭关系也没用，以朋友关系为基础的关系网络更为复杂，这些为权钱交易创造了极容易繁衍的社会环境条件。其实，以家庭伦理为本位的东亚社会都有这个特点。所以，韩国、日本虽然已经度过所谓“中等收入陷阱”阶段了，但权钱交易的现象还是频繁发生。怎样在这样的社会环境下实现资源的公平合理配置，对我们仍然是一道难题。

第五是单位的作用。在中国，单位一直就是一种特殊的体制，每一个就业者的利益与自己的工作单位密切相关。虽然市场改革在一定程度上弱化了雇员对一般企业、公司的依附性，但是，迄今为止，在所有的政府单位、事业单位、大型国有企业单位，特别是那些行政级别比较高的单位，个人的利益完全取决于单位对资源的控制能力。如果单位对资源的控制、配置能力强，单位中的个人不管是否努力工作都能够从中获益，比如，近年来，社会公众对于垄断行业的高收入批评十分尖锐。单位控制资源本质上反映了不同利益集团对于社会资源的控制与配置，这显然不是公平公正的资源配置方式。老百姓对此颇有非议，比如，在基层调研中，常常听到老百姓说“地方上养着三条狼：工商、税务和银行，不信你就看楼房”，就是指垄断单位控制了资源配置，由此造成分配不公。

第六是老百姓的博弈。中国民间力量在参与资源配置方面明显不足，主要是体制机制的建设薄弱。从政治制度设计看，中国是采用各级人民代表大会制度和政治协商会议制度来反映广大人民群众的诉求。中国每年开“两会”（人民代表大会和政协），代表和委员们也做出种种提案，但是，“两会”不是常设机构，代表委员不是专职，所以，在开会期间发表意见，开完会运作也就容易弱化。但是，资源配置常常直接涉及每一个老百姓的切身利益，这样每当资源配置影响到老百姓利益的时候，比如征地、拆迁、补偿款、住房问题、环境污染问题、拖欠工薪、劳资冲突等，当老百姓没有顺畅的利益表达渠道时，也不时会发动起“群体事件”。在这些群体事件中，老百姓为切身的利益而抗争，也常常导致开发商、征地者、工程方、雇主方做出让步，这样，老百姓也在资源配置中争得了一些利益，当然，代价往往是十分惨痛的。

笔者在阐述配置资源的六种方式时，批评得多了一些，这并不是说这个实验是失败的。而只是说，目前正在进行的这个实验还有很多不合理之处，还需要逐步改进。资源配置方式的实验当然也有成功的方面，这就是中国改革开放40年来采用新的收入分配体制极大地激发了劳动者积极性和经济发展的活力，带来了中国经济比较高速的发展。

对于上述资源配置中的问题，政府当然也看到了。从指导思想上看，政府确实是想创建一种区别于改革开放以前的、新型的资源配置的公平机制。改革开放以前奉行的那种结果均等的分配政策，实践已经证明是失败的。改革开放以后，政府试图建立新型的机会或程序公平的机制，但是，难度相当大。党的十六大以后，在大的政策、理念上提出的主要观点有两个：一个是科学发展观，一个是和谐社会、社会建设。在与社会分层密切相关的政策、理念上，提出了“更加注重社会公平”的口号，中央强调，要使全体人民共享改革发展成果。十八届五中全会以后，提出“创新发展、协调发展、绿色发展、开放发展、共享发展”的新的发展理念，那么，这样一些新的理念和政策是怎样影响资源配置的呢？

“注重社会公平”的提法，最初是从2004年9月中共十六届四中全会开始的，此后的一系列文件，包括中共十七大报告、十八大报告，国家“十二五规划”（2011）、“十三五规划”（2016）等，都明确表述了要更加注重社会公平的观点。这样一种注重公平的政策取向也落实为一系列的具体政策，这些具体政策包括：推动区域协调发展，深入实施西部大开发，支持西部地区改善基础设施，推动东北地区等老工业基地振兴，补齐民族间和地区间发展不平衡的两个“短板”，实施脱贫攻坚工程，在我国现行标准下农村贫困人口实现脱贫，贫困县全部摘帽，解决区域性整体贫困，实施精准扶贫，精准脱贫，提高扶贫实效，推动城乡协调发展，健全农村基础设施投入长效机制，把社会事业发展重点放在农村和接纳农业转移人口较多的城镇，推动城镇公共服务向农村延伸，提高社会主义新农村建设水平，开展农村人居环境整治行动，发展特色县域经济，加快培育中小城市和特色小城镇，促进农产品精深加工和农村服务业发展，拓展农民增收渠道，完善农民收入增长支持政策体系，增强农村发展内生动力，创造积极的就业政策与和谐劳动关系，教育优先发展与教育公平，民主法治建设，完善公共财政制度、逐步实现基本公共服务均等化，把更多财政资金投向公共服务领域，深化收入分配制度改革，缩小收入差距，实现中等收入人口比重上升，加快建立覆盖城乡居民的社会保障体系，建立基本医疗卫生制度，建设服务型政府，强化社会治理和公共服务职能，城乡社区建设，统筹协调各方面利益关系，妥善处理社会矛盾等。

上述政策调整的趋势，很明显是在增加公平方面的政策变量，试图使社会资源的配置向普惠的方向调整。如果这些政策真的都能发挥作用，那么，资源和财富会更多地流向广大公众。然而，我们在观察这一时期政策影响资源配置的情况时，也发现了不同于过去的新的趋势。历史上，毛泽东时代，政策变量影响资源配置的方式是一种革命式的、重大冲击式的，社会分层结构也是以骤变的方式发生了变化。新时期的政策调整，采用的方式是微调式的，这样，它对于资源配置更多的是一种温和的影响。那么，怎样看待这两种不同的影响方式呢？应该承认，革命式的政策调整，往往是迅速改变社会结构，但是这种冲击式的改变，必然带来社会的震荡、动荡。相比之下，微调的方式比较有利于社会的平稳运行，避免震荡、动荡所带来的负面效应。政策微调方式的运作，体现出执政的成熟化，体现出执政者按照法治的方式、按照常规运作的方式来管理社会。当然，政策微调其影响的强度必然小，政策能够改变社会运行的力度和幅度也必然较小。

上文已经陈述了，由于中国的改革与发展是政府主导型的，又由于政府在资源配置政策上的重要调整，采取了一系列更加注重公平的措施，采取了通过再分配向低收入者转移支付的政策，所以可以预期，在未来，中国贫富差距拉大的趋势会有所缓解，贫富差距的水平会有所调整。

当然，从长远的政策取向看，如果要真正解决资源配置的问题，笔者以为，有以下五个方面的对策不可忽视：其一，城乡关系的调整，中国最为主要的贫富差距还是出现在城市与农村之间，所以，解决“三农”问题才是解决贫富差距问题的根本出路；其二，就业是民生之本，失业与贫困是孪生关系，所以，创造新的就业机会，解决失业下岗，可以缓解贫困；其三，推进社会保障体系的建设，这是调节再分配、缩小贫富差距的重要渠道；其四，通过税金调整，完善累进的个人所得税等多种调节手段；其五，推进基础教育，以往的研究证明，一个国家的平均教育水平与贫富差距是反比例关系，所以，提高基础教育水平可以缩小贫富差距，随着全民族文化教育水平的提高，中国社会最终将会步入“橄榄型”社会结构。

四、缓解工业社会中社会矛盾冲突的实验

第四个实验是缓解工业社会中社会矛盾冲突的实验。我们知道，我国的改革开放包含几项最基本的内容——引入市场机制、工业化、

城市化等。全世界的历史都证明，这个时期是最容易引发社会冲突和激化社会矛盾的时期。社会学家达伦多夫曾撰写《工业社会的阶级与阶级冲突》一书，论证了阶级冲突、社会冲突在工业化中难以避免的特性。[①]

改革开放40年来，中国也正是处在这样一个社会转型期，社会分化所带来的矛盾和冲突十分明显。国内社会学界一般将数十人以上的聚众事件称为“群体事件”，中国社会科学院社会学研究所发布的《社会蓝皮书》对于全国群体性事件发生的次数、频率等均有详细记录。[②]那么，为什么会产生社会矛盾、社会冲突乃至群体事件呢？笔者通过在基层进行的社会调查以及通过阅读一些文献报告和分析得知，绝大部分社会矛盾冲突是利益纠纷引起的。在市场机制还不太完善的情况下，社会的各个阶层常常可能因为个体的或群体的利益矛盾冲突而发生纠纷。比较常见的如农村的土地纠纷，由于城镇化发展迅速，农村的土地常常被征用，而征地过程中的相关体制、机制常有不完善之处，于是造成矛盾纠纷。再如，我国建立劳动力市场机制的时间还不长，体制机制还在完善过程中，因此，雇主与雇工之间常常因雇佣条件等发生劳资纠纷或劳动关系纠纷，最常见的现象如“农民工讨薪”等。

我们知道，当年欧洲社会处在这个转型期的时候，也是工人运动、社会冲突连续不断，甚至曾经引发了两次世界大战。在现代化转型过程中，某些国家曾经采取对外扩张、转嫁危机的做法，而中国采取的是试图将矛盾和危机化解于国土内部的发展道路。南美和西亚、中东一些国家在转型过程中，也曾发生政治动荡、军事政变，有些国家甚至整体社会动荡、发展停滞，落入“中等收入陷阱”。总之，从国际对比的角度看，中国虽然社会群体事件不断，但是，矛

① Ralf Dahrendorf, Ralf. *Class and Class Conflict in Industrial Society*, Stanford University Press, 1959.

② 陆学艺、李培林:《社会蓝皮书：2013中国社会形势分析与预测》，社会科学文献出版社，2012年版，第13页。

盾大体上在地方、区域范围内处理了，没有形成全国整体的社会运动。并且，总的来说，中国比较巧妙地运用了三个优势来解决当前的问题，第一，政府治理优势，上文已述，中国是政府主导型社会，在处理社会矛盾方面，政府的应对能力、处理危机能力比较强。当然，仅仅靠政府强大、仅靠政府干预也不行，绝不能忽视多元的社会力量的重要功能，下文会阐述多元社会力量的缓冲作用。第二，组织资源优势，中国社会最大的优势，其实既不是自然资源也不是人口众多，而是各种各样的组织资源，下文专有表述。比如工人有中国特殊的工会组织，青年有中国特殊的共青团组织，妇女有中国特殊的妇联组织，农村有村委会、党支部，城市有特殊的街道委员会和社区居委会组织等。第三，和谐文化优势。中国人文化上讲“和为贵”，讲整体利益，这与西方人的“个体本位”文化（梁漱溟语）完全不一样[①]。此种文化在下文所述的多种缓冲机制中都发挥了作用。

在缓解社会矛盾和社会冲突的实验中，中国政府提出了两个重要的理念：一个是“和谐社会”，另一个是“社会治理创新”。怎样实现和谐社会呢？有两个方面最为重要，其一为“民主法治”，其二为“公平正义”。中华人民共和国积近70年的经验，要想长治久安，在政治上只能走民主的道路和法治的道路。当然，共和国在前二三十年的实验里，民主和法治都出了问题，尤其是在“文化大革命”中的一段时间里，“公检法”体制被否定，民主和法治均受到严重破坏，实际上是引发了社会动乱。法治的建设在改革开放以后的40年里，立法做得比较突出，但是，要真正实现法治不是颁布了法律就可以的，而是要让法律成为管理者与被管理者共同遵守的行为准则，要实现这一点恐怕还要走相当长的道路。至于“公平正义”的实现，上文已述，分配领域，不公平、不正义的现象比比皆是，所以，公平正义的实现也不是短时间能够完成的事情。

---

① 梁漱溟:《中国文化要义》，上海人民出版社，2005年版，第70—72页。

在实践的层面上，中国政府在“社会治理创新”方面确实做了很多事情。所谓“社会治理创新”就是说，按照传统的管理方法难以解决当前的问题了，要针对今天的新问题提出新办法。前一段，在处理群体事件上，有一个事件的处理有比较重大的社会进步意义，这就是广东的“乌坎事件”。乌坎事件体现了管理者与被管理者之间可以用妥协的方式解决对立、冲突的问题。以往政府对“民间领袖”是不信任的，而在乌坎事件中，对于群众推举的代表，政府从不信任的立场转变为信任的立场。最后，“民间领袖”按照“村民自治法”被选为村委会主任。也就是说民间的代表、“民间领袖”得到了官方的认可。这就涉及我们怎样看待群众的问题，要承认人民群众是主张公平正义的，绝大多数群众都是善意的。乌坎事件体现了“要相信群众”的观点。乌坎事件在民主选举之后对立的情绪就缓和了。乌坎事件体现出了一种新的工作方法。

笔者以为，中国社会是有很强的自我调节能力和自愈能力的。社会的多种机制在中国当前的改革与转型中发挥着社会自我协调或自愈的功能。这些机制有些是传统的，有些是新生的，它们大体上都对因社会急剧变迁而造成的一部分人出现的生活困难、社会地位下降起到了帮助和辅助的作用。中国目前处在改革与社会巨变的时代，社会流动规模和速度都在扩大和加快，地位上升流动和下降流动频繁发生。地位上升固然是好事情，但是，一部分人的地位上升，比如迅速富裕起来，也会导致其他群体的相对地位下降。而且在这一时期，地位下降，也并不少见，比如，90年代中后期的大批城市职工下岗失业、城市出现新的相对和绝对贫困阶层等。那么，有哪些机制在起着缓解社会矛盾的功能呢？笔者试分析以下六种机制：

第一，基层组织“缓冲机制”。上文已述，中国是组织资源最为发达的社会。传统上我们以为中国自然资源十分丰富，但是最近的一些调查数据显示我国的人均自然资源十分短缺，在国际上位次很低。我国人均淡水资源排在全世界第88位，我国人口占世界人口的

21%，但石油储量仅占世界的1.8%，天然气储量仅占世界的0.7%。所以，从人均的角度看，我们的自然资源是相当贫乏的。但是，与之形成强烈反差的是，我们的组织资源极为丰富。改革开放以前的计划经济时代，我们曾利用层级管理的组织体系，甚至在很大程度上取代了市场，通过组织管理和票证制度，居然将物质资源配置到每一个个人。当然，这样一种人为配置资源的做法扼杀了个人的积极性，一般被视为计划经济的严重弊端。但是，如果从社会资源的角度看，这又确实是一种极为强大的组织资源。长期以来，我们通过这套组织资源实现了极为罕见的社会动员。改革开放以后，从表面上看，层级的组织管理体系有所弱化，但是，2003年对突发的“非典”危机的处理和2008年对四川汶川大地震的应对，再次证明，即使在市场转型以后，我国的组织资源仍然是极为强大和有效的。既然是强大有效的资源，我们就应该充分发挥它的效能。目前，在社会转型中，与老百姓联系最为密切的组织资源是城市里的街道、社区居委会、农村的村委会等。单从城市的社区居委会的工作看，近年来，在辅助城市弱势群体，实施城市最低生活保障线，照顾老弱病残，建立城市社区医疗保障体系，协助城市失业下岗人员再就业，解决家庭困难、纠纷与矛盾等方面，发挥了重要的调解和缓解社会矛盾和社会问题的功能。在全世界，能够像中国这样的，通过极为庞大的基层层级街道、社区居委会组织体系实现社会缓冲、社会救助、社会帮助的，确实不多见。所以，这应被看作是具有中国特色的矛盾调解机制。上文所说的社会治理创新，很大程度上是在这个领域。

第二，传统单位体制的“缓冲机制”功能。近来关于单位制的探讨大多集中在讨论市场转型时期单位制的变迁和衰落方面，而对于市场转型中单位制为缓和社会矛盾、缓解社会冲突继续所发挥功能方面关注得不够。其实，即使在90年代中后期国有企业转制，失业、下岗、离岗、内退等人员激增的时期，单位制还是在发挥作用的，下岗、离岗、内退等人员在很长一段时间里，仍然与单位保持了一定的联系，不少单位在不同程度上为曾经工作过的职工提供了一些福利。90年代后期，单位住房体制改革，将原属于单位的住房用比较低的价格卖给了职工，所以，最近的数据显示，中国城市居民住房的自有比率在全世界名列前茅，而居民拥有住房的主要渠道就是“单位房改”。调查显示，多数城市居民拥有自己的住房是来自“单位房改”，而拥有自己的住房成为社会稳定的重要原因，所以，“单位房改”实际上也起到了社会缓冲的功能。当然，对于单位承担社会功能，新近的说法是单位的“社会责任”或企业社会责任。

第三，政治身份群体“缓冲机制”。在我国90年代中后期城市体制大转轨以后，随着大批国有企业的转制，很多原来处在中间阶层地位的国企职工，其经济地位明显下降。但是，这也分为不同的情况，其中的某些群体，特别是具有传统优秀政治身份的群体，在不同程度上得到了一些社会照顾和福利。比如，市级以上的劳动模范、革命伤残人员、军属、烈属等受到了一些政策的保护，缓解了他们的一些危机。所以，在改革开放的新时期，应继续探索和发挥多种政治身份群体在缓解社会矛盾、构建和谐社会方面的新的社会功能。

第四，新的社会保障机制起到了缓冲社会矛盾的功能。21世纪以来，针对城市里出现的地位下降群体或新的贫困层，国家建立和完善了一系列新的社会保障机制。比如，城市最低生活保障线，即对于城市居民中的贫困阶层给予经济上的帮助。又比如，针对失业下岗，各个城市均建立了多种再就业机制，一些城市提出防止“零就业家庭”的出现，即保证家庭中至少有一个人就业。再比如，一些城市尝试在市民中建立“广覆盖”的医疗保障机制等，农村建立的“新农村合作医疗制度”等。

第五，子女地位上升对于父母地位下降的补偿功能。英国社会学家帕金（Frank Parkin）的研究证明[①]，在西方国家，一代人的地位

① Frank Parkin, *Class Inequality and Political Order: social stratification and communist societies,* London: Mac Gibbon & Kee Ltd, 1971.

下降，从另一代人的地位上升中得到补偿。在我国，这种现象也很突出。改革开放以来，由于产业更替很快，很多中老年群体的技术被淘汰了，出现了明显的地位下降状况，但是，新生代由于受教育水平高、掌握新技术的速度快，所以，出现了某些新生代地位迅速上升的现象。笔者曾将此种现象称为“我国中等阶层的代际更替”，即认为改革开放以前的国营企业职工层在我国当时的社会是类似于中产的阶层，改革开放以后其大部分企业衰落了，随着国有企业的解体而地位明显下降，但是，年轻的一代却迅速成长起来，所以，家庭中工作不久的孩子收入明显超过父亲和母亲的现象比较普遍。这里面有明显的代际补偿，这也是一种重要的社会缓冲现象。

第六，家庭内部的经济互助，这是最具有中国特色的社会缓冲机制。改革开放以来，我国同一家庭内部成员的上升和下降流动是很不一样的。常常出现同一家庭兄弟姐妹之间，有的人迅速致富，有的人失业下岗的现象。在多数西方国家，兄弟姐妹之间是很少有经济往来的，因此也就缺少了一种缓冲的机制。而笔者的研究证明，在我国，家庭内部的经济互助、金钱帮助是十分普遍的。家庭中一个成员富起来了，父母就会出面调节，让兄弟姐妹之间能够互相帮助，这种家庭成员之间的互助使得下降流动的成员得到了经济补偿，缓解了他们的危机，这是一种特殊的缓冲机制。

以上所总结的我国社会缓冲机制的形成和发挥功能说明，正像一个人具有免疫系统一样，一个社会也具有它的免疫体系，也具有自愈或自我恢复、自我调节的能力。改革开放40年来，转型中的中国社会遇到了诸多的社会问题，社会分化、社会解组、社会冲突、社会矛盾往往成为社会学家关注的焦点，但是，社会的另一个方面，我们也不能忽视，这就是社会的免疫系统和自愈功能也在发挥作用，而社会缓冲机制就是社会的免疫系统和自愈功能的重要内容之一。

综上所述，中国人对于社会的理解，自古称作“治乱兴衰”，即将中国社会的状态分为“治世”和“乱世”，治世是“国泰民安”如历史上的“文景之治”“贞观之治”，乱世是“兵荒马乱”，人民生活不安定，如 20 世纪的“军阀混战”时期，“内战外患”时期。从中国特有的这种历史视角看，尽管中国还有多种不同类型的社会矛盾、社会问题，但是，中国当前的社会经济和人民生活状况还是属于“治世”。从历史的纵向比较看，中国当前还是近 100 多年以来比较好的发展时期，还属于“大治”之世。所以，这里阐述的四种实验，还是有成绩的。当然，中国的改革开放绝不能就此止步，中国的社会实验也还要继续推进。

第四章
现代社会结构变迁趋势分析

第三章分析了中华人民共和国成立以来在社会分层方面的四个实验。如果从现代社会结构变迁的一般趋势上看，从国际比较的角度，如何看待我国社会分层的四个实验呢？怎样看待改革开放以来中国社会所发生的社会分层结构的变迁呢？了解国际上已经完成现代化转型国家社会结构变迁的一般趋势，会有助于我们理解在我国发生的现代化转型的一些现象。本章就是试图从这一角度作一个理论的分析。

一、现代化国家社会结构演变的一般趋势

从世界各国的经验看，现代化必然造成社会分层结构的变迁，或者说，社会分层结构、群体结构、职业结构的变迁与现代化的发展是同步的。今天，世界上的发达国家都已形成了不同于传统社会的新的分层结构。那么，在现代化的进程中，中国社会分层的演变究竟是会类似于多数发达国家已经发生的变化，还是会因国情之不同，而形成一种不同于其他国家的社会分层结构？让我们先考察一下欧美经济发达国家社会分层结构演变的历程。大致可以归纳为以下八个特点：

第一，从传统的贵族与平民的身份制度演变为雇主与雇员的阶级分层制度。由传统的身份分层制向阶级分层制的演变，是西方国家现代化中社会结构变迁的最主要特征。欧洲社会在工业革命前具

有很强的身份制分层色彩。比较典型的，如英国有绅士与平民之间的重要区分。绅士包括上至国王、贵族（即公爵、侯爵、伯爵、子爵、男爵），下至骑士、骑士扈从、普通乡绅的复杂体系。绅士虽然财产数各不相同，但他们一般都有对土地的所有权以及对于社会和经济的影响力，因而与其他人有明显的差异。据统计，在17世纪初英国绅士大约占全部人口的2%。[1]再如法国的三个等级的分层制度，即教士与贵族分属第一、二等级，其他的农、工、商、城市平民等均属第三等级。这也是一种典型的身份制度。工业革命后，历经了上百年的变迁，欧美社会均演变为以资本、财产的所有权为基础的雇佣制社会。对这种新的社会结构，卡尔·马克思曾预言：雇主与雇员会分化为两大阵营，整个社会会发生两极分化。然而，这种预言只实现了一半。即从一方面看社会上的多数从业者确实变成了不是雇主就是雇员的二者必择其一的地位，当然不排除有少数的“自我雇佣者”（self-employed）。可是，从另一方面看，无论是雇主阶级还是雇员阶级都具有复杂的分层体系，并且互相交织在一起。雇主与雇员的名称并不能反映阶级的分野，一位大公司的高级雇员其地位大大高于一位小业主的地位，而不是相反。因此，社会并没有因雇主与雇员的区分而两极分化，反倒是传统的贵族与平民制的社会更具有两极分化的特征。

第二，农业劳动阶级的衰落和工业劳动阶级的兴起。这一点已是司空见惯的事实了。目前的西方国家，无论我们称之为工业社会还是后工业社会，都是工业或新兴工业占据绝对统治地位的社会。农业就业者仅占很小比例。一些国家的农业就业者占全社会就业者的比重为（2008）：美国1.5%，英国1.1%，法国2.8%，德国1.8%，意大利3.7%，加拿大2.4%，澳大利亚3.3%，日本3.8%，

① 阿萨·勃里格斯著：《英国社会史》，陈叔平等译，中国人民大学出版社，1991年版，第130页。

而我国为39.6%。[1]可见，我国社会结构的现代化程度距世界上的经济发达国家尚有较大距离。

第三，职业分层成为社会分层的基础。工业社会使人口最大限度地纳入了正规的职业体系，甚至连以往以家务劳动为主的妇女也不例外。在现代社会中，职业地位已成为人们最主要的社会地位，人们社会地位的高低都通过职业地位而比较精确地反映出来。再者，职业地位不仅仅反映了经济、财产、收入地位，而且反映了人们在权力结构和声望分层中的位置。这样，职业分层与阶级分层也就是相互吻合的了。不仅如此，由于绝大多数人是通过教育渠道而进入职业结构中来的，这样在现代社会中教育就成为筛选社会分层的最主要机制，尽管这种机制最早并不是发源于西方社会，而是起源于中国古代的科举制度。

第四，白领阶层在人数和比例上均超过蓝领阶层。在19世纪末以前，欧美社会中的白领雇员还只占就业者的很小部分。例如，1851年，英国受雇的白领职员仅占当时劳动力的0.8%，[2]到1870年美国的白领阶层总数也只有75万人。[3]然而，自20世纪初以来，随着大的垄断组织的兴起，白领队伍开始膨胀起来。到了第二次世界大战后，随着科技革命的发展，白领阶层更迅速扩大起来。例如，在美国，白领人员的总数从40年代的1 608万人上升到70年代的5 105万人，白领占劳动力总数的百分比也由40年代初的31%上升到1979年的50.9%。从那时以来，白领阶层就一直在人数和比例上超过蓝领而成为最主要的社会群体。从社会后果看，白领的上升和蓝领的下降，使得西方国家早期的那种以蓝领工人为主体的大规模劳工运动与斗争无论在声势上还是在激烈程度上都大大下降。白领

① “新浪网”：http://finance.sina.com.cn/worldmac/indicator_SL.AGR.EMPL.ZS.shtml。

② David Lockwood, *The blackcoated Worker,* London, Allen & Unwin, 1958, p.36.

③ C. Write Mills, *White Collar, The American Middle Classes* New York, Oxford University Press, 1951. p.63.

阶层的兴起，也使得整个劳动群体参与管理的程度大大提高。这与整个社会民主程度、平等程度的提高都是同步发展的。

第五，庞大的中产阶级队伍的形成。这一特点与上述的白领阶层的兴起密切相连。暂且不说理论家们对“中产阶级”的概念有着何样的不同看法，人们对这样的事实却是有目共睹的，即在经济发达国家，居于最富有的与最贫穷的阶层之间的是一个庞大的中等收入层，它成为社会的主体。20世纪以来，特别是第二次世界大战以后，西方国家的中产阶级比例一直在上升。例如，在美国，到了80年代，社会上最富有的阶层大约占6.7%，最贫穷的阶层大约占6.2%，其余的87.1%的家庭，大致都处在中等收入或曰中产阶级的地位上。[①] 庞大的中产阶级的形成，使得全社会的贫富差距程度大大缩小。作为贫富之间的过渡群体，中产阶级起到了使社会上层与下层对立和冲突得到缓解的作用。

第六，生产力的高度发展，特别是现代科学技术的发展，使得现代消费品能够被大量生产出来，日常必需品已经变得价格低廉，因此绝大多数居民都能过上小康生活。这就避免了因争夺基本的生活必需品而发生的社会冲突。

第七，严格的税收制度缓解了贫富分化。目前，经济发达国家一般都实行较为严格的个人所得税制度，对于个人收入实行高额累进税制度，即收入越高纳税的比例就越高。因此，个人所得税制度实际上将富人的一部分财产转移给了穷人。例如，根据美国官方统计，1982年，美国近150万低收入者获得了总数500亿美元的公共援助，如果换算成税收，相当于每个美国人平均贡献了250美元给穷人。[②]

第八，社会保障制度使社会上绝大多数人都能享受到基本的社会福利。其内容包括：贫困线制度、失业救济制度以及医疗、养老、

---

① 李强：《关于中等收入层问题的研究》，载《管理世界》1992年第6期。

② 李强：《中国扶贫之路》，云南人民出版社，1997年版，第319页。

住房等保障制度。以英国为例，伦敦经济学院的戴维·皮亚昌迪博士等人曾将英国的社会保障体系总结为：国民保障、与收入相关的保障和非捐助型保障三大体系。请看下表（表 4–1）[①]：

表 4–1 英国的社会保障体系（1993 年）

三大体系	项目	接受者人数（千人）	金额（百万英镑）
国民保障（不作个人经济状况调查）	1. 退休养老金	9 910	25 503
	2. 失业救济	715	1 838
	3. 病弱者救济	1 490	5 138
	国民保障总计 *		37 365*
与收入相关的保障（作个人经济状况调查）	4. 收入支持	5 320	14 461
	5. 住房福利	4 315	7 348
	6. 家庭贷款	420	864
	收入相关保障总计 *		24 446*
非捐助型保障（不作个人经济状况调查）	7. 儿童福利	家庭数：6 896（儿童：12 485）	5 767
	8. 残疾人生活津贴	935	1 905
	9. 照料津贴	765	1 458
	非捐助型保障总计 *		12 323*

* 表中的各项总计英镑数额均大于各分项之和，原数据如此，可能是还有其他未列入项目。

从表 4–1 可以看到，英国的社会保障体系所覆盖的人口数是相当大的，特别是使弱者得到保障。社会保障制度实施的结果是大大地缓和了上下层之间的社会矛盾。

上述八个特点并不是同时发生的，从时间上看，大体上可以分

① ［英］戴维·皮亚昌迪（David Piachaud）与理查德·西尔伯恩（Richard Silburn）：《英国的社会保障及贫穷现象》，载《扶贫与就业》，香港社会保障学会，1994 年版，第 83 页。

为两个阶段：第一个阶段是从传统的身份分层制向阶级分层制的转变，人们的等级关系被新式的雇佣关系所取代。在这一时期，工业劳动者阶级兴起，阶级之间的关系处于比较激化的状态，阶级斗争频繁发生。第二个阶段则是以白领阶级和中产阶级的兴起为标志，全社会的阶级关系处于比较缓和的状态，税收制度、社会保障制度等的调节避免了阶级矛盾的激化。著名社会学家丹尼尔·贝尔等人曾以“后工业社会”的概念来总结后一阶段的特征。[①] 所以，如果从吸取经验教训的角度看，如何使社会结构的演变，尽快地从第一个阶段的矛盾激化时期转入到第二个阶段的关系缓和时期，这应该是发达国家结构演变给我们的基本启示。

二、对中国社会结构变迁的理论分析

中国社会结构的变迁与上述西方经济发达国家的演变有何相同之处，有何不同之处呢？一方面，我们在目前中国大陆社会分层结构的变迁中，或多或少地发现了上述发达国家结构演变的最一般的特征；另一方面，中国的结构变迁也有自己突出的特点。这主要体现为：新中国成立以来，中国社会结构出现了两次重大的转型。正如上一章所分析的，第一次是在中华人民共和国成立初期，它经历了打碎阶级体系的尝试；第二次是在改革开放以后，它经历了由身份制分层向经济分层的转换。以下就是对这两次转型做出的总体判断和理论分析。

如本书第三章所述，1949 年革命的最主要特征是在中国打碎了阶级体系。这是通过两个重大步骤完成的。第一步是土地改革运动，用革命的手段剥夺了地主的土地，把它平分给农民，从此，中国农村中已不具有真正经济意义上的阶级了；第二步是发生在 1956 年的

---

① 丹尼尔·贝尔:《后工业社会的来临：对社会预测的一项探索》，商务印书馆，1984 年版，第 3—4 页。

社会主义改造。它用“低额利息”赎买的方式，改造了中国的民族资产阶级；用城市中的私营企业先变为“公私合营”的方式，后来又逐步变为国家所有和集体所有两种形式，用渐进革命的方式剥夺了资产者的所有权。因此，1956年的社会主义改造以后，无论城市还是农村，实际上都已不存在真正经济意义上的阶级了。

既然阶级体系打碎了，大家都不占有巨量财产或大规模的生产资料了，那么，财产所有权就难以作为区分社会地位高低的标志了，中国是否就因此进入“均等”社会了呢？事情并不是这样简单。财产所有权只是形成群体之间差异的一个方面，可以区分群体差异的方面还有很多。按照帕金（Frank Parkin）的“社会屏蔽”（social closure）理论，各种社会集团都会通过一些程序，将获得某种资源和机会的可能性限定在具备某种资格的小群体内部，为此，就会选定某种社会的或自然的属性作为排斥他人的正当理由。这些属性包括民族、语言、社会出身、地域、宗教等。[①] 中国的情况恰如帕金所言，当财产所有权不再成为“社会屏蔽”的条件以后，立刻出现了其他条件取而代之。这些条件包括户口、家庭出身、参加工作时间、级别、工作单位所有制等。到了50年代中期，这样一套非财产所有权型的社会分层，已经形成了一套比较稳定的制度体系，并一直持续到1979年的改革开放以前。对于这套社会分层制度体系，我们可以称之为“身份制”。

有必要阐释一下什么是“身份”。在社会学上，马克斯·韦伯最早也最为系统地阐述了身份（status）和身份群体（status group）的概念。韦伯认为：“‘身份’指的是在社会声望方面可以有效地得到的肯定或否定的特权，它建立在如下一种或数种因素基础之上：a. 生活方式；b. 正式的教育过程，包括实际经验的训练或理性的训练，及

① Frank Parkin, *Marxism and Class Theory: A Bourgeois Critique,* New York: Columbia University Press, 1979, pp.11–13.

与此相对应的生活方式；c. 因出身或因职业而获得的声望。”[1] 韦伯认为，身份与阶级不同，阶级是由客观经济指标决定的分层体系，而身份是由主观社会评价决定的。韦伯身份概念的复杂性在于，一方面强调了身份是主观社会评价上的地位，另一方面又强调身份有客观生活方式、教育、职业、出身作为基础。身份制就是建立在上述身份基础上的一套由法律、法规、规范认可的制度体系。

当然，在中国的场景下，身份、身份群体又与韦伯所说的身份略有差异。中国50年代中期形成的身份制，较多地突出了政治身份，比如，贫下中农、富农、职员、革命干部等。对此，本书第六章“政治分层与经济分层”将有专门论述。

身份地位与经济地位不一样，两者可以有关系也可以没有关系。比如，在当时右派或小业主都是身份地位，贫下中农或富农也是身份地位。他们的身份地位与他们的经济地位并没有直接的联系，贫下中农有可能比富农的收入高，富农也有可能比贫下中农的收入高，无论他们的经济生活富裕与否，都不会改变他们的社会身份。身份地位虽然与经济地位没有直接的关系，但是，不同的身份地位却又确实体现了它们在获得社会资源方面的差异。比如，在1979年以前，不同身份地位的人在福利待遇、工资级别、入党、参军、上大学、就业等方面均有明显的区别。在社会生活的层面上，更体现出身份是一种实实在在的社会地位。相同身份地位的人生活情趣更为相近，社会交往更为频繁。比如，我们常有各种各样的“小圈子”，同一小圈子中的人通常具有相同的或相近的身份地位。再比如，相同身份地位的人更容易通婚。社会调查显示，中国城市市民一般在市民中选择配偶，农民户籍身份者多在农村居民中选择配偶。身份地位又多体现的是一种“等级”差异，所谓“等级”（estate）是工业

---

① Max Webber, *Status Group and Classes*, from: David B. Grusky edited, *Social Stratification: Class, Race, and Gender in Sociological Perspectiue,* San Francisco: Westview Press, 1994, p.125.

社会以前的一种社会分层单位。等级制的特点在于，它禁止各等级之间的社会流动。因此这是一种相当封闭、落后的体制。

身份地位既然有差异，那么，人们是根据什么来区分身份地位的呢？不同国家、不同时期区分身份地位的指标多种多样，比如有民族、语言、社会出身、地域、宗教等。一般来说，区分身份地位的指标多是一些非连续性的、异质性的指标。比如，收入是个连续性指标，它难以区别身份，而职业是个非连续性的、异质性的指标，它可以区分出工人、农民、知识分子这样的身份群体。如前文所述，能够区分身份地位的标准的再一个特征是，它们常常是一些先天的因素，或曰"先赋因素"，即人们想通过后天的努力来改变这些因素是比较困难的，比如家庭出身就难以改变。

以"先赋因素"来确定人们的社会地位，这体现了改革开放以前在我国比较流行的一种社会价值观。这种价值观念与前文所说的"结果公平"观念有一定联系，其特征是比较排斥竞争（包括市场竞争）所造成的差异性，比较排斥竞争的合理性，比较排斥"社会流动"。按照此种观念，人们的社会地位、社会位置会被固化在身份体制上。身份制与此种排斥竞争的价值观是互相呼应的，也可以说是互相支撑的。这样的体制机制和价值观极大地束缚了社会成员的积极性，这也是改革开放以前经济社会发展滞后的重要原因。

根据社会学研究，现代社会高速发展的动力，很大程度上来源于"社会流动"。社会学理论认为社会流动极大地促进了多方面的社会进步，虽然在计算社会流动带来的经济增长之具体方法上，还有很多问题需要解决，但是，社会学界在社会流动能够带来社会发展与进步这一点上，还是达成了共识。而身份制最突出的影响就是会阻碍社会流动，因为身份制排斥了人们通过后天努力而实现社会地位上升的可能性。

我国在改革开放以后，大胆实施了多方面的体制机制变革，这些都逐步导致了作为一种完整体系的身份制走向衰落和解体。比较突出地体现在：一是农民开始突破了户籍身份的限制，进城务工经商。农民中涌现出了一批“农民企业家”，甚至是百万富翁、千万富翁。二是“官本位制”受到威胁。例如，我们很难判断一个级别很高的但亏损严重的国有企业，与另一个级别甚低但利润在亿元以上的乡镇企业，孰高孰低？三是档案身份已被突破，多种类型单位的出现使人们在就业时不再为档案身份所困。诸如此类，与此同时，经济分层的特征也愈来愈突出。

从世界各国结构变迁的基本规律看，在身份分层解体，向经济分层演进的初期往往是社会矛盾激化的时期。比较尴尬的是，在中国打碎了阶级体系的时期，明明社会上已不存在经济意义上的阶级了，但是我们却在社会政策上大搞所谓“阶级斗争”。当中国从身份分层向经济分层演变的时期，中国最需要的是一个稳定发展的时期，但是这一时期却又是矛盾最易激化的时期。这就是中国在社会分层方面遇到的最大难题。从前述的世界各国结构演进的一般规律看，走出这一困境的基本途径就是，尽快使我国从经济分化时期转入白领阶层和中间阶层兴起的时期。中产阶级占据社会的主体，是现代社会走向稳定的重要结构原因。为什么呢？笔者以为：第一，中产阶级是介于社会高层与底层之间的缓冲层，当它成为社会主体时，社会高层与底层之间的冲突就会受到阻止，社会矛盾就会大大缓和，这是社会稳定的政治原因；第二，中产阶级在社会上代表温和的、保守的意识形态，当这种意识形态占据主导地位时，极端的思想和冲突观念就很难有市场，这是社会稳定的思想原因；第三，中产阶级也是引导社会消费的最主要群体，当中产阶级占社会的多数时，中产阶级的生活方式就保证了社会庞大稳定的消费市场，这是社会稳定的经济原因。

当然，白领阶层和中间阶层的兴起并不是由我们的主观意愿决定的，它需要一定的社会条件。中间阶层的形成需要如下的一些基本条件。第一，要有产业变迁的条件，即它一般形成于第二产业向第三产业转型的过程之中。正是在产业演进的过程中才形成了有规模的中间阶层，如管理层、技术层、商业层、职员层等白领阶层。

第二，这实际上是一个职业变迁的问题。现代社会中，现代职业结构取代了传统的职业结构，一个庞大的、不是直接操作生产劳动的阶层形成并扩张起来。第三，和教育有关系。在传统的两极社会中，只有极少数的人受过高等教育，多数人都没受过正规高等教育。而在现代的发达社会中，大多数人都受过大学教育，这样，一个中间阶层就形成了。大学是中间阶层的孵化器，大学教育非常重要的功能之一就是，使人们接受社会主导规范或中间阶层的规范。然而，在亚洲，特别是东南亚很多国家，恰恰缺的就是这个。比如，泰国的有钱人都送子女去国外念书，贫苦人家子女则根本没钱上大学，结果造成了教育上的两极分化。所以，大学不仅可以生产高层次人才，而且还可以生产“中间阶层”。总之，特定的经济结构、职业结构和教育结构，是中产阶级赖以形成的土壤。

通过以上的分析可以看到，改革开放以来中国社会分层结构变迁的突出特征是身份制的弱化以及经济分层机制的强化。而改革开放以前，身份制的两个最为突出的表现就是：户籍制和干部、工人身份制。下面，我们就以这两个最为突出的方面为例，对身份制做进一步的剖析。

三、对改革开放以前身份制两个方面的分析

1. 城乡分割的身份制度

自 50 年代中期，一直到 1979 年，甚至可以说一直到今天，中国一直实行着比较严格的户籍制度。按照这种制度，一个人一旦在某地注册了户口，那么，迁居他地就成为十分困难的事情了。户籍制度最主要的方面就是将人们分为两类：城市户口（非农户籍）和农村户口（农业户籍）。而所有持农村户口的人均被称为农民，尽管他们中的有些人并不从事农业生产劳动。在改革开放以前，对于中国的农民来说，要想改变户籍身份是极为困难的，他们极难进入其

他身份群体。

中国城乡户籍制的形成是有一个历史过程的。1949年新政权刚建立的初期，中央政府对人口在城乡之间的流动控制尚不十分严格，按照当时的法律规定，公民尚有“迁徙”之自由，中华人民共和国1954年《宪法》第九十条规定：“中华人民共和国公民有居住和迁徙的自由。”[①]然而，在50年代期间，随着工业化的高涨，农民开始大量流入城市，并由此引发了粮食、副食供应、交通、住房、城市服务等诸种问题。于是，政府曾先后两次采取较为严格的措施限制农民流入城市。第一次是在50年代中期，政府曾专门为“劝止农民流入城市”采取措施，并从1955年6月开始，在全国范围内建立了经常性的、严格的户口登记制度。中国的户籍制度就是从这个时候开始的。第二次是在“大跃进”后的1959年和1960年，由于当时出现了经济上的困难和食品、生活用品等供应上的短缺，中国便开始实行了几乎完全制止农民流入城市的政策。按照当时的规定，全国每年只允许1.5‰的持有农业户口的人可以转为非农业户口（即城市户口）。这里面包括一些因工作上有成绩而被提升进城的干部和干部家庭成员，对于一般农民来说是绝无可能进入城市的。这种政策一直实行到1979年的改革开放以前。严格的户籍制度形成了中国城市与农村相互分割的二元社会结构。城乡差异成为最基本的社会分层。从总体上说，城里人的生活水平是大大高于乡下人的，持有城市户口的人在收入、消费、社会福利、就业等各个方面所享有的条件和待遇都是持有农村户口的人所不能比的。例如，仅从城乡消费水平比较看，中国城市居民的消费水平是大大高于农村居民的，前者的消费水平是后者的2.4倍到3.2倍。不仅如此，当时，城市居民还享有其他多方面的福利条件，例如各种食品的补贴、住房补贴、医疗保险、单位提供的子女教育等。而这些都是农村居民所享受不到的。这样，当时的城市居民与农村居民是生活在两个世界之中，形成了

① 《中华人民共和国宪法》，人民出版社，1954年版，第25页。

两种差异很大的生活模式。

农民要想改变其生活模式而进入另一个世界中，在当时几乎是不可能的。当时，在城乡之间有种种的限制，例如粮票和副食证制度就是一种很重要的限制。当时，城市居民每月都可以领取一定数量的粮票等票证，只有凭粮票才能买到食品，也才能在城市中生存。农民没有粮票，因而也就买不到食品，即使他们私自来到城市中，也无法在城里生存下去。当时，农民可以改变自己身份的渠道也并非没有，但却十分窄小。对年轻的农村居民来说，考大学是一条主要渠道。如果一个人通过高考，考入了高等学府，那么，他的农村居民身份就可以改变为城市居民身份。农民称之为“跳龙门”。但是，由于农村教育水平的普遍低下，真正能“跳龙门”的是极少数。

由于农民占到人口的绝大多数，这种城乡高低差异很大的体制自然就造成了我国社会底层大、上层小的金字塔型社会分层结构的特点。城乡分割的户籍身份制度，将农民牢牢地束缚在土地上，使他们没有流动的自由，这就将中国人口中的最大一部分人的劳动生产、社会活动积极性束缚住了。这显然不利于中国的经济发展，不利于社会现代化和社会进步。这也是在一段时间内中国经济发展速度迟缓的原因之一。所以，改革开放以后，允许农民外出劳动、允许农民进城工作的体制变迁是巨大的社会进步。

2. 对城市中干部与工人两种身份分层机制的分析

1979 年的改革开放以前，城市中的就业者，基本上可以区分为两种社会身份群体：干部与工人。干部这个概念有广义的与狭义的两种含义。广义上，中国对所有的管理人员均称之为干部。这种称谓方式起源于最初人们将从解放区来的共产党官员称为干部，但后来则被泛化了，人们用它泛指一切的管理者和领导者。上至国家主席、总理可以称为干部，下至农村的村长、小组长，甚至中小学的班组长也可以称为干部。这是中国广义的干部概念。我们在这里所说的作为一种身份群体的干部并不是广义的干部概念，而是狭义的干部概念。狭义上，干部指的是一种社会身份。一个人能进入这种身份的关键是要由人事部门按照有关规定而列入干部编制。这种所谓列入编制靠的是一整套“档案身份管理制度”。我国城镇中的正式就业者都有一份由他所在的组织（单位）保存的档案。档案记载着这个人一生的经历、家庭背景、亲属状况等。档案编制身份基本上是两类，即干部身份和工人身份。这两种身份的区分不仅仅是档案管理的一种方式，而且体现着重大的物质利益差别。两种身份在工资级别、工作待遇、出差补助、住房条件、医疗、退休等福利待遇上均有很大差异。一般说来，干部编制的待遇要大大优于工人。因此，绝大多数就业者都希望被列入干部编制。然而，对于绝大多数被划为工人身份的人来说，他们是很难转入干部身份的，其难度并不亚于从农村户籍身份转变为城市户籍身份。

那么，改革开放以前，什么人才能被列入干部编制呢？首先，教育是最主要的途径，凡是由国家正式全日制中等专业技术学校、高等学校毕业的具有中专、大专、大学本科及以上学历的学生，在按国家计划分配的工作单位后，均可取得干部身份。这样，那些不是由全日制学校毕业的职大、函大、业余大学、广播电视大学、干部培训班等毕业的学生，他们虽然取得了大学专科的文凭，但却不能直接转为干部编制。其次，根据国家人事部门分配的干部指标而被聘用到干部岗位上的人，可以是干部编制。但是这种干部指标往往是很有限的，而且，对于由这种途径进入干部队伍中来的人往往有较严格的要求。例如，在学历上，常要求有大专以上学历，这样，前述的那些由非全日制职大、业余大学等毕业的学生，就要等待干部指标，有了指标后才能转入干部编制。“文化大革命”时期，曾从工人、农民、士兵中提拔了很多干部。据统计大约有 200 万人。这些人虽然在干部的岗位上，但还保留着原来的身份，俗称“以工代干”等。这些“以工代干”的人，并不能列入干部编制，而只能仍保留在工人编制内。直到 80 年代中期以后，国家分配给了基层单位较多的干部指标，才逐步解决了“文化大革命”后遗留的较严重的“以工代干”问题。今天，“以工代干”的还有，这就要等待上级分配给干部编制指标，然后才能“转干”。再其次，由部队转到地方上的转业人员列入干部编制。部队转业人员在部队一般都是连级以上的干部，到地方上后当然都列入干部编制。部队中的一般士兵服役期满后一般都是复员到地方上，均列入工人编制或回乡当农民。

在城市的就业者中，所有不符合上述条件的，则一般被列入工人的编制。这种干部身份与工人身份的区分是壁垒分明的，每一个就业者自己都深知自己所处的身份领域。从人数和比例上看，在城市就业者中具有干部身份的人占1/6到1/7，其余的人则都是工人身份。这种干部身份与工人身份的区分，在一个财产分层已被打碎的社会中起到了维持社会分层与社会秩序的作用。不过，由于社会流动的渠道过于窄小，作为城市就业主体的工人，其积极性与活力都受到了较大的阻碍与束缚。

改革开放以来，经历了40年社会变迁后，原有的干部、工人分野的体制机制也发生了巨大变化。尤其是在创建了市场经济体制以后，人们有了更多的社会地位上升的渠道。今天的中国，政府鼓励“大众创业、万众创新”，在市场竞争中，任何人只要经营成功，都可以成为企业管理者（过去称作干部），成为企业负责人、成为企业家，在市场竞争中人们的身份是平等的。这是一种在法律面前人人平等的社会体制，也是一种重大的社会进步。

第五章
改革开放以来中国社会分层结构的变迁

前面两章，既分析了中华人民共和国成立以来，社会分层方面的四个实验及其内容与影响，又从国际比较的角度评价了我国所发生的社会结构变迁，比较了现代社会结构变迁的特征。这样，我们就更深刻感到，现代化趋势更为明显的、与今天社会生活联系最为密切的还是改革开放以来所发生的重大变迁。所以，本章着重于分析 40 年以来我国社会分层结构所发生的变迁。

1979 年以后，中国的政治、经济和其他各方面的政策有了重大调整，开始实行一套全新的改革开放政策。例如，在经济政策上，从单纯的公有制经济转变为多种所有制形式，从单一的计划经济转变为增加市场调节的成分并逐步形成了新型的社会主义市场经济体制，从农村的人民公社体制转变为农民的联产承包责任制。在政治上，逐步健全了法治体系，调整了社会各群体的关系，提高了知识分子的地位等。90 年代以后，随着国有企业的改革、单位制改革，城市里发生了住房、医疗、养老、就业四大体制的变革等。所有这些都在不同程度上导致了我国社会群体本身和各个社会群体之间的关系发生重大变化，社会分层结构也发生了重大变化。下面，笔者就从五个方面来分析一下这些变化。

一、身份制的变迁

本书第四章从理论上解释了什么是身份制以及身份制在中国社

会分层结构中占据的重要位置。如果试图用一句话概括改革 40 年来我国社会分层结构的最主要变化，那么，可以说，变化的基本特征是从以“社会身份指标”来区分社会地位向以“非身份指标”来区分社会地位的方向转化。上文已经表述，改革前中国社会分层的特点是非财产型的，即区分社会地位高低的标准不是财产、经济收入的多少，而是一种特殊的身份指标。上文也分析了政治身份的区别，户籍身份的区别，工人与干部身份的差异等。那么，从社会分层的角度看，改革以后的最大变化就是，原有的身份制度或身份体系逐渐瓦解或衰落，出现了重大的变迁，特别是表现在以下五个方面。

第一，农民开始突破了户籍身份的限制。先是在改革初期，1980 年以后，我国的户籍制度有所松动，农民被允许进城开店设坊，兴办一些为城市居民所需的服务业。起初对农民的放松还是有限度的，提出了所谓“离土不离乡”的政策，即允许农民离开农业生产而从事其他行业，但要求农民还只是在家乡范围内就业，而不要流入大城市中去。但是，一旦允许了农民的迁移，就很难再控制得住了，农民实际上是既离土又离乡了。于是，一个新的社会群体“农民工”迅速发展壮大起来，从最初的数百万人扩张到了上亿人的规模。到了 21 世纪，农民工的总体规模已经超过了 2 个亿。农民工也有广义和狭义的区分：广义农民工是既包括进城的农民工也包括在家乡的乡镇企业从事非农业劳动的农民工；而狭义的农民工，则专指进城务工经商的农民工。根据 2016 年的数据，广义农民工大约为 2.7 亿人，而狭义农民工大约有 1.7 亿人，其规模之庞大确实惊人。农民中也涌现出了一批“农民企业家”，甚至是百万富翁、千万富翁，虽然有人还叫他们是“农民企业家”，但是，他们的社会地位绝不是户籍体制所能限制得住的。在户籍制度的改革中，以 2003 年 6 月 20 日国务院废止《城市流浪乞讨人员收容遣送办法》为标志，从此，对于农村人口的城市化采取了更为积极推进的政策，将城乡居民的身份平等作为户籍改革的最终目标。2013 年以来，政府在政策上明确提出，有序推进农业转移人口市民化，将农民工的“市民化”

作为我国城镇化发展的重要目标。

第二，以单位级别和干部级别为基础的分层机制发生变迁。我国改革以前的单位级别和干部级别体系是单一经济成分的产物。改革开放使得我国的经济成分多元化，个体、私营、外资、合资等经济成分的发展如雨后春笋；改革也使得人们的收入多样化，工资收入、奖金收入、经营收入、股份收入、证券收入、房地产收入、单位外收入等，花样繁多。这样，由官定的工资级别在巨额的财产分层中显得越来越微不足道，这种级别分层也就越来越难以支撑其所谓“本位”体系了。同时，它也受到市场经济的冲击。在计划经济下，政府部门掌握着诸方面管理的最重要权力，因而各级政府官员自然成为全社会的核心群体。近年来，计划经济已经全面让位于市场经济。市场经济的蓬勃发展使得过去控制在各级政府官员手中的经济指挥权有所削弱。随着政府各种权力的逐步下放，也包括约束政府官员行为的“反腐”“廉政”，官员们不再像过去那样全方位控制资源，不再像过去那样单独占据着社会经济运行的中心位置，从而变得行为受到约束，在经济资源的配置上，无法独霸权力，而只能与市场分享权力。再者，市场的发展也直接改变着过去的官员等级身份制度。在过去，中国的每一个经营单位都有一个级别，如科级企业、处级企业、局级企业等。然而在市场竞争中，企业地位的高低只能以其资产、产值、利润的地位来评价。而这种地位的高低是市场竞争、经营效益的结果，而绝不是由上级预先可以封许的。面对市场竞争，过去由官定的企业的级别越来越失去意义。一些原来官定级别很低的企业，一跃而成为有亿万资产的企业，这使得原来等级分层次序被打乱了。

当然，40 年来，官本位机制的变迁也并不仅仅是单向度的变化，在某些方面，官员级别、身份也有强化的现象，比如，90 年代末以来，随着政府财政税收的大幅度增加，官员的级别、身份在分层中一度有强化的趋势。但是，如果从政府与市场的总体关系看，资源转向市场，社会分层更为多元化而不是单一的“官本位”化，这样的总趋势还是明显的。

如何评价“官本位制”的这种变化呢？应当从两方面看，一方面，行政级别的分层体系曾起到了维护和稳定社会秩序的作用；另一方面，也应看到这一制度对于经济发展的束缚是相当严重的。一切权力甚至连经济的管理权均集中在行政管理者手中，这大大阻碍了民众积极性的发挥，并最终造成经济发展滞后的状况。在单一的行政级别体制下，“当干部”成为全社会普遍向往和追求的目标，这极不利于社会经济的发展。它使得人们都争相挤入干部队伍，结果，干部队伍越来越庞大。政府机构臃肿、干部队伍过于庞大是个久治不愈的顽症：一方面，它成为社会的沉重包袱，每年耗资数以千亿计的行政管理费用，已使经济尚不发达、人均收入较低、贫困人口较多的中国社会难以承受；另一方面，干部中冗员过多造成了行政效率大大下降——人浮于事、互相推诿、互相扯皮、纪律松弛、惰性十足，这些现象在不少行政机关中已经司空见惯。所以，分层机制的这种变化，使干部身份不再是人们追求的唯一目标，这会有助于精兵简政和全社会效率、效益的提高。

第三，“档案身份”已被突破。改革开放以前，绝大多数人几乎终生在一个单位就业，人们在单位之间的调动十分困难。难以调动的体制上的原因在于一套特殊的档案管理制度，或称作档案身份制度。“档案身份”是人才“单位所有”的重要基础。市场改革以后，在劳动就业出现大量流动的情况下，人才的“单位所有”受到了很大的冲击。自此，没有档案的就业成为并不罕见的现象。随着多种经济类型单位的出现，档案身份变得不那么重要了，使人们在就业时不再为档案身份所困，社会上也出现了负责保管档案的“人才交流中心”，以衔接不同体制之间的差异。所以，档案身份对于城镇就业者的束缚已大大松解。

流动为社会带来了活力。曾有人估计，在美国全部 GNP 的创造中，有 1/3 来自社会流动的贡献。对于我国的统计虽然还没有，但是，深入分析我国改革开放 40 年来经济持续增长的原因，就不难发现社会流动的重要贡献。

第四，取代传统的先天身份指标，人们通过后天努力获得的文凭、学历、技术证书等作为社会分层、社会屏蔽和筛选的功能越来越突出。自1977年中国恢复高考以来，文凭、学历就在社会地位的区分中起到越来越重要的作用。80年代以来，中央在制定干部提升的标准上也强调学历的重要性，没有高等学历的一般都得不到提升。80年代中期以后，中国正式恢复了学位制度，建立了学士、硕士、博士等一系列学位体制；90年代后以及21世纪以来，又逐步建立了一系列的技术证书制度，如会计证书、律师证书、资产评估员证书等。进入21世纪后，中国加入WTO，与国际接轨的技术证书越来越成为社会地位区分的新的依据。

第五，产权的“排他”作用更为突出。如前所述，从本质上看，中国严格户籍制度建立的前提是因为阶级体系和所有权体制被打碎了，户籍等制度成为取代阶级和所有权而维持社会秩序、资源分配秩序的基本制度。改革开放以后，随着富民政策的实施、多种所有制政策的实施，整个社会财产在政府手中聚集的程度有所降低，公共占有资源的程度有所降低，民间占有财产的份额和数量增长十分明显。90年代以来，私营企业、股份制企业，以及多种所有权成分的各种企业更有了突飞猛进的发展。民间拥有财产的形式也多样化，比如，住房体制改革以后，私人拥有住房的现象已经变得极为普遍，根据建设部前副部长宋春华提供的数据，我国城市居民住房自有率已经达到82%，这个比例超过香港的53.6%和美国的69%。2007年3月16日，全国人民代表大会通过了《中华人民共和国物权法》，明确提出对于私有财产和公有财产给予平等的保护。党的十七大报告中提出“创造条件让更多群众拥有财产性收入”，党的十八大报告提出“多渠道增加居民财产性收入”。在所有这些因素的促进下，可以预期，财产会逐渐成为显示经济地位和社会地位的主要指标，财产所有权制度地位正在逐渐上升，并有可能成为新的维持秩序的首要制度。

当然，身份制度毕竟在中国奉行了几十年，其变迁也会遇到重重阻碍。在中国这样近14亿人口的大国里，任何一种变迁或改革都必须考虑到循序渐进。尤其是身份制度，其变化滞后的特点是十分突出的。在21世纪初叶，身份制变迁滞后的特点也触发和激化了一些社会矛盾。目前，比较突出的是作为“社会惯性”运行的户籍体制与新的社会群体关系之间的矛盾，因此需要着重解决三个方面的问题：第一，城乡之间二元分隔的体制问题。笔者以为，目前我们处在一个关键的时刻，即需要对城乡居民的身份关系做重大调整。我们知道，世界各国在实现工业化的进程中都遇到了大量农村人口向城市转移的问题，但是，他们由于没有作为“社会惯性”的户籍制度的制约，工业化与城市化基本上是同步的，即当工业化实现时，城市化也在全国普及。相对于中国改革开放40年来突飞猛进的工业化发展而言，城市化发展特别是城市户籍改革是滞后了一些，这样一个与主体社会运行脱钩的、被戴上农村户籍帽子的巨大农民群体的户籍问题就凸显出来。第二，城市外来人口、流动人口，尤其是流动人口中的白领层、中上层提出了明确的权利要求。近年来，流动人口中的白领层要求取消就业中的户籍限制的呼声甚高，流动人口中的高学历人口、白领群体、经营管理层等要求得到城市的正式户籍身份。在此种呼声之下，政府管理部门也做出反应，公安部提出，允许各地根据当地情况进行户籍改革实验，实验的基本原则是：当地需要，当地受益，当地负担，当地有效。例如，上海、广州推出“蓝印户口制度”，外来人口取得当地蓝印户籍后，符合在该地生活、工作一定期限的规定就可以申请该市常住户籍；北京市人事部门也对流入人才的户籍管理做出了比以前更为宽松的调整；浙江省提出在全省打破城乡户籍壁垒，取消农业和非农业户口，建设一元化的户籍管理制度；广东省也表示，争取在条件成熟时全部取消农业户口。第三，残存的户籍身份利益所引发的矛盾有所激化。与40年前相比，今日中国户籍身份的利益范围已经大大收缩了，当然，也还有一些残存的领域。最为突出的矛盾就是不同户籍身份的人高考分数线和录取比率不一样。进入 21 世纪，这方面的利益冲突显得尤为突出。在每年春季的全国人大、政协“两会”期间，高考分数线的户籍差异问题已经作为“两会”提案正式登场。在讨论中，不少人抨击高考录取中的“户籍优越”“户籍特权”，认为中国教育最大的不公平就是高考分数线的户籍特权和户籍歧视。他们主张全国型大学的录取应采取“分数面前人人平等”的原则，主张给予不同户籍的人以一律平等的录取权利。笔者以为，此种讨论会成为身份分层进一步解体的催化剂。

二、单位制的变迁

改革开放以后，在市场的冲击下，中国传统的单位制已发生重大变化。

第一，单位与成员的经济关系发生变化，这一点也是单位体制变化的基础。计划体制下的工作单位，对于其成员是一种全面“包”的关系，即单位几乎提供了其成员经济所需的各个方面，例如，提供住房、提供食堂、提供子女教育等。作为一种社会交换，单位成员也就将个人的权利全面让渡给了单位，不管这种让渡是主动的还是被迫的。[①] 市场转型以后，单位内部的非市场机制受到重大冲击，单位越来越难对其成员全面“包”了。于是，单位只能满足其成员的部分需求，作为交换，成员个体的自由度也有所扩大。

第二，工作单位从对其成员的全方位控制，转变为只对其成员的职业活动加以控制，不再管理其非职业活动。市场转型以前，中国的单位不仅是人们职业活动的场所，而且还是人们政治生活、社会生活、文化生活的场所。单位已经侵入了其成员生活的各个方面。市场转型以后，单位内的关系逐渐由初级关系为主，转变为次级关系为主，单位逐渐在朝向单一的就业场所转化。

---

① 杨晓民、周翼虎:《中国单位制》，中国经济出版社，1999 年版，第 113 页。

第三，从“有上级主管”到“无上级主管”。计划经济时代，中国城市中几乎所有人都有单位，所有单位都有上级主管，由此形成层层节制的集中管理体制。上级主管对下级单位的经济、政治、意识形态活动有全面的管理权力，当然，作为交换，上级主管也承担对下级单位拨款、分配以至于办出国手续等类事务的全面管理。市场改革以后，以1994年《中华人民共和国公司法》的颁布为标志，市场经营中的公司变成一个独立负责任的经营主体。公司与工商、税务部门的关系，并不是传统的那种下级单位将经济、政治、意识形态权利全面让渡给上级单位的关系，工商税务部门也不对公司的债务问题等负有责任。无上级主管单位的出现是市场发展的必然结果，也是社会自组织能力提高的标志。

第四，人们的社会生活开始从单位内转移到单位外。改革开放以前，人们的社会生活在单位之内，而不是在单位之外。改革开放40年来，单位以外的生活空间越来越大。普通民众中的自组织也在蓬勃发展，包括球迷组织、秧歌队、各类发烧友等在内的民众兴趣群体，都是单位以外的民众自组织的形式。民间集团和普通民众自组织的发展是社会稳定的重要基础而不是相反。

第五，社区生活变迁。人们的社会生活从单位内转移到单位外的一个重要表现就是社区生活的发展。社区是常规运作的社会实现有机整合时，最重要的社会共同体。在市场改革以前，我国居民，主要是城市居民的社区生活几乎走向消亡。导致这种状况的原因有两个：一是住房公有的制度，使居民不关心自己住房的状况，认为与住房相联系的一切都是单位的事，与自己无关。这样，人们根本就没有那种以拥有住房为基础的社区认同感。二是在计划经济体制下，纵向的单一行政关系，割裂了人们的社区联系，就业者及其家庭只有单位内的活动，而没有社区生活。市场改革开放以来，以上两点原因都发生了重大变迁。随着目前推行的城市住房私有化的改革，拥有了住房的居民，从关心房屋的维修发展到关心房屋的环境，逐渐培育起明显的社区意识。在一些新建的城市小区中，物业管理组织迅速发展起来。物业管理组织集产业运行、房屋购销、居民服务、房屋维修、社区管理的功能于一身。无论是行政的街道、居委会，还是传统的单位体制，都无法替代物业管理组织的功能。

此外，国务院令第379号《物业管理条例》，自2003年9月1日起施行。该条例提出做好“业主委员会”的组织建设工作，自此全国很多居民小区的“业主委员会”有了很大发展。“业主委员会”是居民、房屋所有者在社区内自治和民主管理的一种全新的形式。当然，也正是因为这种形式是全新的，因此究竟应该怎样组织、治理和运作，目前还在探索之中。

从长远发展来看，取代传统农村管理模式和城市单位制模式的，会是一种新型的“行政－社区”模式（物业管理只是其中的一种形式）。当然，目前这种模式的发展还很不均衡。在经济发达地区，“行政－社区”的发展已呈不可阻挡的趋势，而在经济不发达地区还是传统的行政管理模式。“行政－社区”模式是一种与市场经济相适应的管理模式，与过去那种纵向的、条块分割的单纯行政模式不同，它在保持纵向联系的同时，发展出了横向的市场联系、社团联系和居民联系。

第六，在单位的变迁中，同时出现了弱化和强化两种倾向。所谓弱化就是前述的单位在市场冲击下，其内控力越来越低的现象。所谓强化是指，由于单位有了更为明显的独立经济利益，单位为自身“争利益”的现象更突出了。例如，企业实行利改税后，在经济上变得独立起来，这样，企业，特别是国有企业，就更加强烈地要求为自身争得利益。然而，从传统计划体制的纵向关系看，单位自身利益的突出，反而是原有管理体制解体的一种标志。每一个单位的利益突出，使得凌驾于各单位之上的集中控制体制弱化。

单位制的变迁意味着中国市场型社会的逐步形成，由此，中国的社会管理从以纵向为主逐步转变为以横向为主的模式。与此相适应，各种社会团体发展起来，取代了过去由单位承担的许多功能。中共十八届三中全会“全面深化改革若干重大问题的决定”文件，也专门用一节论述如何“激发社会组织活力”。[①]

综上所述，在改革开放以前，中国社会基本上还保留着很强的传统社会特点，其中，身份制就是最突出的特点之一。而改革开放以后，中国社会分层结构发生重大变迁，其主要特征表现为各种身份制度衰落与解体，新的分层体系形成。而其变化的总趋势与世界上多数发达国家现代化过程中社会结构演变的趋势相比，基本上还是一致的，尽管中国的分层结构仍有着其他国家所不具有的特点。

三、经济分层取代政治分层

笔者以为，中国社会分层的一个重要特点是政治分层与经济分层的区分。上文已经论述，中国改革开放以前是政治分层为主的社会，那时候政治地位比经济地位重要，人们之间有较大的政治地位差异，政治地位具有重要的功能，政治斗争激烈，甚至存在较严重的政治歧视。改革开放以后，政治地位的重要程度大大下降，而经济地位的重要程度却大大上升。因此，中国改革开放以来，社会分层结构的一个重大变化就是，中国从政治分层为主体的社会转变为经济分层为主体的社会，换言之，是经济上的不平等取代了政治上的不平等。

总之，改革开放以前和改革开放以后，中国社会分层的机制和内容有本质的不同。改革开放以前，政治分层十分明显，人们的地位高低不是由经济因素决定，而是由政治因素决定。而在引入市场经济以后，政治因素作为地位差异的区分标准逐渐弱化，经济分层取代了政治分层。这应该是改革开放以后中国社会结构变化的主要特征之一。

---

① 《〈中共中央关于全面深化改革若干重大问题的决定〉辅导读本》，人民出版社，2013年版，第50页。

四、社会中心群体与社会边缘群体关系的变化

当我们比较改革开放以后的80年代和90年代人群的利益关系时，会发现，社会上的两个重要群体的利益关系发生了重大变迁。笔者所说的两个重要的群体就是“社会中心群体”和“社会边缘群体”。

中国自秦以来始终是一个高度中央集权的社会，毛泽东主席曾说“历代都行秦政法”，就是指的这种中央集中管理的体制。中央高度集中管理的结果是形成了中国社会资源高度垄断化与集中化的结果。由于各种资源往往由中央统一调配，因此，越是接近中心区域的就越形成了中心的群体，该群体比较容易获得资源。比如，政府管理者、高级专业技术人员等，他们与中心区域接近。同样，如果用城市人口与农村人口比较，城市居民更接近中心，于是，城市居民所获资源明显高于农村居民。如果用大城市与小城镇比较，大城市更接近中心，其所获资源也大大高于小城镇。同样，级别高的大单位与级别低的小单位的关系等也都可以依此类推。总之，对比任何两个阶层，都可以发现，有一个阶层更接近中心区域，从而能够获得更多的资源。因此，在相对的意义上，笔者将更接近中心位置的称为“中心群体”（或“核心群体”），将更处在外围的称为“边缘群体”。例如，中国高级干部是典型的核心群体，而农民则是典型的边缘群体。这种现象在计划经济体制下显得尤为突出。

20世纪80年代，中国引入市场经济体制以后，传统的中心群体与边缘群体的关系曾一度改变。对于原来的计划经济体制，市场经济相当于一个外来物，这个新的市场经济体制奉行的是自由竞争和平等交易的原则，它与原来的计划经济体制从中央到地方、从中心到边缘层级分配资源的方式是完全不一样的。如果用图形来表现的话，就是两个资源配置的圆圈：一个是原来计划经济体制的圆圈，由中心群体和边缘群体的一系列同心圆构成；另一个是市场经济体

制的圆圈。从配置资源的数量看，改革开放以来，计划经济体制的圆圈在不断缩小，市场经济体制的圆圈在不断扩大。从两个圆圈的关系看，市场经济的圆圈是从外部不断侵蚀计划经济的圆圈。而这种侵蚀，最先是从计划经济的边缘地带、从影响社会边缘群体的生产方式和生活方式开始的。比如，70年代末、80年代初，中国改革初期，农村实施“联产承包责任制”，作为社会典型的边缘群体——“农民”可以到市场上自由出售粮食、蔬菜等农副产品了，这是社会边缘群体进入市场的典型事例。

与上述两个经济圆圈的原理相一致，笔者认为，在中国由计划经济向市场经济演变的过程中，劳动者参与市场经济的过程明显分成两个阶段。第一个阶段，社会边缘群体大量参与到市场经济中来，并获得了较大的经济利益，而社会核心群体（干部、知识分子等）参与市场经济却比较罕见，因而他们从市场经济中获得的利益也就很少。在第二个阶段，市场经济对计划经济的侵蚀大大扩展，不仅是金融业、保险业、房地产业，就连科研、教育、文化、卫生等也纷纷向市场经济转轨。上述变迁使得社会中心群体在收入分配中明显受益，而体力劳动者等社会边缘群体在这种竞争中却处于明显的劣势。作为上述经济利益调整的结果，我们也可以明显感到在这一阶段，脑力劳动者、干部、知识分子的不满情绪已大大平息，而与此相对应，工人、农民中的不满情绪却有很大上升。

社会中心群体进入市场的社会后果有正向和负向两个方面。从正向作用看，我国一度存在的“脑体倒挂”问题已经得到解决，从全社会的分配看，高技术、高新产业以及高教育、高素质等因素在财富分配中发挥的作用日益明显。同时，它也影响了“精英”的配置，[①] 即出现了“政治精英”队伍缩小、“经济精英”队伍扩大的局面。这也应看作是正向的变化。

但是，社会中心群体进入市场的负向作用也是很严重的。随着

① 李强：《转型时期中国社会分层》，辽宁教育出版社，2004年版，第30—31页。

社会中心群体进入市场，权力与市场相结合的机会大大高于市场转型的第一阶段。很多社会中心群体利用手中的公共权力牟取“小集团”的或个人的私利，造成国有资产的大量流失，公共财产通过各种渠道被转化进私人的“腰包”。

上文说过，改革开放以前的“身份分层”之所以不公平，就是因为它是用先天的因素而不是靠后天的努力来决定人们的社会地位。我们发展市场的合理性，就是因为市场可以创造一种公平竞争的场所，人们通过自身的努力来争取竞争的成功。然而，在市场演进的这个第二阶段，由于利用公共权力获取市场利益现象的频繁发生，我们原来期待的市场公平却又不复存在了。利用公共权力牟取私利的一部分社会中心群体实际上又在构筑一种“新的社会身份群体”。这种现象侵蚀着新的公平竞争机制，实在是历史的倒退。

近来，在中心群体与边缘群体的关系上，中心群体占有社会资源的特征显得愈来愈突出，无论是就城市居民与农村居民比较，还是用大城市与小城镇比较、用上级部门与下级部门比较，都会发现边缘群体与中心群体的差距日益扩大。这种现象与80年代形成强烈反差，80年代，曾经出现过下级部门比上级部门有钱、小城市聚财相对而言比大城市容易、农民比工人更有生财之道、低教育的比高教育的更会赚钱。虽然，当时边缘群体占有资源的现象也很不合理，但是，现在完全反过来，边缘群体利益严重受损，农民生活水平不能提高，甚至农村凋敝，也是颇为严峻的问题。所以，在现阶段，反过来，也应特别关注社会边缘群体的利益受损的情况，要特别突出社会保障体制的建设，建立能够覆盖社会边缘群体、社会弱势群体的社会保障体制。

五、新的社会阶层的形成

以上比较多地谈的是社会分层制度、机制、分化程度、群体关系的变化，社会分层的变化当然也突出地表现为各个阶级阶层自身的变化。改革前，中国阶级阶层的特征是“整体型社会聚合体”，主要是四个大的“社会聚合体”：农民、工人、干部和知识分子。改革40年来，这四个大的社会聚合体都发生了变化。首先，农民群体已经出现了根本性的职业分化，到2015年农村户口的劳动者总数超过5亿人，其中，有大约1亿人在乡镇企业中劳动，实际上已经属于工人而不属于农民了，但是，由于户籍制度的约束，在身份上还被视为农民。还有一个巨大的农民工群体，远距离流动到各种类型的城市中去打工，人数有1.7亿之多，尽管对于这部分人从来没有过一个准确的统计数据。此外，农民中，有数千万人从事个体经营，还有一部分成功者自己当了老板，甚至经营比较大的企业。所以，真正种地的农民，在今日中国农村户口的劳动者中已经不足半数了。其次，工人队伍也有很大变化。今天，中国可以说形成了全世界最大的体力劳动工人阶级队伍，当然，这支队伍也是分化的，概括地说，分为三种情况，第一种是具有城市户籍的工人；第二种是农村中的工人，即上面所说的在乡镇企业劳动的工人；第三种是流入各种类型城市里打工的农民工。我们知道，改革以前的工人几乎清一色地是具有城市户口的在国营、集体企业里面工作的人，而今天这种持城市户籍的从事直接生产操作型的体力工人，人数和比例都大大下降了。体力劳动的位置大部分被外来农民所取代，城市户籍的劳动者大量进入非体力型的“白领”工作岗位上了。再其次，干部队伍也经历了不小的变化。改革以前，干部队伍被大大泛化，企业经营管理者和许多专业技术人员均被视为国家干部。改革以来，随着现代企业制度的推进，企业管理者逐渐与国家公务员队伍相脱离，国家公务员队伍的管理也逐步规范化。国家公务员专指在各级政府机关中行使国家行政职权、执行国家公务的人员。国家公务员队伍经历了几次精简机构的改革，同时也建立起了国家公务员的考试制度。在40年的改革中，国家干部或公务员也曾经经历了潮起潮落。1992年邓小平南方谈话以后，随着市场化浪潮的兴起，一度出现过大批国家机关干部“下海”的现象。然而，到了90年代后期，一方面，曾经下海的又有回归的现象；另一方面，国家机关干部、国家公务员的角色，又重新成为大学毕业生们激烈竞争的位置。最后，是知识分子地位的变化。改革以前，在政治斗争激烈的政治分层的时期，知识分子曾经一度出现了地位下降的局面，所以，从改革一开始，邓小平就大力强调提高知识分子的政治地位，提出了“知识分子是工人阶级一部分的理论”。从此，中共中央组织部多次颁布文件“落实知识分子政策”，改善知识分子的政治待遇和经济待遇。尽管80年代曾经一度出现过“脑体倒挂”的局面，但是，到了90年代以后，知识分子的经济地位、政治地位和社会地位都有了很大的提高。

当然，40年来，中国阶级阶层的最大的变化，还是出现了新的社会阶层。在新的阶层中，最突出的是两个群体，即个体户和私营业主。新的社会阶层当然不只是个体户和私营业主，为什么要特别突出地讲到这两个群体呢？笔者以为有三重原因：第一，这两个群体所参与的所有制模式，都是私人占有的经济模式，这与改革前传统的公有制的经济模式形成了强烈的反差，因此，改革开放以来一直受到研究者的关注。第二，中国1956年的社会主义改造，其改造的对象就是私营经济和个体经济，1956年以后，不仅私营和个体经济基本上消失了，就连私营和个体阶层也被改造为普通的劳动者或职工，所以，改革以后，这两个阶层并不是简单的新生阶层，而是表现为一种再生或复兴的现象。第三，到目前为止，这两个阶层已经发展为人数庞大的群体，已经成为在中国举足轻重的重要社会力量。

1979年实施改革开放政策后，个体和私营经济的发展也经历了一个过程。从中共中央的文件上看，允许发展非公有制经济的思想，最初是表述在1979年9月中共十一届四中全会通过的《中共中央关于加快农业发展若干问题的决定》中。该文件提出：“自留地、自留畜、家庭副业和农村集市贸易，是社会主义经济的附属和补充，不能当作所谓资本主义尾巴去批判。”[①] 当然，这里还没有明确谈到个体和私营经济问题。1980 年 8 月中央在北京召开了全国劳动就业工作会议，在这次会议的文件中提出：“鼓励和扶持个体经济适当发展，一切守法的个体劳动者应当受到社会的尊重。”鼓励个体经济发展的最初动因是为了解决“文化大革命”多年积压所造成的城市中大量待业青年和失业人口问题，当然同时也是为了解决城市中的社会服务、经济服务网点严重不足的问题。所以，最初对个体经济的鼓励是在城市里，而不是在农村地区。这个阶段，农村的个体或私营经济发展不快，这主要有两个原因，第一，因为农民刚刚开始承包土地，人民公社刚刚开始解体，农村的剩余劳动力问题还不突出；第二，当时中央在政策上还不允许雇工，有些农村地区虽然也出现了一些私营经济，但是企业主还不敢公开承认雇佣了工人，这样，在当时的官方统计中就一直没有关于农村个体和私营经济的确切数字。

1981 年 7 月，国务院专门为城市个体经济的发展颁发了文件，即《关于城镇非农业个体经济若干政策性规定》（已废止）。这个文件的重要意义在于提到了雇工问题，文件指出，必要时，经过工商管理部门批准，可以请一到二个帮手，技术性较强或者有特殊技艺的，可以带二到三个，最多不超过五个学徒。对于个体经济中的雇工问题，虽然措辞还十分谨慎，但是毕竟是打开了允许雇工的大门，承认了雇工的合法性。那么，既然城市中承认了少量雇工的合法性，农村怎么办呢？到了 1983 年 1 月，在中共中央印发《当前农村经济政策的若干问题》的文件中，在提到农村的雇工问题时，指出，要参照 1981 年国务院《关于城镇非农业个体经济若干政策性规定》来执行。所以，农村中的雇工也具有了合法的依据。由此，个体和私营经济进入了快速发展的阶段。当然，此后的一系列政策法规，为

① 中共中央文献研究室编：《三中全会以来重要文献选编》（上），人民出版社，1982 年版，第 173 页。

个体经济和私营经济的发展创造了更为宽松的社会环境。比较重要的如1988年《中华人民共和国宪法修正案》第十一条指出："国家允许私营经济在法律规定的范围内存在和发展。私营经济是社会主义公有制经济的补充。"又如2007年3月通过的《物权法》强调了国家对于私有财产和私人所有权的保护等。总之，在政策环境的保障下，中国的个体和私营经济有了突飞猛进的发展。

1981年年底，全国城乡注册的个体工商户为182.9万户，从业人员为227.4万人。几年以后，到1986年年底，全国城乡的个体工商户和私营企业总数目为1 342.5万个，从业人员达3 545.6万人。到21世纪的2015年，中国个体工商户总数达到5 165.2万户，私营企业达到1 598.56万户，两者合计达6 763.76万户，在这两种市场经营主体中就业的劳动者达到了2.6亿人，这两种市场经营主体也成为今日中国市场经营主体中吸纳劳动力最多的力量。仅此一点就可以感到，改革开放以后新产生的经营形式对中国经济与社会发展的巨大贡献。从社会分层研究的角度看，新的社会阶层的产生是新的经济结构和新的经济运作形式的产物，而新的经济运作形式吸纳了2.6亿从业者，这是最为直接的生产力，成为中国经济与社会发展的重要基础，所以，新的社会阶层的发展符合生产力发展的方向，是巨大的社会进步。

关于1992—2015年，中国城乡个体工商户和私营企业的发展情况，参见下面两个表格（表5-1和表5-2）。

那么，所谓"私营企业主"到底有多少人呢？2004年的3 650 670家私营企业，共有投资者即私营企业主9 486 288人，即平均每家私营企业有业主2.59人。2006年6月4 648 297家私营企业，共有投资者即私营企业主11 841 493人，即平均每家私营企业有业主2.55人。如果按照每家私营企业有业主2.55人的比例计算的话，那么，2015年中国私营企业业主（投资人）共有约40 763 280人。约4 000万的私营企业主，是中国社会阶级阶层中一支新生的社会力量。如果每个个体工商户仅算有一个业主，那么，2015年中国共有

表 5–1 1992—2015 年我国个体工商户情况[①]

年份	户数（万户）	从业人数（万人）	注册资金（亿元）
1992	1 534	2 468	601
1993	1 767	2 939	850
1994	2 187	3 776	1 319
1995	2 529	4 614	1 813
1996	2 704	5 017	2 165
1997	2 851	5 442	2 574
1998	3 120	6 114	3 120
1999	3 160	6 241	3 439
2000	2 571	5 070	3 315
2001	2 433	4 760	3 436
2002	2 378	4 743	3 782
2003	2 353	4 637	4 187
2004	2 350.8	4 587.1	5 056.3
2005	2 466	4 901	5 744
2006	2 595.6	5 159.7	6 468.7
2007	2 621.4	5 309	7 034.7
2013	4 290.1	21 860.1*	22 249.5
2014	4 866.8	24 100.0*	28 300.0
2015	5 165.2	26 000.0*	33 000.0

* 该数字为个体工商与私营企业合计从业人数，在公开发表的报告中只有合计数字。

① 材料来源：中华全国工商业联合会等主编:《中国私营经济年鉴 2002 年—2004 年 6 月》，中国致公出版社，2005 年版，第 76 页；中国民营经济研究会:《“十五”期间民营经济形势分析报告》，载中国民营经济研究会:《民营经济内参》，2006 年 3 月 31 日，第 30 页；中国民营经济研究会:《工商总局数据说私企破 500 万户》，载中国民营经济研究会:《民营经济内参》，2007 年 8 月 17 日，第 24—26 页；中华人民共和国国家统计局编:《中国统计年鉴 2006》，中国统计出版社，2006 年版，第 125 页；国家工商总局所发布《2014 年 10 月和 2015 年 2 月和 5 月全国市场主体发展报告》(见中国商网 www.zgswcn.com 和中国工商报网 www.cicn.com.cn)。

表 5–2　1992—2015 年我国私营企业情况 [①]

年份	企业数（户）	从业人数（万人）	注册资金（亿元）
1992	139 633	232	221
1993	237 919	373	681
1994	432 240	648	1 448
1995	654 531	956	2 622
1996	819 252	1 171	3 752
1997	960 726	1 349	5 140
1998	1 200 978	1 709	7 198
1999	1 508 857	2 022	10 287
2000	1 761 769	2 407	13 308
2001	2 028 548	2 714	18 212
2002	2 435 282	3 409	24 756
2003	3 005 524	4 299	35 305
2004	3 650 670	5 017	47 935.9
2005	3 984 200	5 565	54 295
2006	4 981 000	6 586.3	75 747.2
2007	5 205 000	6 927.5	83 000
2013	11 464 500	21 860.1*	292 177.8
2014	14 856 200	24 100.0*	549 000.0
2015	15 985 600	26 000.0*	644 000.0

* 该数字为个体工商与私营企业合计的从业人数，在公开发表的报告中只找到合计数字。

① 材料来源：中华全国工商业联合会等主编:《中国私营经济年鉴 2002 年—2004 年 6 月》，中国致公出版社，2005 年版，第 75 页；中国民营经济研究会:《“十五”期间民营经济形势分析报告》，载中国民营经济研究会:《民营经济内参》，2006 年 3 月 31 日，第 30 页；中国民营经济研究会:《工商总局数据说私企破 500 万户》，载中国民营经济研究会《民营经济内参》，2007 年 8 月 17 日，第 24—26 页；中国民营经济研究会:《社科院报告说私企还存在诸多缺陷》，载中国民营经济研究会:《民营经济内参》，2006 年 2 月 17 日，第 13 页；中国私营企业研究课题组:《2006 年中国第七次私营企业抽样调查数据分析综合报告（一）》，载中国民营经济研究会:《民营经济内参》，2007 年 3 月 16 日，第 30—31 页；中华人民共和国国家统计局编:《中国统计年鉴 2006》，中国统计出版社，2006 年版，第 125 页；国家工商总局所发布《2014 年 10 月和 2015 年 2 月和 5 月全国市场主体发展报告》（见中国商网 www.zgswcn.com 和中国工商报网 www.cicn.com.cn ）。

个体工商户业主 5 165.2 万人，如果再与私营企业主合在一起的话，中国私有性质经济的业主超过 9 240 万人，为全国就业人员（7.725 3 亿）的 12%。倘若将其家庭成员也视为同一阶层的话，那么，该阶层的人数确实是巨大的。前文讲过，这两种经营主体吸纳的从业人员达 2.6 亿人，占全国从业者约为 34%，如果考虑到全国从业者中有 2.279 亿农业劳动者，那么，2.6 亿人在全国非农业劳动者中约占 48%。总之，新生的社会阶层、新生的经济形式，以及吸纳的就业者，是改革开放以来社会结构变化的最为突出的表现之一。

鉴于社会结构和新阶层发生了如此重大的变化，中国共产党也在执政的政策上做出重大调整，以期与变迁中的社会结构相适应。2002 年 11 月，中共十六大对《中国共产党章程》做出修改，关于党员条件第一条，从过去的“年满 18 岁的中国工人、农民、军人、知识分子和其他革命分子”，修改为“年满 18 岁的中国工人、农民、军人、知识分子和其他社会阶层的先进分子”。这一修改的意义十分重要，从此解决了长期困扰执政党的关于私有经济业主的阶层能否加入中国共产党的问题。这一修改表明，作为执政党的中国共产党不排斥新的经济形式的运作者，也同意将新产生的经济管理人才吸收到自己的队伍中来，这对于社会管理阶层的整合与团结是十分重要的。

根据 2006 年中国第七次私营企业抽样调查，在被调查的 2001 年后注册为私营企业的私营企业主中，中国共产党党员占 32.2%，[①] 这样的比例确实惊人。如果观察一下在 21 世纪初，私营企业主的社会地位和作用，就可以看到，私营企业主不仅在经济上显示了强大的实力，而且在政治上也开始崭露头角。据统计，到 2005 年“全国县级以上人大代表中有私营企业主 9 000 多人，被推荐为全国县级以上政协委员的有 3 万多人，担任全国工商联执行委员的有 233 人

① 中国私营企业研究课题组：《2006 年中国第七次私营企业抽样调查数据分析综合报告（二）》，载中国民营经济研究会：《民营经济内参》，2007 年 3 月 23 日，第 33 页。

（占执委总人数的 56.0%），其中担任全国工商联主席的有 8 人”。[①]

从受教育程度上看，90 年代末和 21 世纪以来，中国私营企业主的构成发生很大变化，这与 80 年代末、90 年代初，私营企业主受教育程度比较低的状况形成了鲜明的对比。根据中国私营企业主阶层研究课题组 1993 年的全国抽样调查[②]，当时私营企业主的文化教育程度是：大学本科以上毕业的仅占 5.5%，其中仅有 0.6% 是研究生毕业，大学专科毕业的占 11.7%，中等专业技术学校、职业高中和普通高中毕业的合计占 35.9%，初中毕业的最多，占 36.1%，小学毕业的仅占 9.9%，还有 1.0% 的人是文盲。这种受教育程度较低的情况到了 21 世纪则有了彻底的改观。根据全国工商联 2004 年关于私营企业主的调查报告[③]，在其所进行的 2 998 个有效样本的全国抽样调查中，全国私营业主的文化水平比 1993 年有了很大的提高。大学本科以上毕业的占 20.7%，其中 5.7% 是研究生毕业，大学专科毕业的占 31.1%，中等专业技术学校、职业高中和普通高中毕业的合计占 33.6%，初中毕业的占 12.9%，小学毕业的仅占 1.7%。这种受教育程度也大大高于中国在业人员的平均水平，所以，这一时期的私营企业主已经成为社会上的高素质群体。

私营企业主的社会来源也同样有很大变化。1993 年的调查证明，80 年代末和 90 年代初，私营企业主来自农民和工人的比例比较高。农村私营企业主中有 53.5% 的人过去是农民，城镇私营企业主中，来自工人的占 25.2%，来自农民的占 17.2%，两者合计占 42.4%。那么，2000 年以来，私营企业主主要是从哪些职业、阶层转来的呢？根据 2004 年和 2006 年的调查，我国私营企业主在开办私营企业以

---

① 中国民营经济研究会：《社科院报告说私企还存在诸多缺陷》，载中国民营经济研究会：《民营经济内参》，2006 年 2 月 17 日，第 13 页。

② 张绪武等主编：《中国私营经济年鉴 1978—1993》，香港经济导报社，1994 年版，第 117 页。

③ 中华全国工商业联合会等主编：《中国私营经济年鉴 2002 年—2004 年 6 月》，中国致公出版社，2005 年版，第 30 页。

前从事管理和专业技术工作的所占比例明显提高。2004 年调查显示，开业前有 15.6% 是机关企事业负责人，有 10.4% 是一般干部，有 14.2% 是国有集体企业承租承包人，有 2.8% 的人是村干部，有 1.4% 是县处级干部，有 13.0% 是专业技术人员，有 10.6% 是供销人员，以上这些从事各类管理、专业技术型职业的人占到了私营企业主总数的 68%。[①] 而 2006 年的调查证明，来自干部、国有或集体企业负责人、专业技术人员、企业供销员和个体工商户的，合计占私营企业主总数的 67.4%。[②] 这样的一种职业来源的演变，也从一个侧面反映出了改革 40 年，私营企业主的构成的重大变化。

私营企业主、私营工商层构成的变化以及其素质的迅速提高具有重要意义。这个阶层作为一种独立的经营者阶层，突破了中国过去的身份制与单位制的束缚，因而是市场经济中最有活力的群体之一。该群体人员素质地位的提高，表明在未来的社会主义建设与发展中，他们将发挥更大的正向作用。

当然，所谓新阶层，除了个体工商户和私营企业主以外，也还有其他一些新的阶层。对于所谓新的社会阶层，中共十六大报告将其归纳为六部分人：民营科技企业的创业人员和技术人员，受聘于外资、外企的管理技术人员，个体户，私营企业主，中介组织的从业人员，自由职业者。所以，除了个体户和私营企业主以外，在官方的理论概括中，也还有其他四种新阶层。其实，所谓“民营科技企业的创业人员和技术人员”，与“受聘于外资、外企的管理技术人员”就其社会地位、社会功能看，并没有什么根本区别，与社会上其他类型的管理和技术人员也是相似的，所以，并不能形成一个独立的社会阶层。而所谓“中介组织的从业人员”和“自由职业者”，在社会上也是人数比较小的群体。所以，改革开放以来，最

① 中华全国工商业联合会等主编:《中国私营经济年鉴 2002 年—2004 年 6 月》，中国致公出版社，2005 年版，第 30 页。

② 中国私营企业研究课题组:《2006 年中国第七次私营企业抽样调查数据分析综合报告（二）》，载中国民营经济研究会:《民营经济内参》，2007 年 3 月 23 日，第 31页。

主要的和最有特色的新阶层还是私有经济的所有者。承认私营企业主、私营经济所有者的社会地位，这在中国社会主义革命与建设的历史上也是一种实验，它在未来的发展究竟如何，我们还需要继续观察。

第六章
政治分层与经济分层

笔者以为，中国社会分层的一个重要特点是政治分层与经济分层的区分。中国改革开放以前是政治分层为主的社会，那时社会上人们经济不平等程度较低，而政治不平等程度较高，甚至存在较严重的政治歧视。改革开放以后，政治不平等程度大大下降，而经济不平等程度却大大上升。因此，中国改革开放以来，社会分层结构的变化并不简单是差距迅速拉大的过程，而是经济上的不平等取代了政治上的不平等。也可以说，政治分层差距的弥合，对经济分层差距的拉大起到了一种补偿或平衡的作用。对于此观点，笔者特从如下三方面加以论证。

一、关于市场转型与社会分层关系的研究

20 世纪 80 年代以来，关于市场转型中中国社会分层与不平等[①]问题引起了国际社会学界的广泛关注。学者们关注的焦点之一是，原来实行计划经济的社会主义国家在向市场转型以后，社会分层和社会不平等发生了怎样的变迁，以及造成社会不平等变迁的机制是什么。

关于这方面的争论和理论研究的中文文献，先是孙立平教授在

① 本书所使用的“不平等”概念，即英文 inequality，是指社会分层中的地位差异现象，该概念并无贬义。

《从“市场转型理论”到关于不平等的制度主义理论》[①]论文中作了较详尽的介绍，后来边燕杰教授主编了《市场转型与社会分层》[②]一书，翻译了这方面的主要文献。根据这些文献，笔者以为在关于国家社会主义向市场转型后，社会分层和社会不平等变迁的问题上，可以概括为两个方面的研究和争论。第一个方面是对于市场经济引入以前，社会主义计划经济体制下社会不平等与社会分层状况的争论。威廉·派瑞士（Willam Parish）的“反分层化现象”观点认为，在社会主义计划经济体制下，收入分配是相当平等的；而撒列尼（Ivan Szelenyi）、维克多·尼（Victor Nee）等人则认为，国家社会主义经济中的再分配机制不仅没有造成收入分配的平等，反而扩大了社会中的不平等，他们甚至将国家社会主义经济的再分配机制看成是产生不平等的源泉。第二个方面是对向市场转型以后社会不平等变迁的研究。长期以来，以库兹涅茨（Kuznets）为代表的倒“U”型曲线理论在这一研究中一直占据统治地位，该理论认为在市场推动经济发展的初期，社会不平等程度会持续性地明显上升，只是当经济发展水平达到比较高的程度后，由于有了福利政策和税收制度的调节，社会不平等程度才会逐步下降。撒列尼、维克多·尼、罗纳－塔斯（Akos Rona-Tas）、弗莱基尔斯基（Henryk Flakierski）等对倒“U”型曲线理论提出挑战，他们的研究都多多少少证明，市场改革以后，社会不平等程度不仅没有上升，反而有所下降。由此，他们提出了市场改革的平等化效应的观点。当然，撒列尼、维克多·尼、罗纳－塔斯等人后来的研究又对市场改革的平等化效应的观点做了进一步限定，他们认为，平等化效应只发生在国家社会主义经济向市场转型的早期阶段，当市场改革进一步深入时，平等化效应不仅没有了，社会

---

① 孙立平：《从“市场转型理论”到关于不平等的制度主义理论》（二），载《中国书评》1995 年总第 7 期、第 8 期。

② 边燕杰主编：《市场转型与社会分层：美国社会学者分析中国》，生活·读书·新知三联书店，2002 年版。

不平等反而有所加剧。不管怎么说，他们的研究是对经济学倒“U”型曲线理论的批判，他们认为，在国家社会主义经济向市场转型的过程中，不平等是沿着正“U”型曲线发展的，而不是倒“U”型曲线。撒列尼、维克多·尼等人研究的更深一层的理论意义在于，他们试图形成一种关于社会不平等的新的理论，并对传统的关于不平等的理论提出挑战。

笔者以为，在中国的场景下，社会分层有两种不同的情况，一种是政治分层，另一种是经济分层。因此在探讨社会分层与不平等时，要看是哪方面的不平等。自1949年中华人民共和国建立直至1979年改革开放以前，在经济上，基本上还是平均主义占上风的。国家再分配机制所起的作用，是缩小了人们的经济差别，而并不是像撒列尼、维克多·尼等所说的那样，社会主义国家的再分配是扩大了社会中的不平等。[①] 但是从政治上来看，却是完全相反的情况，从1949年直到“文化大革命”结束期间，政治不平等甚至政治歧视的程度是相当高的。1979年经济改革的同时，曾有过一次重要的政治改革，这就是发生在70年代末、80年代初的政治变革。从社会分层的角度看，这是一次废除政治歧视、实施政治平等的改革。这次改革以后，人们之间的政治差别缩小了，例如，政治上的阶级成分被宣布中止，各种带有政治歧视性的帽子被摘除，知识分子被宣布为是工人阶级的一部分，农民获得了迁移的自由等。1979年以后，中国实行了改革开放政策，其本质是开始发展市场经济。在市场经济引入以后，人们之间的经济差别明显上升，这一点有众多的数据可以证明，而不是像撒列尼、维克多·尼所说的那样，市场转型后经济上出现了平等化效应，人们的经济差别缩小了。如果说有所谓平等化效应，那也不是在经济方面，而是在政治方面。

---

① 孙立平:《从“市场转型理论”到关于不平等的制度主义理论》(一)，载《中国书评》1995年总第7期。

因此，中国的场景是改革开放以前，政治分层十分明显，政治不平等和政治歧视均比较严重。在市场引入以后，政治差别缩小了，但人们之间经济上的差别明显扩大，因此，取代政治不平等的是经济不平等。也就是说中国的分层差别一直就比较大，无论它体现为政治的不平等还是经济的不平等。

由此，笔者提出，社会不平等是一种深藏在社会结构内部的社会群体之间的关系，政治分层与经济分层只不过是它的不同的表现形式。分层本质上是人群之间的关系和人群占有资源的关系，当资源十分有限时，人群之间的关系必然十分紧张，社会不平等的程度也就必然较高。

政治分层与经济分层，它们可以是一致的，也可以是不一致的，甚至是完全相反的情况，例如，中国从1949年开始，一直到“文化大革命”结束，就是这种完全相反的情况。笔者以为，当时经济上的平均主义对于政治上的高度不平等起到了一种“纠偏”或平衡的作用。同样，在今日的中国，尽管经济的不平等有了极大的上升，但由于政治歧视的废除、政治平等主义的实施，这对于经济上的不平等同样起了一种“纠偏”或平衡的作用。因此，脱离开政治的分层与经济的分层、抽象地谈论社会分层的平等与不平等是片面的。如果用这种观点来解释，那么威廉·派瑞士所说的“反分层化现象”指的是国家社会主义的经济分层，而撒列尼、维克多·尼所说的平等化效应指的是改革开放以后的政治分层。

所以在探讨这个问题时，我们首先要搞清，有两种不同的社会差别、社会分层，这两种社会差别的性质、范围、领域等都是不同的。如果只注意到政治差别而忽视了经济差别，那就会认为，在改革开放以前的计划经济下，社会不平等更高一些，甚至大于后来的市场转型时期；如果只注意到经济差别而忽视了政治差别，那就会认为，市场转型时期的社会不平等更高一些，大大高于改革以前的不平等。

在此有必要澄清一下，本章所说的经济分层与政治分层的基本含义。笔者认为，所谓经济分层指的是因财产、收入等方面的差异而造成的社会经济地位高低不同的现象。它与社会学三元分层所说的财富的差异基本上是一回事。然而，这里所说的政治分层，却与社会学三元分层所说的权力的差异不一致。笔者以为，政治分层是1949年以后中国社会的一种特有现象，特别是在改革开放以前，那时所谓政治分层是指根据人们的家庭出身、政治身份、政治立场、政治观点，将人们分成高低不同的社会群体。例如，工人阶级、贫下中农、革命干部、革命军人等，这些都是政治地位比较高的群体；而地主、富农、资本家、反革命分子、坏分子、右派等这些都是政治地位很低的群体。这种政治地位的区分不一定反映权力分层的差异，有些权力很小的群体，政治地位却可以很高。例如，大多数被定义为贫农、下中农的农民，他们本人在村里并没有什么权力，但在社会上的政治地位却可以很高。这种政治分层与经济分层也有重大差异。一个在政治分层中地位较高的人，在经济分层中却可以地位较低，例如，贫农政治地位较高，但在农村的实际经济生活水平却很低。

在社会学传统的三元分层中，中国的政治分层实际上与声望分层的内容更为接近一些，因为，政治分层中的许多群体都是他人的一种评价。但是，政治分层与声望分层并不完全吻合。声望分层是指社会上多数人对不同群体地位的评价。而中国的政治分层却兼有两方面的含义：一方面它与客观的政治权力有关；另一方面，也是更重要的一面，它是与主观意识形态有关，它反映了在意识形态中、在官方的宣传中，对不同社会群体的评价。所以，笔者所说的政治分层是由主观意识形态和客观政治权利两个方面构成的，在研究政治分层时，对于这两个方面都不能忽视。

政治分层是笔者提出的一个新概念，曾有学者不同意笔者的观点，认为今日中国已不存在政治分层。[①]笔者以为，否认今天政治

---

① 米加宁：《社会转型与社会分层标准》，载《社会学研究》1998年第1期。

分层、政治分层标准的存在是不恰当的。政治分层的存在是不依人们的爱好和厌恶为转移的，它在今天的存在仍是显而易见的事实。如果一定要举例的话，那么比如说，政府机关在选择求职大学生时就仍然还非常重视党员、非党员这一政治标准，组织部门在选拔干部时还是非常重视政治态度等政治标准的。由此可见，近年来，在选拔人才方面，政治标准还是非常重要的。如此的例子还有很多，在有些领域甚至仍然存在着政治优先和政治排斥的巨大差异。所以，不要轻易地否认政治分层的存在。社会学多元分层思想的精华之处就在于，它承认社会上有几种社会分层的标准同时存在，而不是只有一种标准。当然在几种标准中，必有一种居于主导地位。目前，经济分层标准逐渐占据主导地位，但同时也还有其他几套标准存在。

政治分层和经济分层的区分，是中国社会的一个很重要的特点。由于有这种区分，就不能仅仅固守着社会学三元分层的理论，就要考虑到政治分层这第四个因素的作用。

从经济分层和政治分层的角度看，中国改革开放以前，是政治分层为主的社会，那时社会上人们经济不平等程度较低，而政治不平等程度较高。改革开放以后，中国是经济分层占主导地位的社会，政治不平等程度大大下降，而经济不平等程度却大大上升。

下面，笔者分别从经济分层和政治分层角度分析一下我国近年来社会分层的变迁。

二、经济分层差距的变迁

笔者认为，我国经济分层差距的变迁大体上可以分为两个阶段，即 1979 年改革以前的阶段和 1979 年改革以后的阶段。总的来看，改革以前的经济差距小，改革以后的经济差距大。

对于市场经济引入前后经济分层差距的研究一直苦于没有可以

用来比较的各个历史阶段的数据。要研究、测量从 1949 年直到目前跨度超过半个世纪的、长时期的经济差距是十分困难的。为解决这一困难，笔者曾经在小范围内做了一次尝试。

笔者曾组织中国人民大学社会学系的学生于 1994 年在北京市区作了一次入户访谈抽样调查，共抽取 36 个居委会，每个居委会按等距抽样原则，抽取 15 个样本，共完成有效样本 523 个。调查质量是比较高的。为了了解在几十年的历史变迁中北京市居民收入的变迁情况，在问卷中特别设计了对居民自 50 年代以来收入的调查。对于 50 年代的收入只能靠人们的回忆，由于我们找不到当时居民家庭收入的更详细记录，所以只能用这一数据来分析一下当时人们的收入情况。

笔者测量了 1955 年、1960 年、1965 年、1975 年、1978 年、1984 年、1987 年、1991 年、1992 年、1993 年、1994 年，共 11 个年份的居民收入差距。在计算方法上，笔者采用了五等份法和基尼系数两种测量方法。要说明的是，这里所调查的是居民个人的收入情况，而不是家庭人均收入情况。根据经验，居民个人之间的收入差距要比居民家庭人均收入差距略高一些。

笔者研究的结果证明，从 1955 年到 1994 年近 40 年间北京居民收入差距的变迁基本上可以分为两个阶段。第一个阶段是 1978 年以前，收入差距仅有小的起伏。例如 1960 年，三年困难时期，收入差距略高一些；困难时期结束后，差距又有些回落。但总体上看，这一阶段北京市居民的收入差距是保持在相似的水平上的。第二个阶段是 1978 年以后，收入差距处于持续上升的状态，特别是 90 年代以来收入差距更陡然上升。笔者所测算的这些年的基尼系数为：1955 年 0.268 3，1960 年 0.296 8，1965 年 0.262 6，1975 年 0.273 8，1978 年 0.305 1，1984 年 0.332 2，1987 年 0.372 0，1991 年 0.472 5，1992 年 0.486 7，1993 年 0.545 7，1994 年 0.539 6。笔者特将这一数据做成图形如下：

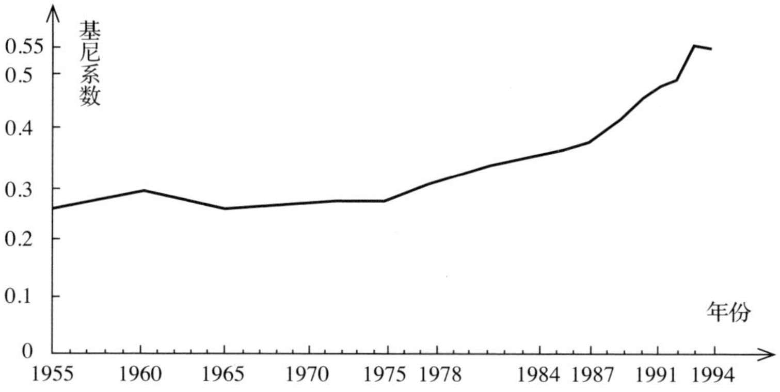

图 6-1　北京市居民收入基尼系数变迁

笔者还按五等份法测量了各占总人口 20%的最低、次低、中间、次高和最高收入组占有总收入的情况。先看 1955、1965、1975 年的情况：

表 6-1　1955 年各收入组占有总收入的百分比 *

将被调查者按收入高低分为 5 组	各组占有全部收入的百分比
最低的 1/5	7.17
次低的 1/5	15.72
中间的 1/5	19.39
次高的 1/5	22.22
最高的 1/5	35.51

* 根据统计学惯例，列 2 数值取小数点 2 位，各数值之和在 100% 附近略有浮动为正常，以下不再特别说明。——编者注

表 6-2　1965 年各收入组占有总收入的百分比

将被调查者按收入高低分为 5 组	各组占有全部收入的百分比
最低的 1/5	8.65
次低的 1/5	14.18
中间的 1/5	18.21
次高的 1/5	23.95
最高的 1/5	35.02

表 6–3　1975 年各收入组占有总收入的百分比

将被调查者按收入高低分为 5 组	各组占有全部收入的百分比
最低的 1/5	9.52
次低的 1/5	13.85
中间的 1/5	16.66
次高的 1/5	22.29
最高的 1/5	37.68

由上述五等份法的表 6–1 至表 6–3 三个表中可以看到，从 50 年代中期直到 70 年代中期，各收入组在总收入中所占比例一直没有太大变化，最低收入组所占比例一直为 7%—9%，而最高收入组所占比例一直为 35%—37%，其他各组所占的份额变化也不大。这说明在改革开放以前，北京居民的分配格局一直没有太大变化。

表 6–4　1978 年各收入组占有总收入的百分比

将被调查者按收入高低分为 5 组	各组占有全部收入的百分比
最低的 1/5	8.88
次低的 1/5	12.69
中间的 1/5	16.38
次高的 1/5	21.83
最高的 1/5	40.22

表 6–5　1984 年各收入组占有总收入的百分比

将被调查者按收入高低分为 5 组	各组占有全部收入的百分比
最低的 1/5	7.62
次低的 1/5	12.39
中间的 1/5	15.94
次高的 1/5	21.64
最高的 1/5	42.41

表 6–6　1987 年各收入组占有总收入的百分比

将被调查者按收入高低分为 5 组	各组占有全部收入的百分比
最低的 1/5	7.26
次低的 1/5	11.14
中间的 1/5	15.24
次高的 1/5	20.18
最高的 1/5	46.19

上述表 6–4 至表 6–6 反映了 1978—1987 年收入差距的变化。在这一阶段，突出的特点是一个高收入层开始形成，最高收入组在总收入中所占比例从 1978 年的 40.22% 上升到 1987 年的 46.19%。其他各组所占比例略有减小。例如，最低收入组所占比例从 8.88%降至 7.26%，次低收入组所占比例从 12.69%降至 11.14%。这说明在这一阶段，收入差距的变化是以一部分人先富起来为特征的。

表 6–7　1992 年各收入组占有总收入的百分比

将被调查者按收入高低分为 5 组	各组占有全部收入的百分比
最低的 1/5	5.60
次低的 1/5	9.22
中间的 1/5	11.88
次高的 1/5	15.09
最高的 1/5	58.20

表 6–8　1994 年各收入组占有总收入的百分比

将被调查者按收入高低分为 5 组	各组占有全部收入的百分比
最低的 1/5	4.43
次低的 1/5	7.95
中间的 1/5	10.72
次高的 1/5	14.09
最高的 1/5	62.83

从上述表6–7、表6–8可以看到，90年代以来，高收入组与低收入组之间的收入差距比80年代更有了大幅度的上升。这种差距的上升更突出地表现为高收入组在总收入中占的比例达到了很高的程度，而其他各收入组占总收入的比例都略有下降。我们看到，1994年最高收入组占有总收入的百分比竟高达62.83%，而进一步的分析证明，真正占有这样高比例收入的是一个更小的群体。相比之下，其他各组占有总收入的比例均比较低，最低收入的20%人口仅占有总收入的4.43%。这说明，拉大收入差距的主要原因是，一个人数比例较小的高收入层占有收入的比例过高，与绝大多数人口之间拉开了差距。即使是中间收入组和次高收入组占有总收入的比例也远低于20%，这说明作为社会稳定重要力量的中等收入层仍然过于弱小。

综上所述，此次调研的数据证明，从50年代中期开始，一直到70年代末，北京市居民的收入差距并不是很大，基尼系数一直保持在0.26至0.31间。如前所述，这里计算的是居民个人之间的基尼系数，如果计算的是居民家庭人均基尼系数，其差距还要略小一些。由于在这段时期里，计划经济占绝对统治地位，几乎没有什么市场经济成分，单位内的工资几乎是居民收入的唯一来源，居民收入完全受国家再分配的调节。因此，这样一种收入差距、不平等程度，完全可以反映国家社会主义经济的再分配对于社会不平等程度的影响。换句话说，当时的再分配所起到的作用还是降低了不平等的程度，而不是像撒列尼、维克多·尼等所说的是扩大了不平等程度。

从50年代中期到70年代末，中国的绝对平均主义政策不仅有上述数据的证明，而且，也有众多的平均主义的政策为证。比较典型的例如，当时绝对平均主义分配的票证制度、平均主义的分配住房制度、大锅饭式的普遍就业制度，及作为普遍福利的医疗保健制度等。这些也都是造成当时经济上绝对平均主义的重要政策变量。

另外，从社会生活和社会风气上看，当时提倡领导干部艰苦朴素、与群众同甘共苦、官兵一致等。一个常常被人们提起的案例是，在困难的时期毛泽东主席带头降工资，那时候国家主席能够拿600块钱，后来毛主席感觉自己拿多了，主动要求降级降到400多块钱。当然这只是个案，但由于毛主席影响大，体现了当时的社会流行或社会风气。总之，就中国的状况而言，如果认为市场转型以前的国家社会主义再分配造成了较大的经济差距，认为市场转型以后带来了经济上的平等化效应，那么，这种理论是脱离中国实际的。

当然，维克多·尼曾用1985年在中国厦门农村所做的抽样调查数据证明中国市场转型初期的平等化效应，但是要注意，中国农村恰恰是较少受国家再分配影响的部分，而笔者所调研的城市才是传统上较多受国家再分配影响的部分。

所以，改革开放以前，尤其在城市里面，国家通过再分配手段缩小了各个人群、阶层获得经济资源的差异性，人们在经济分层方面出现了“均等化”的特征，这应该是大体上符合历史事实的。

三、政治分层差距的变迁

将政治标准、意识形态标准放到社会分层中来，这是作为理论家的毛泽东的一个创造。毛泽东在其早期的著作中，就提出了政治态度是社会分层的一个重要标准的观点。例如，在《中国社会各阶级的分析》一文中，他对民族资产阶级除了按经济分层外，还按政治分层标准将其区分为：不开明绅士、开明绅士、民族资产阶级右翼、民族资产阶级左翼等；对于小资产阶级他除了给予经济上的区分外，还按政治分层标准区分为：小资产阶级右翼、小资产阶级中间派、小资产阶级左翼。

1949年以后，中国的社会分层政策在很大程度上体现了毛泽东的政治分层思想。政治分层对中国影响颇大，可以说政治分层和经济分层同样在中国社会中发挥着十分重要的作用。

中国的政治分层从理论变为一种社会政策，最初是起源于40年代末、50年代初的土地改革划分阶级成分的运动，后来在城市里也曾开展了大规模的整风运动和整党运动。参照农村中的标准并予以发展，对于城市中的在业人员也划分了阶级成分。此后在历次政治运动中又划定了一些新的阶级成分，有些阶级成分是以戴“政治帽子”的形式出现的，例如“右派”“有严重历史问题”等。土地改革中的划分成分以及50年代初在城市中的划分成分，最初是具有经济分层意义的，因为当时的划分基本上是按经济关系、按生产资料所有关系划分的。但是，这种社会分层，到了50年代末，就已经不再具有经济分层的意义了。因为这时候的地主并不占有土地，而只是说他们在1949年土地改革以前曾经占有过土地，这时候的资本家也并不占有企业，而只是说他们在1956年“工商业社会主义改造”以前曾经占有过企业。至于戴政治帽子，则显而易见，更加是纯粹按主观意识形态分层了。因此，这时候的社会分层，实际上是政治意义上的分层。

中国政治分层的变迁可以分为前后两个阶段，从解放一直到“文化大革命”结束是第一个阶段，从“文化大革命”结束后到今天是第二个阶段。第一个阶段的特点是政治差距在社会上逐步占据主导地位，这一阶段政治地位差异很大而经济地位差异较小。第二个阶段是经济差异在社会上占据了主导地位，经济差异变得很大，而政治差异却明显缩小。

我们先看看第一个阶段的情况。中国“文化大革命”结束以前，政治斗争异常激烈，政治运动连绵不断，全社会都处于一种突出政治的气氛之中。因此，政治地位远比经济地位来得重要。

当时，社会上的政治分层有几种系列，不过最主要的是阶级的区分。如上文所述，自50年代末以来，所谓阶级，主要是政治意义上的阶级。阶级的区分可以分成两种，一种是本人阶级成分的区分，另一种是家庭出身的区分。

无论是本人的阶级成分还是家庭出身，按照当时的政治分层原则，基本上都是三分法的分层。按阶级成分（或家庭出身）可以区分为：阶级成分（或家庭出身）好的、阶级成分（或家庭出身）不好的和处于中间状态（或家庭出身一般）的。当时，阶级成分好的有工人、贫农、下中农、革命干部、革命军人、革命烈士家属等；阶级成分不好的有地主（包括恶霸、军阀、旧官僚、破产地主、管公堂等）、富农、资本家、反革命分子、坏分子、“右派”分子等；处于中间状态的有中农（包括富裕中农）、知识分子、自由职业者（包括职员）、宗教职业者、小手工业者、小商、小贩等。到了“文化大革命”时期，则出现了所谓“红五类”“黑五类”之说，分别指上述阶级成分好的与阶级成分不好的群体，这已经把政治分层差距发展为一种严重的政治歧视了。

此外，还可以按政治面貌将人群区分为：中共党员、普通群众、有历史问题的人等；按照政治表现区分为：单位积极分子、单位落后分子和表现一般的人员；按照按社会关系的繁简程度分为：社会关系复杂、社会关系简单和社会关系一般的人。按照当时的标准，社会关系越复杂的人，例如有海外关系、有成分不好的亲属，政治上越不可靠；社会关系越简单，则政治上越可靠。这样越是受过较高教育的人，甚至在海外受过教育的人，在政治上就越受到质疑。而知识分子往往社会经历复杂，这也是导致当年对知识分子不信任的政治原因之一。1957 年毛泽东主席曾经在党的宣传工作会议上说：“我们现在的大多数的知识分子，是从旧社会过来的，是从非劳动人民家庭出身的。有些人即使是出身于工人农民的家庭，但是在解放以前受的是资产阶级教育，世界观基本上是资产阶级的，他们还是属于资产阶级的知识分子。”[①] 毛泽东主席还说，在我国 500 万左右的知识分子中，站稳了无产阶级立场的“大约有百分之十几”，“在五百万总数中占大多数的这部分知识分子，还是处在一种中间的状

① 毛泽东：《在中国共产党全国宣传工作会议上的讲话》，《毛泽东文集》第 7 卷，人民出版社，1999 年版，第 273 页。

态。”[①] 这是当时知识分子政治地位的真实写照。

就政治分层的本意而言，它与经济利益并不直接挂钩。在政治法律秩序尚能得到保障的时期，政治分层地位的高低与经济分层地位的高低基本上没有明显的相关性。例如，资本家的政治地位很低，但经济地位、生活水平却可以很高。又如，有一些人戴上“右派”帽子以后，政治地位一落千丈，但经济地位、生活水平却可以基本保持不变。当然，在“文化大革命”的动乱年代，政治法律秩序已得不到保障，甚至出现了“抄家”行为，那则是另一回事了。

在社会秩序正常的年代，既然政治分层与经济分层并不直接挂钩，那么政治分层的社会意义究竟何在呢？笔者以为，政治分层所起的作用主要表现在政治斗争上，表现在意识形态上、社会舆论上和社会心理上。阶级成分不好的人成为历次政治运动的打击对象，他们总是充当反面教员的角色。在报纸、广播及其他各种大众传媒中，他们总是充当政治批评的对象。在社会上，他们的声望很低，被人家看不起。在日常生活中，他们是一个失去了公众信任的群体，每当出现了麻烦问题，他们总是首先被怀疑的对象。这样，久而久之，他们本人内心中形成了很重的心理压力，产生了严重的自卑感，甚至人格发生扭曲。

除此之外，政治分层也深刻地影响着一个人的生活机会，这一点特别表现在家庭出身对一个人的影响上。从 50 年代到 70 年代末，家庭出身对于青年人发展的影响是十分深刻的。首先，家庭出身会影响一个人接受高等教育的机会，家庭出身的好与不好是当时录取大学生的一个重要的参考指标。而大学里有些重要专业、有些被视为有可能接触尖端技术的专业则更是只录取家庭出身好的，不录取家庭出身不好的。至于当时有少数出国深造的机会，更百分之百地属于家庭出身好的人。其次，家庭出身会影响一个人的就业机会。

① 毛泽东：《在中国共产党全国宣传工作会议上的讲话》，《毛泽东文集》第 7 卷，人民出版社，1999 年版，第 269 页。

在计划经济下，人们选择自己职业的灵活性很小，年轻人的就业大多是由组织上安排的，而组织上在安排就业时非常重视家庭出身。当时，由于政治气氛浓厚，很多职业都被视为具有政治敏感性，例如与航空、国防、军事工业、高技术、保卫、管理部门、领导部门、情报部门、海关等有关的职业，这些都只能由家庭出身好的来承担。而到了基层部门，本来已无政治敏感性可言，但领导也往往按照当时的政治标准，将重要的工作交给出身好的人去承担。再其次，在当时社会生活的各个方面，家庭出身的影响都是很重要的。例如，在当时人们都很追求的参军、入党等问题上，家庭出身往往起决定作用。又如，在婚姻配偶的选择问题上，家庭出身也常常被当作一个重要指标。

以上的阶级成分、家庭出身类似于一种等级制度或身份制度，它基本上是一种封闭的社会分层体系，也就是说，阶级成分、家庭出身一旦被定位以后，是不能改变的。当然，当时的政治分层制度也不是没有社会流动。当时也存在着政治地位变迁的各种形式。举例如下：

“下放”：这是自 50 年代以后比较流行的一种政治地位垂直下降的形式。它主要是对干部而言的。“下放”一般是有双重含义的，一是指职位的下降，二是指工作和生活地域从中心区域向边远区域的迁移。例如 50 年代末，“反右”斗争结束后，很多干部从北京“下放”到边远省份的农场。“下放”也可分为长期“下放”和短期“下放”，长期“下放”一般多是因干部犯有政治错误而受到的一种惩罚，短期“下放”则更多的是具有接受实践锻炼的意义。“文化大革命”中，干部“下放”成为普遍化现象。1968 年 10 月，毛泽东主席说：“广大干部下放劳动，这对干部是一种重新学习的极好机会，除老弱病残者外都应这样做。在职干部也应分批下放劳动。”[①] 直到今天，类似于实践锻炼性质的短期“下放”也还是有的，不过人们已

---

① 转引自《人民日报》1968 年 10 月 5 日第 1 版。

不用带有贬义的“下放”一词称呼了，而是使用“挂职锻炼”的说法。中国今天的“挂职锻炼”与过去的“下放”完全不是一回事。今天的“挂职锻炼”不仅不是政治地位的下降，有时甚至还有即将提升的含义。更主要的是，在今天大的社会背景下，政治歧视已趋于消失了。

“戴帽子”与“摘帽子”：50年代以后，在历次政治运动中，很多人被戴上了政治帽子，例如“右派”“坏分子”“历史反革命”等，一个人被戴了帽子就意味着他被划入了敌对分子的阵营、落入了政治的底层。“摘帽子”则一般是比较难的，当然也不排除少数人通过极为突出的政治表现而被摘了帽子。“戴帽子”与“摘帽子”类似于埃德温·勒默特（Edwin Lemert）在“标签理论”中所阐述的互动行为。①

“一批、二养”：这是“文化大革命”中政治地位变迁的一种形式，指对于犯有政治错误的老干部一是要在政治上批判，这意味着该老干部政治地位的大大下降，但是这不一定意味着其经济地位的下降；二是所谓“二养”，就是说，在政治上批判以后，还是要保证他们经济上的生活待遇。因此，这是一种典型的政治地位和经济地位相悖的现象。

“被打倒”：这是“文化大革命”中，领导干部政治地位迅速下降的一种形式。一个干部被打倒，这意味着，他不仅失去了干部的职位，而且名誉扫地。在政治上，他从很高的领导者位置被排斥到社会政治群体的底层。当然，被打倒有可能伴随着经济地位的迅速下降，但也有可能与经济地位的变迁并没有这样密切的联系。因为，被打倒主要是指政治地位的变迁，而不是经济地位的变迁。

“平反”或“解放”：在我国长期的政治生活中，对于那些已经在政治上“被打倒”了的干部重新恢复工作，或重新给予较高的政治地位，称之为“平反”或“解放”。“平反”意味着政治地位的重

① 郑也夫、李强：《西方社会学史》，能源出版社，1987年版，第275页。

新上升，它可以伴随着经济地位的上升，也可以是经济地位并无重大变化，只是政治地位的迅速上升。

我们再看看第二个阶段的情况。中国“文化大革命”结束以后，特别是向市场经济转型以后，政治运动和政治斗争大大缓和，而与此同时经济地位的作用、财产分层的意义却大大上升。因此在第二个阶段，经济地位比政治地位来得更为重要。

这个阶段政治分层与经济分层变化的特点是，在经济分层差距迅速扩大的同时，政治分层差距却在急剧地缩小。政治分层差距的缩小是通过1979年前后的重大政策变迁完成的。1979年1月，中共中央做出重大决定，提出给地主富农摘帽子。“决定指出，除少数坚持反动立场、至今还没有改造好的以外，凡是多年来遵守政府法令、老实劳动、不做坏事的地主、富农分子以及反、坏分子，经过群众评审、县革命委员会批准，一律摘掉帽子，给予农村人民公社社员的待遇。地主、富农家庭出身的农村人民公社社员，他们本人的成分一律定为公社社员，享有其他社员一样的待遇。今后，他们在入学、招工、参军、入团、入党和分配工作等方面，主要应看本人的政治表现，不得歧视。地主、富农家庭出身的社员的子女，他们的家庭出身应一律定为社员，不应再作为地主、富农家庭出身。”[①] 如上所述，阶级成分分层和家庭出身分层是政治分层的最重要基础，在这两个最重要的基础发生变迁后，旧的政治分层的体系便开始瓦解，政治地位的差距便开始急剧缩小。

经过40年以来的社会变革，中国社会中那种明确把人分成不同政治等级的现象已经趋于消失，因阶级成分、家庭出身、社会关系等而招致的政治歧视基本不存在。城市市民与农村居民二元分割的身份制度，城市中工人与干部二元分割的身份制度，以干部级别分层为基础而形成全社会垂直分层的官本位制度等诸如此类的社会分

---

① 沈冲、向熙扬主编:《十年来理论、政策、实践》第1册，求实出版社，1988年版，第200页。

层和社会不平等体制，也都在变革或弱化。

这样我们就看到了，改革开放以来，社会分层结构的变化并不是如有些研究者所说的那样简单，就是地位差距迅速拉大的过程。事实上，经济差距的扩大和政治差距的缩小是齐头并进的。换言之，是经济上的不平等取代了政治上的不平等。也可以说，政治分层差距的弥合，对于经济分层差距的拉大起到了一种补偿或平衡的作用，这就正像1976年以前，平均主义的经济分层政策对于当时巨大的政治分层差距起到了补偿和平衡的作用一样。笔者以为，政治分层与经济分层之间的互补关系是显而易见的。其实，社会学多元分层思想的中心目标之一，就是要通过多重标准的划分方法，弥合阶级之间的差异、缓解阶级之间的紧张关系。因此，几种社会分层之间的互补关系一直是存在的。这不仅在我国如此，不仅在笔者的研究中如此，而且在其他国家、在其他的一些研究中也都是如此。恰当地利用这种互补关系，可以有助于缓和社会紧张关系。

另外，由于政治分层与经济分层这两种不平等的性质不同，两者很难互相比较。因而，国际社会学界一直存在关于市场转型以后，社会分层差距是扩大了还是缩小了的争论。笔者以为，若要做出断言，也不是轻而易举的事。笔者实际上根据中国的情况提出了第三种观点，即从经济方面看，差距是扩大了，但如果从政治方面看，差距反而是缩小了。

上文已经证明，撒列尼、维克多·尼所说的市场转型的平等化效应，在中国的场景下，并不反映为经济收入方面，因为从收入方面看，差距的拉大是显而易见的。然而在政治分层方面，市场转型中政治歧视趋于消失，政治不平等大大减弱，这方面的平等化效应却又是显而易见的。市场的本意就是各行为主体之间按照规则平等交易，因此仅就一种社会交往方式而言，它确实具有平等化的特征。

本章关于政治分层与经济分层的研究，实际上也是对经济学上倒“U”型理论的一种挑战。倒“U”型理论在分析市场推动经济发展时期不平等的变迁时，把眼光仅仅集中在经济不平等上，完全忽视了政治不平等的存在。社会是一个整体，不平等也是一种综合现象。倒“U”型理论仅仅描述经济不平等，这不是社会上真实的不平等现状，而是被经济学割裂式研究方法歪曲了的不平等状况。中国的实例证明，对于市场转型中社会分层与不平等的研究，应首先考虑到社会不平等表现的两种基本形式，即政治的不平等与经济的不平等。

通过以上分析，笔者认为，社会分层是一种隐藏在社会结构内部的关系，它反映的是社会资源在各群体之间的一种配置或分配。当社会资源极为有限时，社会各群体之间的关系就比较紧张，这往往导致不平等程度的提高，于是，社会各群体之间的差距就比较大。这种较大的差距既可以表现为经济地位的较大差距，也可以表现为政治地位的较大差距。韦伯所说的三元分层，只不过揭示了表现社会分层差距的三种方式。反映差距的方式可以有很多，在中国就有政治分层与经济分层的区分。政治分层与经济分层的两种分层制度是中国社会的一个重要特点。改革开放 40 年来，中国经济总量有了突飞猛进的增长，目前号称世界第二大经济体，社会物质资源总量的增长是显而易见的。因此，由于物质资源极为有限而导致人群之间紧张与冲突的现象有所弱化，在一段历史时期里可以看到的，那种被称作“你死我活的阶级斗争”紧张关系，确实也不复存在。诸如“文化大革命”中那样，几乎所有单位都分裂为“两派”，全面“内战”、残酷的政治斗争的冲突现象（包括暴力冲突）或人群紧张关系现象，确实也销声匿迹了。因此，还是应该承认，社会各群体之间的紧张关系，尤其是在政治关系或政治分层方面，已经有所缓和。

第七章
“整体型社会聚合体”与“碎片化”利益群体

对于改革开放40年来中国社会结构所发生的变化，笔者曾经有过不少分析，比如提出了政治分层转向经济分层、新的社会阶层的出现、贫富差距的变化、中产阶层的发展等。然而，有一个方面，以往的文章著述分析得不充分，这就是社会群体、阶级阶层特征的变化，笔者认为，改革开放以来，一个重大的变化就是从改革以前的“整体型社会聚合体”（简称“整体聚合体”）演变为今天的“碎片化”的利益群体。对于这个观点，李春玲教授发表了《断裂与碎片》的社会分层研究著作，认为笔者等人提出的“碎片化”观点与“断裂”观点是解析当前中国分化的两个不同流派。[①] 本章就是对于“碎片化”观点的进一步理论阐释。

一、“整体型社会聚合体”与我国改革前社会群体形态

什么是“整体型社会聚合体”呢？我们知道，在社会分层的分析模式上，一直有分歧、有争论，其中一派主张采取巨大的社会群体的分析模式，另一派主张采取分解成小的群体的分析模式。[②] 前一派的分析对象是巨大阵营的社会群体，我们可以称之为“整体型

① 李春玲：《断裂与碎片：当代中国社会阶层分化实证分析》，社会科学文献出版社，2005年版，第10页。

② 李强：《社会分层十讲》，社会科学文献出版社，2008年版，第135—136页。

社会聚合体”，比如，巨大的阶级、阶层阵营：工人阶级、农民阶级、资产阶级、地主阶级、知识分子等，这些都属于“整体型社会聚合体”。后一派则主张应该将这些整体型社会聚合体分解，分解成小的群体来分析，比如，小的职业群体，木匠、瓦工、工程师、医生、经理、教授等。前一派的观点认为，只有“整体型社会聚合体”才可以解释社会上重大的利益冲突，解释翻天覆地的阶级斗争。马克思在著作中展示了这样一种大的阶级聚合体的分析范式，比如在《1848—1850 年的法兰西阶级斗争》中，剖析法国社会发生的激烈的政治、经济冲突。剖析所发生的一系列事件时，马克思的分析就是“整体型社会聚合体”的模式，马克思提出的一些当时法国社会的整体聚合体有金融资产阶级、工业资产阶级、小资产阶级、农民阶级、无产阶级和游民无产阶级等。毛泽东的《中国社会各阶级的分析》一文，也延续了马克思的这种“整体型社会聚合体”的模式，毛泽东的分析大家都很熟悉，笔者也就不赘述了。后一派主张小群体分析模式的，则认为在社会生活和社会实践的层面上，人与人真实的社会互动是在小的群体里发生的，人们的实际组织也是小的职业群体，在人们为利益而发生冲突的现实中，并不能找到“整体型社会聚合体”阶级的痕迹，而是各种小的“社团”在活生生地发挥作用。这一派的理论代表有美国社会学家格伦斯基（David B. Grusky）、索伦森（Jesper B. Sorensen）等人。

笔者认为，两派分歧的关键不在于分析的模式，而在于分析的对象，即作为实体的社会群体、社会上实实在在存在的群体，究竟是“整体型社会聚合体”还是分化成了小的群体，哪一种是真实的存在。马克思、恩格斯在 1848 年发表《共产党宣言》的时候，欧洲的阶级斗争十分激烈，阶级阵营的对立也十分明显，大的阶级群体真正地联合成了社会的聚合体。马克思、恩格斯组织了第一国际、第二国际等就是这种巨大社会聚合体存在的证明。毛泽东组织革命的时候，发动了广大农民，中国从 1924 年到 1949 年的三次国内革命战争，战争规模之浩大为历史罕见，这些大规模的冲突当然也是

“整体型社会聚合体”的真实体现。而对于西方社会来说，20世纪70年代以后，确实找不到巨大的社会阶级冲突的社会实践，所以，出现小群体的分析模式也符合西方社会的现状。

那么，问题是，改革以前，中国社会群体的真实的构成模式是什么样子？笔者认为其特征是属于“整体型社会聚合体”。为什么说改革以前中国分层特征是“整体型社会聚合体”呢？笔者试陈述如下四点原因。

第一，改革以前的“整体型社会聚合体”与中国革命之间有着密切的联系。20世纪上半叶，中国发生过三次大规模的国内革命战争。在这三次大规模的战争中，阶级对立的现象是十分明显的。冲突的双方都形成巨大的阶级阵营，比如在土地问题上形成的地主与农民之间的对立。中华人民共和国的建立也正是这三次大规模社会冲突的结果，所以，新中国成立以后，在相当长的一段时期内，激烈冲突的各个阶级以及它们之间的关系也在延续。新中国成立以后的“土地改革”以及50年代中期的社会主义改造也就是“整体型社会聚合体”冲突的继续或者延续。

第二，笔者在以往的分析中讲过，在财产分层的阶级被打碎以后，中国奉行的是身份制度，而这种身份制度形成的是巨大的身份群体。身份群体之间界限十分明显，身份群体之间流动十分困难，于是，巨型的社会聚合体就更得到固化。中国当时的四大社会聚合体是：工人、农民、干部、知识分子。虽然在这四大社会聚合体内部也有差异，比如，国有企业工人与集体企业工人就有差异，但总的体制还是统一化，企业、单位的经济类型比较少或比较单一，再加上统一化的管理模式，以及统一化的收入分配体系等，都强化了这些社会聚合体。此外，当时频繁发生的政治运动也是强化这些巨大的社会聚合体的重要因素之一。

第三，“整体型社会聚合体”也与当时的阶级斗争意识形态和政策有着密切的关系。改革开放以前，占主导地位的意识形态是阶级和阶级斗争的意识形态，在“文化大革命”期间更把这种巨大的聚合体之间的冲突推到了登峰造极的地步。自50年代到70年代，一次又一次的政治运动和政治实践，都在强化这种整体聚合体，比如划阶级成分、社会主义改造运动、反右斗争、“四清”运动等。由此可见，阶级固然是以客观经济地位为基础的一种社会群体的巨大分化的现象，但划分阶级还是要依据客观经济地位标准。固然不应该以主观意识、态度来划分阶级，但是，意识形态对于增强或缓解社会裂痕确实也有巨大的影响作用。我国从50年代到70年代社会运动的实践证明，如果社会意识形态倡导阶级冲突，也会有真实的社会后果，也会扩大社会群体之间的裂痕、也会激化社会群体冲突。这种社会现象，在原理上应该与托马斯（W. I. Thomas）阐释的“情景定义”（definition of situation）理论是一致的。[①]

第四，改革前的“整体型社会聚合体”也与当时的社会资源配置方式以及与当时的社会总动员的模式密切相关。众所周知，改革前奉行的计划经济是国家对资源的全面配置，国家采取统一化的、集中的政策干预资源的配置，并且通过多种手段对收入分配进行全面的干预，由此形成的社会群体、阶级阶层当然也就具有了很强的一致性特征。换言之，是国家统一的或“整体划一”的政策，特别是物质资源的分配、配制政策，形塑了“整体型社会聚合体”。

那么，改革前的“整体型社会聚合体”的社会后果是什么？“整体型社会聚合体”与当时的政治运动是互为因果的关系。改革前，不间断的政治运动促成了具有强烈政治特征的“整体型社会聚合体”，而“整体型社会聚合体”形成后更促生了各种各样冲突性的政治运动。在这方面，“文化大革命”就是一个突出的例证。“文化大革命”中的所谓派系斗争、“两派冲突”，就是最典型的“整体型社会聚合体”与重大社会冲突互为因果的例证。“文化大革命”期间，几乎所有的单位，包括企业、工厂、矿山、机关、学校、医

① 郑也夫、李强:《西方社会学史》，能源出版社，1987年版，第254—256页。

院等，都分裂为两大派，而这些分散在各个单位的两大派，经过各种联合又形成了更大的聚合体。两派之间的冲突逐步升级，甚至在1967年和1968年的一段时间，部分地区和单位酿成了大规模的武装冲突。

所以，笔者认为，改革前社会分层的“整体型社会聚合体”特征，与政治运动、政治不稳定、社会冲突有着直接的联系。从这个角度看，为实现社会和谐与社会稳定，我们就应该在政策导向上避免这种“整体型社会聚合体”的形成或出现。这也是我们对于改革前的社会分层方面的经验教训的一点总结。

二、从“整体型社会聚合体”向“碎片化群体”的变迁

从这个角度看，改革以后，“整体型社会聚合体”逐渐解体了，取而代之的是以“碎片化”为特征的社会群体。所谓“社会群体利益碎片化”是指，群体内部的利益更为分化和个体化了。笔者所说的“利益碎片化”是针对改革以前的“整体型社会聚合体”而言的。如前所述，笔者认为，改革以前，中国社会的群体模式比较突出的特征就是“整体型社会聚合体”，而改革以后，这种“整体型社会聚合体”出现了瓦解的趋势，社会群体内部分化、细小化、原子化、个体化。

为什么会发生这种变化呢？因为，上文所提到的那些塑造“整体型社会聚合体”的社会原因，改革以后都逐渐消失了。比如，上文所说的革命战争的原因、身份制的原因、意识形态的原因、计划经济原因等都不复存在。既然资源不是采取计划经济的整体性配置的方式，而是更多地采用市场配置的方式，那么，作为获得资源的社会群体，也就更少具有整体的特征。市场是倡导个体自由竞争的，其结果自然是导致了利益的“碎片化”。

上文已经说过，“整体型社会聚合体”是比较容易引发整体利益冲突的，改革开放以前频繁的政治运动，其社会基础也正是这种

“整体型社会聚合体”。“文化大革命”期间的“全面内战”，也再次证明，“大型社会聚合体”的社会结构，容易导致大规模的社会冲突。与此相反，“碎片化”的社会群体，将利益分解、分散，虽然个体化的冲突会出现得更为频繁，但是，却将冲突限定在个体的、碎片的、分散的状态下，大规模的、整体的冲突失去了社会基础。所以，从整体社会结构的角度来分析，阶级阶层利益的多元化与“碎片化”的特点，反而起到了阻止大规模、整体型社会冲突发生的作用，起到了缓解社会矛盾的功能。从现实的社会状况看，90年代和21世纪以来，虽然农民为占地、征地、土地纠纷，城乡工人为工资、劳动福利、就业条件，城市居民为拆迁、住房购买、住房质量、金融资产、小区管理服务等，发生的矛盾的数量增多，但是，这些矛盾都是区域的、局部的，所涉利益人群为部分群体，甚至是个体，这些恰恰是印证了“利益碎片化”的趋势。

笔者在此前的分析中曾经指出，现代化本身就是一个分化的过程，世界上所有国家的现代化都是从分化开始的，分化也具有某些正向的、积极的作用。过去人们以为，分化只能带来社会的不稳定，其实不尽如此。我们知道，社会分化如果是简单的两极分化，那当然是不好的，但如果社会分化是利益的“碎片化”，人们的利益是多元的，那样反而不容易发生重大利益冲突。比如在过去，我国绝大多数城市居民都就业于按照全国统一工资标准的国营集体企业中，那时候，涨工资都需要中央颁布全国涨工资的命令。如今，绝大多数就业者就业于各种类型的团体、企业之中，涨工资是团体、企业自己的事情，大家不用“齐步走”，不会产生“共振”。就业者的利益被众多类型的团体、企业所分化。

“利益碎片化”的一个重要表现是，人们从过去的那种仅仅追求整体利益，转变为今天的追求个体利益。每个人都追求个体利益，这样，追求利益的方向就非常不一致，这样就形成不了整体的社会运动。社会就不会产生整体的冲突。

最近的变化表明，社会阶层、社会群体利益分化和多元化更为明显了。其基本的趋势是从过去的巨型、整体群体，分化为多元利益群体。在此，笔者试剖析利益分化的三方面特点。

第一个特点是阶层分化与身份群体交织在一起产生了多元利益群体。改革以后，经济利益确实分化了，产生了贫穷与富裕的巨大差别，但是，这种差别与身份群体交织在一起，是环环相扣的复杂关系，而不是简单的叠加关系。中国80年代初的市场改革以前，社会各群体的关系更多是一种身份制关系。比如，工人、干部、知识分子、农民等，他们之间的区分主要不是市场型的经济地位差异的区分，而是社会身份地位的差异。90年代以来，经济指标作为社会地位区分的指标愈来愈突出。但是，新的阶层产生，并不意味着传统的身份制就完全不起作用了。实际情况是，阶层结构定型化与传统的身份制交织在一起。其结果是，阶层与身份并存，在阶层内部会有很多身份群体。比如，40年来，我国工业化发展速度很快，产业工人的队伍迅速膨胀。然而，由于原有的身份制的存在，中国产业工人内部有众多不同的身份群体，其内部的差异性一点儿不小于外部的差异性。目前在中国工人的内部，既有传统的国有、集体企业工人，也有从农村流入城市的农民工，有在乡镇企业劳动的工人，有个体从业者和自我雇佣的工人，有相当多的家庭企业劳动的工人，有千百万家庭雇佣的“小时工”、保姆等。即使在同一个单位里面，也存在着几种不同身份的工人，有的签订了劳动合同，另一些就没有签订劳动合同，而有合同与没有合同的劳动者在社会福利保障方面差异很大。所以，工人的总人数虽然巨大，但是，却分化为很多小的利益群体。

第二个特点是由于户籍、地域的差异与阶层差异交织在一起，而形成了“利益多元化、碎片化”的特点。改革以后，虽然允许农民进城，但是大城市的户籍制度并没有弱化，在有一段时间里甚至还有所加强。90年代中期以后，虽然公安部允许各地做户籍改革的实验，但是，大城市的户籍管理和控制还是很严格的。新近的改革特点是将外来人口、流动人口区分为不同情况，区别对待，比如上海、广州、北京等超大城市曾推出了“蓝印户籍”“A、B、C 户籍”等区分多种户籍的政策。其结果是，在同一个阶层的内部，产生了更为复杂的户籍利益群体。比如，同是在一个城市里经商的老板、经理人，由于户籍身份的不同，就形成阶层内的小的利益群体。除了户籍以外，还有地域的巨大差别。尽管近年的再分配政策试图缩小区域之间的发展差距，但是不同地区、省份之间的经济差距还是十分突出的，比如，根据《中国统计年鉴（2015）》，到 2014 年底，北京城乡居民年人均可支配收入是贵州城乡居民的 3.60 倍，而上海城乡居民年人均可支配收入是贵州城乡居民的 3.72 倍。① 不同城市居民的经济、财产差距仅从房价上就可以得到充分的展示，北京、上海、深圳等一线城市的房价与三线四线城市房价的差距十分惊人。不仅如此，不同区域的农民也有巨大差别，虽然都叫农民，其内部的分化是很厉害的，从大的地域上看，中国东北、华北、华中（或长江中下游）、东南沿海省份、西南地区、西北地区都有显著的经济差异，在不同区域的农民，经济地位会有巨大差别，可见很多情况下，区域的差异远远大于阶级阶层的差异。从微观的层次上看，群体内部分化的特征更为突出，这方面的研究很多。比如，新近对城市“新白领”群体的研究发现，城市新白领内部是一个分化的群体而不是一个统一的群体。② 又如，对乡镇企业工人的研究发现，工人分化为很多小的地域群体、老乡群体的现象非常普遍。③

第三个特点是体制的差异与阶级阶层的差异交织在一起，从而产生了多元化利益群体。近年来，在我国阶级阶层分化的同时，也产生了巨大的体制变迁和体制分化。90 年代中后期以来，体制改革

---

① 国家统计局编:《中国统计年鉴（2015）》，中国统计出版社，2015 年版，表 6–17，http://www.stats.gov.cn/tjsj/ndsj/2015/indexch.htm。

② 淡卫军:《体制转型与“新白领”的形成》，清华大学博士学位论文，清华大学人文社会科学学院，2008 年 4 月，第 130 页。

③ 闻翔:《箱包工厂里的“族群”：重访北镇家户工》，清华大学硕士学位论文，清华大学人文社会科学学院，2008 年 5 月，第 46—50 页。

大步前进，迄今为止，由传统的国有、集体体制覆盖的人群已经大大减少，新产生的体制五花八门，包括私营、个体、外商投资、有限责任公司、股份有限公司、股份合作单位、联营、合资企业、香港、澳门、台湾商人投资企业以及雇佣少数家庭成员的小的经营单位等。这些还仅是一些大的分类，笔者在实际调查中发现，实际运作中的体制比这些要复杂得多，比如：承包的、转包的、出租的、租柜台的、包工队式的、挂靠式的、交管理费式的，除了登记的正式单位以外，还有大量没有登记的非正式单位，其管理方式更是花样繁多，不同体制的单位，其工资制度、收入体系、福利体系均有巨大差别。中国目前的收入构成、工资体系、福利体系，可以说是中华人民共和国历史上最为复杂的时期。由于体制的“碎片化”与阶级阶层分化交织在一起，更形成了利益的“碎片化”。比如，失业本来是一个有明确边界的群体，但是，在中国当前却成为一个异常复杂的利益的“碎片化”群体，很难说有什么边界。且不说笔者以往的调研已经证明失业与“隐性就业”和“隐性失业”的群体交织在一起，[①] 仅就失去工作这种现象看，也出现了复杂的局面，比如可将失去工作分为下岗、离岗、内退、买断工龄等不同情况，再加上不同单位对待曾在本单位工作的下岗者待遇很不一致，失业者的利益也“碎片化”了。

究竟应该怎样看待利益“碎片化”的现象呢？著名社会学家达伦多夫曾经认为，群体之间的各种利益差异越是相互叠加在一起，比如贫富的差异又叠加上种族的差异，群体之间的冲突就会越强烈，反之则会越减缓。[②] 李春玲教授的研究也证明，中国处于一种“多层分化的形态”，在这种多层分化的局面下“不太可能形成社会大众与

---

① 李强、肖光强：《“隐性就业”现象研究》，载《新视野》2000 年第 5 期。

② Ralf Dahrendorf, *Class and Class Conflict in Industrial Society,* Stanford University Press, 1959, p.239.

少数精英分子的对抗局面，而引发大规模的社会动荡”[①]。所以，中国目前社会分层的现实是，“碎片化”的分层结构，避免了“整体型社会聚合体”的社会断裂与整体型的社会动荡与社会冲突。由于社会利益结构朝向多元化方向发展，使得社会的多重利益交织在一起，而不是壁垒森严的裂痕型的或断裂型的分化。从社会学的角度来看，阶层利益的“碎片化”、社会利益的“碎片化”减小了社会震动，有利于社会稳定。这在一定程度上解释了为什么一方面中国的贫富分化很严峻，但另一方面却没有发生巨大的社会不稳定。

三、群体的“碎片化”与社区的“碎片化”

以上阐释的是社会阶级阶层、社会群体“碎片化”的观点。近来，笔者与葛天任博士对社区、社区生活的进一步的研究发现，当前，我国居民的社区联系和社区生活，也存在着“碎片化”的现象，于是提出了“社区碎片化”的观点。社区是人们生活的区域社会，理想的社区应该是居民安定生活、便利生活、宜居生活、各类设施齐备以及居民邻里和谐相处的“地域共同体”。改革开放以来，由于社会、社区变迁速度太快，城镇化飞速发展，相当比例的居民都迁居到了新的社区或遇到过原有社区的改造，这样，上面所述的理想社区的诸多条件往往达不到，甚至出现了“社区碎片化”的问题。所谓“社区碎片化”或“碎片化社区”是指在人们共同生活的地域共同体层面上发生的社会关系、空间关系、社会利益的分化、解组、断裂，以及矛盾、冲突的社会现象。“社区碎片化”既包括社区内部的分化，也包括不同社区之间的分化，总之是发生了社会、经济、政治等因素的分化和难以整合的社会问题。

那么，“社区碎片化”与本章上面讨论的“群体碎片化”是什么

① 李春玲：《断裂与碎片：当代中国社会阶层分化实证分析》，社会科学文献出版社，2005年版，第558页。

关系呢？两种“碎片化”在特征上有相似之处，都表现为利益的分化、社会关系的分化。导致这种“碎片化”的原因也有相似之处，那就是1979年改革开放以来发生的重大体制变革，各方面制度变革不一致，有些变化超前，有些变化滞后，各种复杂的体制变迁，分割了人们的利益。当这种分化、分割蔓延到空间因素，波及居住、生活社区之后，也就造成了社区的“碎片化”。

当然，“群体碎片化”与“社区碎片化”，两种分化的后果很不相同。前面阐释了群体利益的“碎片化”导致“整体型社会聚合体”的瓦解，最终导致原来的那种巨大群体之间的、整体型社会冲突可能性的降低，也就是说，群体利益的“碎片化”反而有利于社会团结。但是，“社区碎片化”，导致了社区内部的分化或社区外部的分化，造成了社区生活的不协调，破坏了人们地域的社会生活共同体，引发了社区生活的诸多问题。所以，从对策的角度看，我们应该防止社区瓦解、推进社区整合。

笔者关于“社区碎片化”观点的萌发，主要是在2014—2015年围绕城市社区进行调研的过程中产生的。所谓“社区碎片化”主要表现在以下三个方面：

第一个表现是社区空间结构的“碎片化”。社会学拓展了传统空间概念，提出了所谓社会空间（social space）概念[①]。社会空间是指受到社会因素影响的物质空间。这个概念略显复杂，虽然它在一定程度上具有物质空间、地理空间的性质，但又大大超出了单纯的物质空间、地理空间的含义，表现为特定的社会关系。[②]在中国城市，居住空间是阶层化的重要因素之一[③]，空间反过来也影响社会关系，在

① ［法］列斐伏尔（Henri Lefebvre）：《空间：社会产物与使用价值》，夏铸九等编译，收录《空间的文化形式与社会理论读本》，台北明文书局，2002年版，第20—21页。

② 李强：《社会分层与社会空间领域的公平公正》，载《中国人民大学学报》2012年第1期。

③ 刘精明等：《阶层化：居住空间、生活方式、社会交往与阶层认同》，载《社会学研究》2005年第3期。

资本化过程中参与社会关系的重构。今天，当我们使用“社区空间结构碎片化”的观念，是针对中国改革开放以前“社区空间整体化”的特征而言的，是指两者对比出现了巨大的反差。改革开放以前，体制比较单一，计划经济和资源统一由国家配置的结果是社区空间的整体化特征比较突出。改革开放以后，社会分化也表现在空间关系上，个体竞争和市场配置资源的结果是，空间的分化、碎片化显现出来。2014—2015 年，笔者带领清华大学的学生对北京市多种类型的 19 个社区进行了实地调研，发现改革以前相对简单的胡同、单位大院和农村社区，改革以后演变为普通商品房小区、高档商品房小区、别墅区、拆迁型小区、廉租房小区、经济适用房小区、新城回迁区、企业破产后的“后单位制社区”、旧城文化保护社区、城乡接合部社区、城中村社区，以及原有的纯农社区、原单位制社区等。“社区碎片化”也表现为住房地位群体的分化，[①] 在这里，“群体碎片化”与“社区碎片化”两者是互相关联的。

第二个表现是社区利益结构的“碎片化”。“社区碎片化”的基础是群体利益的“碎片化”：社区是人们生活的地域共同体，如果人们的利益结构分化了，这种分化也必然表现在共同体生活的各个方面。如上文所述，由于户籍、身份、地域、阶层、体制的差异，社会群体的利益“碎片化”了。在社区层面，除了阶层、身份、地位之间的差异，还有转型过程中形成的社区利益分配机制差异，催生了碎片化的社区利益群体。在同一社区中，导致利益结构碎片化的机制是多种多样的，比如因不同户籍而产生的利益差异、因房屋产权不同而造成的差异，因入住小区的不同机制（如拆迁、回迁、购房等）而产生的差异等。总之，社区利益结构的“碎片化”与群体利益“碎片化”关系密切。

第三个表现是社区组织结构的“碎片化”。作为地域共同体的社区一定有其组织结构。目前也出现了很多新的矛盾冲突和问题。改

---

① 李强:《转型时期城市的“住房地位群体”》，载《江苏社会科学》2009 年第 4 期。

革以前，政治权力比较深入地渗透到了中国基层社会之中，改革以后，虽然形式上，政治管理权力仍然深入基层，但是，这种组织的渗透多演变为形式上的，于是造成社区治理结构实际上“碎片化”的倾向。例如，作为自治组织的居委会除了本身的“行政化困境”之外，并非是唯一的社区治理实体，而是与街道下派的其他机构，或者市场、社会组织等“共治”，形成了所谓的“复合治理架构”[①]。在笔者调研的社区中，一般有5—6重机构来协同处理公共事务，包括社区党支部、社区居委会（党支部书记兼任居委会主任）、业主委员会、物业公司或房地产开发公司，以及社区警务站等。在一些“城中村”社区，还存在着“一地两府”的现象，既有村委会又有居委会，形成了比较复杂的“共治”格局。在社区内部，有些单位、单位家属住宅、企业职工宿舍等片区，由于单位或企业的组织能力较强，单位制仍然发挥着很大的作用，这些片区独立性很强，街道、居委会也往往采取“分片管理”的方式。总之，在社区管理上，由于缺乏统一明确的治理主体，往往导致社区治理上的权责不一，社区治理效率相对下降。

不论在社区外部还是社区内部，社区的“碎片化”表现为社会空间结构、利益结构和权力结构的“碎片化”。社区的“碎片化”使得社区的经济社会特征模糊了，甚至连住房特征或者阶层特征都表现得十分模糊。笔者认为，对“社区碎片化”问题的研究具有重要理论与实践意义，有助于我们发现很多基本的社会问题。

改革开放以来，学界一直有关于中国社会个体化、原子化的争论，那么，这里所说的“社区碎片化”与个体化、原子化是什么关系呢？笔者以为，它与“个体化”概念既有相同之处，亦有不同之处。“个体化理论”所探讨的对象是个体与社会之间的关系。社会的个体化，则着重于强调个体脱嵌于社会，个体的权利意识觉醒，行

① 郑杭生、黄家亮：《论我国社区治理的双重困境与创新之维》，载《东岳论丛》2012年第1期。

为方式和生活方式不再过度依赖于社会。[1] 社会的“个体化”现象是一个普遍的现象和趋势。相比较而言，“碎片化”与“个体化”并不矛盾，二者都强调社会转型过程中的社会分化，个体脱嵌于社会，但不同的是“社区碎片化”这一概念则更加注重“空间”对个体的社会关系的再塑造。我们看到，尽管存在着社区内部的分割，不管是空间的还是社会的，这种分割并没有完全阻碍个体社会关系的重构。

中国社会仍然处于转型过程中。在渐进式的改革过程中，传统“单位制”的某些要素仍然存在，即便一些改革后的城市单位社区，仍然居住着大量的下岗、退休职工，这些职工相互之间仍然保持着相当紧密的联系，可以说形成了很多“居住共同体”，例如，在笔者调研的 M 社区，这里有 800 多名老党员，有 20 多个党支部，生活着 4 000 多名老职工，而且社区居委会肩负起了很多原来企业的职能。同时，人们往往依托居住空间，重新构筑邻里关系和社会关系，在面临重大外部压力的时候选择一致性的行动。同时，因居住而形成的社会交往和社会交换，让“脱嵌”的个体重新建构自我与社会的关系。在居住空间方面，个体化也悄然发生。尽管社会总体上日益个体化，但是基于居住而形成的共同体也仍然存在。所以，社区的“碎片化”观点凸显了社会空间在社会建构中的作用。

“社区碎片化”引发了什么样的社会后果呢？笔者以为，比较负面的社会后果有四个方面：

第一，社区之间的分化或“碎片化”，造成了社会关系的失衡。穷人区、富人区之间的反差极大，造成了社区居民心理上的不平衡。调研中发现，与破产企业有着密切经济关联的原国有企业单位大院社区逐渐走向衰落，与邻近的新兴起的高档商品房住宅社区形成了强烈反差。无论是物业服务、环境卫生，还是社区管理、基本公共服务，两类社区都存在巨大差距。单位制的解体，单位社会地位的

---

① 阎云翔:《中国社会的个体化》，上海译文出版社，2012 年版，第 326—330 页。

快速下降，社区环境的强烈反差，导致了单位社区老厂职工的心理失衡，尤其是对大多数习惯了国企生活，深受五六十年代教育影响的中老年国企职工而言，心理上的失衡、思想上的冲击更加严重。

第二，社区内部的“碎片化”，斩断了人们的交往，社区失去了共同体的意义。调研发现不仅社区内部形成了差异化的、割裂的片区、小区，而且社区内部的社会群体也高度分化，思想观念多种多样。这不仅使社区失去了认同感和归属感，更使得社区失去了达成共识的基础，失去了其作为社会共同体的基本意义。

第三，利益的“碎片化”加剧了社区矛盾与冲突。笔者调研的城乡接合部的Z社区，具有城市和农村两种性质，村委会和居委会并存，有2 822名城镇居民和283名农村居民，而该社区目前聚集的外来人口超过5万，社区治理无序现象突出。该社区在征地拆迁补偿、房屋出租转租、社区市场经营等方面出现了较大的利益分化、冲突，有的甚至导致了家庭内部的冲突。对于Z社区而言，村集体土地的管理、运营给Z社区带来了丰厚的经济收益，但由于多种体制、机制互相冲突，这种收益对Z社区的基本公共服务贡献甚微。Z社区“农工商公司”的经营项目包括土地租赁、房屋出租、酒店旅馆、超市、仓储、农贸市场、建材经销等，年营业额达到数亿、甚至十几亿元。但是，这种村办企业类似于一种“准政府”或“准企业”，属性模糊，收益分配机制既不明晰，也不规范。普通村民、居民获得的分红也较少，人们对其管理运营、利益分配意见很大。可以说，土地收益及其利益分化成为了Z社区冲突的焦点。

第四，权力的“碎片化”造成了管理的真空。在这个地区，一方面，基本的社区管理比较混乱无序。例如，一些缺乏物业服务的社区、小区垃圾堆积、环境卫生较差，长期得不到解决。在一些老旧社区，居住境况恶化，大量的危房、简易楼不仅存在安全隐患，而且长期无人过问，给社区积累了较大的隐性矛盾。另一方面，社区管理的决策政出多门，权责失衡，社区居委会缺乏充分足够的资金保障，逐渐沦为一种协调配合机构，失去了居民自治的基本意义。

单位制的解体，住房的商品化，劳动力市场的建立，以及土地的城市化，不仅带来了城市社区结构的“碎片化”，更从体制、住房、劳动力以及土地等四个方面瓦解了总体性社会管理模式的经济社会基础。随着市场改革和城镇化进程的推进，国家放弃了总体性社会的模式，所谓“新传统主义”的总体性社会模式逐渐走向了一种碎片化的结构状态。对于大多数生活在体制外的人们而言，失去了国家“庇护”的同时，所谓“制度性的依附”也就不复存在了，在此意义上，走向强化政府管控的社会管理模式实际上已不可能，在某种程度上复归“新传统主义”的社会组织模式更与社会结构变迁的现实相去甚远。

在更广泛的意义上，“社区碎片化”是现代社会转型过程中，社会趋于个体化的一种城市现象。空间作为区分“碎片化”与“个体化”概念的重要维度，重新塑造了个体与社会之间的关系，个体需要依托于城市空间而实现社会关系的重构。就中国城市社会变迁的现实而言，基于居住而形成的“共同体”与基于国家权力下延而形成的“社区”之间，存在着一种制度性张力。只有在政策导向上回归社区的“共同体”本位，创新社会治理体制，逐步整合碎片化的社区，才有可能最大限度地增加和谐因素、增强社会活力，预防和化解社会矛盾，维护最广大人民群众的根本利益，实现社会的深度整合。

总之，本章所分析的两种“碎片化”:“群体碎片化”与“社区碎片化”，虽然都是“碎片化”，但是，所造成的社会影响和社会后果很不相同。笔者用整体型社会聚合体现象解释改革前的重大冲突，特别是像“文化大革命”那样的巨大社会冲突，而同样的道理，改革后的大的聚合体的分解，社会群体的“碎片化”和群体利益的“碎片化”，恰恰可以解释今天虽然冲突的数量大大增加，但是，并没有导致全局风险的重大社会冲突的隐患。这是21世纪以来中国社会分层结构变化的一个非常重要的趋势。而“社区碎片化”则带来了社区的失衡、矛盾与冲突，造成了社区生活的不和谐。所以，我们应整合社区中的多元关系，尽力防止“社区碎片化”的发生。

第八章
中国社会的四个利益群体

本章试图从利益结构的角度，分析改革开放以来的中国社会群体利益关系的变化。为什么要从利益结构的角度进行分析呢？首先，改革本身就是社会利益结构的调整，而利益结构的调整显然会使得一些集团或群体获得利益甚至获得巨大利益，同时会使得另一些集团损失利益甚至受到很大损失。当然，“全赢”的局面——社会每一个集团都获得利益，社会整体利益上升——也不是绝对不可能的，但是，在目前要实现这种局面实在是太困难了。当前的住房体制、医疗体制、养老金体制、社会保障体制的改革，几乎每一项改革都难免会使一些人的利益受损。为使得改革顺利进行，我们就必须分析，这样的改革究竟对哪一部分人群有利，对哪一部分人群不利。为使得中国的改革能够顺利推进，我们就应做到使改革措施尽量能够对更多的人有益。这也就是边沁（Jeremy Bentham）提出的观点“最大多数人的最大幸福”[①]。

那么，40年来的改革开放究竟使得哪些利益群体获得利益，哪些群体利益受到损失呢？为阐述这个问题，笔者先从社会群体利益分化的最一般观点谈起。

在中国传统的社会结构分析中，社会学家大多使用阶级、阶层的说法。80年代中期以后，一些人开始使用“利益群体”的说法。

---

① 徐大同：《西方政治思想史》，天津人民出版社，1991年版，第378页。

据考证，最先提出此种分析方法的是黑龙江的顾杰善先生。[①] 此后，湖北的于真研究员和顾杰善先生等还专门对“利益群体”进行研究。该课题组给社会利益群体下的定义是：“社会利益群体指在社会利益体系中，具有相同的利益地位，有着共同的利害与需求、共同的境遇与命运的群体。广义的社会利益群体泛指以各种不同的标准划分出来的有相同社会特质的人群，如以生产资料占有与否和是否受剥削为标准划分出的阶级，以某项社会差别的不同层次划分出的阶层，以具有某项特殊利益划分出的集团等，均可涵盖在内。”[②] 笔者以为，对利益群体下定义的关键是要解释清楚什么是“利益”，而上述定义的缺点就在于没有阐释清楚究竟是什么“利益”。上述定义提出了“相同的利益地位”“共同的利害与需求”“共同的境遇与命运”，这样三个限定语。但是，三个限定语的含义相近，并且没有对于利益本身做出解释。反不如社会学在分析社会群体差异时所说的经济的、政治的（权力的）、声望的三个维度的解释更为清晰。

笔者以为，所谓利益群体，核心问题说的是“在物质利益上，地位相近的人所构成的群体”或者说“在经济利益上，地位相近的人所构成的群体”。物质利益上地位相近的群体，在我国，传统上称为“阶级”或“阶层”。但为什么我们不直接使用“阶级”或“阶层”，而采用“利益群体”或“利益集团”的说法呢？这主要是受到“历史误区”和“大众心理”的影响。在 1979 年我国理论界拨乱反正以前，阶级、阶层曾经是非常流行的政治术语。当时，对于几乎所有社会问题的分析，动辄就“上纲、上线”，成为所谓“阶级斗争”。而一旦将其称为阶级或阶级斗争，就可以残酷批斗、无情打击。所以，直到今天，“阶级”的概念仍然会使人“谈虎色变”。历史的误区使得“阶级”一词在中国有了特殊的含义，由于长期的

① 顾杰善、刘纪兴等主编：《当代中国社会利益群体分析》，黑龙江教育出版社，1995 年版，第 4 页。

② 同上书，1995 年，第 8 页。

“阶级斗争扩大化”，使得人民大众对“阶级”一词有厌恶的心理和态度。所以，近些年来，中国的理论界、学术界多采用“利益群体”或“利益集团”的说法，来反映在经济利益上、物质利益上有差异的群体。在笔者的论述中，“利益群体”和“利益集团”的含义基本上是一致的，也就是说，是可以互换的词语。

在本章中，笔者使用“利益群体”范式而不使用“阶级、阶层”范式进行分析的另一个原因是，阶级阶层在含义上是指利益分化已经完成、物质利益地位已经相对稳定的集团。然而，当今中国社会，利益结构变迁十分迅速，各个社会利益群体正在分化、解组（disorganization）、重新整合（reintegration），因此，很多利益群体、利益集团还没有形成比较稳定的阶级阶层。在经验研究中，笔者曾对90年代以来的多种数据进行分析，结果发现社会群体出现了大范围的分化组合，还谈不上是稳定的阶级阶层。比如，90年代初期笔者研究城市国有企业职工，发现这是一个社会地位相当不错的阶层，无论在经济地位、福利待遇、社会声望方面，国有企业职工都还是条件比较好的。但是仅仅几年以后，到了90年代后期，在国有企业大改制后再做研究时，笔者发现一部分国有企业职工（特别是那些内退、下岗职工）的地位竟一落千丈。到了21世纪初，转制完成后，中小型国企已经被淘汰，留下的多是大型国企，进入这些企业又成为大学生、年轻人竞争的目标。所以，中国社会结构变迁速度之快颇使笔者惊讶。这就迫使笔者不得不使用利益群体、利益集团的概念，从利益结构变迁的角度来分析当今中国社会。利益群体、利益集团的概念包含这样一种含义，即该集团内部的构成是随着利益的变化而随时调整的。所以，利益集团或利益群体的说法比较能反映出中国社会结构变迁的现状。

本章根据改革开放以来人们利益获得和利益受损的状况，将中国人分为四个利益群体或利益集团，即特殊获益者群体、普通获益者群体、利益相对受损群体和社会底层群体[①]。四个利益群体观点的原型，最初是由笔者与孙立平教授、沈原博士在有关社会结构课题的讨论中共同提出的。[②]四个利益群体或集团的说法突破了传统社会群体分析的界限。传统上，我们常常讲“工人、农民、知识分子、干部”是我国的基本社会群体，后来又加上了个体户、民营企业家等。改革开放至今，从社会利益结构角度来看，原来的社会分层结构发生了巨大变迁，如果今天还沿用传统的群体结构的框架去分析，肯定会有很大问题，因为现在几乎每个群体内部都大大分化了。比如农民这个群体，里面既有西南、西北集中连片贫困地区的低收入农民，也有一些百万富翁、千万富翁，还有一些知名度很高的“农民企业家”。“知识分子”这个群体分化得也很厉害，一部分名牌演员、歌星、记者、主持人成为“大腕儿”级人物，住高级别墅、开高档轿车，而有些乡村教师却因地方上发不了工资而生活拮据。所以，虽然都叫知识分子，但是，他们的利益诉求、利益需求肯定是不一致的。所以笔者试着从利益结构变迁的角度，把社会群体分成这样四个利益群体。

一、特殊获益者群体

这个群体在改革开放数十年中获益最大，比如民营企业家，各种老板、经理，工程的承包人，市场上的各种经纪人，证券大户，歌星、影星、球星等明星，以及与外资、外企结合的外企管理层、技术层等。

改革初期的“个体户”“万元户”曾经一度是获得突出利益的代表，今天已经不可同日而语了。现在这个群体里主要是大企业

① 对于社会底层群体，笔者最初曾称之为“利益绝对受损群体”，下文有解释。

② 中国战略与管理研究会社会结构转型课题组：《中国社会结构转型的中近期趋势与隐患》，载《战略与管理》1998 年第 5 期。

主、高层管理者、外资企业的雇员。这些人都是获益很大的人，收入水平相当高。从80年代到21世纪初叶，这个群体的心态还算稳定，但是现在这个集团感到了制度环境对他们的威胁，其离散、离心倾向很重。这个集团在这场体制变迁中获益最大，本应该是改革中"动力"最强的人，但是他们现在对改革存有很大疑虑，不少人手里都持有外国护照，或者妻子、孩子干脆就移居国外，一旦有什么问题，他们自己马上也出去。当然这与财产权利和法治环境有关。2005年国务院"非公经济36条"的发布、2007年国家《中华人民共和国物权法》的颁布，曾一度起到了稳定人心的作用。但是，整体看来，该群体心态并不稳定。

这个利益集团也包括国有企业的高层管理者。国企高层管理者的经济收入也经历过一个变迁的周期，直到90年代中期，国企改制以前，国有企业高层管理者的收入确实不高。改制以后，"抓大放小"留下的都是巨型国有企业，又创立了新的刺激积极性的收入分配机制，于是，国有企业高层管理者的薪酬水平一度上升明显。在媒体上，曾经有关于个别国有控股公司老总年收入上千万的披露和讨论，舆论上多给予负面的评价。中共十八大以后，中央采取了一系列新的改革措施，包括《中央管理企业负责人薪酬制度改革方案》，"央企"等国企负责人的薪酬又开始下调，提出的原则是"不超过普通员工平均薪酬的十倍"等。其实，怎样对待国有企业高层管理者的待遇，以及怎样激发国有企业老总们的经营动力，历来是一道难题。解决这一难题要处理好两个方面：一方面要考虑国企老总们的贡献与承担的责任，要考虑同类企业经营者的薪酬水平；另一方面，也要考虑到国企的特殊性质，以及这些经营者进入高层岗位上来，究竟是组织的安排，还是自己通过市场竞争上岗的。进入的渠道不同，薪金水平和性质确实也有所区别。国企老总也确实有一批当年的创业者，对于他们的薪酬也应该考虑到他们对创业的贡献。否则，会出现负面的案例，比较典型的例如褚时健的案例，他本人对玉溪卷烟厂的创立与发展贡献很大，然而最后却由于心理不平衡而走上了犯罪的道路。总而言之，很多国企高层管理集团对改革的贡献很大，但是他们自己却感觉没有得到法律认可的回报，所以这个集团一方面获得了很大利益，另一方面也对现状不满。

特殊获益者集团从80年代到90年代有很大的变化。1985年，邓小平同志提出允许一部分人先富起来。这时社会上开始出现一部分“万元户”“个体户”，这是最初的特殊获益者。当时的问题是，这个群体的素质不高，引来人们所谓“不三不四挣大钱”的种种非议。90年代以后，特殊获益者的结构发生很大变化，越来越多的高素质者进入这个集团，这应该是一种社会正向的变化。1992年以后出现的知识分子、技术人员“下海”，所谓儒商现象，近来出现的所谓“知本家”现象，也都反映了此种正向的变化。

对于90年代中期以后发展起来的高素质的特殊获益者集团，用社会学的术语可以称之为“经济精英集团”。在任何市场经济的社会中，“经济精英集团”都是非常宝贵的社会力量。高素质的“经济精英集团”是保证一个国家经济起飞和经济持续增长的核心力量。所以，我们应该对“经济精英集团”的形成给予充分的肯定。中国目前绝不是“经济精英集团”太大，而是太小，和国际上的“经济精英集团”还无法比较和抗衡。试想，中国如果多出几个“乔布斯式的企业家”，多出几个跨国企业、多创出几个国际知名大公司，那对于中国经济的腾飞显然是至关重要的。

当然，“经济精英集团”由于与社会其他群体的经济差异较大，这里面有一个如何协调他们与社会其他群体的利益关系的问题。一方面，中国的“经济精英集团”要担负起自己所应承担的社会责任，包括通过慈善事业帮助社会弱势群体；另一方面，其他社会群体或阶层也应该理解企业家群体对中国经济发展的重大意义，应摒弃中国文化中比较恶劣的“民粹心理”，摒弃那种不能容忍差异的仇富心理。

总的来说，中国的“经济精英集团”形成的时间还甚短，与世界高水平的“经济精英集团”相比，无论是管理技术素质、知识水平素质还是道德素质，都还有很大差距。因此，中国的“经济精英集团”如果要真的对中国的经济与社会发展发挥重要作用，前提是必须提高自身的素质。

目前的特殊获益者群体，也可以称之为社会上层群体，是相对于社会中间层和下层而言的。迄今为止，就我们在史料、文献和现实生活中见到过的人类社会而言，还没有发现过哪一种社会没有上、中、下的分层。所以，社会分为上、中、下层是正常的现象。不过，不同社会筛选分层的标准并不一样，有的注重于经济分层，有的注重于政治分层，有的注重于权力分层，也有的注重于声望分层。当然，无论是哪一种标准，都是要将高素质者筛选上去，将低素质者筛选下来。因此，我们特别强调，“经济精英集团”应由高素质群体构成，而要形成高素质群体的“经济精英集团”，就必须有正常的流动机制。所谓正常的流动机制就是使高素质者能够进入上层、使低素质者能够被淘汰出“经济精英集团”的机制。

二、普通获益者群体

对所谓普通获益者群体的判断，最简单的验证方法就是询问普通老百姓，他们在一段时间里，生活水平或社会地位究竟是上升了，还是下降了。下面，笔者提供的主要是两组数据，一组是 1996 年的数据，另一组是 2013 年的数据，两次调查相距 17 年，所询问问题的时间跨度也是比较久远的。两组覆盖了从 1986 年到 2013 年，询问了约 27 年间中国老百姓对生活水平和社会地位的感受。通过这些数据可以看到，中国的普通获益者群体人数和比例都是比较高的，这个群体的范围也比较广，包括很多社会阶层的人，其中既有知识分子、干部，也有一般的经营管理者、办事员、店员、商贩、技术工人、体力工人、农民、农民工等。

第一组数据是笔者 1996 年主持一次全国规模的入户问卷调查，采取的是严格的 PPS 抽样方法，该问卷的最后一个问题是让被调查者比较从 1986 年到 1996 年的生活水平发生了什么样的变化？结果，无论城市居民还是农村居民，回答“好了一点儿”和“好了许多”的人比例很高，而回答“生活变差了”的人比例甚低，具体数据参见下表（表 8–1）：

表 8–1　中国城乡居民对 1986—1996 年生活水平评价的百分比分布（1996 年）

地区	样本数	好了许多（%）	好了一点儿（%）	几乎一样（%）	差了一点儿（%）	差了很多（%）	合计
城市	3 087	52.7	30.9	10.6	3.8	2.0	100.00
农村	3 003	49.2	39.5	8.5	1.6	1.1	100.00
城乡加权平均值		51.0	35.1	9.6	2.7	1.6	100.00

从上表可以看到，高达 83.6% 的城市居民和 88.7% 的农村居民均认为他们的生活“好了一点儿”和“好了许多”，相反，认为生活变差了的城市和农村居民分别仅占 5.8% 和 2.7%。1986—1996 年是中国体制改革迅速推进的 10 年，是体制变革从农村推向城市的 10 年。根据笔者前述的理论，是市场改革从边缘群体向核心群体推进的 10 年，是商品市场改革急剧发展的 10 年。因此，中国居民对于这 10 年给予正向评价的意义是非常重大的。我们可以断言，从物质利益的获得和受损的角度看，在中国有一个相当大的群体——由众多职业和阶层构成的群体——他们通过改革是获得了利益的。这是中国改革非常重要的社会基础。在当前社会矛盾丛生、体制变迁困难重重的局面下，中国改革之所以还能稳步推进，多数中国人之所以还能对于改革给予认同，关键就在于有这个重要的社会基础。所以，笔者的观点是，普通获益者群体仍然是当今中国最大的社会阶层。特别是当我们将中国的改革与苏联、东欧的改革做对比时，就会更突出感受到普通获益者群体的重要意义。

1994 年，研究人员对东欧国家居民所做的类似调查，得出的数据和结论却与中国的情形完全相反。东欧的数据是由两位著名的社会学家、美国加州大学洛杉矶分校（UCLA）的特雷曼（Donald J. Treiman）教授和撒列尼（Ivan Szelenyi）教授在主持“1989 年后东欧社会分层研究”课题时得出的。该问卷中提出的问题是：“与 1988 年时相比较，您现在的生活变好了还是变差了？”在对东欧国家居民的调查中，回答生活水平“上升”的比例非常小，大部分人回答生活水平“下降”。下面表 8–2 就是回答者的百分比分布。

表 8–2　东欧国家居民对变革以后生活水平评价的百分比分布（1994 年）

国家	样本个数	好了许多（%）	好了一点（%）	几乎一样（%）	差了一点（%）	差了很多（%）	合计
保加利亚	4 802	2.81	13.92	16.07	31.97	35.24	100.00
捷克	5 698	8.91	25.59	24.08	28.42	13.00	100.00
匈牙利	4 380	2.09	13.58	18.11	36.28	29.94	100.00
波兰	3 540	6.97	20.42	17.66	26.77	28.18	100.00
俄罗斯	4 747	4.88	12.39	18.08	23.80	40.85	100.00
斯洛伐克	4 940	3.55	14.27	19.81	36.20	26.17	100.00
加权平均值		4.94	16.85	19.21	30.63	28.37	100.00

资料来源：由美国加州大学洛杉矶分校的特雷曼和撒列尼教授提供。

从表 8–2 可以看到，相当多的东欧居民都表示，他们的生活比变革前的 1988 年更差了。其中，俄罗斯、匈牙利和保加利亚的情况要更差一些，认为生活变差了的居民比例分别达到 64.65%、66.22% 和 67.21%。表中所有国家的加权平均值是，认为生活变差了的居民比例为 59%；相反，在所有国家里，只有 21.79% 的人回答说生活变好了。所以，在东欧国家，利益受损群体的比例比中国的要大得多，而普通获益者群体的比例比中国的要小得多。由此指标我们可以判断，比起包括俄国在内的东欧国家来，中国的改革要成功得多。

第二组数据也是笔者参与组织的“清华大学经济社会数据中心”于 2013 年完成的“中国城镇化入户问卷调查”，也是采取严格的全国 PPS 抽样方法，该问题设计采用社会学的一种很直观的“生活梯方法”，即画一个梯子，1 代表最底层，10 代表最顶层，询问被调查者，认为自己目前处在哪个位置上？以及 10 年前处在哪个位置上？

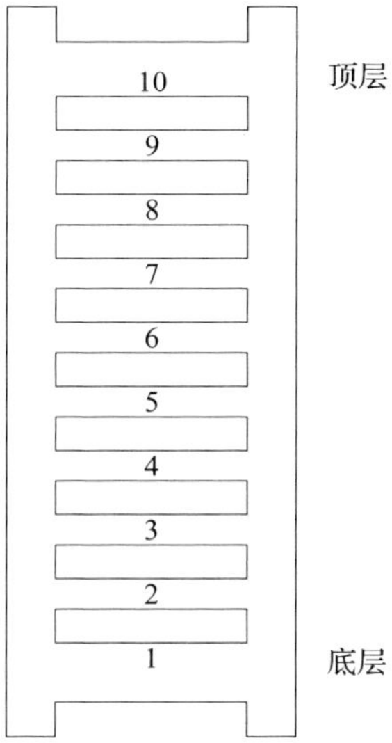

图 8–1　生活梯显示的社会地位

回答结果如下表：

表 8–3　我国城乡居民自己认定的社会地位（2013 年）

	认为自己目前所处位置		认为自己 10 年前所处位置	
	样本个数	百分比	样本个数	百分比
10	35	0.28	31	0.25
9	30	0.24	56	0.45
8	244	1.95	127	1.02
7	510	4.08	245	1.97
6	1 333	10.67	571	4.58
5	2 838	22.73	1 648	13.22
4	2 333	18.68	1 787	14.34
3	2 314	18.53	2 483	19.92

续表

	认为自己目前所处位置		认为自己10年前所处位置	
	样本个数	百分比	样本个数	百分比
2	1 452	11.63	2 566	20.59
1	1 399	11.20	2 951	23.67
合计	12 488	100.00	12 465	100.00

虽然自认为下层的比例一直是比较高的，但是，从10年间发生的变化看，多数人自己认定的社会地位，其上升还是明显的。10年前自认为地位低下（1—3层）的所占比例高达64.18%，而10年后该比例降至41.36%。而大致处于中层的（4—7层），10年前百分比为34.11%，而10年后则上升到56.16%，所以，自我评价的社会地位，总的看还是处于上升趋势，这与前面提到的自我感觉的生活水平变化的趋势是一致的。中国能够在改革开放的（笔者调查数据覆盖的）约27年间实现多数人感受的生活水平或社会地位上升，这对于超巨型人口社会来说，确实来之不易。所以，可以肯定，改革开放使得多数人获益了，也就是说，多数人属于“普通获益者群体”。

多数人属于“普通获益者群体”，这件事情意义重大。中国的改革开放迄今能够得到大多数人的支持，其基础就在于多数人属于“普通获益者群体”。当然，“普通获益者群体”的构成十分复杂，有普通工人、农民、农民工、工商业经营者，也有管理人员、干部、专业人员与技术人员等。“普通获益者群体”所涵盖的人员越广，就越有利于社会和谐发展、社会稳定发展。总结改革开放以来的经验教训，我们是可以从“普通获益者群体”中发现一些典型群体的。下面试以知识分子群体为例，做一分析。

笔者以为，相比较而言，知识分子是比较突出的普通获益者群体。为什么这样说呢？笔者以为，改革开放以来，中国知识分子社会地位的变化经历了两个阶段。在市场发展的第一个阶段，即从1979年改革开始，中国知识分子的政治地位有了很大提高。作为中国改革起点的政治口号之一，就是提出了“知识分子是工人阶级一部分”的论断。这个口号的意义主要并不在于阶层划分的学术含义，而是在于调整了社会改革的动力机制。在这一口号的影响下，知识分子从改革以前的“臭老九”、受批判、被改造群体，一跃而成为受尊敬的先进生产力代表。所以，这个口号使得知识分子在改革一开始，就成为支持改革的最主要的社会群体。我们可以说，知识分子是市场发展第一阶段政治地位上升最快的群体，从政治地位很低的群体上升为政治地位较高的群体。90 年代以来，随着市场发展进入第二个阶段，知识分子又成为市场改革的经济上的获益者。在这一阶段，与其他群体相比较，知识分子又成为经济地位相对上升较快的群体。所以，知识分子在市场转型的两个阶段都是获益者。在第一个阶段，知识分子获得了政治利益，在第二个阶段，知识分子获得了经济利益。因此，我们可以判断，知识分子是中国经济社会现代化改革中最为典型的获益群体。由此可以判断，知识分子会成为我国现代化改革的最主要的支持者。

知识分子成为改革最主要的支持者的意义何在呢？社会学在群体分析中，一般将社会群体分为两个最主要的集团，一个是“精英集团”，另一个是“普通大众集团”。两个集团哪一个对于改革更重要呢？从中国历史传承看，在任何时候都是“精英集团”对社会的变革、发展起到最重要的作用。“精英集团”虽然人数不是很多，但是其能量甚大。普通大众集团之所以会发挥作用，最主要的前提条件就是能被组织起来。而大众集团之所以能够组织起来，也主要是因为有了精英的发动、组织与管理。毋庸讳言，精英集团一刻也离不开大众，也需时时关心大众利益。

当然，还要注意到，普通获益者群体队伍庞大，其内部情况具有很大的差异。改革在不同阶段出现利益调整的时候，也会对不同阶层产生不同的影响。比如，90 年代中后期，国有企业进行大规模改革与转制的时期，很大一批原国有、集体企业的职工，变成了失业、下岗群体，就从这个普通获益者群体中分离出去了，进入了下面将要分析的一个群体:“利益相对受损群体”。

三、利益相对受损群体

通过对第二个群体“普通获益者群体”的分析，已经可以看到，第三个群体的人数比第二个群体要少很多。根据笔者前述的劳动者参与市场两阶段理论，相比较而言，市场转型的第一个阶段，一部分脑力劳动者曾出现经济利益相对受损的现象（即所谓“脑体倒挂”现象），到了市场转型的第二个阶段，经济利益相对受损的现象则主要发生在体力劳动者中间。目前，在城市中，比较突出的利益相对受损集团是失业、下岗职工群体。这个群体人数的激增发生在90年代中后期，当时正值国有、集体企业大转制。出台了“破三铁”“减员增效”“优化组合”“下岗分流”等一系列转制的政策，从体制上看，确实终止了以往的终身就业制度，形成了新的劳动力市场机制，但是，这样一种体制的变迁是有代价的，代价就是“利益相对受损群体”人数激增，失业下岗职工地位跌落，不少人陷入生活困境，成为改革开放以来最为突出的利益相对受损群体。下面，笔者先介绍一下90年代末调查数据反映的情况，然后再介绍一下笔者追踪的失业下岗群体今日的情况。

先看当年的调查数据，该数据来自笔者与中国人民大学姚裕群教授于1998年组织的全国调查。该调查抽取了黑龙江、河南、山东、江苏、浙江、江西、广东、湖北、湖南、四川、北京、天津、重庆、内蒙、新疆、宁夏等16个省、直辖市、自治区，并选择了一些有代表性的城市，共完成1 043份有效问卷。

当时，在中国城镇中，失业下岗人员究竟有多少呢？根据国家统计局公布的数据，1998年城镇登记失业率为3.1%，登记失业人数为571万。由于该数据既没有包括下岗人员也不包括待业人员，所以在失业分析上有很大欠缺。近年来，研究人员一般认为，中国的实际失业人数和失业率要高于国家统计局的数据。笔者在与姚裕群教授的调研中，将失业下岗人员分为三类：登记失业人员、下岗人员（指虽已停止工作，但与工作单位还保持关系者）和待业人员（尚未找到工作的新就业求职者）。这三类失业下岗人员的人数和比例如下表（表 8–4）：

表 8–4　城市失业下岗人员比例

失业分类	人数	有效百分比
登记失业人员	300	31.6
下岗人员	545	57.4
待业人员	105	11.0
不适合与未回答	93	Missing
合计	1 043	100.0

从表 8–4 可以看出，登记失业人员仅为全部失业人员（包括下岗、待业人员在内）的 31.6%。若与上述国家统计局公布的数据相结合，可以大略推算出，全国包括下岗、待业人员在内的失业率应为 9.81%，人数约为 1 807 万人。从历史比较的角度看，这样的失业人数和比例还是相当高的。

关于城市失业下岗人员的构成，该调研显示，从地域上看，失业下岗人员比较集中的是东北、西北和西南的一些老工业基地；从行业上看，失业下岗人员多集中在工业制造和采矿业等行业，在该调查中，占了 45.8%。从单位经济类型看，失业下岗人员多集中在国有、集体企业，根据该调查，90.9% 的失业下岗人员是来自国有、集体企业。

而且，这个群体的利益受损是比较长期性的。根据该调查，失业下岗后，处于长期失业状态的人员比重较大（参见表 8–5）。

由表 8–5 可以看到，失业下岗 7 个月及以上的长期失业者达 66%，而且还有 15.7% 的人失业 37 个月及以上。

很多失业下岗人员的生活也是比较困苦的，下面我们试比较一下他们失业前和失业后的收入情况。

表 8–5　您失业下岗已有多长时间了？

失业的月数	人数	有效百分比
6 个月及以下	304	34.0
7—12 个月	141	15.8
13—24 个月	205	23.0
25—36 个月	103	11.5
37 个月及以上	140	15.7
不适合或未回答	150	丢失
合计	1 043	100.0

表 8–6　失业下岗人员，失业前与失业后的个人月收入对比

	失业前	失业后
有效样本	959	673
丢失	84	370
平均收入（元）	419.71	235.07
标准差（元）	365.14	173.15
最低收入（元）	30.00	20.00
最高收入（元）	6 000.00	1 230.00

表 8–6 反映出，与失业前的收入相比，失业后这些人的月收入锐减。当然，失业者内部的收入差距也很大，最高的 1 200 元以上，最低的月收入仅有 20 元，生活相当艰苦。当我们询问那些既得不到救济，又陷入贫困的人是如何维持生活时，我们得到了如下的回答（表 8–7）：

表 8–7　您靠什么维持生活？（多项选择，并按重要性排序）

依靠下列方式	多项选择		按重要性排序，加权得分
	次数	百分比	
靠过去的存款积蓄	252	29.4	666

续表

依靠下列方式	多项选择		按重要性排序，加权得分
	次数	百分比	
亲戚朋友接济	254	29.6	635
打零工	195	22.8	486
借钱	156	18.2	296
合计	857	100.0	

由表 8–7 可以看到，生活困难的失业下岗人员，维持生活的两项最主要手段是"靠过去的存款积蓄"和"亲戚朋友接济"。由此可见，对于这些人来说，存款是他们的保命钱。在此情景下，无论银行怎样降低存款利率，这些人也不会将存款转入消费市场的。

那么，90 年代中后期的失业下岗群体，到了 21 世纪，特别是时至今日，他们的情况如何呢？2015 年 6 月，在某一特大城市，笔者曾组织进行两个不同类型社区的问卷调查，使笔者印象深刻的是两个社区之间的反差，其中一个社区就是典型的失业下岗人员聚集社区（以下简称 A 社区），另一个是后来建的商品房小区（以下简称 B 社区）。A 社区过去是某国有企业职工的单位大院，有 34 栋红色六层楼房（没有电梯），共有 3 275 户，住户中有失业下岗经历的占较高比例，目前当年的下岗人员年龄也都比较大了，该社区 60 岁以上老人占半数以上。在 90 年代末的住房体制改革中，A 社区的大部分住房按政策（按照工龄等计算补偿）价格比较低廉地出售给职工了。现在该企业经营不景气，没有能力在经济上继续辅助自己职工的居住社区，而职工们的支付能力也有限，更由于历史形成的诸多原因，居民拒交物业费，社区运营一直缺少资金，结果导致该社区日渐衰落。

而与 A 社区比邻的 B 社区，则呈现出一派欣欣向荣的景象。B 社区属于中高档商品房小区，目前居住 2 997 户，居民构成多为白领阶层，包括各种专业人士、技术人士、各类办公室人员、各类管理人员，以及商业经营者、个体经营者等。由于是购买商品房入住的，经济条件自然比 A 社区居民要好，居民都按时交纳物业费，社区运营良好，具有优雅的社区环境，房屋设施等多方面条件比较好，收入水平也明显高于 A 社区居民。此次调查显示的两个社区的家庭收入情况如下表（表 8–8）：

表 8–8　家庭年总收入

收入分组	A 社区居民		B 社区居民	
	样本数	百分比	样本数	百分比
5 万以下	91	29.6	15	5.2
5 万—10 万	121	39.4	28	9.8
10 万—20 万	65	21.2	74	25.8
20 万—30 万	20	6.5	73	25.4
30 万—50 万	6	2.0	53	18.5
50 万—100 万	3	1.0	31	10.8
100 万及以上	1	0.3	13	4.5
合计	307	100.0	287	100.0

从表 8–8 可以看到，A 社区 60% 的家庭年收入是在 10 万元以下，而 B 社区 80.5% 的家庭收入是在 10 万至 100 万元之间，所以，调查中感到两个社区真是两重天地。调查数据还显示，B 社区居民 72.8% 家里有小轿车，而 A 社区居民有车族仅占 26.4%。此次调查也采用了前述的“生活梯”方法，询问两个社区居民自我评价的社会地位，结果显示，A 社区居民自我评价社会地位较低，认定自己目前社会地位为 1—3 层的占 44.7%，而 B 社区，自认为 1—3 层的仅占 17.8%。问卷中询问 10 年以前自我评价的社会地位，A 社区则显示 10 年以前与今天的社会地位变化不大，而 B 社区则显示，居民自我评价 10 年以来地位有很大上升。

其实，从全国范围的比较看，下岗人员集中的 A 社区目前的生活水平并不算很差，大体上物质生活的各方面还算是有保障的，因为 A 社区毕竟是处在经济条件非常好的特大城市。笔者之所以提出“相对利益受损群体”，也正是针对此种情况。从绝对的意义上看，即从绝对客观的生活水平上看，A 社区居民的物质生活水平，比改革开放以前肯定还是有上升的，中国已经告别了食品供应短缺的时代。但是，对于相对利益受损所造成的社会后果，我们一点儿都不能忽视。“相对利益受损群体”的假设，在很大程度上解释了为什么今日中国产生了意识形态的分裂？在关于改革的看法上，为什么会产生重大分歧？最近，在网络上、“微信群”中，常常看到激烈抨击改革开放的言论，甚至有鼓吹“文化大革命”的言论，究其原因，很容易从利益的分化上得到解释。即在社会分化比较突出的局面下，有一部分社会群体，在与自己身边的另一部分群体比较的时候，产生了明显的利益相对受损的感觉。

我们再回到 A、B 社区的对比中来。A 社区是国有企业职工的老社区，过去这一带的土地都是归 A 社区职工的国有企业所有的，后来由于企业不景气，只好卖地保厂，但是，当时土地价格还没有高涨，即使卖地也所获不多。B 社区商品房就是在购买了原国有企业的土地上建设起来的，而当房地产商开发了 B 社区以后，房屋土地价格暴涨，但是，暴涨的利益都被房地产商和房屋购买者获得了。所以，当比邻而居的 A 社区的居民，看到环境幽雅的 B 社区、高涨的商品房价格以后，更是产生了很大的心理不平衡的感觉。调查中，也遇到过一些当年的老职工，抨击当年卖地造成今天的利益损失。所以，B 社区居民的利益获得，与 A 社区居民的利益损失是一种彼长此消的关系，这当然就更加造成利益获得与利益损失之间的矛盾。

总之，以上调研证明，改革 40 年来，社会上确实存在利益相对受损群体，而失业下岗职工人就是典型的利益相对受损群体。失业下岗人员的利益相对受损还表现在社会地位、社会身份的变化上。市场改革以前，作为国有企业工人，是很具有社会地位与社会身份的群体、是人人羡慕的职业。而失业下岗使得很多人的社会地位明显下降，不少人有一落千丈之感。所以，改革事业若想得到他们的支持，必须考虑如何使得他们得到利益补偿。

前面的第一个群体和第二个群体都从改革中获得了利益，而这里的第三个群体则相反，他们在改革的现阶段利益受到了损害，所以他们当然会对改革不满或持否定态度。上文已经阐释，从绝对的客观标准看，中国城镇中的失业、下岗人员并不是生活条件最差的人，如果与中国农村地区的贫困群体相比、与中国西南西北地区集中连片贫困地区的生活相比，城市中的失业下岗人员的生活状况还是要好一些的。但是，要注意，失业下岗人员从不和这些贫困地区的农民相比，他们总是和城市中没有下岗的人相比较，总是和生活比较好的人相比较，同时，他们也和没下岗以前的生活相比较。这样一种心态，在理论上称作"相对剥夺感"或"相对丧失感"，（relative deprivation）。

在此笔者试用"相对剥夺"或"相对丧失"理论范式对失业下岗职工作一个分析。最早提出"相对剥夺"范式的是美国社会学家斯托夫（S. Stouffer）。他认为，"相对剥夺感"是社会不满和社会动荡的重要源泉。"相对剥夺感"是一种很矛盾的心理状态。此种心态的产生是由于，人们将自己的命运与那些既和自己的地位相近，又不完全等同于自己的人或群体做反向的比较。此种心态变得强烈是由于，人们所对比的群体变成了自己的潜在对手。[①] 社会学家默顿（R. Merton）则用"参照群体"（reference group）的理论来解释"相对剥夺感"，即关键是人们将哪一个群体视为自己的参照群体、同哪一个群体比较。从上述的 A、B 社区的案例中，可以看到，A 社区的下岗职工，很容易地就是以 B 社区为参照系的，这当然就最容易产生"相对剥夺感"。

---

① S. Stouffer, *The American Soldier*, Princeton University Press, 1955.

四、社会底层群体

社会底层群体的说法听起来不那么悦耳，然而，这是我们不得不正视的一个社会事实。且不说中国边远山区的特困人口、集中连片穷困地区的贫困人口，就是在大、中、小城市里，甚至在经济最为发达的超大型城市里，我们也常常可以看到乞丐群体以及流离失所的人，报纸、媒体也常常会报道诸如“地沟盖下生活的人们”“社会边缘群体”等。在做四大群体分类时，笔者起初称之为“利益绝对受损群体”，主要是与“利益相对受损群体”相区别，后来考虑到改革开放以来很难说有哪一个群体一点儿没有获得利益，所以，想来想去还是称之为“社会底层群体”比较符合实际，类似于英文的underclass 一词。

实际上，从逻辑上讲，利益的获得与受损是一个过程，而底层、中层和上层是利益分化的一种结果。在此意义上，也可以将第一个群体称为上层，第二个群体称为中层，第三个群体称为中下层，这样，第四个群体就可以称为“底层群体”了。笔者以为，对于目前的各个社会群体之所以难以命名，恰恰反映出中国的社会群体分化、阶级阶层分化还远远没有完成。

笔者以为，从学术分类的角度看，社会底层群体有经济底层、政治底层、社会底层和文化底层的区分。

首先，分析一下所谓政治底层。按照前文“社会分层四个实验”的说法，1949 年以后，中国在经济方面实际上打碎了阶级体系，从 1949 年到 1979 年，中国并没有完全经济意义上的底层社会。打碎了经济上的私人所有制以后，哪一个群体都不是巨大经济资源的所有者，同时，那时候大家生活水平都不高，在城市里也没有明显的“贫民窟”之类的现象，反倒是现在的城市里出现了“富人区”“穷人区”的分化。但是，改革开放以前，中国社会确实存在着政治底层群体，比如“地、富、反、坏、右”就是当时社会的政治底层。

每到运动一来，政治底层群体就成为批斗的对象。本书第六章阐述的经济分层与政治分层原理，就可以解释当时社会的政治分层状况。从社会正义的角度看，从政治地位上歧视某一个具有公民身份的人或群体是不公正的。公民在法律面前一律平等，从依法治国的立场看，只能够对那些违反了法律、法规的人，依法实施法律的、政治的惩治手段。近来也有些研究将社会抗争者视为政治底层，笔者以为不妥，这样反而会固化或激化社会矛盾。所以，虽然在某些政治运动中确实曾经发生过政治底层的现象，但是，从中得到的教训是很惨痛的。笔者以为，在依法治国的理念下，要慎重使用政治底层的说法，更不应该强化政治底层的区分。

其次，分析一下经济底层。从经济上看，所谓“底层群体”是指经济收入低于贫困线的社会群体。传统上，中国经济收入低于贫困线的群体主要是在农村地区。最早的贫困测定是在80年代，1984年，当时的中共中央书记处农村政策研究室最先提出了中国农村居民的贫困线。按此规定，集中连片贫困乡的标准是：人均年收入120元以下；人均口粮，南方水稻产区200公斤以下，北方杂粮产区150公斤以下。1985年以后，中国农村人口的贫困标准大体定在两条线上，即人均年纯收入200元以下为贫困户，150元以下为赤贫户。按照这个标准测量，1986年5月，中国农村人均年纯收入200元以下的贫困者有1.02亿人，占当时农村总人口的12.2%；而人均150元以下的赤贫者有3 643万人，占农村人口的4.36%。据世界银行估计，按1990年当年价格计算，1990年中国农村的贫困线为年人均275元，农村低于贫困线的人口有9 700万人，占农村人口的11.5%。根据中国官方数据，1992—1993年，中国农村绝对贫困人口约为8 000万人，占农村人口的8.8%。根据1999年的统计，到1998年底，中国农村的贫困线依地区之不同而设定在年人均纯收入600—750元之间，贫困人口4 200万人，占农村人口的4.83%。

21世纪以后，中国又大幅度提高了贫困线的标准，2008年贫困线标准为农村年人均纯收入1 067元，2010年1 274元，2011年又将国家扶贫标准大幅度提升到 2 300 元（约合每天 1 美元），按照这样的标准，到 2016 年初，中国贫困人口大约为 5 000 万人。可见，随着国民经济发展水平的提升，中国的贫困线也在不断提升，所以，在一定的国民经济发展水平上，只要发展差距存在，就总会有一部分人处于低度发展的状态，处于收入水平低下的状态，处于贫困线以下，也就是说处于经济发展的底层。

中国城乡二元结构的局面，导致城市的贫困人口与农村的贫困人口也有很大区别。下面表 8–9 是国家统计局全国抽样调查关于城镇低收入与高收入分组的数据，[①] 该数据将占城镇 5% 的最低收入户定义为困难户。

表 8–9 中国城镇困难户、低收入户与高收入户家庭基本情况对比

	贫困户（占城镇总户数 5%）	低收入户（10%）	最高收入户（10%）
调查户数	3 287	6 590	6 562
平均每户家庭人口	3.33	3.30	2.52
平均每户就业人口	1.21	1.31	1.58
就业人口占比（%）	36.34	39.70	62.70
平均每一就业者负担人数（包括就业者本人）	2.75	2.52	1.59
平均每人全部年收入	7 520.86	9 209.49	69 877.34
平均每人可支配收入	6 520.03	8 215.09	63 824.15
平均每人总支出	7 976.51	9 164.94	54 192.68
平均每人现金消费支出	6 366.78	7 301.37	37 661.68

由上面表 8–9 中可以看到，占城镇总户数 5% 的贫困户，显著特点是每户就业人口少，就业人口占比较低，这样，就业者的负担

① 国家统计局：《中国统计年鉴 2013》，中国统计出版社，2014 年版，第 382—383 页。

就重。所以，就业的因素在城镇家庭经济中占据核心位置，而失业与贫困是孪生兄弟。表中还显示，城镇贫困户在经济上是入不敷出的，贫困户平均每人全年收入只有 7 520.86 元，而平均每人总支出却是 7 976.51 元。城市、城镇生活处处需要花钱，所以，在城市中一旦陷入贫困，常常比农村生活还要艰难。

对于经济的底层群体，世界各国都采取救济的政策，建立福利保障的制度，以缓解底层的贫困程度。中国也正在逐步完善具有自己特色的福利保障制度。当然，对于社会保障、社会福利制度与底层群体的关系，学界一直是有争论的。赞同推进福利保障制度的一派认为，社会福利、社会保障制度是现代社会不可缺少的制度环节，这样的制度对跌入底层的人群起到了救助作用，减轻了底层的贫困程度，使得他们不至于产生生存危机，最终有利于全社会的和谐。而批评福利保障制度的一派认为，奉行了多年福利保障制度的所谓发达国家也并未能消灭贫困现象，有时候，贫困甚至有所加剧，这是因为，福利保障制度只是貌似公允，实际上，它反而是造成贫困层之原因。这又可以分为激进主义者与保守主义者。激进主义者认为："表面看来福利制度是济贫，其实，政府发放的福利、救济金数额较少，只能使穷人维持在贫困的生活水平上。这样，救济金实际上在制造着一个贫困阶层。这个阶层生活困苦，却由于保障制度而尚能存活。因此，福利制度阻止了穷人贫困状况的根本改善。"而保守主义者则认为："福利制度之所以造成了贫困，不在于它阻止了社会制度的根本变革，而是因为社会福利、保障与救济的开支过大，它使社会再生产受到抑制，使投资减少，结果限制了财富与新的就业机会的增长，最终加剧了社会上一部分人的贫困化。"①

笔者以为，在处理社会贫困层、经济底层问题上，政策要适当，建立社会福利保障制度是必须的，对于中国来说，目前遇到的难题是"超巨型人口社会"福利保障体制的覆盖问题。迄今为止，现代

---

① 李强主编:《中国扶贫之路》，云南人民出版社，1997 年版，第 9 页。

化的实验，还没有实现过在超过 13 亿人、接近 14 亿人口的国家里建立比较完善的广覆盖的社会福利与社会保障体系。属于人口超巨型社会的单一国家、目前已经建立了现代福利保障体系的美国，总共也就是 3.19 亿人，如果仔细考察美国体制，就会发现，该体制也没有真正解决经济的底层社会与贫民窟问题。社会福利保障体制水平比较高的西欧、北欧国家，人口规模都比我们小得多。所以，要充分认识在我们这样人口超巨型社会，实现社会福利、社会保障体系全覆盖的难度，目前需要着重解决难题包括：如何建设跨省市的全国一体化的福利保障体制，如何实现不同省（市、自治区）、不同地区保障体制的衔接，如何实现城市与农村一体化的、城乡统筹的福利保障体制，以及如何解决流动人口的福利保障问题，如何实现城镇常住人口全覆盖的社会福利、社会保障体制。

再次，分析一下社会底层。社会底层是个综合概念，如果说，经济底层是有明确的经济指标界限的话，那么，社会底层则指标不很精准、清晰，概念比较宽泛。所以，笔者在此强调，使用社会底层主要是指三种情况。其一是指在社会资源的占有上，明显地处在最下层的群体，社会学也常常使用“弱势群体”的概念。由于在所有社会资源中，经济资源还是最重要的，所以，弱势群体与经济底层有很大的重合度。其二，游离出主体社会之外，在断裂社会的夹缝中生存，社会学常常使用“边缘群体”的概念专指这部分人，由于长期生活于社会的夹缝中，边缘群体也形成了偏离于主文化的所谓亚文化价值体系，这样，边缘群体与边缘文化是互通的，这部分人与下面讲的文化底层是重合的。其三，具有反社会倾向的社会底层，这部分人比文化底层走得更远，有明显的反社会或仇恨社会倾向，所以，这样的社会底层往往与犯罪团伙、犯罪群体是重合的。例如，严重危害社会的拐卖人口、拐卖妇女、拐卖儿童的群体，制毒、贩毒群体，以及一些黑社会群体等。从新闻媒体中可以看到很多这样的案例：有的村庄成为长期大规模拐卖儿童、逼迫儿童乞讨的窝点，有专门拐卖儿童的家族，有的村庄出现了专门从事绑架勒索活动的团伙，有些路段或铁路活跃着“偷盗游击队”。据笔者了解，一些长途运输的司机有过被拦截、被盗抢的经历，在一些地方出现了专门抢劫过往乘客的团伙。在笔者组织学生进行社会调查的过程中，就遇到过光天化日之下拦截长途汽车进行抢劫的团伙。此外，各种诈骗团伙的电话欺骗、网络欺骗等，层出不穷。此类底层社会群体明显具有反社会倾向、社会暴力倾向，这对社会稳定威胁很大，成为改革的不稳定因素。近些年还发生过一系列的爆炸事件，例如厦门公共汽车爆炸案、广西柳城邮件爆炸案等，仔细探究原因，发现都与这种具有反社会倾向的底层社会群体有关。这一群体虽然人数不多，但是造成的社会损害极大，将社会搞得人心惶惶，从社会管理的角度看，是应该严加防范的。

最后，分析一下所谓文化底层。文化底层强调的是底层社会群体的文化现象，或长期生活于社会底层的群体形成了区别于主文化的底层文化现象，而这种文化现象反过来又固化了底层群体的生活取向。其实，任何一个社会群体都会有其文化表现，不过底层群体的文化由于与主文化有巨大反差，也常常引起人们的震惊。摄影家赵铁林先生曾长期行走于底层社会，用照相机拍摄了今日中国的底层社会，剖析了底层群体的众多案例，讲述了一个个生动的底层人物的故事，可以看作是文化底层或底层文化的直观展示。[①] 文化底层最为突出的问题是，底层社会群体形成了一种与主流价值观格格不入的底层价值观。对于此类问题比较深刻的研究是美国人类学家刘易斯所提出的“贫困文化理论”[②]。按照该理论的观点，贫困从表面上看只是一种经济现象，但是，从更深层次上看，贫困也会成为一种自我循环的文化现象。穷人或社会底层由于长期生活于低水平的生活之中，结果形成了一套特定的生活方式、行为规范，甚至是价值

---

① 赵铁林:《另类人生：一个摄影师眼中的真实世界》，社会科学文献出版社，2000 年版。

② Lewis, Oscar, *Five Families: Mexican Case Studies in the Culture of Poverty*, New York: Science Editions, 1959.

观体系。而一旦此种底层亚文化形成，它便会对周边的人、对儿童、对贫困家庭的后代发生影响，甚至出现代代相传，这就是所谓“贫困文化”。在这样一种氛围里，贫困本身、底层社会群体本身也会在此种“亚文化”的保护下维持和繁衍。所以，要想消灭贫困，首先必须改造文化，只有使穷人抛弃了自暴自弃、不求进取、宿命论的价值观而接受了积极上进、具有奋斗精神的价值观时，贫困才有可能真正走向灭亡。[①] 总之，贫困文化理论认为，经济底层只是表象，文化底层更为可怕，一旦出现代际传递，将是社会的毒瘤。所以，为保障社会和谐发展，就必须防止底层文化的蔓延。当然，并不是所有的底层群体都表现为贫困文化现象，西方国家的贫民窟是贫困文化的比较突出的表现。在中国，虽然不排除少数底层群体确实有贫困文化现象，但是，从中国的现实看，绝大多数生活于比较艰苦环境中的打工族、农民工，他们是社会上积极进取、努力奋斗的一代人，他们的价值观与主文化价值观是一致的。所以，中国社会的特点是，虽然经济底层人数不少，但是，文化底层占比很小，这是中国社会未来能够走向“中产社会”的重要基础。

总之，本章将中国社会分为四个利益群体，这也是社会分层的一种理论视角，该视角在社会分析中，虽然不如职业分层那样细致，也不如阶级分析那样尖锐，但是，利益群体的分析视角有其特殊的价值。今日中国，在经历了40年的经济高增长之后，目前，正处在社会转型与体制改革的最重要的十字路口。改革具体措施的出台，改革怎样做出决策，改革要朝向哪一种方向，都必须基于对社会群体利益的深刻分析。四个利益群体的理论视角告诉我们，任何政策措施都不能忽视对社会大众利益的分析。改革的政策必须有利于大多数人，只有让多数人获得利益的改革，才能够得以贯彻实施。改革不能损害绝大多数人的利益，如果是损害大多数人利益的改革，就是强硬推行，最终还是难以成功。问题是在人们利益不一致的情

① 李强主编:《中国扶贫之路》，云南人民出版社，1997年版，第11—12页。

况下，如何实施改革呢？还是要考虑到大多数人，争取实现“最大多数人的最大利益”。当然，关注一部分人利益的时候，也不能忽视其他部分人的利益，这就需要统筹的能力。中共十八届四中全会决定中的一句话讲得很好：“统筹社会力量、平衡社会利益、调节社会关系、规范社会行为。”总之，在社会群体利益的处理上要提高统筹、平衡、调节、规范的能力。

第九章
怎样测量社会分层?

对社会分层的测量，也就是对人们社会地位高低的测量。社会学对社会地位的研究有久远的历史，本章无意于探讨地位测量的历史，而只是想对地位测量做一个简单的介绍。要测量社会地位，首先要认识到，人们有多种社会地位：经济地位、政治地位、权力地位、声望地位，针对这些不同性质的社会地位，也就有多种的地位测量方法。在所有这些地位中，经济地位是最为核心的、基础的，经济地位的测量，也就是测量人们的经济收入、经济财产等，本章将做重点介绍。其次，声望地位的测量又是最具社会学特点的地位测量，因此，本章也在第三部分中予以介绍。

声望地位测量有两种方法，即定量的方法与定性的方法，本章主要介绍一些定量的测量方法。不过，在介绍方法之前，首先要谈谈在中国做经济收入、经济地位测量的难度。

一、研究经济收入和经济地位测量的难度

多年来，笔者从社会学角度对居民经济收入做了一些研究。“收入”本是个经济学的问题，从社会学视角研究，自然有其特定的目标。笔者关注的是收入差距，也就是说，笔者将收入看作是反映人们地位差异的一种指标，通过研究这一指标来了解人们社会地位分层的状况。笔者为什么特别关注收入这一指标呢?

我们知道，研究人们的经济地位可以从财产和收入两个方面入

手，当然，财产和收入是有联系的。用经济学的术语说，财产是一种货币的存量，收入是一种货币的流量。[①]收入是指在一定时期内，例如一年，获得的货币总量。所以，一个人将他每年的节余累积起来就成为自己的财产，当然，这里面还包括继承的遗产等。与收入相比，财产的构成要复杂得多，有些部分甚至难以折算成货币，所以财产的统计也就相当困难。如果不是一个对于“家当”十分熟悉的人，恐怕很难估算出自家的财产到底有多少。因此，比较简洁的研究经济地位的办法是研究收入，特别是研究近期的收入，因为人们对此记忆清晰。选取收入作为研究经济地位指标的再一个原因是，在中国，人们常常互相询问收入。例如，在火车上，素不相识的同路人之间，也常常可以互相询问收入，就像谈天气一样随便。迄今为止，国内很多单位特别是国有单位职工的工资单几乎是公开的，在单位拿到的工资单基本上是不避他人的。因此，调查中询问一个人的收入不至于犯忌讳。

当然，在将收入确立为反映社会地位的主要指标后，也应看到在我国研究收入问题的难度。在农村调查农户的收入，绝不是一两句话就能够问清楚的。如果我们仅仅问：“您家去年一年的收入是多少呀？”农民肯定不可能做出确切的回答。因为农民收入的构成是十分复杂的，如果不经过详细的计算，农民实际上也并不了解自己的收入是多少。农民的收入首先应包括种植业的收入，农民在计算收入时，常常忽略了自家消费的自产粮食蔬菜等，其实，这也应计入收入。其次，应包括与农业有关的其他养殖业、副业的收入，比如畜牧、养鱼、植树等的收入，再比如，养猪、养鸡鸭等的收入也不应漏掉，而这里，农民自己吃掉的鸡蛋鸭蛋一般都被漏掉了。再其次，要注意到农民的非农业经营的收入，比如农民家庭从事手工业、制造业、运输、餐馆、商店的收入。此外还有，农民打工的收

① 萨缪尔森、诺德豪斯：《经济学》（第12版），中国发展出版社，1992年版，第935页。

入，外出打工的人寄回或带回来的收入。对于农民上述收入的核算，是一项十分繁杂的工作。而且，这里假定的是，被访者讲的全是实话。如果被访者说了假话，问题就更复杂了。

对于城里人收入的调查也不简单。首先，我国城市劳动者、就业者工资的结构变得越来越复杂，常常是分成基本工资、活工资、职务工资、薪级工资、岗位津贴、住房补贴、房屋公积金、交通补贴、电话补贴、养老保险金、医疗保险金、失业保险金、工伤保险金、生育保险金等，不是说每个就业者的工资都有上述结构的所有部分，不同就业者的构成要素是不一样的，这使得问题更为复杂化。此外，还有奖金也分成班组奖金、部门奖金、月奖金、季节奖金、年终奖金等。这样，即使是就业者本人也常常搞不清自己的工资究竟包括哪些部分。其次，今天城市就业者的收入往往分为单位内的收入和单位外的收入。相比较而言，对于一个人在工作单位内的收入还比较容易统计，因为毕竟有工资表、奖金收入的记录。但是对于一个人在工作单位以外的收入就很难了解。比如，一个人在外面兼职的收入、在股市上炒股的收入、帮助亲友经营的收入，这些在询问一个人的收入时，常容易被忽略不计。对于有些人来说，他们在单位外获得的收入远远大于在单位内的收入，对于这样的被访者，调查的难度就更大了。

说到城市就业者的收入，还有形式收入与实际收入的重大差别。比如城市中的机关干部的工资，如果仅仅从形式上看，货币收入不是很高，但是，其他方面的福利、非货币的收入却很突出，特别是住房的福利明显优于其他单位。至于某些政府官员从特殊权力资源中获得的好处就更为复杂了。如果将这些也都折算为货币的话，也是一笔相当可观的收入。如果仅从形式收入看的话，外企雇员的收入会大大高于机关干部的收入。但是，如果将住房、福利、待遇也均计算在内的话，我们又会看到，同样资历、年功、学历、能力的人员，无论在外企工作还是在政府机关工作，其收入在全方位互补后，又是相近的。所以，中国实际上也有一种潜在的市场机制，调节着人们的实际收入水平。

此外，收入还可以区分为公开的收入与隐蔽的收入，合法的收入与非法的收入。对于收入中的灰色收入、黑色收入、非法收入部分，就更难以调查了。学者王小鲁曾经于2005—2006年在全国几十个不同规模城市进行居民收入调查，发现和推算出我国2005年城镇居民可支配收入中，有4.8万亿没有反映在居民收入统计数据中，属于隐性收入，主要发生在高收入阶层。①

所以，在研究收入时，有必要设计一些相关指标，对于收入的可信性进行测定。在这方面，笔者曾尝试过的方法有以下三种。

其一，研究消费以核定收入，即在询问过家庭收入后，再询问该家庭的消费情况，最终可以对两部分进行比较。如果消费大于收入，则说明收入有明显的遗漏。其二，一方面询问总收入，另一方面又询问分解成各部分的收入，比如工资收入、兼职收入、经营收入、股票证券收入、出租房屋收入等，最终可以核对两方面是否匹配。其三，培训调查员，观察被访家庭的住房条件，探索不同档次的住房与收入之间的关系。一般说来，家庭的收入档次是可以通过该家庭的住房条件反映出来的。比如，迄今仍居住在条件十分差的简易楼里的住户，一般都是收入水平低下的家庭。而能够购买商品房的住户，则一般至少是小康家庭。至于居住在高档商品房小区、豪华商品房小区、豪华别墅的住户，则几乎毫无例外地属于高收入家庭。所以，也还是有指标和外在特征可以判断一个人或一个家庭的收入水平的。高收入或低收入总还会有所表现的，社会学研究者就要学会发现和寻找这些能够表现出来的信息。总之，调查经济地位，应该有多方位的考察，而不能仅仅看看官方的统计数据。

当然，需要特别强调的是，社会学研究者要严格遵守学术道德，在调查方面一定要严格遵守“学术保密原则”（confidentiality），绝不

① 王小鲁:《灰色收入与国民收入分配》，收录《比较》总第48辑（2010年第3期），中信出版社，2010年版。

能泄露被访者的信息。社会学研究个人经济状况的目的是为了累积起来以解释整体社会结构的状况，对于每一个被调查者的个人信息，要严格予以保密。

二、测量贫富差距、地位差别的具体方法

测量人们的财产差距、收入差距、社会地位差距的方法有很多。如不平等指数方法、五等份方法、基尼系数方法等，下面逐一做出介绍。

1. 不平等指数方法

不平等指数是用来测量社会分层或社会结构差异程度的一种测量方法。更具体地说，不平等指数就是用最高收入者占总人口比例，加上最低收入者占总人口比例（两者的百分比之和）来表示社会的不平等的程度。当然，在使用这种方法时必然遇到怎样定义和如何计算高收入群体和低收入群体的问题。通常的做法是将贫困线或收入低于平均收入 50% 者定义为低收入者，而将收入高于平均收入 2 倍以至数倍以上者定义为高收入者。所以，只要定出明确的标准，就可以计算出不平等指数，并且可以比较某一国家或地区的不平等程度变化的情况。

下面表 9–1 显示的是，改革开放以来，中国农村农民收入的不平等指数变化情况。所采用的标准是将农民家庭人均年纯收入低于平均收入 50% 者，定义为低收入群体，而将农民家庭人均年纯收入高于平均收入 2 倍以上者定义为高收入群体。

表 9–1　1980—2005 年中国农村农民的不平等指数

年代	最低收入群体占农村总人口比例（%）	最高收入群体占农村总人口比例（%）	不平等指数
1980	9.38	5.99	15.37
1985	12.22	13.26	25.48

续表

年代	最低收入群体占农村总人口比例（%）	最高收入群体占农村总人口比例（%）	不平等指数
1990	13.76	8.69	22.45
1995	7.97	12.27	20.24
2000	18.42	9.81	28.23
2005	19.97	13.16	33.13

不平等指数测算的是相对的差异程度，也就是说，它并不关心人们的绝对收入水平的状况，而只是测算社会不同地位群体之间相对的差异程度，测算各个群体之间相对的比例的变化。从 1985 年到 2005 年，尽管在总体上，我国农村农民的绝对收入水平有了很大的提高，但是，高收入阶层与低收入阶层之间相对的差异程度也大大上升了。

2. 五等份的方法

五等份方法最早是由英国学者 F. W. 佩什（F. W. Paish）在一篇题为《个人所得税的实际发生率》的文章里提出来的。[①] 此方法是按照人均收入的高低将人口分为五等份，然后，测量各 1/5 的人口层在总收入中所占的比例。最平均的分配是，每 1/5 的人口占有 1/5 的总收入。当然，实际上人口比例与占有的收入比例之间总会有差距，由此反映出贫富差距的状况。

下面特列出按五等份法测量出的世界上一些国家的数据。

表 9–2　用五等份法测量的一些国家的收入分布（%）

人口分为5组	巴西	中国	俄罗斯联邦	印度尼西亚	菲律宾	美国	瑞典	日本
最低 1/5	2.6	4.7	6.1	8.4	5.4	5.4	9.1	10.6

① F. W. Paish, *The Real Incidence of Personal Taxation. Lloyds Bank Review,* No. 43, London, 1957.

续表

人口分为5组	巴西	中国	俄罗斯联邦	印度尼西亚	菲律宾	美国	瑞典	日本
次低 1/5	6.2	9.0	10.5	11.9	8.8	10.7	14.0	14.2
中间 1/5	10.7	14.2	14.9	15.4	13.1	15.7	17.6	17.6
次高 1/5	18.4	22.1	21.8	21.0	20.5	22.4	22.7	22.0
最高 1/5	62.2	50.0	46.6	43.3	52.3	45.8	36.6	35.7

资料来源：世界银行：《2006年世界发展指标》，方勇等译，中国财政经济出版社，2006年版，第76—78页。

由上表可以看到，巴西的贫富差距是比较大的，最低收入的1/5人口仅占有全部收入的2.6%，而最高收入的1/5人口则占有了全部收入的62.2%。相反，瑞典、日本等国的贫富差距则比较小，这两个国家最低收入的1/5人口占有全部收入的比例分别为9.1%和10.6%，而最高收入的1/5人口占有全部收入的比例分别为36.6%和35.7%。中国、美国、俄罗斯联邦这三个大国，则居于两种极端之间的位置。如果比较中国、美国、俄罗斯联邦三个大国的话，则中国的不平等程度要更高一些，最低收入的1/5人口占有全部收入的比重，中国、美国、俄罗斯分别为4.7%、5.4%和6.1%，可见中国的低收入者所占的份额要更小一些，而三个国家最高收入的1/5人口则占有全部收入的比重分别为：50.0%、45.8%和46.6%，也就是说，中国高收入群体在全部收入中所占的份额要高于美国和俄罗斯。

3. 基尼系数的方法

基尼系数（Gini Coefficient），是意大利经济学家基尼（C. Gini）在洛伦茨曲线图（Lorenz curve）的基础上建立的测量分配不平等程度的指标。与测量不平等程度的其他方法相比，基尼系数能够较全面地、准确地反映出财产、收入等分配的差异程度，因而在社会分层研究中被广泛应用。

基尼系数是个在0到1之间的数值，基尼系数为0表示绝对平等，即财产或收入等完全平均分配，每一个人均获得相等的份额；基尼系数为 1 表示绝对不平等，即全部财产或收入都集中在一人手中，所有其他人未获任何份额。当然，实际上，这两种极端状态都是不可能的。所以，任何一个国家或群体的基尼系数都会是大于 0 而小于 1，数值越是接近于 1 则表明贫富差距越大。所以基尼系数可以非常方便地用来比较不同国家、群体的贫富差距。在原理上，基尼系数的测量方法与上面五等份的测量方法是一致的，在相互比较上，基尼系数的方法更简单，更具直观的特征，因此在测量和比较不平等程度上是应用最广的方法。下面，特列出一些国家的基尼系数。

表 9–3　一些国家的基尼系数

国家	巴西	中国	俄罗斯联邦	印度尼西亚	菲律宾	美国	瑞典	日本
基尼系数	0.580	0.447	0.399	0.343	0.461	0.408	0.250	0.249

资料来源：世界银行：《2006 年世界发展指标》，方勇等译，中国财政经济出版社，2006 年版，76—78 页。

在上表中，巴西的基尼系数最高（0.580），日本的基尼系数最低（0.249），中国的基尼系数高于俄罗斯联邦、印度尼西亚、美国、瑞典、日本，而低于菲律宾和巴西。近年来，有些国家的基尼系数很高，根据世界银行《2006 年世界发展指标》统计，目前世界上基尼系数最高的 10 个国家：纳米比亚以基尼系数 0.74 排在第 1 名，接下来分别为莱索托 0.632，博茨瓦纳 0.630，塞拉利昂 0.629，中非共和国 0.613，斯威士兰 0.609，玻利维亚 0.601，海地 0.592，哥伦比亚 0.586，巴西以 0.580 排在第 10 名。反之，世界上基尼系数最低的 7 个国家分别为：丹麦 0.247，日本 0.249，瑞典 0.250，捷克共和国 0.254，挪威 0.258，芬兰 0.269，德国 0.283。

人们的地位差别常常不仅仅表现在经济上，而且表现在职业、教育等广泛的社会指标上。因此，下面笔者再介绍几种测量地位差别的方法。

4. 社会经济地位量表

在地位测量上，一种比较通用的方法就是社会经济地位量表（Socioeconomic Score，英文简称 SES）。该方法最初是由美国社会学家和社会统计学家邓肯（O. D. Duncan）提出来的。[①] 该量表是通过测量人们的收入地位、教育地位和职业地位，先对这三种地位打分，然后综合计算其分值而获得的。在这里，收入地位和教育地位的分值都比较好打，收入可以按货币数量的多寡分等级、教育可以按受教育层次分等级。然而，职业地位的分等级就复杂一些，分等级的主要依据是职业声望地位，同时，也包含了权力地位和收入地位的因素，声望地位、权力地位和收入地位是有相关性的。笔者根据中国的情况对一般的社会经济地位量表做了修正，下面试列出一种适合于中国大城市居民的社会经济地位量表。由于我国不同地区、不同规模城市之间生活水平差异非常大，本书第十一章还将专门分析此种差异，所以，设计统一的量表几乎没有可能，这里只是说有这样一种方法，下面建议的量表仅限于在大城市、特大城市尝试，具体数值特别是收入部分，还要根据不同城市的具体情况来修改。

在表 9–4 中，收入使用的是家庭成员人均收入指标，原因是考虑到个人收入受到家庭其他成员收入或消费的影响。在这里，所谓家庭成员是指在一起共同生活、经济上没有分家、属于共同经济核算的成员。按照上表，分为 7 个层次的社会经济地位综合值的评分标准大致如次：

---

① O. D. Duncan, *A socioeconomic index for all occupations* and *Properties and characteristics of the socioeconomic index, Occupations and Social Status* (A. J. Reiss, Ed.) Free Press, Glencoe, IL, 1961, pp.109–161.

表 9–4 中国大城市居民社会经济地位量表

您的教育、收入与职业	项目	评分
I. 教育	研究生毕业及以上	7
	大学本科毕业	6
	大学专科毕业	5
	高中、中专、中技、职高毕业	4
	初中毕业	3
	小学毕业	2
	不识字或识字很少	1
II. 家庭成员人均月收入（人民币：元）	8 000 及以上	7
	5 000—7 999	6
	4 000—4 999	5
	3 000—3 999	4
	2 000—2 999	3
	700—1 999	2
	699 及以下	1
III. 职业	高层管理人员与高级专业技术人员	7
	中层管理人员与中级专业技术人员	6
	一般管理人员与一般专业技术人员	5
	办公室一般工作人员	4
	技术工人	3
	体力劳动工人	2
	临时工、城市农民工、无职业者	1

最上层：总分 21 分（满分）；

上层：18—20 分；

中上层：15—17 分；

中层：12—14 分；

中下层：9—13 分；

下层：6—8 分；

最下层：3—5 分。

5. 国际社会经济职业地位指数（ISEI）

社会学家甘泽布姆（H. B. G. Ganzeboom）、格拉夫（Paul M. De Graaf）和特雷曼等人曾尝试着建立一套国际上通用的，测量人们社会经济地位的指数。该指数全称叫作“国际社会经济职业地位指数”（International socioeconomic index of occupational status，英文简称ISEI）。建立该指数的依据仍然是三项指标，即收入、教育和职业声望。上述社会学家收集了国际上16个国家的31套数据，数据的年代为1968年至1982年。这16个国家既有发达国家如美国，也有欠发达国家如印度，地域上跨越了东欧、南美等，因此是具有广泛代表性的。他们从特雷曼教授以往建立的“国际标准职业分类”中选取了271种职业，通过对上述31套数据的收入、教育和职业声望的计算，得出了这271种职业的地位指数。有了这套指数，人们就可以仅通过了解被访者的职业而得出被访者的地位指数，从而可以进行地位高低的比较。下面表9–5列出了7类职业大类的分值，其分值是这一大类里所有职业的均值。而表9–6则列出了职业大类的第五类，“服务业人员”的一小部分职业细类的ISEI分值。

表9–5　职业大类的国际社会经济职业地位指数（ISEI）

职业大类	ISEI
专业、技术和相关人员	67
管理人员、企业经理	67
事务型工作者	49
销售人员	51
服务业人员	38
农业、牧业、林业工作者	25
生产工人、运输工人及体力劳动工人	34

表9–6　部分服务业人员职业细类的国际社会经济职业地位指数（ISEI）

ISEI分值	职业大组代码	职业小组代码	职业细类代码	职业再细类代码	具体职业
40	5000				服务业、商店市场销售人员
38		5100			个人服务和保安服务人员

续表

ISEI分值	职业大组代码	职业小组代码	职业细类代码	职业再细类代码	具体职业
34			5110		旅行服务员及相关人员
34				5111	旅游服务员、乘务员
34				5112	列车长
34				5113	旅行和博物馆导游
32			5120		房屋管理和饭店服务员
30				5121	房屋管理等人员
30				5122	厨师
24				5123	饭店服务员、调酒师
25			5130		私人保姆、为个人照料服务的人员
25				5131	保姆、幼儿照料服务员
25				5132	在机构中为个人照料服务的人员
25				5133	在家庭中为个人照料服务的人员
25				5139	其他从事照料服务工作人员
30			5140		其他为个人照料服务的人员
29				5141	理发师、美容师等工作者
19				5142	贴身侍候的人（男仆、女仆）
54				5143	殡葬人员
19				5149	其他为个人照料服务等人员
43			5150		占星师、算命者等人员
43				5151	占星师等相关人员
43				5152	算命、看手相等人员
47			5160		提供保护服务的工作者
42				5161	消防队员
50				5162	警察
40				5163	狱警
40				5164	武装部队士兵
40				5169	其他类提供保护服务的工作者
43		5200			售货员、模特、推销员
43			5210		时装及其他模特

续表

ISEI分值	职业大组代码	职业小组代码	职业细类代码	职业再细类代码	具体职业
43			5220		商店售货员、模特
37			5230		货摊、市场售货员

有了这样的量表，就可以给每一种职业打分，最后对某一特定人群或全体人口的社会地位进行量化的测评。当然，在使用这样的量表时，也要考虑到国情的差异，有时候也需要做一些调整。

6. 自我的评价与他人的评价

此处说的是对经济地位的主观评价，主观评价也有两种角度，即自我的评价与他人的评价。更具体地说，对同一个人或群体的生活水平、收入水平、财富地位的评价可以分为两种角度，一种角度是该人或该群体对自己的生活水平的评价，另一种是他人的评价。这两种认识之间是会有差距的，因为他们参照的标准、心理感受会有差异。比如，我们到贫困地区做调研，从外来人的角度，我们会认为某家庭属于贫困户，但是从该家庭成员自身的角度看，他们会认为他们非但不是贫困户，反而还属于中上等生活水平。笔者在云南少数民族的调研中就发现过此种情况，外来人认为该村落住户多是贫困户，而村民们却自认为生活富足。为了展示两种评价的异同，笔者特列出前些年组织学生在北京所采集的城市居民入户问卷调查的数据。该调查采用随机抽样方式，抽中在北京 8 个区 30 个居委会的 630 户居民，共完成有效样本 602 个。问卷中有这样两个问题，一个是“您觉得您家庭的收入在北京市处于何种水平”，另一个是“请调查员根据自己的观察，判断被调查家庭的收入在北京市处于何种水平”，将其对两个问题的回答做成列联表，情况如下：

表 9–7 中的数字是自己评价和调查员评价填答的个数。总的来看，自己的评价比调查员的评价要偏低。自己的评价，没有人认为

表 9–7 自我评价与他人评价的家庭收入水平

		调查员评价（样本个数）						合计
		上等	中上	中等	中下	下等	丢失	
自己评价	中上	4	12	4	1			21
	中等	6	74	131	32	5	1	249
	中下		14	114	96	10		234
	下等		4	14	30	50		98
合计		10	104	263	159	65	1	602

说明：由于“自己评价”中无人认为自己是“上等”，所以该表格中“自己评价”无“上等”一栏。

自己是上等的，而调查员认为有 10 人是上等。自己评价为中下的共 234 人，而调查员的评价是，其中 14 人中上，114 人为中等，10 人为下等。自己评价为下等的共 98 人，而调查员认为其中 4 人为中上，14 人为中等，30 人为中下。可见，自己的评价与他人的评价是不一致的。

那么，区分自我评价与他人评价有什么意义呢？在我国目前的条件下，对于自我收入地位、财产地位的认定非常重要。因为，当社会上一部分人的生活还不足以达到温饱时，所谓贫富差距更主要体现为客观生活条件的差异，它是生存与否的差异。而当社会上的人们普遍解决了温饱以后，在贫富差距问题上，主观的心态就显得异常重要。尤其重要的是人们对于自己财产地位的认定。如果社会上多数人认定自己是中等或中等以上生活水平，就会形成一种稳定的心态；如果社会上多数人认为自己是处于下等生活水平，这就是一种不稳定的心态，就会引发社会问题，甚至引起社会动荡。当然，主观的自我评价常常是不稳定的，因为它反映的是一种心态，也常常是不准确的。因此，这就需要由他人的客观评价来纠偏。他人的评价常常可以起到旁观者清的作用。

三、职业声望测量

上文已经表述，对于社会地位的主观评价，也是地位测量中的重要内容，而最具有社会学特点的社会地位主观测量，就是职业声望地位的测量。我们知道，社会学对于社会地位的评价有三种维度，即财产地位（经济地位）、权力地位和声望地位。声望地位指的是一种主观认定的地位，用上文的术语说，声望地位属于他人的评价，而不是自我评价，更具体地说，就是社会上的人们对于一种职业或身份地位高低的认定。相比较而言，财产地位和权力地位的认定要容易一些，因为它们都有比较明确的客观指标，声望地位的确认则要困难一些，因为它涉及主观的评价，而主观评价的随意性较强。对于声望地位的确认，一般通过声望调查完成。在声望调查中，最常见的就是职业声望测量。

在过去较长的一段时期内，中国没有声望研究。究其原因，与思想上受“左”的思想影响有关。其实，职业声望地位有差异是一种普遍存在的客观现象。笔者仅举一个例子吧，在一次职业声望调查中，有一位被访者说，人们的职业地位是平等的，不应该有分数上的差异。于是，笔者就追问了一个问题：“如果将来您的孩子选择职业，您希望自己的孩子选择什么职业呢？”该被访者说，当然希望孩子选择好一些的职业，笔者追问：“您认为哪些职业是好一些的，就从给孩子选职业的角度打分吧。”结果还是给不同职业打出了不同的分数，所以，在选择职业上，地位是有差异的。

与国际社会学界对于职业声望的研究相比较，中国在这方面的研究一直比较薄弱。说它薄弱，首先是因为实证研究、声望调查比较少见。从目前可以找到的文献看，1990 年以前，比较重要的研究有四次。最早的职业声望调查是由林南教授与谢文先生于 1983 年在北京进行的。该调查共测量了 50 种职业的声望，调查结果表明，医生得分最高，第二是工程师，排在前几名的都是知识分子职业。给人留有深刻印象的是，以往人们认为地位较高的司局级干部，却排在了中学教师的后面。该调查的不足之处是，职业分类还比较粗，例如，还只是笼统地将一些职业称为“大学教师”“自然科学家”“社会科学家”等，这反映了当时我国职业分化本身也很不充分。此后，1985 年 7 月，《中国青年》杂志在全国范围内做了一次 10 种职业声望的调查，该调查收回的问卷竟达 7 万多份。[①] 不过，该调查的职业分类很不规范，将大学生、研究生也当作了职业种类，将干部与技术人员划为一类等。该调查的结果是，大学生、研究生排在第一位，农民排在最后一位。由于该调查职业分类不规范，这也影响了对结果的分析。也同是在 1985 年，洪彪等研究者在北京市城区，对 572 位居民做了调查。调查的职业有 90 种，排在前 5 名的是教授、经济学家、画家、作家和律师。再后来，戴建中先生等于 1989 年对我国农村居民的职业声望做了调查。该调查反映出了农民对于职业声望的评价。该调查将农村的职业分为 17 类，结果排在声望前三名的分别是国家干部、军人和公安人员，显示出了与城市居民评价的截然不同。该调查在职业分类上和测量方法上都有不足之处。

相比较而言，1990 年北京大学蒋来文等在北京和广州两市所做的职业声望调查，无论是职业分类，还是测量方法，均有较高的学术水平。该调研得出的结论是：第一，不同亚群体被访者对职业声望的评价基本相同；第二，地区间职业声望有一定差别；第三，与 1995 年的北京市职业声望相比，职业间的声望差距明显缩小。该调查还研究了中国人评价职业声望的依据，即职业的知识技术水平、权力大小、工作环境、不可替代程度、收入水平、伦理道德等，来评价职业声望。[②]

---

① 《透过七万多份答卷：问卷调查结果分析（一）》，载《中国青年》1985 年第 9 期。

② 蒋来文等:《北京、广州两市职业声望研究》，载《社会学与社会调查》1991 年第 4 期。

1997—1998年，笔者在人民大学讲授“社会分层与流动”课程的同时，组织中国人民大学社会学系本科学生，在北京地区专门进行了两次职业声望调查，本章采用的是其中一次的数据。[①]此次调查样本的选取采用配额方式，依据的是北京市居民职业分布比例。共完成有效样本468个，其中男性占55.7%，女性占44.3%。年龄结构：18—29岁占8.9%，30—39岁占21.0%，40—49岁占22.2%，50—59岁占17.7%，60岁以上占30.1%。调查量表选择了能反映北京职业结构的100种职业。笔者在调查表中所提的问题是：“请您根据心目中对各种职业地位高低的综合性评价，给下列职业打分。”调查后，采用诺斯–海特计算公式核算分值。北京居民的评价结果见下表（表9–8）：

表9–8　北京市1997—1998居民职业声望调查

名次	职业	声望分值	名次	职业	声望分值	名次	职业	声望分值
1	科学家	88.95	10	检察官	76.84	19	画家	71.45
2	大学教授	86.37	11	律师	76.82	20	教练员	71.33
3	工程师	82.97	12	建筑师	76.58	21	记者	71.22
4	物理学家	81.94	13	高级军官	74.96	22	编辑	71.00
5	医生	79.98	14	大学普通教师	74.95	23	电视节目主持人	70.64
6	经济学家	79.23	15	银行行长	74.94	24	电台播音员	70.39
7	社会学家	78.57	16	翻译	74.47	25	运动员	69.27
8	法官	78.25	17	音乐家	72.74	26	国家机关局长	69.19
9	飞行员	76.84	18	作家	72.27	27	公司董事长	68.71

① 这两次调查的结果十分相近。由于第二次调查的数据在核对上有些欠缺，所以本章采用的是第一次调查的数据。

续表

名次	职业	声望分值	名次	职业	声望分值	名次	职业	声望分值
28	导演	68.44	46	银行普通职员	58.95	64	车间主任	51.94
29	中小学教师	68.31	47	交通警	58.50	65	种田农民	51.57
30	中级军官	68.03	48	演员	58.48	66	时装模特	51.39
31	服装设计师	67.39	49	电脑经销商	57.67	67	汽车修理工	51.11
32	国家机关处长	65.64	50	工商税务人员	57.50	68	列车乘务员	51.09
33	海关工作人员	64.98	51	国家机关普通职员	57.16	69	电工	50.34
34	地质勘探人员	64.23	52	邮递员	57.03	70	环卫工人	50.17
35	公司经理	64.04	53	士兵	56.97	71	炼钢工人	49.85
36	幼儿园教师	64.03	54	房地产商	56.38	72	兽医	49.79
37	护士	63.93	55	导游	56.07	73	裁缝	49.51
38	空中小姐	63.76	56	出版商	56.03	74	出租汽车司机	49.04
39	大企业厂长	63.55	57	美容美发师	55.47	75	居委会主任	48.91
40	消防人员	63.25	58	图书馆管理人员	54.96	76	采购员	48.57
41	会计	63.10	59	单位工会主席	54.68	77	寻呼台小姐	48.44
42	公安人员	62.13	60	小企业厂长	54.55	78	房管局管理员	48.43
43	外企高级雇员	61.91	61	保险公司业务员	54.07	79	木工	48.14
44	农业技术人员	61.85	62	外企普通雇员	53.38	80	纺织工人	48.12
45	大饭店厨师	59.49	63	公共汽车司机	52.05	81	售票员	47.93

续表

名次	职业	声望分值	名次	职业	声望分值	名次	职业	声望分值
82	专职炒股人员	47.37	89	小餐馆厨师	45.75	96	保姆	38.80
83	矿工	47.34	90	售货员	45.60	97	包工头	37.63
84	个体户	47.15	91	乡镇企业工人	43.64	98	废品收购人员	36.61
85	流行歌手	47.06	92	进城经商的农民	42.21	99	人力车夫	36.51
86	建筑工人	46.88	93	单位保安人员	42.20	100	传达室人员	36.37
87	印刷工人	46.30	94	进城做工的农民	41.71			
88	小商店业主	46.03	95	搬运工	41.22			

下面笔者试对上述评价结果做出几点分析：

第一，对于职业声望评价，人们常常询问，这样的分值是否合理。我们知道，声望调查测量的是每一个人的看法，事实上，被调查的每个人的看法都不会完全相同。从这次调查的数据上看，对于每一项职业都既有打最低分的，也有打最高分的。我们这里计算的是所有人评分的累加，这正是民意调查的特点，每一个人的看法都会对最终结果发生影响，但每一个人也仅能影响一个微小的值，最终的分值是所有人的评价合在一起的结果。因此，这种最终的评价还是代表了所有人的意见的。这种评价本身并不存在合理不合理的问题，只要调查的设计、过程、计算是认真的，评价就具有价值。

第二，科学家、大学教授、工程师、物理学家、医生等排在最前面。这反映出人们在评价职业声望时，首先考虑的是高知识、高技术、高教育的因素，凡是与这些因素联系密切的职业，人们往往给打很高的分数。在这点上，各阶层的看法具有很强的一致性。

第三，对官员的评价不高。在职业声望的国际评价中，人们往往对那些象征正义的职业给予很高的评价。例如在国际上，最高法院法官常被评为第一位，政府高官的声望也常被评得很高。而在北京市的职业评价中，社会上对官员的评价却显得低了一些。传统上，中国社会官本位盛行，官员在社会上受到尊敬，然而这次调查却反映出官本位体制的大大衰落。官员普遍受到批评，社会上对国家干部的评价普遍不高。有人说，一提起当官的印象就不好。对于工商税务人员，人们的评价也不高，究其原因，也是多被认为一些人有以权谋私和敲诈勒索的行为。由此可见，由于腐败行为盛行和社会风气的恶化，人们对官员地位的评价大大降低了。对于这一点，下文将做进一步分析。

第四，以往，人们总以为农民的声望地位很低，然而，调查却证明人们对种田农民的打分并不很低，对种田农民的打分甚至高于时装模特。这反映了人们在评价一种职业时，比较重视这种职业对社会的贡献。中国传统上即有“以农为本”的思想，认为没有农民种粮，大家都没饭吃。同样，对士兵的评价也不低，打分甚至高于房地产商、出版商等，这也反映了人们按对社会贡献评分的思维方式。

第五，人们总是先设定了自己的职业地位，然后从自身所处的地位来看待其他人的职业的。这样，人们对自己职业的看法也会影响对他人职业的评价。在调查中发现，多数人对自己职业的评价是较高的。例如，在机关所做的调查表明，机关干部对局长、处长、普通职员的打分高于其他群体的打分。又如，进城农民工给自己的打分较高。当然也有人出于自暴自弃的态度，对与自己相同的职业打很低的分。

第六，个人的好恶也会影响一个人的评价。例如，经历了医生“收红包”的就给医生打分低，看到电视上报道受贿干部的就给干部打分低，一些人对售票员的评价低，认为他们对自己态度不好。又如，开车的对交通警察评价低，认为交通警察总找自己的麻烦。再如，一个效益不好的工厂的工人，她觉得厂长贪污、挥霍、没有能力，把工厂搞得一团糟，害得他们一个月只拿那么低的工资，所以她给厂长打很低的分。北京人对外来农民工的评价低，认为农民工造成了城市交通紧张、导致城市犯罪率上升、抢走了城里人的饭碗，于是对农民工打分很低，相反，对种田农民打分较高。一般说来，对于自己日常生活中有接触的职业，人们往往倾向于通过个人的经验、经历来评价。不过由于每一个人都根据自己的生活、交往经历对各种职业打分，其结果还是公平的，也就是每个人都将自己所能接触到的侧面记录了下来。

第七，报纸、广播、电视等媒介中宣传、传播的观念仍然对人们的评价有影响。比如，宣传中常说清洁工人的奉献精神和美好的心灵，这样使得对环卫工人的评价是非技术类工人中最高的，甚至高于炼钢工人、木工等。又如，宣传中常说，科学技术是第一生产力、科教兴国，这样人们对与科学教育相关的职业就评价比较高。

第八，与以往的调查相比较，在此次声望调查中，有些职业地位的变化非常大。1990 年，北京职业声望评价的第 1 位是作家，然而在此次调查中作家却跌至第 18 位，画家由第 7 位跌至第 19 位，服装设计师由第 11 位跌至第 31 位，流行歌手由第 47 位跌至第 85 位，时装模特由第 48 位跌至第 66 位。当然，有些职业地位几乎没有变化。例如，在 1990 年和本次调查中，教授、工程师、物理学家、医生都排在了前 5 位以内。

2009 年 5—6 月笔者在清华大学讲授“社会分层与社会流动”的课程时，再次组织学生进行了职业声望测量①。这次职业声望调查仍然运用配额抽样方式，配额比例是按照北京市 2008 年居民职业分布。共回收有效问卷 430 份。其中男性样本占 56.5%，女性样本占 43.5%。年龄结构为 30 岁以下占 60.5%，31—50 岁占 30.5%，51—

① 在此特别感谢参与了此次调查的清华大学参加学习“社会分层与社会流动”2009 年课程的全体学生。

70 岁占 9%。调查量表选择了与我们 1997 年职业声望调查类似的反映职业结构状况的 99 种职业，下表是被访者根据心目中各种职业地位高低的评价所给出的得分的均值。

调查所得的分数如下：

表 9–9　2009 年北京市居民职业声望调查

分数排序	职业类别	2009 年分值	分数排序	职业类别	2009 年分值	分数排序	职业类别	2009 年分值
1	科学家	83.46	16	海关工作人员	71.17	31	记者	65.10
2	物理学家	79.09	17	律师	70.67	32	中小学教师	64.93
3	飞行员	76.92	18	大学普通教师	70.56	33	地质勘探人员	64.26
4	大学教授	76.88	19	建筑师	70.05	34	运动员	64.07
5	高级军官	76.58	20	大企业厂长	69.35	35	电台播音员	64.03
6	公司董事长	75.30	21	外企高级雇员	68.85	36	中级军官	63.78
7	社会学家	75.20	22	电视节目主持人	68.21	37	教练员	63.60
8	经济学家	75.18	23	国家机关处长	67.55	38	空中小姐	62.28
9	音乐家	74.12	24	作家	67.41	39	公安人员	62.24
10	医生	73.66	25	导演	66.16	40	大饭店厨师	62.14
11	法官	73.54	26	画家	66.15	41	小企业厂长	62.10
12	银行行长	72.76	27	翻译	66.14	42	农业技术人员	61.81
13	检察官	72.53	28	服装设计师	66.01	43	幼儿园教师	61.30
14	国家机关局长	71.69	29	公司经理	66.00	44	消防人员	60.58
15	工程师	71.47	30	编辑	65.67	45	出版商	59.23

续表

分数排序	职业类别	2009年分值	分数排序	职业类别	2009年分值	分数排序	职业类别	2009年分值
46	房地产商	59.09	64	导游	53.22	82	裁缝	47.70
47	外企普通雇员	58.30	65	专职炒股人员	52.91	83	汽车修理工	47.53
48	交通警察	57.83	66	邮递员	52.61	84	包工头	47.47
49	银行职员	57.51	67	车间主任	52.24	85	乡镇企业工人	47.21
50	会计	57.16	68	电脑经销商	51.14	86	印刷工人	47.00
51	国家机关普通职员	56.85	69	采购员	51.12	87	纺织工人	46.96
52	单位工会主席	56.76	70	电工	50.79	88	售票员	46.41
53	演员	56.57	71	小商店业主	50.49	89	矿工	46.22
54	工商税务人员	56.50	72	出租汽车司机	50.19	90	进城做工的农民	45.63
55	个体户	56.47	73	公共汽车司机	49.72	91	保险公司业务员	44.59
56	图书馆管理人员	55.86	74	美容美发师	49.39	92	建筑工人	44.51
57	时装模特	55.54	75	炼钢工人	49.34	93	寻呼台小姐	42.44
58	护士	55.00	76	进城经商的农民	49.26	94	保姆	41.14
59	流行歌手	55.00	77	环卫工人	49.23	95	搬运工	41.05
60	房管局管理员	54.87	78	木工	48.39	96	传达室人员	40.70
61	士兵	54.86	79	列车乘务员	48.02	97	单位保安人员	39.84
62	兽医	53.95	80	小餐馆厨师	47.91	98	人力车夫	39.58
63	居委会主任	53.40	81	种田农民	47.74	99	废品收购人员	38.84

对比前述的1997年的调查数据，笔者发现了2009年职业声望调查所反映的如下七方面变化：

第一，排名前10位职业的变化。从上表中可以看出，在99种职业中得分位居前10位的职业分别是科学家（83.46）、物理学家（79.09）、飞行员（76.92）、大学教授（76.88）、高级军官（76.58）、公司董事长（75.30）、社会学家（75.20）、经济学家（75.18）、音乐家（74.12）、医生（73.66）。1997年在职业声望中得分排名前10的职业分别是：科学家、大学教授、工程师、物理学家、医生、经济学家、社会学家、法官、飞行员、检察官。总的看来，2009年职业声望调查排名前10位的职业都是高级知识分子或者掌握着较高的专业技术或技能（如飞行、医疗、工程技术、音乐）的职业，人们对于知识和专业技能的认可度依然很高。科学家和社会学家依然排名位于第1和第7位，显示这两个职业的声望非常稳定，社会认同度高。与1997年的调查相比，2009年的调查结果发生了一些变化。从排名变动来看，10年前声望较高的法律工作者如法官和检察官职业声望排名跌出了前10位，我们知道，在国际职业声望的调查中，法官和检察官的地位历来是名列前茅的，所以，我们的变化与国际的评价形成明显反差。1997年排名第5位的医生职业声望也从第5位下降到第10位。而物理学家和经济学家则有小幅的上升，飞行员的职业声望从第9位上升到第3位。新进入排名前10位的3个职业有音乐家、高级军官和公司董事长。他们分别从1997年的第17位、第13位、第27位上升到第9位、第5位和第6位。其中公司董事长的职业声望升幅最为明显，说明人们在市场经济条件下对企业管理人员的认可度大幅提高，其声望值甚至超过了政府的管理人员。

第二，职业声望变动幅度的情况。通过进一步的比较得出，一部分职业在2009年的调查中所获得的职业声望评价变动幅度很大。排名上升幅度最大的10个职业是：个体户上升29位，流行歌手上升26位，外企高级雇员上升22位，公司董事长上升21位，大企业厂长上升19位，小企业厂长上升19位，房管局管理员上升18位，海关工作人员上升 17 位，专职炒股人员上升 17 位，小商店业主上升 17 位。这些职业多是非国有企业的高级中级管理人员或工作人员，也有国家公务人员。

排名下降幅度最大的 10 个职业是：保险公司业务员下降 30 位，护士下降 21 位，电脑经销商下降 19 位，寻呼台小姐下降 17 位，美容美发师下降 17 位，教练员下降 17 位，汽车修理工下降 16 位，种田农民下降 16 位，邮递员下降 14 位，工程师下降 12 位。其中保险公司业务员排到了第 91 位，这可能与平时人们“不胜其烦”的保险业务推销密切相关，影响了大家对这一职业的评价。这种巨大的变动幅度，显示了变迁社会中，被调查者观念的巨大变化。

第三，教育研究类职业的声望得分的变化。教育研究类职业，包括科学家，大学教授，物理学家，经济学家，社会学家，大学普通老师，中小学教师，幼儿园老师八种职业。科学家和社会学家地位稳定，与 1997 年的调查一致，分别列在第 1 和第 7 位。大学教授地位稍降，大学普通教师地位下降，经济学家地位下降 1 位，中小学老师地位下降。

教育研究类职业整体地位较高，有 5 种职业排在整个职业声望排序的前 10 位，可见人们对教育研究类职业的评价很高，尤其对掌握专业科学知识的研究型职业有很高的肯定。然而在对于从事一线教学的教师的四种职业分类中，都出现了下降趋势，包括大学教授在内，大学普通教师，中小学教师，幼儿园教师职业声望都有下降。

第四，经济金融类职业声望出现整体提升的局面。经济类职业，包括公司董事长，银行行长，大企业厂长，公司经理，小企业厂长，专职炒股人员六种职业。

公司董事长职业声望排名跃居前 10 位，银行行长和大企业厂长也都排在前 20 位中。特别是专职炒股人员，从 10 年前的第 82 位上升到第 65 位，地位有了一定的提升。总体而言，从事经济金融类工作的人职业声望都有大幅上升，董事长，大、小企业厂长上升将近 20 位，可见 10 年来经济制度的改革，人们对市场从业人员评价得到了很大的提升，市场经济的观念已经使人们对经济管理人员的评价发生了很大的变化。

第五，国家公务人员职业声望的变化。国家公务人员包括国家机关局长、海关工作人员、国家机关处长、国家机关普通职员、工商税务人员和房管局管理员等。

2009 年的调查中反映出人们对官员的评价有所提高。国家机关的局长、处长声望都有了很大提升，分别上升了 12 位和 9 位，并且排在整个职业声望排序前列（第 14 位和第 23 位）。其他公务人员中，海关工作人员和房管局管理员地位上升幅度很大，海关工作人员从第 33 位上升到第 16 位，而房管局管理员也从第 78 位上升到第 60 位，进入中游水平。当然，与官员职业声望的稳步上升相比，国家机关普通职员地位不变，仍然排在第 51 位。国家公务人员职业声望的上升，与近来的公务员热、大学毕业生报考公务员竞争十分激烈，相互间有密切联系。甚至可以说，改革前期“官本位”有明显淡化现象，而近年来“官本位”则明显强化，声望的变化与此是互相关联的。

第六，农民群体职业声望出现分化。在对农民群体的三种区分中，进城经商的农民声望上升很快，从 1997 年的第 92 位上升到 2009 年的第 76 位，甚至超过了售票员和保险公司业务员，已和部分技术工人如炼钢工人和木工声望排名相近；进城务工的农民在 1997 年的排名为第 94 位，2009 年为第 90 位，也有略微上升；而种田农民的声望则出现了较大的下降，从 1997 年第 65 位下降到 2009 年的第 81 位。可以看出，虽然进城务工的农民工为城市建设付出了的辛勤劳动，近几年政府和社会舆论也对进城做工的农民进行了持续关注，但人们对进城务工的农民的认可度却没有很大的提高。对留守在乡村的种田农民的评价则明显下降，农业的低效率使人们对种田农民的印象仍没有改善。

第七，房地产商的声望变化。虽然近年来房地产事业火爆，但是房地产商的职业声望却仍然处于中游位置，在 2009 年的调查中处于第 46 位，比 1997 年上升了 8 位，声望得分并没有与经济收入相符合。近年来房价急剧上涨，人们对高房价的批评不断，更多的矛头指向了房地产商的囤地、哄抬楼市、虚假买卖等行为。住房困难的压力困扰着普通民众，人们也将这种不满转移到对房地产开发商的职业声望评价上。可见职业声望对金钱和权力起着平衡和纠偏的作用，声望评价是一种特殊形式的社会舆论。[①]

此外，对于职业声望的调查结果，还可以进一步做出与被访者基本情况的相关分析。下面就介绍一下，2009 年职业声望调查结果与被访者分组的相关性。

据 2009 年调查的样本，分别从受访者的性别、年龄、教育程度、职业群体四部分考察职业声望评价的相关性（采用 spearman 相关系数），做出以下四点分析。

第一，性别与职业声望评价的相关性。

从此次调查所得数据中可以得出，男女两性关于职业声望的评价相关系数高达 0.984，这比 1997 年的数据还略有上升，在与其他的研究者所得数据的相关性比较看来，也比较一致，李春玲的“当代中国社会结构变迁研究”课题组在 2001 年得出的关于男女两性的职业声望评价为 0.995，[②] 国内外类似研究中，男女两性对职业声望的态度一直保持着极高的相似性。

第二，年龄与职业声望评价的相关性。

笔者根据 2009 年调查样本情况，将受访者年龄分为 30 岁以下，31—50 岁，51—70 岁三组，三组的相关系数与 1997 年的对比如下（括号中为 1997 年不同年龄组的相关数据）：

表 9–10　各年龄组职业声望评价相关系数

	30 岁以下	31—50 岁	51—70 岁
14—30 岁	1.000 0		
31—50 岁	0.984 8（0.965）	1.000 0	
51—70 岁	0.929 5（0.929）	0.931 3（0.942）	1.000 0

① 李强：《转型时期冲突性的职业声望评价》，载《社会学研究》2000 年第 4 期。

② 李春玲：《当代中国社会的声望分层》，载《社会学研究》2005 年第 2 期。

从上表可以看出，不同年龄组的受访者对于职业声望的评价仍然保持高度相关，并且与1997年研究结论相同的是，年龄差距越大的年龄组，在职业声望的评价上差异也越大。青年组与中年组的相关系数明显高于青年组和老年组、中年组和老年组。这也反映出老年人与中青年的评价标准和态度上的差异。笔者还发现，老年组评价比较高的多是一些传统职业、农业从业人员以及体力工人，如老年组在对检察官、编辑、作家、种田农民、矿工、环卫工人、炼钢工人的评价得分上明显高于其他两个年龄组，这与他们生存的时代背景有着明显的关系。改革开放以前的中国，工农业从业者享有很高的政治地位，能够当工人从事工业生产是一种“光荣”，这些时代特征明显给老年组留下了深刻的价值烙印。因此他们在对工农职业的评价中给分很高。与此同时，青年组则对一些新兴职业、时尚类职业评价较高，如青年组在对外企雇员的评价中就明显高于其他两个年龄组，反映出转型背景下的非公有制经济的发展得到了青年组更多的认可。流行歌手、时装模特等大众娱乐型职业，也更多地得到了年轻一代的认可。与国外的研究数据相比，我国现阶段不同年龄阶段的人对于不同职业的声望评价相关性要低一些，这也说明了我国不同年龄层次的人们价值取向存在一定差异，或者说，社会变迁中，代沟现象比较突出。

第三，教育程度与职业声望评价的相关性。

笔者在2009年调查中将不同教育程度的受访者分为七个群体，分别是不识字或识字很少的、小学及以下、初中、高中、大专、本科和研究生及以上。相关分析结果如下表（表9–11）：

表9–11　不同教育程度群体对职业声望评价的相关系数

	不识字或识字很少	小学及以下	初中	高中	大专	本科	研究生及以上
不识字或识字很少	1.000 0						

续表

	不识字或识字很少	小学及以下	初中	高中	大专	本科	研究生及以上
小学及以下	0.768 0	1.000 0					
初中	0.831 9	0.823 6	1.000 0				
高中	0.875 3	0.835 8	0.942 1	1.000 0			
大专	0.887 9	0.815 5	0.930 1	0.953 2	1.000 0		
本科	0.874 1	0.811 9	0.937 0	0.963 7	0.974 8	1.000 0	
研究生及以上	0.899 0	0.819 5	0.929 8	0.952 5	0.974 5	0.986 9	1.000 0

从上表可以看出，不同教育程度的人们对于职业声望的评价保持着较高的相关性，尤其是高中以上的不同群体对职业声望的评价相关性都保持在 0.95 以上，显示较高学历的人评价指标非常接近。值得注意的是，不识字的以及小学文化程度的受访者与其他 5 个群体之间的相关性明显偏低，显示不同文化程度的人们在职业声望的评价上存在差异，并且这种差异比 1997 年的调查更为拉大。

第四，不同职业群体对职业声望评价的相关分析。

在 2009 年调查中，笔者将受访者职业分为 10 类：高、中级管理人员，高、中级专业技术人员，一般科室职员，蓝领工人，个体户，商业服务业人员，学生，离退休人员，农民和家务劳动者。这 10 类职业的受访者对职业声望评价的相关系数如下：

从表 9–12 可以看出，不同职业群体对声望评价有较强的相关性，仅有家务劳动者在与其他职业群体的评价上相关性略低，约在 0.7 左右，而在 1997 年的调查中，与其他职业群体相关性较低的商业、服务业从业人员在 2009 年的调查中与其他群体的相关性提高到 0.9 以上。总体来看，不同职业群体职业声望评价的相关性较 10 年前的调查有了提高，然而与其他国家不同职业群体的相关性仍有一定差距。并且与李春玲在 2001 年的调查结果有一定的差异（不同社会阶层，除了白领阶层与自雇阶层的职业声望评价的相关系数都在

0.98以上）[①]，笔者的调查结果显示，当前社会上不同职业群体的职业声望评价仍然存在一定差异，与特雷曼的结构功能视角解释有差异，中国社会“冲突性”声望评价依然存在。

表9–12　不同职业群体对职业声望评价的相关系数

	高管	高专	职员	工人	个体	商业	学生	离退	农民	家务
高管	1.000 0									
高专	0.974 3	1.000 0								
职员	0.982 6	0.985 8	1.000 0							
工人	0.971 8	0.968 4	0.971 0	1.000 0						
个体	0.926 6	0.926 7	0.942 0	0.909 8	1.000 0					
商业	0.936 8	0.949 2	0.953 2	0.928 9	0.914 2	1.000 0				
学生	0.903 5	0.895 9	0.898 6	0.897 5	0.818 1	0.871 6	1.000 0			
离退	0.892 6	0.895 5	0.904 5	0.884 1	0.849 1	0.862 7	0.801 3	1.000 0		
农民	0.917 8	0.931 2	0.938 6	0.923 2	0.891 9	0.939 5	0.859 3	0.861 0	1.000 0	
家务	0.789 3	0.772 0	0.787 5	0.792 1	0.764 4	0.754 5	0.764 8	0.704 4	0.762 4	1.000 0

① 李春玲:《当代中国社会的声望分层》，载《社会学研究》2005年第2期。

第十章
从“倒丁字型”向“土字型”社会结构的变迁

第九章介绍了社会分层的测量方法，其中特别介绍了“国际社会经济职业地位指数”（ISEI）的测量方法。本章则具体展示怎样运用这种方法来测量中国人的社会地位。最全面地记录每一个中国人信息的最为权威的官方数据当属人口普查数据，所以，本章就将全国人口普查数据中的关于人们职业地位记录的数据，转化为“国际社会经济职业地位指数”。这样，我们就可以将中国人的社会地位用图形展示出来，这就是社会分层的社会结构图形。本章将深入分析社会结构或社会分层结构以及社会结构所造成的社会后果。

社会学社会分层研究，历来特别重视对于社会结构的分析，在发现了社会结构的图形以后，也常常采用类比的方法。比如，社会学家常说的“金字塔型”社会结构，就是指那种顶层呈尖端状，上层阶级、富有阶级人数很少，中间阶级[①]呈过渡状而下层阶级很大的社会结构。再如，我们说“橄榄型”或“纺锤型”社会结构，就是指中产阶级为主体，而上层阶级和下层阶级比例都较小的社会结构。

在本章中，笔者采用中国第五次（2000年）和第六次（2010年）人口普查的数据进行分析，结果发现，2000年第五次人口普查

① 本书所使用的中产阶级、中间阶级、中间阶层这些概念，其含义均为 middle class，是可以互相替换的。

数据展示的中国总体社会结构，是一个倒过来的“丁字型”的社会结构。也就是说，有一个巨大的处在很低的社会经济地位上的群体，该群体内部的分值是一致的，在形状上类似于倒过来的汉字“丁”字的一横，而“丁”字的一竖代表一个很长的直柱形群体，该直柱形群体是由一系列的处在不同社会经济地位上的阶层构成的。而将2010年第六次人口普查数据转换成“国际社会经济职业地位指数”以后，中国社会分层结构的图形与2000年比较，还是发生了很大的变化，总体上类似于汉字“土”字，也就是说，中间阶层有了明显的增长，10年前处在很低的社会经济地位的群体，有一部分人实现了社会地位的上升，进入了社会中间层，当然主要是进入了中间阶层的下层。正因为如此，本章的题目就叫作“从‘倒丁字型’向‘土字型’社会结构的变迁”。

本章将先介绍究竟怎样进行社会结构测量，然后分析两次测量结果究竟有什么不同，社会群体或阶层发生了什么样的变化，最后，分析这种社会结构与变化对于我们今天的社会生活意味着什么，或社会结构的社会后果是什么。

一、采用国际社会经济职业地位指数（ISEI）方法测量社会结构

社会学对于社会地位的剖析有很多种方法，主要分为定性的和定量的两大类。定性的分析，比如阶级分析的方法，马克思用所有权关系分析阶级现象，于是分成占有生产资料的和不占有生产资料的，资本家阶级与雇佣工人阶级两大阶级。如果用这种分析模式看，今天西方发达国家确实可以分为两个巨大的群体，一部分是拥有生产资料的雇主和绝大多数受雇的雇员（包括各种经理阶层）。但是，如果将社会经济地位很高的受雇的高级经理、律师、医生、教授，与社会经济地位较低的酒吧饭店服务员、收集垃圾的工人、街道清洁工等，都看成是同一个雇佣阶级，这样的分类对于社会现象、社

会问题，并没有什么解释力。为了克服上述缺陷，主张新马克思主义的学者赖特（Erik Olin Wright）试图发展马克思的观点，增加了两个新的分类变量，一个是组织资产，另一个是技术资产，于是从三个向度将西方社会分为12个阶级。赖特自称他的分类是马克思主义的，实际上他已经接受了韦伯的多元分层标准。定性分析的优点是能够解释总体的阶级关系，缺点是只解释了大的结构，而忽略了众多小的社会阶层。

对中国社会的分析，以往的研究中，比较多的是定性的研究，区分出了比较大的社会阶层。比如，传统上我们说当代中国社会是由工人阶级、农民阶级、知识分子与技术人员阶层、管理干部阶层，以及改革开放以后产生的私营企业主阶层、个体户阶层等构成的。笔者过去的《当代中国社会分层与流动》一书，就是用这样定性的框架分析当代中国社会的。[①]

另一种是定量的描述。定量的描述试图解释人们社会地位的细微差异，比如声望测量，可以根据人们对每一种职业的评分而确定职业地位的高低，本书上一章已经展示了对于职业声望地位的测量。声望测量的缺点是仅仅为一种主观的评价，而不是客观的标准。用客观标准测量的，上文也提到过，按照收入将人群分组，比如根据中国国家统计局农村住户抽样调查的数据，2007年我国农村居民户按照人均年纯收入分组的情况是：100元以下的占0.53%，100—200元0.09%，200—300元0.13%，300—400元0.19%，400—500元0.25%，500—600元0.34%，600—800元1.18%，800—1 000元1.65%，1 000—1 200元1.97%，1 200—1 300元1.18%，1 300—1 500元2.64%，1 500—1 700元3.16%，1 700—2 000元5.21%，2 000—2 500元9.73%，2 500—3 000元9.89%，3 000—3 500元9.17%，3 500—4 000元8.34%，4 000—4 500元7.40%，4 500—5 000元

① 李强：《当代中国社会分层与流动》，中国经济出版社，1993年版。

5.98%，5 000 元及以上 30.94%。[①] 按照上述分组，年人均纯收入低于 800 元的低收入户所占比例很小，仅为 2.71%。按收入分组的好处是可以了解各个收入组的收入水平与规模，对于中国农户不同家庭组的经济状况可以做些宏观分析。但是，这些收入组仅仅是一些统计意义上的分组，并不是具有真实社会互动和社会关系意义的群体。这样，仅仅做出收入分组还是难以反映农户真实的、综合的社会地位。

为了弥补单纯收入分组的不足，研究人员提出了“社会经济地位指数”的方法。该方法的提出可以追溯到加拿大学者布利深[②] 和美国学者邓肯[③]，该方法是根据各个职业群体的客观平均所受教育水平和平均收入水平加权打分，有时还考虑到了就业者的年龄因素甚至就业者家庭的财富、社会经济特征等。“社会经济地位指数”是综合人们的多种社会经济因素而排列的顺序和分值，是一种客观地位而不是主观地位，尽管该指数与职业主观声望测量的指数具有很强的相关关系。在将此类指标国际化的过程中，特雷曼做了很多努力，他将遍布世界各大洲的包括从发达社会直到传统不发达社会在内的 60 个国家的 85 套职业声望数据进行整合，提出了“国际标准职业声望量表”[④]。此后，特雷曼又与甘泽布姆和格拉夫一起提出了“国际社会经济职业地位指数”，即这里所使用的 ISEI 数值。[⑤] 特雷曼等人采用的是国际标准化职业分类体系，而且在形成该指数时，将教育和

---

① 国家统计局编:《2008 中国统计年鉴》，中国统计出版社，2008 年版，第 339 页。

② B. R. Blishen, “The construction and use of an occupational class scale”, *Canadian Journal of Economics and Political Science,* 1958, 24, pp.519–531.

③ O. D. Duncan, “A socio–economic index for all occupations”and Properties and characteristics of the socioeconomic index, in Occupations and Social Status (A. J. Reiss, Ed.), Frss Press, Glencoe, IL, pp.109–161 1961.

④ D. J. Treiman, *Occupational Prestige in Comparative Perspective*, Academic Press, New York, 1977.

⑤ Harry B. G. Ganzeboom, Paul M. De Graaf, and D. J. Treiman, “A standard international socio–economic index of occupational status”, *Social Science Research* 21, 1992, pp.1–50.

收入的指标也做到了国际标准化，从而解决了国别差异问题。

方法问题解决以后，主要就是数据的应用问题了。上面已经说过，笔者使用的是两次人口普查数据，人口普查原数据非常大，这里使用的是等距抽样数据，抽样数据能够代表人口结构是没有问题的。具体的抽样数据是2000年第五次全国人口普查“长表”数据的0.95%抽样数据和2010年第六次全国人口普查“长表”数据的1%抽样数据。分析的焦点是职业地位所反映的社会结构，因此，仅选取了其中16—64岁的有职业的人口，[①] 最终总的样本数分别为641 547人（2000年第五次人口普查）和683 291人（2010年第六次人口普查）。本书下文和后面章节中，凡提到依据第六次人口普查数据的，均是指此“长表”抽样数据中16—64岁有职业的人口。

本研究在将职业指标转换为ISEI值的时候，也尽量做到了对职业进行辨析和实现转换的准确。中国的职业分类，自1986年国家统计局和国家标准局发布了职业分类标准以来，已经过多次修改，修改的总的倾向是越来越接近国际标准职业分类。当然，由于国情的差异，在职业种类上还是会有一些差别的。国务院人口普查办公室颁布的2000年第五次人口普查职业分类和2010年第六次人口普查职业分类都有一些小的修正，为此，本研究也根据两次人口普查的情况有小的修正，但是大的框架与国际标准职业分类还是非常接近的。

那么，中国的职业分类与国际标准职业分类比较具体的差异是什么呢？主要有三个方面：第一，目前我国的职业分类与国际标准职业分类比较，还是显得粗糙一些，类别分得没有国际标准分类那样细致，这可能与中国的职业分化还在演变过程中有关。但是，这并没有影响分值的转换，只是将有些缺少细小的分类的职业归属到

---

① 如无特别说明，后文所有的社会结构分析都只是针对16—64岁、有职业的人口而言的。

了某些大组，这样在显示社会结构图形的时候线条不是那样平滑。第二，中国的管理人员类别有国家机关党群组织负责人，体现出中国政府有自己特色的管理组织体系，但通过细致鉴别分析，也可以归入适当和相应的管理人员类别。第三，少数职业地位认定有文化和国情的差异，比如，国际上与立法、法律相关的，以及与医生相关的职业地位很高，这些都根据中国的实际情况做出了小的调整，当然该类情况所涉及的人数很少。另外，对于个别不容易对应的职业，也都做出了认真的鉴别，根据该职业活动的具体内容，在分辨的基础上完成了对应的工作。①

总之，通过上述工作，终于完成了将中国的人口普查数据转换成“国际社会经济职业地位指数”（ISEI 值）的工作。转化成 ISEI 后，第五次人口普查和第六次人口普查的我国各个职业阶层的地位值分别参见如下表 10–1 和表 10–2。

表 10–1　2000 年中国 16—64 岁第五次人口普查人口 ISEI 值

ISEI 分值	人数	百分比	ISEI 分值	人数	百分比
19	1 744	0.3	30	30 004	4.7
20	6 655	1.0	31	9 520	1.5
22	1 151	0.2	32	4 443	0.7
23	405 659	63.2	33	7 645	1.2
24	5 322	0.8	34	10 948	1.7
25	1 428	0.2	35	2 530	0.4
26	951	0.1	36	6 955	1.1
27	3 114	0.5	37	26 089	4.1
28	4 579	0.7	38	11 578	1.8
29	18 739	2.9	39	3 456	0.5

① 在这些工作中，笔者当时的学生张海辉对第五次人口普查数据的甄别做了大量工作，笔者的博士生王昊对第六次人口普查数据的核对做了大量工作，在此特别致以谢意！

续表

ISEI 分值	人数	百分比	ISEI 分值	人数	百分比
40	2 759	0.4	61	2 563	0.4
41	2 589	0.4	64	261	0.0
42	131	0.0	65	631	0.1
43	9 959	1.6	66	7 178	1.1
44	754	0.1	67	105	0.0
45	7 817	1.2	68	7 387	1.2
46	445	0.1	69	13 786	2.1
47	3 245	0.5	70	95	0.0
50	3 064	0.5	71	72	0.0
51	4 551	0.7	73	963	0.2
52	1 036	0.2	74	478	0.1
53	776	0.1	77	2 343	0.4
54	1 414	0.2	78	17	0.0
55	212	0.0	79	45	0.0
56	74	0.0	82	143	0.0
57	91	0.0	83	177	0.0
58	320	0.0	85	481	0.1
59	34	0.0	88	2 804	0.4
60	19	0.0	90	218	0.0
			合计	641 547	100.0

表 10-2 2010 年中国 16—64 岁第六次人口普查人口 ISEI 值

ISEI 分值	人数	百分比	ISEI 分值	人数	百分比
19	321	0.05	25	2 185	0.32
20	9 625	1.41	26	2 038	0.30
21	1 014	0.15	27	2 529	0.37
22	1 825	0.27	28	5 018	0.73
23	317 669	46.49	29	11 669	1.71
24	11 409	1.67	30	42 054	6.15

续表

ISEI 分值	人数	百分比	ISEI 分值	人数	百分比
31	24 285	3.55	58	2 700	0.40
32	14 807	2.17	60	161	0.02
33	7 886	1.15	61	49	0.01
34	20 822	3.05	64	1 152	0.17
35	3 785	0.55	65	715	0.10
36	4 649	0.68	66	5 313	0.78
38	12 260	1.79	67	562	0.08
39	5 527	0.81	68	1 185	0.17
40	12 119	1.77	69	7 062	1.03
41	3 836	0.56	70	1 210	0.18
42	178	0.03	71	26	0.00
43	65 783	9.63	72	8 045	1.18
45	25 366	3.71	73	2 158	0.32
46	1 389	0.20	74	151	0.02
48	342	0.05	75	11 429	1.67
49	3 691	0.54	77	1 671	0.24
50	4 285	0.63	78	611	0.09
51	7 750	1.13	80	580	0.08
52	2 074	0.30	81	43	0.01
53	1 319	0.19	82	2 181	0.32
54	2 901	0.42	85	508	0.07
55	900	0.13	88	246	0.04
56	120	0.02	90	896	0.13
57	1 207	0.18	合计	683 291	100.0

上面的两个表格让人看起来有些眼花缭乱，实际上，这就是人口普查抽样数据显示出的我国处在 ISEI 不同地位分值上的社会各个职业群体的人数、比例分布情况。人数比例较高的群体，有以下六种，在此专门解释一下。

第一，23 分值群体在两次普查中都是比例最高的，组成该分值的职业群体基本上是农民，包括从事大田、棚架等农作物种植的人员、农副产品加工人员和其他种植养殖业从业人员、畜牧业生产人员、家畜家禽从业人员等，以及少数以收垃圾为生者、清洁工等。其中的主体是从事大田劳动的农民，也就是中国传统意义上的农民。有的读者可能会问，为什么农民的分值这样低呀？ISEI 分值的确定是有很多的研究为基础的，在现代工业社会中，只有成规模的产业经营才能创造效益，如果仅仅是很少的田地、依靠体力劳动种田为生的农民，无论是看经济条件还是看教育条件等，都是地位比较低下的。在我国，实际情况也是如此，虽然不排除在一些大城市周边，有些农民依靠出租房屋等获得了较高的经济收益，但是，凡是富裕起来的农民肯定是有了其他的经济活动或经济来源，即不再是体力劳动的大田农民，不再是传统的仅仅依靠种田为生的农民。传统的仅仅依靠种田为生的农民，如果没有其他经济来源的话，仍然是我国经济收入最低的社会群体。

第二，29—31 分值群体多为建筑工人、土石方施工工人、混凝土加工工人、架子工、地质勘察工人、煤矿冶金矿物开采工人、建筑材料加工工人、金属加工工人、装运搬运工人、人力车工、外卖运送工、运输工、伐木工人、屠宰场和肉类加工工人、皮毛生产加工工人、制鞋业工人、手工业工人等。这类人多是由农民转化而来的农民工、乡镇企业工人，他们的实际社会地位和实际生活水平与农民比较接近。

第三，33—38 分值群体人数稍多一些，主要由公路、道路、铁路、水上运输人员和其他运输服务人员、商业服务业普通营业人员、餐饮业服务人员、机电产品电子产品装备人员和装配人员、机械动力设备装配人员、机械设备修理人员、电子元器件与设备制造装配人员、仪器仪表修理人员、工艺品制作人员、乐器制作人员、生活生产电力设备安装操作修理人员、化工业的半技术人员、加工业的半技术人员等。这个阶层介于中产阶级与蓝领层之间，可以称作蓝领上层，也可以称作白领下层，或称作过渡层。

以下各组的比例就更小了，相比较而言，还有下面各组值得一提。

第四，43—45分值群体主要是商业服务业人员，如推销展销购销人员、普通行政业务人员、办公室普通职员、企业普通职员等，以及小学教师、幼儿教师、护士。是典型的白领群体。

第五，68—69分值群体主要是生产、销售、服务的各类企业的经理负责人，科技专业人员，规划设计人员，电子、电力、广播、电影、电视、交通的工程技术人员，中学教师和各类中专、中级、中等职业教育人员，行政管理方面的专业技术人员等。

第六，在最高分值的组里，85—90分值群体在2000年第五次人口普查中占全部就业者的0.5%，2010年第六次人口普查中占0.24%，主要是：银行、金融、证券企业的经理负责人，医生、教授、律师等高级专业技术人员，国家机关党群组织负责人等，法官、检察官等高层司法人员等。在全体就业者中，是很小的社会群体。

为了更为直观地看到社会分层结构，此处特将两次数据做成社会结构图形，见下面图10-1和图10-2。

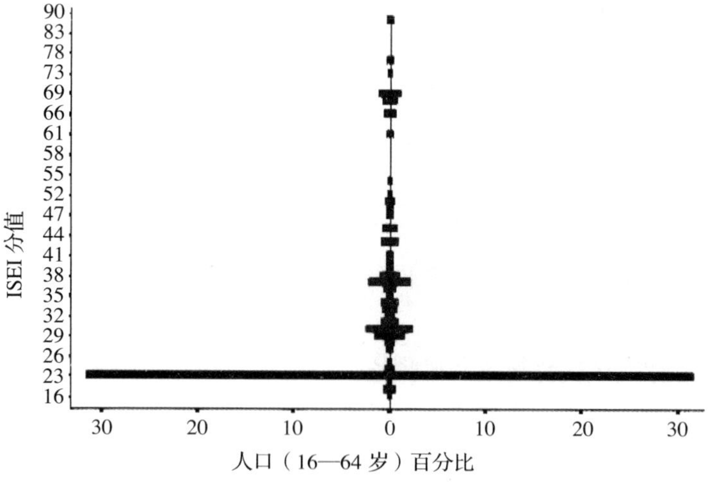

图10-1　2000年第五次人口普查数据ISEI值百分比显示社会结构

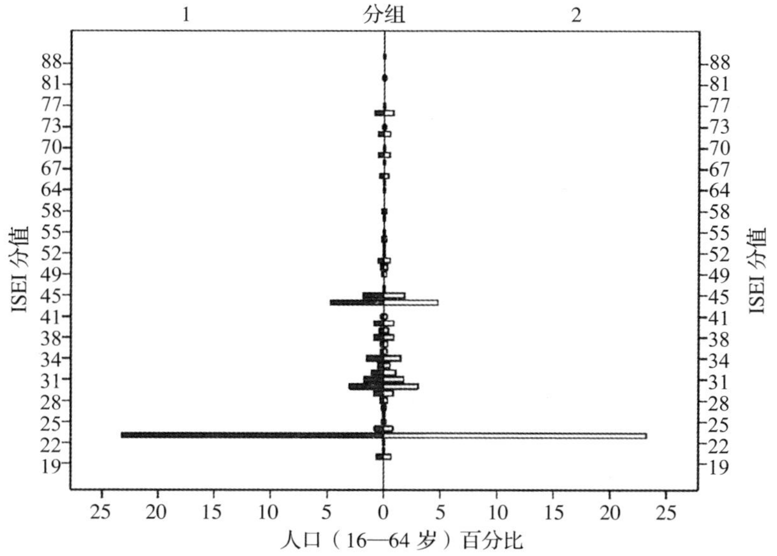

图 10-2　2010 年第六次人口普查数据 ISEI 值百分比显示社会结构

对比 2000 年和 2010 年的两个社会结构图形，可以清楚地看到，2000 年是典型的“倒丁字型”社会结构。而 2010 年的社会结构，显然有所变化，笔者称之为“土字型”社会结构。下面就具体分析一下，在 10 年的时间里，我国社会各个群体究竟发生了什么样的变化？由此导致整个社会结构图形的变化。

二、剖析从“倒丁字型”到“土字型”：中国四大群体所发生的变化

从社会结构的总体形状看，是“倒丁字型”向“土字型”的变化，这种变化所蕴含的意思是说，社会底层群体比例有所缩小，底层的一部分人明显上升了，进入了中间层或中间偏下的阶层。为了简明扼要阐释这种变化，下面，笔者分析一下四个大的阶层或四个大的社会群体所发生的变化。

1. 农民群体的变化

这部分主要是农民、农业从业人口、农业户籍人口、外出打工群体以及农村所发生的变化。用 ISEI 测量，23 分值群体是典型的传统农业劳动者，2010 年占比例 46.49%，与 2000 年的 63.20% 相比，2010 年第六次人口普查减少了 16.71%，10 年就发生了如此大的变化，这是一种巨大的社会进步，由此可以预测到第七次人口普查的时候，还会发生同一方向的巨大的社会结构变迁。此种变迁体现了工业化、城镇化的一般趋势，根据社会学的现代化指标，如果农业劳动力占总劳动力的比例低于 30%，则意味着社会结构实现了现代化。

如果具体分析我国农民人数大幅减少的原因，可以发现主要有三种情况：

第一种是"农转非"，起因于城市发展向农村扩张，该农村土地被征用，转为城镇建设用地，于是，农民转为市民。清华大学城镇化调研证明，在城乡接合区和乡中心区，分别有 21.3% 和 18.1% 的家庭有过承包的土地被征用的情况。该调查还显示，以前承包过土地，而现在不再承包土地的家庭，29.6% 是因为土地被征用了。当然，这里面还有极为复杂的情况，譬如，同一个村庄一部分农民转户籍了，而另一部分没有转，或者同一个家庭有的成员转户籍了，有的则没有转。

第二种是农民外出打工，这部分以青壮年劳动力为主。外出打工农民的情况更为复杂，一方面，循环流动的现象依然存在，即一部分中年以上的打工农民，外出之后又返回家乡；另一方面，年轻农民返乡的可能性明显降低，根据笔者组织的清华大学城镇调查数据表明，1990 年及以后出生的农民工愿意回乡务农的比例仅为 3.8%，1980—1989 年出生的农民工愿意回乡务农的比例为 7.3%。所以，相当比例的离开土地的农民、农民工，已经没有返乡务农的可能性。也就是说，第六次人口普查数据显示的"大田农民"的比例下降是真实的，是不可逆转的。

第三种是就地城镇化。调研发现，中国即使是留在农村没有外出的农民，也有很高比例不从事农业生产劳动了。这部分农民既没有转变户籍身份，也没有到城里打工，因而也不是城市流动人口或城镇常住人口。但是，他们早已不从事农业劳动，住房形态也发生根本变化，“农民上楼”已经成为普遍现象。这些村庄以及村庄周边非农产业十分发达，多数农民从事了工商业、服务业劳动。这些村庄本身，虽然还被视为农村，农民户籍也是农业户籍，但是，从村庄发展的整体形态上看，已经与城镇没有差异。这方面有很多成功案例，最著名的如江苏的华西村、河南的刘庄、北京的韩村河和蔡家洼、吉林的建华村等。当然，这些农村之所以在就地城镇化方面比较成功，往往是因为具备较好的周边环境条件以及有杰出的村庄带头人、乡村精英等条件。

此外，还有多种原因转入城市户籍的，比如上大学进城，也不排除有少数富裕起来的农民在城镇买房，为使孩子受到更好教育或老人享受更好的医疗而转入城镇的。清华数据显示，我国农业户籍的人口中，已经在城镇购买了住房的比例为21.6%。

2. 体力工人群体所发生的变化

这个群体主要是指工业、制造业体力劳动群体，ISEI分值集中在29—32分值群体，2010年占比例13.58%，2000年为9.8%，上升了3.78%。

这个群体属于最为典型的体力劳动工人群体，是生产一线的直接操作工人。我国是制造业大国，体力工人为我国的基础工业、制造业做出了极大贡献。笔者曾证明，我国经济发展最快的省份，同时也是体力工人比例最高的省份。体力工人工种分布（以下按职业细类列举），包括砌筑工、架子工、钢筋加工工、漆器制作工、搪瓷制品工、石英玻璃制品工、建筑保温吸音材料生产工、建筑密封材料生产工、墙体屋面材料生产工、水泥及水泥制品工、建筑材料加工人员、人造板生产工、烟草制品工、卷烟生产工、粮油食品饮料生产加工人员、肉蛋食品加工人员、糖制品加工人员、盐业生产人员、乳品冷食罐头制作人员、纤维预处理人员、纺纱人员、织造人员、橡胶塑料制品生产人员、防化材料制作人员、火工品制作人员、引信加工制作人员、机电产品装配人员、机械制造加工人员、炼钢人员、炼铁人员、其他金属冶炼轧制人员、地质勘查人员、矿物开采人员、矿物处理人员、水产品加工人员、农副林特产品加工人员、工程设备安装工、供水供热服务人员、物业服务人员、中餐烹饪人员、餐饮服务人员等。目前，一线工人主要是来自外出打工的农民，农民在农村擅长体力劳动，在工业场所很快就适应了工业体力劳动操作，成为我国体力工人的主力军。

从职业地位看，体力劳动、直接操作型工人，归属蓝领群体，确实不属于中产阶层。但是，在世界各国的就业群体中都是最重要的劳动群体，即使在完成现代化转型的经济发达国家，一般占到全体劳动者的10%—20%。所以，在我国未来社会结构中，该群体仍然会占有重要地位，仍然是推动中国经济社会发展的最重要的群体。对于蓝领工人，我们同样要尊重他们的社会地位。其中的绝大多数目前被称为“农民工”，这种称谓有问题，他们是最为典型的产业工人、是工人阶级中最为基本的群体。体力劳动工人的工作特点是劳动强度大、劳动艰苦、劳动危险性大、劳动环境差，而目前待遇较低，所以，应该提高该群体的劳动工资、增加其经济收入。从国际比较角度看，在完成现代化转型的国家，这个阶层的收入不亚于普通中产阶级的收入，而且由于社会组织力量强大，他们的收入甚至会高于一般中产阶级的收入。提高体力工人收入对于我国实现现代化转型、实现社会公平正义均有重大意义。

该群体在我国未来的几十年里，还会占据比较稳定的比例。从数据分析看，第五次人口普查到第六次人口普查，这个群体人数上升了3.78%，但随着后工业社会的来临，该群体会由于产业转型而有所减少。所以，预计未来不会有太大变化，会保持稳定。

3. 技术工人群体所发生的变化

在 ISEI 中，技术工人主要是集中在 33—40 分值群体。非常令人吃惊的是，我国技术工人在劳动者中所占比例不升反降！ 2010 年为 9.8%，而 2000 年为 11.2%，2010 年反而下降了 1.4%。究竟是什么原因呢？

让我们先看看，这个群体的职业构成状况（以下也按职业细类列举），包括公路、道路运输服务人员、铁路客货运输服务人员、水上运输服务人员、商业服务业普通营业人员、餐饮业服务人员、机电产品电子产品装备人员和装配人员、机械设备装配人员、机械设备修理人员、船舶制作人员、航空运输服务人员、磨料磨具制造加工人员、玩具制作人员、电子元器件与设备制造装配人员、仪器仪表修理人员、乐器制作人员、体育用品制作人员、文教用品制作人员、工艺美术品制作人员、印章刻字人员、生活生产电力设备安装操作修理人员、化工业的半技术人员、加工业的半技术人员、旅游及公共游览场服务员等。这个阶层的位置介于中产阶层与蓝领层之间，可以称作白领下层，或蓝领上层。学术上也称为白领边缘层或白领过渡层。

技术工人群体比例没有增加，反而下降的现状，值得深思。技术工人属于中产过渡层，是中产阶层形成的重要来源。与前面所讲到的体力工人比较，最明显的差异是技术工人占有技术技能，体力工人也可以通过提升技术而进入中产阶层。笔者曾提出，我国技术认证的体制上的障碍，阻碍了广大有技术的农民工社会地位的上升途径。此次第五、第六次人口普查数据的比较，再次印证了技术工人地位上升受到阻碍的论断。

目前的相关矛盾比较尖锐，一方面，我国技术工人队伍严重短缺，就业市场上对于技术工人的需求十分强烈；另一方面，社会上对于技术工人没有给予尊重，技术认证、地位认证、地位准入、职业培训等均存在严重轻视，甚至歧视。怎样解决呢？参见本书第十六章和第十七章。

4. 其他白领群体所发生的变化

这里有必要阐释一下白领群体与中产阶层的关系。在社会学研究中，白领阶层与中产阶层几乎是同义语，很大程度上，与白领阶层较早研究者米尔斯的研究有关[①]。后来的职业社会学研究者，以及国际劳工组织等，也都使用白领概念。白领职业通常指四个职业群体：管理者群体、专业技术群体、经营销售人员群体和普通办公室职员群体。其中两个群体，管理人员、专业人员，往往有较高学历，来自大学生的比例较高，但此次 ISEI 测量显示，我国这两个群体变化微小。2010 年第六次人口普查数据显示，白领群体中增长最为迅速的是经营销售群体和普通办公室人员，10 年来，发生了极大的变化。仅 ISEI 的 43—45 分值群体就增加了 10.44%，即 2010 年占比例 13.34%，而 2000 年仅为 2.9%，其增速惊人！这是中国中产阶层变化最大的群体，该群体主要从事哪些工作呢？包括（按职业细类）采购人员、营业人员、推销展销人员、商品监督和市场管理人员、其他购销人员、各类销售人员、普通行政业务人员、其他行政办公人员、治安保卫人员、消防人员、医疗卫生辅助服务人员、普通行政业务员、幼儿教师、裁剪缝纫人员、环境监测人员等，多属于白领中下层。

第六次人口普查数据显示，这个群体的 58.2% 是农村户籍，即出身于农民家庭。农民或农民工，通过奋斗积累了小资本，从事小本经营，或者受雇于经营者。所以，该群体为农民地位上升开创了新渠道。该群体受教育程度不很高，从全国情况看，高中及以下受教育的占全部经营者群体的 83.1%。所以，这个群体进入中产的主渠道不是教育渠道。该群体的开放性最强，接纳了社会的各个阶层。

---

① C. 赖特 · 米尔斯：《白领——美国的中产阶级》，杨小东等译，杭州，浙江人民出版社，1987 年版。

从实践上看，很多受到户籍阻碍或难以通过教育渠道上升的人群，都希望通过做小买卖或经商运营改变社会地位。这也是今天在中国城镇中颇具奋斗意识、努力打拼、希冀向上流动的群体，是中国经济社会活力最重要的来源之一。然而，目前大城市的社会管理和户籍政策往往忽略了这些人，这是非常不应该的。

我们知道，科学的社会理论应该能够经得起社会实践的验证。上面笔者所提出的两个不同历史节点的两种不同社会结构，“倒丁字型”社会结构与“土字型”社会结构的观点，是否真的反映了我国的实际情况呢？两种社会结构造成什么样的社会后果？社会结构从“倒丁字型”到“土字型”的变化说明了什么？此种变化是否反映未来中国社会结构现代化变迁的趋势呢？这些正是本章下面要回答的问题。

三、从“倒丁字型”向“土字型”社会结构变迁意味着什么？

我们知道，在多数情况下，社会结构变迁是一个很缓慢的过程，从目前完成社会结构转型的经济发达国家的历史看，它们大多是用了上百年甚至数百年的时间才完成了社会结构的转型。对比起来，我国经历的是一种后发、赶超型现代化转型，这样，我们社会结构的变化速度是短期内处于高速演进的状态。而从“倒丁字型”到“土字型”的变化，就显示了这样一种高速演进的现象。

1. 从“倒丁字型”到“土字型”是一种比较明显的社会进步

笔者以为，“倒丁字型”社会结构的核心含义有两条：一是底层巨大，二是城乡分野、城乡分化十分严重，从这两条看，“土字型”社会结构的呈现，无疑是比较明显的社会结构的进步和优化。

2000年以来的社会结构变迁的速度确实惊人！根据国家统计局数据，我国常住人口城镇化率2000年仅为36.22%，到2016年初就达到了56.10%。笔者过去在分析“倒丁字型”社会结构的弊端时曾经反省我国当时的户籍制度，认为该制度曾经一度人为地压制了我国社会结构的变迁，现特列如下：

2000年以前，户籍制约下的中国“城市化”的严重滞后，是导致城乡差距日益扩大的重要原因。我们知道，在世界各国，现代化、工业化、产业化的发展，始终是与城市化的发展并行的。那么，工业化、产业化与城市化的发展是否有一定的比例关系呢？回答是肯定的。塞缪尔·普雷斯顿（Samuel Preston）对1950—1970年世界上绝大多数国家（不包括中国）工业化与城市化关系进行了考察，在收集了大量数据的基础上，他发现，其比例关系大约是1∶2，[①] 即，工业劳动力占全体劳动力的比例每增长1%，城市人口占总人口的比例会增长2%。以此为参照，我们看看中国2000年以前的情况，就会发现严重的城市化发展滞后的问题。试以1978—2000年中国的数据为例，1978年中国工业劳动者占全体劳动者的比例为26.2%，城镇人口比例为17.92%。到2000年，工业（非农业）劳动者占全体劳动者的比例低的估计为50%，高的估计为60%，此处取中间数（55%）。这样，2000年中国工业劳动者占全体劳动者的比例比1978年上升了28.2%，按照上述塞缪尔·普雷斯顿所发现的1∶2的比例，相应的城市人口本应上升到56.4%。如前所述，2000年我国城镇常住人口比例仅为36.22%，与1978年比，仅上升了18.3%，也就是说，我国的城市化发展速度仅为国际一般规律测算的城市发展速度的三分之一。

而在21世纪的初叶，中国城镇常住人口增长的加速，如上所述，到2016年初已经达到了56.10%的水平，在一定程度上，是对上文所说的“户籍制约下城市化严重滞后”的一种补充型加速。这种加速，显然是导致“倒丁字型”社会结构变为“土字型”社会结

① Samuel H. Preston, “Urban Growth in Developing Countries: A Demographic Reappraisal”, in *The Urbanization of the Third World.* Edited by Josef Gugler, Oxford: Oxford University Press, 1988, pp.24–25.

构的一种重要力量。

从现代化理论角度看，工业化、产业化导致人们生产方式的变迁，城镇化、城市化导致人们生活方式居住方式的变迁。工业化、产业化与城市化两大变迁与社会地位变迁有关系吗？两大变迁是怎样导致社会地位变迁的呢？

首先我们看看，工业化、产业化是怎样导致社会地位变迁的。在上述的 ISEI 定值的时候，对于典型的传统农业劳动者、从事大田劳动的传统农民，计值确实是非常低的，这样的计值合理吗？在各国社会学界关于社会地位的研究中，大田体力劳动农民地位低下是普遍现象。不仅如此，与城市和工业产业相比较，传统农村和传统农业的劣势也十分明显。农产品生产周期长，容易受到自然灾害的侵袭，量大值低、不容易保存，需求弹性小、利润低，风险较大。① 所以，世界各国都采取一定措施保护农业。当农业人口降低到较低的比例时，需要采取辅助政策，然而，如我国这样，城市人口比例不高、农业人口巨大，则补贴的人均量必然较小，只能是杯水车薪。总之，农业本身的劣势使得生活于农村的人口处于不利的地位上。在我国的整体社会结构中，农业人口、农民在相比较的意义上一般属于社会的低收入群体。所以，农业人口向工业产业人口转移是实现地位上升的一种社会结构变迁，也显然是符合社会进步的历史趋势的。在此特别要注意，产业化是指用集约化、标准化、市场化的现代经济经营方式来运营生产销售活动。这样说来，农产品的经营也可以现代化，也可以摆脱传统农民、农业的劳动方式，这就是现代农业产业经营，由此也可以提高劳动者的社会地位。当然，现代农业产业集约化程度非常高，劳动者人数大大减少。所以，其结果也是传统农民人数大大下降。这一过程当然会伴随着城镇化、城市化的发展。下面图 10-3 和图 10-4 显示了 2010—2030 年，我国城镇

① 赵满华主编:《中国城乡收入差距研究》，经济管理出版社，1997 年版，第 121 页。

劳动力上升的预期趋势和农村劳动力下降。

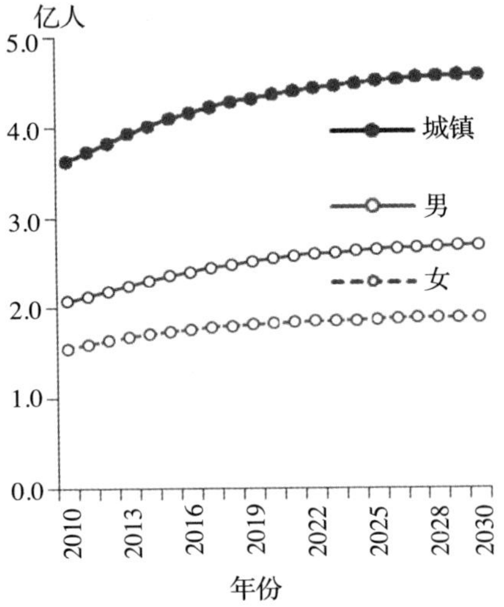

图 10-3 2010—2030 年我国城镇劳动力变迁趋势

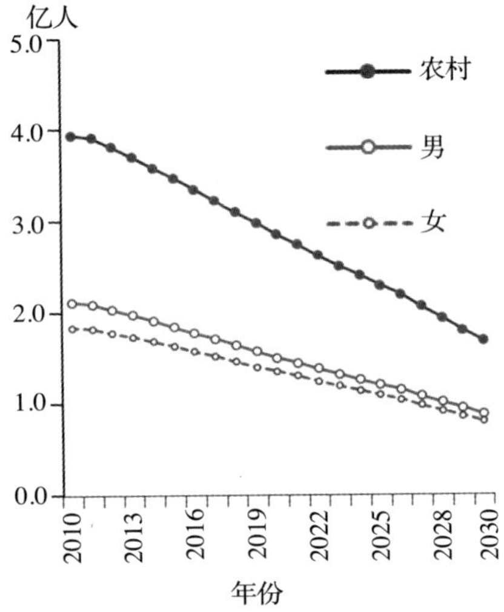

图 10-4 2010—2030 年我国农村劳动力变迁趋势

而图 10-3 和图 10-4 展示的城乡劳动力变迁，也就是我们说的城镇化进程。可以预计，在未来的 10 余年里，中国的城镇化、城市化会有较快的进展，而且这种城镇化、城市化不仅仅是常住人口的城镇化，户籍人口、有着正式居住地位、正式居住登记的人口的城镇化也会有很大的增长，换一种说法，就是农村转移人口“市民化”会有高速增长。我们知道，完成现代化转型的国家，城市化率都是非常高的，仅以世界银行 WDI（世界发展指标）数据库提供的 2010 年数据为例，美国 82.3%，英国 90.1%，法国 77.8%，德国 73.8%，澳大利亚 89.1%，韩国 81.9%。中国的现代化转型与城镇化、城市化也是不可阻挡的大趋势。当然，中国历来是农业大国，农村地域十分广阔，即使在完成现代化转型后，也会有一定比例的农业和农村人口。不少中国社会学家认为，到城镇化、城市化人口占 70% 的时候，就意味着中国城镇化、城市化转型的大体完成。

我们再来分析一下，城镇化、城市化究竟是怎样改变人们社会地位的，怎样实现人们社会地位上升的。人们到城市里来找工作，最初的动因显然是经济的，为了寻求更高的收入。上文已经分析了，人们在农村往往挣不到钱或者挣钱很困难。随着到城市里来工作，农民工发现城市生活更精彩，城市的文化、娱乐、教育、医疗、社会服务条件更优越。根据清华大学经济社会数据中心 2013 年全国抽样调查数据，85% 的城市农民工不愿意再回农村务农，而新生代农民工愿意回乡的比例就更低，1990 年及以后出生的农民工，只有 3.8% 的人愿意回乡务农。记得上海“世博会”提出的口号是：“城市，让生活更美好！”。所以，追求更为美好的城市生活是目前绝大多数农村户籍年轻人的合理意愿！在此意义上，中共十八大报告提出的“有序推进农业转移人口市民化”是有社会进步意义的，“市民化”也意味着农民群体进入城市以后，社会地位是上升的。当然，这里要注意，这里的“市民化”可不是某些地方出现的强迫农民放弃耕地、宅基地，不是简单地拆迁、让农民上楼，而是以人为本的城镇化或者叫作“人的城镇化”。

如果真正实现了以人为本的城镇化或人的城镇化，那么，农民群体变为“市民”以后，社会地位的上升就表现在以下四个方面。

其一，生产方式的转变。城镇化意味着人们进入现代产业就业体系中来，也就是说农民工进入一种现代的生产运作的体制、经营组织体制中来，即劳动者与现代产业运营方式相接轨。这就需要学习现代产业技能、现代产业组织管理知识。从职业地位测量的角度看，现代产业技能水平越高，劳动者在生产场所的位置越高，其职业地位也就越高。其二，生活方式的转变。农民工变为市民，也是他们进入和融入现代文明的生活方式的过程，包括获得现代化的交通条件、基础设施条件、高品质的文化娱乐、医疗卫生、体育休闲等生活服务。生活方式的转变当然意味着农民工生活水平的大大提升。其三，现代文明素质的养成和形成。城镇人口聚集，大城市更是巨型人口密集居住，因此，城市生活对每一个个体，提出了更高的素质要求。城市的公共秩序与和谐生活，需要市民具备公共意识、城市共同体意识、城市生活的基本素养，而这些素养是城市中产阶层必须具备的。市民化意味着转为市民的人群现代城市文明素质的提升，也意味着城市中产阶层文明素质的养成和形成。其四，市民化意味着在城镇化中要实现公平公正的社会权益。城乡分割的二元体制的突出问题是权益上的不公平、不公正。为此，城镇化就要建立和完善一整套包括权利公平、机会公平、规则公平的制度体制机制。人的城镇化的最终目标是，城乡居民都拥有平等的经济权利、社会权利、政治权利和发展权利。所以，以人为本的城镇化、城市化带来人们社会地位的上升是毋庸置疑的。

当然，在此我们也必须注意，不是任何一种城镇化都会带来人们社会地位的上升。笔者曾经批评过“被动城镇化”，指那些不尊重农民意愿，强行实施“村改居”、强行推进农民拆迁“上楼”，这样的城镇化完全无视农民的意愿和利益，这样的城镇化不仅不会带来农民地位的上升，而且使农民失去土地、失去生存依靠、没有新的就业为依托，反而会造成农民生活水平和生存地位的下降。

2. 不能忽视“土字型社会”的社会结构紧张问题

上文认为，中国社会结构的总体图形从“倒丁字型”转变为“土字型”是一种明显的社会进步，但是，也要看到，这种进步还是有限的，中国尚处于现代化转型的过程之中，还需要继续推进社会结构的优化。在过去分析“倒丁字型”社会结构的时候，笔者曾经用“社会结构紧张”解释中国的社会结构问题。即由于其下层群体过大，而且下层与其他群体之间属于一种两极式的（或直角式的）连接方式，因而导致社会群体之间以至整个社会处于一种“结构紧张”的状态。笔者借用了美国社会学家墨顿（Robert Merton）的“结构紧张”（structural strain）概念，笔者所阐释的是“阶级阶层失衡”的现象，而墨顿所说的是“心理失衡”现象，即社会文化所塑造的人们渴望成功的期望值，与社会结构所能提供的获得成功的手段之间产生的一种严重失衡的状态。与墨顿类似的，还有斯梅尔塞（Smelser Neil J.）的结构紧张观点[①]。而笔者所说的“社会结构紧张”，是指社会结构的不协调，使得社会群体之间的关系处在一种对立的、矛盾的或冲突的状态下，或者说，社会关系处于一种很强的张力之中。在这样一种状态之下，社会矛盾比较容易激化，社会问题和社会危机比较容易发生。

那么，在“土字型”社会结构的局面下，社会结构紧张的观点还有解释价值吗？笔者以为，回答是肯定的。“土字型”结构显示，社会确实有进步，但是，在整个社会结构中，下层群体巨大的现象还是十分明显。用ISEI值测量，将67分及以上作为上层，41—66分为中层，40分及以下为下层，那么，第六次人口普查全国城乡人口合计，上层为5.62%，中层为19.12%，下层为75.25%，所以，在全国的社会结构中，下层还是占了大多数。当然，将城市和农村简单地合并在一起计算也存在问题，因为，中国的城市和农村还是两

① Smelser Neil J., *Theory of Collective Behavior,* New York: Free Press, 1962.

种不同的社会环境，这也是下面第十一章研究的问题。这样，我们就将城市和农村分开来计算 ISEI 分值。而这里又有两种计算方法，一种是按照常住人口计算，即将居住在该地区 6 个月和 6 个月以上的人口统计为该地区人口，按照这样的统计，中国农村的 ISEI 值上层为 1.38%，中层为 7.23%，下层为 91.39%，这样中国农村下层的比例非常高，原因是“精英流出”，即有能力的、受过较好教育的、会挣钱的都跑到城市去了，农村往往成为老年、妇女和儿童的聚集地。按照常住人口统计，我国城市（指我国政府批准的 660 个城市）ISEI 值上层为 12.67%，中层为 38.44%，下层为 48.89%，中层超过 38% 的比例确实不算低，但是下层超过 48%，还是下层巨大。当然，这个城市的上中下层是包括了从农村到城市里来打工经商的常住人口的。如果不按常住人口计算，而纯粹按照户籍来计算，也就是将虽然常年在城市里打工，但户口仍然是农村户口的人计算为农村人口，那么，中国农村户籍的 ISEI 值上层为 1.95%，中层为 12.60%，下层为 85.45%，比上面按照常住人口计算的稍好一些。中国城镇户籍的 ISEI 值上层为 17.66%，中层为 40.47%，下层为 41.88%，也就是说，将城镇的外来人口刨除，仅算城镇户籍人口，这样中层与下层的比例是接近的。这说明，流入城镇的外来人口的大多数，在城镇里还是处在比较低下的位置。总之，不管是怎样一种计算方法，在区分了 ISEI 值的上中下阶层以后，都会发现，下层比例偏高是普遍现象。

所以，下层群体比例较高，仍然是社会结构紧张的最为重要的原因。笔者的友人孙立平教授曾经提出“社会断裂”的观点[①]，笔者通过社会结构的数据观察，发现在社会结构上倒还没有达到断裂的地步，而且“土字型”结构也说明，社会结构也还在向优化转变。相比之下，笔者的“社会结构紧张”，还是比较贴切中国社会实际的表述。

---

① 孙立平:《转型与断裂：改革以来中国社会结构的变迁》，清华大学出版社，2004 年版，第 71—136 页。

社会下层群体较大和结构紧张，仍可以用来理解和解释当今中国社会的种种社会矛盾和社会问题。人们对于贫富差距、收入分配不公的种种抱怨，就是反映了比例很高的下层群体的不满。当前，城市中产阶层出现了很大的对于食品安全的恐慌，一定程度上是因为，从事生产和加工食品的社会下层群体比例很高，教育水平很低的生产者或者是意识不到滥用各种生长素、添加剂的巨大危害，或者是牟利驱动使然，使得两个阶层之间缺少共同语言。社会下层群体人数巨大，参与生产但消费水平低，一定程度上也造成了生产的过剩和消费的不足，或者说，具有较强购买能力的城市中产阶层比例较低，而占据人口多数的下层群体又缺少购买能力。目前，中国社会运行的巨大难题就在于，社会结构分化造成的社会群体之间社会需求差异太大，社会交换难以进行，中产阶级体面生活所需要的基本设施，在人数众多的下层群体看来，都是奢侈的和可以利用来谋生的途径。总之，几乎所有的社会问题，包括秩序问题、治安问题、贫困问题、艾滋病问题、卖淫问题等，都可以从社会结构紧张上得到解释。

而且，“土字型”社会与社会结构紧张，在社会思潮、意识形态上也是有所表现的。当前，社会上某些极端思潮泛滥，价值观分裂导致的社会冲突屡见不鲜。譬如，笔者近来观察微信群，发现一些微信群群内成员在有关基本价值判断上发生分裂，导致在群里发生谩骂以至于最后退群现象。微信群本是熟人圈子的交流平台，熟人之间发生分裂，过去并不多见。但是在社会变革、社会快速转型期，原本是老乡、同学、战友的熟人圈子，后来多年不见，各自经历社会地位沉浮，经济利益产生分化，人们意识形态分裂的背后是经济利益的分裂，而经济利益的分裂背后有社会结构的原因。那么，本章阐释的是从“倒丁字型”向“土字型”的变迁，显示的是结构有所缓和的迹象，那么，为什么意识形态的分裂近来反而有所凸显呢？笔者以为，这一点并不奇怪，意识形态的显现有其相对独立性，有其特殊的运行规律。所以，在社会结构趋向缓和的局面下，意识形态趋向极端，这是我们今天应该积极处理的问题，应采取缓和社会矛盾、统筹社会力量、协调社会利益的做法。当然，无论“倒丁字型”还是“土字型”，都还是下层偏大的社会结构，社会结构的真正优化，“橄榄型”社会结构的出现，还需要长时间的努力。

3. 怎样推进我国社会结构优化，最终实现“橄榄型”社会结构?

通过以上分析，我们看到，尽管从“倒丁字型”社会结构到“土字型”社会结构，实现了很大的社会进步，但是，即使是“土字型”社会结构，我国社会也还没有能够摆脱“社会结构紧张”的状态。那么，究竟应该如何实现社会结构的转型呢？如果要想真正实现从“紧张型社会”进入“宽松型社会”，最根本的还是要完成社会结构的现代化转型。

对于中国社会结构的转型，学界已经有过很多论述，笔者认为，虽然社会结构的含义很广，但是核心问题还是要实现群体结构或阶级结构的转变。要实现社会结构的转型，首先，应该认清社会阶层结构的变化是在一定经济社会条件下发生的历史过程，很大程度上并不是单纯的人为因素就可以改变的，重大社会事件、社会政策变量可以影响社会结构的变化，但是，其影响往往是有限的。其次，社会结构的变化是一个长期的历史过程，很难期望在短期内完成。最后，新中国成立以来的诸多经验证明，如果完全不顾历史发展的进程，人为地干预社会结构的变化，反而会带来更为惨痛的教训。所以，优化社会结构，实现“橄榄型”社会，不是靠突击或运动可以完成的，而是要着重于培育以下条件。在此，笔者列出了七个条件：

第一，产业创新、产业升级。改革开放40年来，中国从传统农业社会变成了一个制造业的大国，但是很明显，目前产业偏低端的比较多，“土字型”社会结构中偏下层的群体占大多数。当然，实现产业转型，绝不是说要放弃农业，农业也需要走上现代产业化道路。我们需要的是现代农民，现代农民完全可以是一个有科学思维的、有高水平有机农业技能的技术人员，也可以是一个现代的农业经营管理人员，从这个角度来看，产业创新与产业升级并不只是指工业。实际上，它是用一种新型的方式来组织生产的新型生产结构。

第二，城镇化。未来的中国应该是一个完成城镇化转型的国家。什么样的城镇化水平叫作现代化？一般要计算城镇化率，也就是计算已经进入城市并且在城市稳定生活和工作的这部分人口在总人口中的比例。中国的城镇化率现在大约是 56%，但这个数据是把外来打工族计算在城镇里面了，如果不算外来打工族，城镇化率要低很多。即便将来达到了 56% 的真正城镇化率，与完成现代化转型的经济体比也还有一定的差距。因此，未来中国社会结构的转型，很重要的一个任务将是通过城镇化来完成的。前面的图 10–3 和图 10–4 显示了我国 2010 年到 2030 年城乡的劳动力人口变迁趋势，可以看到，在未来 10 余年间，城镇人口会持续上升，而农村人口会持续下降。当然，有一件事情我们不能忽略，就是“城乡一体化”和“城乡统筹”发展，全国很多地方都有成功的案例。

第三，农民工进入中等收入群体。在我国，农民工人数巨大，所以，农民工能否进入中等收入群体是中国能否进入“橄榄型”社会的非常重要的环节。“农民工能够进入中等收入群体吗？”它具有两重含义：其一，农民工收入水平怎样上升？农民工是靠劳动获得收入的，所以，这就涉及如何提高劳动报酬在社会分配中所占的比例问题，也涉及工资支付的保障制度的问题，因为我们常常发现拖欠农民工工资，这是个严峻的社会问题。其二，农民工的社会地位怎么上升？这个问题更为关键。其实，当我们称他们为“农民工”的时候，这里面有特殊的“社会地位”含义。他们明明从事的是与农业没有关系的劳动，从事的是工业产业劳动，为什么还要叫他们“农民工”呢？这里面有社会身份的含义，这是一种落后的身份制度的概念。笔者认为，应该为农民工创造通过技术晋升实现社会地位上升的渠道，本书第十七章专门分析了这种渠道。前不久，李克强总理在政府工作报告中特别强调“精益求精的工匠精神”。工匠是一种社会阶层，因其特殊的技能、技艺、手艺而占有受人尊重的社会地位。工匠也常被称作是“技术工人”，在中华人民共和国的历史上，技术工人的地位曾经是很高的。农民工是今日中国“工业体系”中最大的就业群体，所以，如果农民工能够进入“中等收入层”或“中间阶层”，那会是今日中国社会结构意义最为重大的变迁。

第四，收入分配的调整。从整个体制上看，一个社会要构建“橄榄型”社会结构就必须建立起一套与之相匹配的收入分配制度。我们知道，改革开放40年，我国城乡居民家庭人均收入的基尼系数有了比较大的上升，近两三年来，情况略有好转，基尼系数有小幅下降。但总的来说，目前我国城乡居民家庭人均收入的基尼系数还处在高位，大约是0.5的水平，在国际上也是差异度比较大的。多数“橄榄型”社会结构的国家或地区，基尼系数都是低于0.4的水平，所以，通过各种体制建设调节收入分配，还有很多工作要做。

第五，社会保障制度的建设。观察那些已经完成了现代化转型的经济发达体，它们都建立了覆盖面比较广的社会福利、社会保障制度。这样使得社会上属于弱势群体的那些人有了制度的托底，不至于贫困潦倒，也使得处于中产阶层“边缘层”的或中产与下层之间的“过渡层”的社会群体，不至于在经济不稳定的情况下或在遇到诸种困难的情况下，就一下子落入底层。当然，我们是拥有13.7亿人口的大国，在这样一个超巨型人口社会，建设广覆盖的社会福利、社会保障制度，推进就业、医疗、养老等社会保障制度的建设，在国际上还没有先例，所以，应充分考虑在我国建立广覆盖的保障体系的难度。

第六，教育。教育在社会阶层的“形塑”中，一直起着非常重要的作用，而高等教育是中产阶层的摇篮。近年来，我国高校发展速度非常快，高校毛入学率逐年攀升，根据教育部的数据，2014年高校毛入学率达37.5%，2015年高校毛入学率为40%，这样每年有350万至400万的原为农村户籍的大学生毕业，走上就业岗位。如果这样一种教育结构是常态的话，我们就能预测未来的社会结构，一定是大部分人都受过高等教育。所以，教育发展与“橄榄型”社会结构的关系是显而易见的。当然，我们也必须反思，一方面我们创造了一种新的年轻人的高等教育结构，另一方面，我们还没有能够构建一个完善的现代化职业结构来全面接受这些受过高等教育的大学生群体。职业结构和教育结构之间的密切关系在某种程度上被忽略了。目前，大学毕业生往往比较容易在大城市，尤其是特大城市找到与自己所学专业相对应的职业位置，但是，在中小城市却常常找不到相应的职位。也就是说，中小城市的职业结构与大学生毕业生的教育结构不接轨。所以，一方面要推进中小城市的产业转型、产业升级；另一方面，我们的教育结构也要适应现有的产业需求。对此，下一章会有进一步分析。

第七，市场为普通百姓提供了地位上升的机会。根据上文的研究数据，近十几年来，从事经营、销售、做各种各样生意的社会群体，很多都是来自农村，在市场中获得利益，进而实现职业地位上升。他们的 ISEI 分值在 41 分到 45 分之间，属于中产边缘层。在社会调查中，当我们询问农民工将来想做些什么事情时，通常得到的回答是“赚了钱后，将来想做个小买卖，搞营销、经营”。事实上，农民中确实有很大的一部分人通过经营实现了地位上升。这表明市场改革带来了巨大的社会进步，市场为每一个中国人提供了机会。所以，降低市场准入门槛的意义重大。当然，经营销售这部分人的社会地位还是非常脆弱的，他们属于中产边缘层或中产过渡层，社会地位还不十分稳定。所以，政策上应为他们创造更为稳定的生存环境。笔者特别赞同李克强总理近来在谈到城市经营者时所强调的，如果一个城市没有小的店铺和那些经营者，这个城市就是“死城”，批评有的人打着城市整洁的名义，其实扼杀了很多的商业机会。当然，商贩应该合法经营，但是商贩的经营确实是普通老百姓实现地位上升的最为普遍的一种途径。

那么，中国离“橄榄型”社会究竟还有多远呢？我们预测社会结构，通常要对比它的过去、看看历史上的数据，这样再画出延伸线，以预测未来。表 10–3 是中国四次人口普查数据的职业的分布

表 10–3 中国四次人口普查显示的职业分布百分比（%）

职业阶层	年份			
	1982	1990	2000	2010
各类管理人员	1.56	1.75	1.67	1.84
专业和技术人员	5.07	5.31	5.70	7.10
普通职员	1.30	1.74	3.10	4.45
商业销售和服务业人员	4.01	5.41	9.18	16.66
生产、运输等操作人员	15.99	15.16	15.83	23.27
农、林、牧、渔业从业人员	71.98	70.58	64.46	46.58
不便分类的其他从业人员	0.09	0.04	0.07	0.10

百分比。在职业分类上，社会学以及国际劳工组织通常将四个职业群体视为“白领群体”，即管理人员、专业人员和技术人员、普通办公室职员、商业销售人员。当然，我国商业销售人员的统计与国际上略有出入，我们也暂且忽略不计吧。这样，我国四次人口普查数据的白领群体所占百分比如下：1982 年第三次人口普查为 11.94%，1990 年第四次人口普查为 14.21%，2000 年第五次人口普查为 19.65%，2010 年第六次人口普查为 30.05%。我们可以预计，在未来几十年的时间里，我国白领群体人数会有很大的增长。而在社会学的研究中，白领阶层与中产阶层具有很强的共同属性，大体上是相互重合的。在未来 30 多年时间里，中国社会随着产业结构的调整、产业新体系的构建，可以预见会是一种后工业社会结构的呈现。中国社会将逐步走向“中等收入群体”为主体的社会，社会学界也称之为中产社会。当然，在这一进程中，上面所提到的七个条件也是不可或缺的。

第十一章
中国社会分层的“四个世界”

第十章分析了我国社会结构的现状及其变迁的趋势，提出了我国社会仍然没有摆脱“社会结构紧张”，仍然为这样一种“社会约束”所困扰。本章则是对社会结构和社会结构紧张的更进一步或更为具体的分析。本章认为，虽然“土字型”社会结构的出现表明我国社会分层结构有所进步，但是，处于下层的社会群体比例仍然较高。制约我国社会结构优化的关键在于，中国社会城市、农村、中小城市、超大城市“四个世界”，差异巨大，并有加强的趋势。

本章提出“政治经济社会区域体”的概念，认为我国城市与农村、大城市与小城市之间的差异，是一种综合的、政治经济社会区域体的差异，换言之，构成此种地区分层差异的因素极其复杂，既有政治因素，也有经济因素以及社会因素。所以，本章提出的“政治经济社会区域体”，超越了传统社会分层仅仅关注社会群体或社会阶级的视角，而是一种综合的社会体系，因此用了“四个世界”的说法。本章认为，正是这种“四个世界”的分化，使得我国社会分层结构内部存在巨大差异，现代化转型遇到阻碍，并潜伏着一系列新的社会问题。我国社会结构的这种分化导致资源分布高度不均衡，并导致社会不稳定。而改变此种分化局面，需要推进城镇化的均衡发展，改革资源分配体制，创新资源共享平台。

一、我国社会分层结构的“四个世界”

分析社会分层和社会结构的状况，学术界有多种维度，如：权力、收入、财富、文化资本等，不一而足。研究分层的学者通常认为，职业是决定和反映个人社会地位的一个非常好的综合性指标。在现代社会里，一个人的职业不仅直接决定其经济收入，也能反映其受教育的水平乃至享有的社会声望和地位。① 正是在这种考虑下，学者们提出了通过将“职业类型”与“社会经济地位指数”相关联的方法，以此来反映个人的社会地位。这种分析方法同时还考虑了个人的教育和收入情况，是非常好的测量指标，并得到了广泛的实践运用和验证。② 本书第九章已经介绍了“国际社会经济职业地位指数”（ISEI）的方法，故此处不赘述。

本章仍然沿用前面的ISEI方法，需要说明的是，“国际标准职业分类”及配套的“国际职业地位量表”③ 与我国通行的职业分类方法和实际的职业地位情况存在一定差异，不能简单套用。在过去的研究中，笔者便结合相关的学术研究以及我国职业分类和职业地位

---

① 在改革前的我国社会，个人的社会地位并不完全由职业决定，主要受到政治身份，特别是单位因素的影响。但随着改革的深化，单位壁垒的意义逐渐弱化，职业的社会经济地位含义凸显出来。参见边燕杰、李路路、李煜、郝大海：《结构壁垒、体制转型与地位资源含量》，载《中国社会科学》2006年第5期。

② Treiman D J. *Occupational prestige in comparative perspective,* New York: Academic Press, 1977; Ganzeboom H B G, De Graaf P M, Treiman D J. “A standard international socio-economic index of occupational status.”*Social science research*, 1992(1).

③ 具体可参见国际劳工组织网站：“国际标准职业分类ISCO-88”，http://www.ilo.org/public/english/bureau/stat/isco/isco88/major.htm。

的实际状况[1]，对该量表进行过一定修正。在本研究中，我们结合第六次人口普查的职业分类标准[2]，对职业量表再次进行了微调，以便科学地反映我国的社会状况。

对于第五次人口普查和第六次人口普查两次数据分析的结果，正如上一章所揭示的，社会结构的整体图形出现了从“倒丁字型”向“土字型”的变迁（参见第十章图 10–1 和图 10–2 以及表 10–1 和表 10–2）。对于社会结构整体图形的观察具有直观、简单、易于理解的特点，但是，这种观察还是比较肤浅的。如果更为深入地剖析，为什么社会的下层群体比例一直偏高？无论是社会的上层群体还是下层群体，都是生活在具体的政治、经济、社会条件下的，都是生活在具体的城市或农村、生活在具体的社区之中，这样我们就可以看到，表面上是一种数字的、整体图形的分化，实质上是一种与人们的日常生活不可分割的“政治经济社会区域体”的分化。

1.“政治经济社会区域体”的分化

城乡差异一直是分析我国社会结构分化的主要视角，学者们提出过“城乡二元结构”[3]、“新二元结构”[4] 等理论，这种视角主要受到

---

① 许欣欣:《从职业评价与择业取向看中国社会结构变迁》，载《社会学研究》2000 年第 3 期；许欣欣:《社会、市场、价值观：整体变迁的征兆——从职业评价与择业取向看中国社会结构变迁再研究》，载《社会学研究》2005 年第 4 期；李春玲:《当代中国社会的声望分层——职业声望与社会经济地位指数测量》，载《社会学研究》2005 年第 2 期。李强、刘海洋:《变迁中的职业声望——2009 年北京职业声望调查浅析》，《学术研究》2009 年第 12 期；折晓叶、陈婴婴:《中国农村“职业—身分”声望研究》，载《中国社会科学》1995 年第 6 期。

② 国务院第六次人口普查领导小组办公室:《职业分类与代码》，2010 年版。

③ 韩俊:《走出二元结构：农民工，城镇化与新农村建设》，中国发展出版社，2006 年版；陆学艺:《破除城乡二元结构，实现城乡经济社会一体化》，载《社会科学研究》2009 年第 4 期。

④ 孙立平:《城乡之间的“新二元结构”与农民工流动》，载李培林主编:《农民工——中国进城农民工的经济社会分析》，社会科学文献出版社，2003 年版，第 149—160 页。

发展经济学家刘易斯的影响[①]，重点关注的是城乡之间的结构性差异。随着我国城镇化的深入，有学者还进一步提出过“双重二元结构”，强调除了直接的城乡差异外，在城市里也形成本地户籍居民与外来人口的不平等二元结构。[②]笔者过去的研究提出，城乡差异是导致我国“倒丁字型”结构、两极型社会的核心问题。[③]我国近年来城镇化年均增速超过1%，城镇常住人口比例到2016年已超过56%。但第六次人口普查数据显示，非农业户籍人口比例仅为29.7%，两种“城镇化”指标差异巨大。可见城乡二元结构并没有得到根本改变，差异依然非常突出。

除了城乡之外，是否还有别的结构分化因素呢？传统的社会分层与结构研究，主要关注个人和家庭资源的回报情况。20世纪90年代以来，“第四代”的分层学者们主张应关注结构和制度因素的分化作用。[④]在我国的分层体系中，单位、行业、区域等集团性因素无疑起到了非常大的“结构壁垒”“资源垄断”和“机会阻隔”的作用。[⑤]这一视角启发我们应重视我国社会内在的区域、集团性划分。但从社会分层结构的研究角度看，已有的研究尚有不足。相关研究

---

① W. A. Lewis, “Economic Development with Unlimited Supply of Labor”, in *The Manchester School of Economic and Social Studies*, 1954 (22).

② 李强：《中国城市中的二元劳动力市场与底层精英问题》，载《清华社会学评论》（第1辑），鹭江出版社，2000年版；侯力：《从“城乡二元结构”到“城市二元结构”及其影响》，《人口学刊》2007年第2期；甘满堂：《城市农民工与转型期中国社会的三元结构》，载《福州大学学报：哲学社会科学版》2001年第4期。

③ 李强：《“丁字型”社会结构与“结构紧张”》，载《社会学研究》2005年第2期。

④ D. J. Treiman & H. B. Ganzeboom, “The fourth generation of comparative stratification research”, in *The International Handbook of Sociology* (eds.) by Stella R. Quah & Arnaud Saes. London: Sage, 2000, pp.122–150.

⑤ 王天夫、王丰：《中国城市收入分配中的集团因素：1986—1995》，载《社会学研究》2005年第3期；边燕杰、李路路、李煜、郝大海：《结构壁垒、体制转型与地位资源含量》，载《中国社会科学》2006年第5期；郝大海、李路路：《区域差异改革中的国家垄断与收入不平等》，《中国社会科学》2006年第2期。谢宇：《认识中国的不平等》，载《社会》2010年第3期，王天夫、崔晓雄：《行业是如何影响收入的》，载《中国社会科学》2010年第5期，Yu Xie & Xiang Zhou, “Income inequality in today’s China”, *in Proceedings of the National Academy of Sciences*, 2014: 201403158。

主要关注的是结构和制度因素对收入分配的影响。但事实上，随着改革的深化，在所有社会资源分配当中，收入受市场因素的影响不断加强，真正受到结构和制度等再分配手段影响的恰恰是收入以外的社会资源，例如教育机会、医疗资源、社会保障、职业发展机会等。相关研究也证明，集团因素影响的主要是工资以外的收入，而差异最为明显的是福利保障和其他社会资源与机会。[①] 所以，我们可以判断，相当一部分流动人口正是为了这些资源才流动到或留在大城市，哪怕收入上并没有多大优势。恰恰也正是在这些方面的区隔，使得他们无法融入城市，实现市民化和社会地位上升。[②] 综合这些因素，笔者认为，我国社会分层结构内部集团之间的差异涉及多个方面、多个层次，而不仅仅是收入的差异。对于此种综合了多种政治经济社会资源因素、综合了多种不同类型的社会资源，并且以地区、区域为载体而形成的区域之间的社会分层现象，笔者称之为“政治经济社会区域体”的差异。

那么，在中国都有哪些主要的区域体呢？显然城乡区分是非常重要的视角，前文已论及，在此不再赘述。除此之外，学者们提出的视角主要有“单位”“行业”“区域”等。在相当长一段时间内，单位是影响资源分配的主要因素，涉及收入、公共服务、社会福利等方面。[③] 但随着改革的深入，福利和公共服务职能逐渐从单位剥离，特别是在教育、医疗等方面，已实现较大程度的社会化。在这些方面的差异逐渐集中在区域方面，中国不同区域在经济发展水平、公共服务方面确实差距明显。[④] 但实际上，人们越来越意识到同一区域内不同

---

① 王天夫、王丰:《中国城市收入分配中的集团因素：1986—1995》，载《社会学研究》2005 年第 3 期；谢宇:《认识中国的不平等》，载《社会》2010 年第 3 期。

② 席敏等:《“新蓝领”：城市边缘人》，载《经济参考报》2014 年 4 月 25 日；李强:《为什么农民工“有技术无地位”》，载《江苏社会科学》2010 年第 6 期。

③ 李路路、李汉林:《单位组织中的资源获得》，载《中国社会科学》1999 年第 6 期。

④ 杨永恒、胡鞍钢、张宁:《中国人类发展的地区差距和不协调：历史视角下的“一个中国，四个世界”》，载《经济学》2006 年第 6 期。

行政级别、不同规模城市间的差异也非常明显。“一线、二线、三线、四线”城市之分愈发凸显。这主要有两方面原因。首先，户籍是我国主要的制度屏障因素之一，除了城乡户籍之分外，真正的区分单位实际上是城市本身，而不是省份；其次，户籍的身份标签意义实际上在淡化，更重要的是与之捆绑的公共服务资源与机会的实际差异。中国的财政体制实际上将相当多的公共服务交由地方政府财力负担。从这个角度看，“政治经济社会区域体”的差异主要在于城市之间。

区分城市的方法也有很多种，特别是在中国的背景下，行政级别主导了资源的获得与再分配，使得城市的行政级别非常重要。还有一种视角是从客观的经济发展水平和人口规模的角度，划分大城市与小城市。从实际情况看，两种角度密切相关，各个区域内行政级别最高的城市基本都聚集了最多的人口。但从全国结构的角度来看，以行政区域来分析，也有不妥之处，例如同是西部省会城市，贵阳与成都的差距就很大，而中西部一些省会城市的发展水平也并不比东部一些地级市更高。从经济社会发展的规律看，人口的聚集与城市的综合发展水平一般是匹配的。因此，笔者以为，以人口规模来划分城市较为合理。事实上，学术界与社会舆论大多数的讨论也都主要基于城市规模。经济学家主要关注大小城市的效益差异，[①]社会学界对于小城镇发展也有过非常经典的讨论。[②]社会舆论近年来非常关注大、小城市的发展差异和机会问题，例如对于房地产市场，大家逐渐达成共识，一线城市和二线城市明显不同，[③]而关于“逃离

---

① 王小鲁：《中国城市化路径与城市规模的经济学分析》，载《经济研究》2010年第10期；世界银行、国务院发展研究中心：《中国：推进高效、包容、可持续的城镇化》，世界银行网站，2014年3月25日，网址：http://www.worldbank.org/content/dam/Worldbank/document/EAP/China/urban-china-overview-cn.pdf。

② 费孝通等：《小城镇大问题——江苏省小城镇研究论文选第一集》，江苏人民出版社，1984年版；王颖：《城市发展研究的回顾与前瞻》，载《社会学研究》2000年第1期。

③ 张晓鸣：《全国房价出现明显分化：一线城市温和上涨，二线城市有所松动》，载《文汇报》2014年4月16日。

北上广”的争论也反映出，不仅是农村户籍的流动人口，都市白领对于大城市、小城市的差异，也开始有了非常明显的感受。[①]种种讨论，实际上都反映了不同规模城市作为截然不同的“政治经济社会区域体”，有着巨大差异。

2. 社会分层结构的“四个世界”

综上所述，笔者认为，从社会结构的角度看，我国社会结构的差异可以归纳为“城市－农村”“中小城市－超大城市”两对、四类政治经济社会区域体的差异，笔者将其概括为“四个世界”。过去曾有政治家、学者从政治经济的综合角度区分过“三个世界”[②]“核心、边缘、半边缘”的世界体系[③]。这种视角是在世界范围内的政治经济区域划分。事实上，在中国这么一个幅员辽阔、国情复杂的区域内，这种“政治经济社会区域体”的差异也一直存在。改革开放以来政策侧重、发展策略的差异，可能进一步拉大、深化了这种差异，使得“四个世界”的差异不仅仅体现在经济发展方面，更反映在政治、文化、社会公共服务等方面，体现为“政治经济社会区域体”的综合性差异。特别是除了城乡差异之外，中小城市与超大城市在经济发展、社会治理、文化生活等方面的差异近年来也逐渐凸显出来。

以往的社会分层与结构研究，主要关注区域、集团性因素对个人的影响，实际上没有分析社会分层的整体变迁和内在分化。到底我国不同区域体的社会分层差异如何？在经济快速增长、城镇化迅速推进的背景下，有何变化？不同区域体之间分化的机制是什么？本文即试图从“政治经济社会区域体”的角度分析我国社会分层结构“四个世界”的差异，回答这些问题。

---

① 鲍丹：《年轻人逃离一线城市：外地人生存环境愈发严峻》，载《人民日报》2010年7月29日。

② 毛泽东：《关于三个世界划分问题》，《毛泽东文集》第8卷，人民出版社，1999年版，第441—442页。

③ 沃勒斯坦：《现代世界体系》，高等教育出版社，1998年版。

正如笔者所言，“四个世界”的差异是综合性的，涉及多个方面，限于篇幅不能一一论述比较。在本文里，笔者主要分析职业地位所体现的社会分层结构差异。职业地位本身是一个综合性的社会经济指标，系统体现了个人的经济收入、教育水平和社会地位。因此一个区域的人口职业地位结构，实际上综合反映了该区域的阶层结构和社会经济发展水平，有助于我们进行简洁、直观的分析和比较。

二、“城市－农村”两个世界

1.“城市－农村”两个世界的结构差异

如图 11–1，从整体上看，2010 年我国城市地区社会结构已近似于“橄榄型”，趋向于以中产阶层为主的现代社会结构。但农村地区依然是典型的“倒丁字型”社会结构，底层占绝大多数。两者差异明显。当然，城市的“橄榄型”社会结构，在此要特别加以说明，在具体分析城市职业地位时，可以发现，在城市中占比例最大的职业群体（ISEI 分值为 43 分）的具体职业位置主要是“营业人员”“推销展销人员”等商业服务业人员。在我国的社会现实中，这部分人还不是典型的中产阶层，更不是核心中产阶层，而只能看作一种边缘中产阶层。笔者的判断是，从整体上来说，我国城市的社会分层结构虽然相对于农村地区较为现代，但仍然远未达到发达国家中产社会的水平。

在此，我们进一步分析城乡就业者职业地位差异的变迁趋势（见表 11–1）。为了便于汇总比较不同区域、不同时期的社会分层结构，我们将职业地位区分为三个阶层，分别是“职业下层”（ISEI 分值在 40 分及以下）、“职业中层”（ISEI 分值在 41 到 60 分）、“职业上层”（ISEI 分值在 60 分以上）。需要强调的是，这种分层并不能简单对应于我们常说的“中等阶层”或“底层”，事实上这里的“职业中层”所从事的职业除了前文提到的“营业人员”“推销展销人员”以外，最主要的典型职业是“裁剪、缝纫人员”“鞋帽制作人员”和

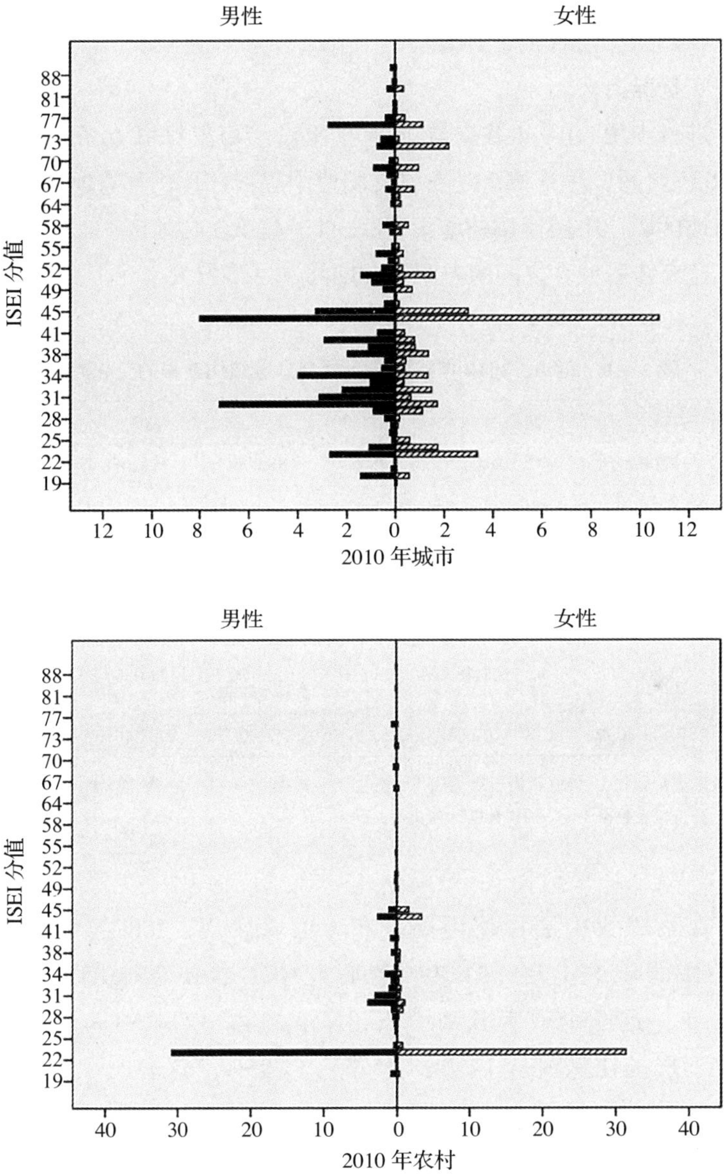

图 11-1　2010 年我国城乡的社会分层结构差异

“行政业务人员”。很显然这些职业也都不能简单归类为中产阶层。而从全国层面来看，专业技术人员等公认的“白领阶层”比例是较小的，区分的意义并不明显。考虑到我国总体上仍处于转型发展阶段，我们认为这样的群体划分，有利于反映和比较我国不同区域体的现实状况。

进一步用2010年数据与2000年比较（见表11-1），可以发现在这10年之间，尽管城市与农村的职业中层群体比例都有所提高，但城市地区职业中层比例的增幅（8.29%）高于农村地区（4.21%），所以，这意味着城乡之间的差距在此期间进一步拉大。

表11-1　2000、2010年我国城乡社会分层结构差异的变化趋势

	城市					农村				
	2000年		2010年		变化	2000年		2010年		变化
职业上层	17 587	12.98%	24 039	12.67%	-0.31%	15 220	3.00%	14 582	2.93%	-0.07%
职业中层	40 835	30.15%	72 920	38.44%	8.29%	38 311	7.54%	58 405	11.75%	4.21%
职业下层	77 020	56.87%	92 757	48.89%	-7.98%	454 621	89.47%	424 059	85.32%	-4.15%
	135 442	100%	189 716	100%		508 152	100%	497 046	100%	

数据来源：根据2000年第五次全国人口普查长表数据0.95%的抽样数据、2010年第六次全国人口普查长表数据1%的抽样数据计算获得。

观察职业中层群体内部分布，可以发现，2000年，分别有53.61%的职业上层、51.59%的职业中层居住在城市地区，到2010年，这两个数字分别增长到了62.24%和55.53%。而同期，职业下层的比例仅从14.49%上升到17.95%。这表明职业中上层群体向城市集聚的速度快于下层，进一步凸显了城乡社会分层结构分化的趋势。

2.“城市－农村”两个世界分化的机制

第一，精英的流出。

导致城乡分化不断加强的一个重要原因是“乡村精英”的流出。前文的分析口径是“常住人口”，关于“城乡差异”，还有另一种角度是按户籍人口进行比较。

如表 11–2，分析户籍人口结构可以发现，城乡的结构差异依然存在。城镇户籍（非农业户口）人口是典型的中产结构，职业下层的比例仅占 41.88%，而职业中层和上层的比例分别达 40.47% 和 17.66%。农业户籍人口则依然是“倒丁字型”，职业下层群体人口众多，占到 85.45%，职业中上层合计仅占 14.55%。

表 11–2　2010 年按户籍人口的职业地位分层

	非农业户口		农业户口		合计	
职业上层	28 373	17.66%	10 229	1.95%	38 602	5.63%
职业中层	65 036	40.47%	66 235	12.60%	131 271	19.13%
职业下层	67 299	41.88%	449 039	85.45%	516 338	75.24%
合计	160 708	100.00%	525 503	100.00%	686 211	100.00%

数据来源：根据 2010 年第六次全国人口普查长表数据 1% 的抽样数据计算获得。

通过比较“户籍”“常住人口”的情况，恰恰可以看出城乡分化拉大的一个重要原因，即人口的流动。比较二者可以发现，农村户籍人口中存在人口流出突出的现象。在职业中下层中，农村户籍人口的数量都要高出农村常住人口，而流入城市的农村户籍人口的职业地位明显高于留在农村的农业户籍人口的职业地位。这表明，有相当数量的、有能力、有知识技术的农业户籍人口，离开农村而在城市工作和生活。这就是所谓“精英流出”现象。

通过 10 年间数据对比，农村精英的这种流出有进一步扩大的趋势。分析农业户籍不同职业阶层人口的分布情况可以发现，如表

11–3，2000年以来，农业户籍的职业中上层汇聚在城市的比例上升，并且增长的速度明显快于职业下层。职业上层分布在城市的比例从2000年的24.00%上升到2010年的39.54%，增长了15.54个百分点；而职业中层、下层分别仅增长了4.81和3.13个百分点。考虑到这种趋势和我国城镇化进程的推进，这一批“精英”以后也难以返回农村工作和生活，从而使得农村的精英流失问题不断加剧。

表11–3　2000、2010年农业户籍不同职业阶层人口的分布趋势

	2000年		2010年	
	在城区	在农村	在城区	在农村
职业上层	1 469	4 651	4 035	6 169
	24.00%	76.00%	39.54%	60.46%
职业中层	11 324	20 134	27 017	39 181
	36.00%	64.00%	40.81%	59.19%
职业下层	39 802	430 319	51 728	394 106
	8.47%	91.53%	11.60%	88.40%

数据来源：根据2000年第五次全国人口普查长表数据0.95%的抽样数据、2010年第六次全国人口普查长表数据1%的抽样数据计算获得。

第二，城乡属于两种不同的分层机制。

中国社会的一个重要特点就是由于“政治经济社会区域体”的长期固化，导致了城市与农村形成了两种不同的分层机制，这样外出农民工虽然在城市里处于下层，但完全有可能在他家乡的村庄里处于中上层位置。我国城市特别是大城市有非常明显的户籍屏障，农村则恰恰相反。如表11–4，比较2000年与2010年的情况，从平均的职业地位分值看，相对于流动人口，城市本地居民的职业优势越来越强，二者的差值从3.81分增加到4.46分。农村却刚好相反，流动人口的职业地位水平进一步高出农村本地居民，优势从6.15分上升到6.68分。两相比较充分证明，城市地区对外来人口设置的屏障不断加强，流动人口进一步处于劣势。农村则不存在这种屏障，相反流动人口在职业结构上还领先于本地居民。

表 11–4　2000、2010 年本地居民与流动人口的平均职业地位分值差异

	城市			农村		
	本地人口	流动人口	差异（%）	本地人口	流动人口	差异（%）
2000 年	41.37	37.56	3.81	25.58	31.73	–6.15
2010 年	43.72	39.26	4.46	26.56	33.24	–6.68

数据来源：根据 2000 年第五次全国人口普查长表数据 0.95% 的抽样数据、2010 年第六次全国人口普查长表数据 1% 的抽样数据计算获得。

城乡的这种差异与流动人口不同的就业机会有关。流动人口在城市主要从事的是制造业、批发零售业，这些行业也是他们就业机会增长的主要领域。在城市地区，流动人口要想进入公共管理部门等优势行业明显比本地人更难。从 2000 年到 2010 年，流动人口在城市的主要就业行业都是制造业、批发零售业、餐饮业、建筑业和居民服务业，这 5 个行业的从业人口比例从 74.2% 上升到 83.8%，增长了 9.6 个百分点。可见流动人口越来越集中于这些职业地位较低的行业之中。而同期，本地居民从事这 5 个行业的人口仅从 49.77% 上升到 50.4%，仅增长了 0.37 个百分点。本地居民中从事金融、房地产、教科文卫、科学研究和公共管理等行业的比例，从 2000 年 14.5% 上升到 2010 年的 24.07%，成为主要的就业增长领域。反之，2010 年流动人口中这些行业人口的比例仅为 6.87%。可见在城市地区，流动人口与本地人有非常明显的产业分化。

而在农村地区，2010 年，本地居民有 75.5% 的人从事农业（2000 年为 86.1%），另有 17.3% 从事建筑业、批发零售业和制造业（从 4.5% 上升到 9.3%）。这些行业同时也是流动人口主要的就业行业，占 85.7%（2000 年为 83.1%），其中制造业达 51.3%（2000 年为 44.1%）。可见农村地区本地居民与流动人口主要的就业机会增长都是在制造业。两者在金融、房地产、教科文卫、科学研究和公共管理等行业的从业比例分别仅为 1.9% 和 2.0%。

比较 2000 年与 2010 年的数据，可以看出其实农村的制造业也有一定的进步，但是恰恰这种产业进步和就业机会的增长，主要是由外地人在争取，而相当一部分有能力从事非农职业的本地人却选择到外地打工。农村这种矛盾的现象值得我们关注。正如表 11–3 所示，大量的农村户籍流动人口在城市从事的职业属于职业下层。事实上随着我国城镇化发展和产业的转移，在这些流动人口的家乡附近也有这样的就业机会，收入并不比东部大城市差很多，作为本地人，他们显然还具有一定的职业竞争优势，并且在生活等方面也更为便利。但为什么仍然有这么多的人选择到异地打工呢？我们 2012 年在成都的调研证明，农民工其实在成都附近就能找到一份好的工作，但却仍然选择外出打工，主要是因为职业技能缺乏，没有办法找到“体面”的工作，而在家附近做这些工作（比如工人、服务员、保安），自己觉得“没面子”，碰见熟人不好意思。虽然在外地也是做这些工作，甚至更辛苦，但是却不用担心“面子”的问题。部分农村居民的这种“舍近求远”的“面子”心态，使得农村流失了大量的非农职业人口，造成农村社会结构的进一步低端化。

第三，城乡分化的新发展。

一方面，除了城乡差异的拉大，实际上农村内部也在进一步分化。部分地区名义上叫“农村”，但实际上已经脱离了乡村形态，进一步凸显了落后乡村的凋敝。从 2000 年到 2010 年，中国 31 个省（自治区）级行政区域中有 29 个农村地区农业从业人员比例下降，仅有辽宁和新疆农村地区从事农业人口的比例分别出现了 0.2 和 5.7 个百分点的增长。另一方面，各地下降的幅度也相差非常大，降幅最大的江苏、上海等地农村，农业从业人员的比例分别下降了 32.28 个和 27.29 个百分点，到 2010 年，江苏、上海的农业从业人员仅分别为 39.13%、15.24%。在这些省份的农村地区，主要的职业机会是“生产、运输设备操作人员及有关人员”，都超过了农业人口的比例，另有相当比例的人口属于“商业、服务业人员”。

与此相对应的是，在东中西部都有许多省份，虽然农村地区农业从业人员比例出现了下降，但仍然占到 80% 以上的比例，例如黑龙江（89.48%）、河南（84.49%）、四川（80.04%）。由此观之，全国农村地区内部也已经出现了非常大的分化。在部分农村地区，非农产业迅速发展，农村地区虽然还叫“农村”，但已经不再主要依赖农业。而有些区域的农村则远远没有摆脱小农经济。这也就意味着，两者的产业结构、社会结构已经明显分化。我们2012年在广州、北京的调研也证明，在这些城市的近郊乡村地区，由于拥有大量的集体产业以及土地资产，农民的财富和生活水平甚至要明显高于普通城市居民。可见城乡差异背后出现了更为复杂的分化情况。在这些地区，与前文所提到的分层机制不同，本地农民往往占有非常大的优势。

除了这些富裕的东部农村，在中西部农村地区也出现了可能导致城乡分野固化的倾向。我们2012年在四川德阳与河南舞钢的调研都证明，农民内部对于“城镇化”“土地流转”的态度分化明显，有31%的农民表示不愿意城镇化，23%的农民表示反对土地流转。[①]我们实施的2012年全国城镇化调查也显示，农业户籍人口当中有接近2/3的人表示不愿意转为非农户口。特别是在大学生中，“80后”的大学毕业生有30%的人不打算转户籍，“90后”大学毕业生中这一比例更是高达51.9%。国务院发展研究中心2011年的调研也证明，超过80%的农民工不愿意放弃承包的土地，2/3的农民工不愿意放弃农村的房产和宅基地。[②]乡村的这种新现象，主要是因为拥有农村户口就可以保留农村的土地和宅基地。随着城镇化的发展，人们越来越意识到土地上潜在着巨大利益。但同时，农村地区撂荒的现象却逐渐恶化，调查显示，2013年我国农用地闲置率达15%，并且闲置面积和比例逐年增加。[③]

这种情况非常值得深思，一方面是如前文所述，城乡分化越来

① 李强：《主动城镇化与被动城镇化》，载《西北师大学报（社会科学版）》2013年第6期。

② 张艳玲：《韩俊：八成农民工不愿土地换户口》，财新网，http://china.caixin.com/2011-07-08/100277323.html，2011年7月8日。

③ 陈星月：《农村家庭金融调查：农地闲置率15%》，载《财经国家周刊》网址，http://www.ennweekly.com/2014/0426/13255.html，2014年4月26日。

越大，农村社会结构滞后，意味着就业机会、公共服务都达不到现代社会的标准；另一方面，相当多的农村居民却不愿意城镇化、从土地上解放出来。这使得落后的农村地区表现出一方面机会少、精英流失、缺乏活力；而另一方面，农民对土地增值有巨大的预期，但又不能像东部地区农村那样获得此种增值或收益。总之，中西部农村呈现出发展滞后、缺乏机会，资源也得不到利用的“僵局”态势，进一步拉大了与优势地区的分层差距。

三、“中小城市－超大城市”的两个世界

这里首先需要解释关于“城市规模”的问题。城市规模体现了人口的聚集程度、经济的集约化程度，对于城市共同体的影响极其重大。在中国，城市规模在过去有官方规定，1989 年制定的《中华人民共和国城市规划法》规定，大城市是指市区和近郊区非农业人口 50 万以上的城市，中等城市是指市区和近郊区非农业人口 20 万以上、不满 50 万的城市，小城市是指市区和近郊区非农业人口不满 20 万的城市。但这部法律已经于 2008 年废止了，而新的《中华人民共和国城乡规划法》并没有设定城市规模的条文。

这样本研究就只好寻找学界的定义。2010 年，由中国中小城市科学发展高峰论坛组委会、中小城市经济发展委员会与社会科学文献出版社共同出版的《中小城市绿皮书・中国中小城市发展报告（2010）：中小城市绿色发展之路》提出，城市化的高速发展使原有的城市划分标准已经不适应现实的需要。为此，绿皮书依据中国城市人口规模现状，提出的全新划分标准为：市区常住人口 50 万以下的为小城市，50 万—100 万的为中等城市，100 万—300 万的为大城市，300 万—1 000 万的为特大城市，1 000 万以上的为超大城市。笔者认为，这个定义比较符合今日中国的实际状况，所以本研究的“城市规模”划分遵从了这个定义。值得关注的是，2014 年 3 月公布的《国家新型城镇化规划（2014—2020 年）》中关于“大城市”“特大城市”

的分类也基本上与这一标准吻合。本研究下面各个城市的城区常住人口数据，是依据各省市的2010年第六次全国人口普查主要数据公报整理汇总，并根据第六次人口普查的地区代码进行匹配的。

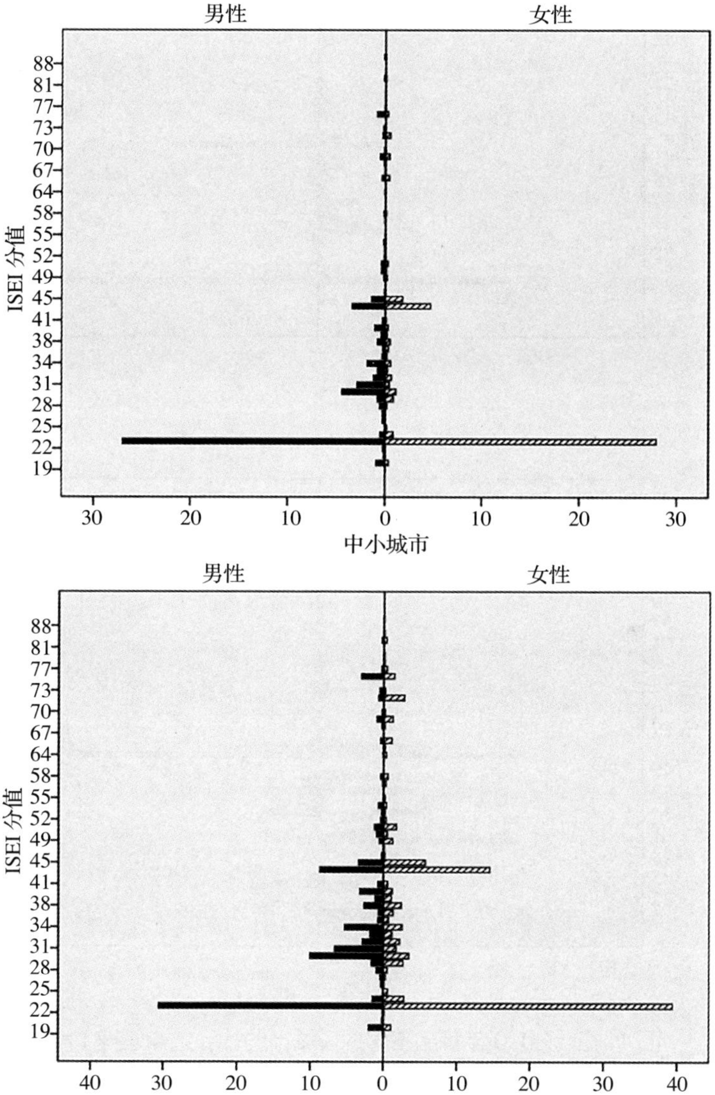

图11-2　2010年我国不同规模城市的社会结构差异

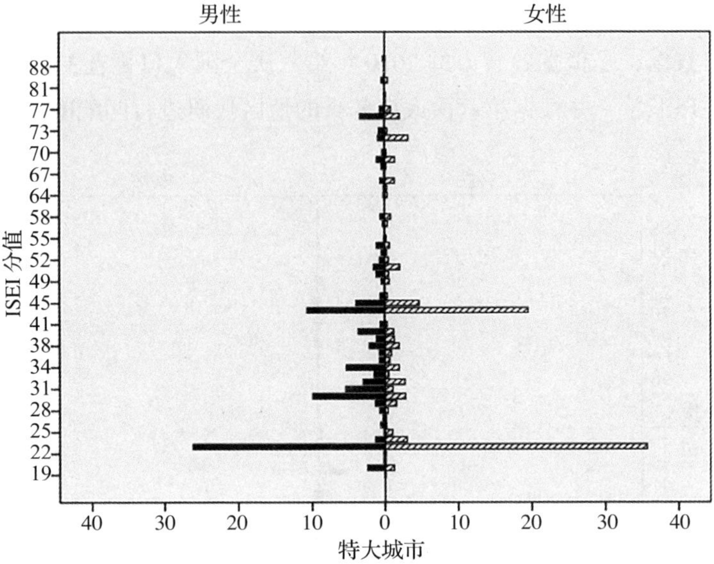

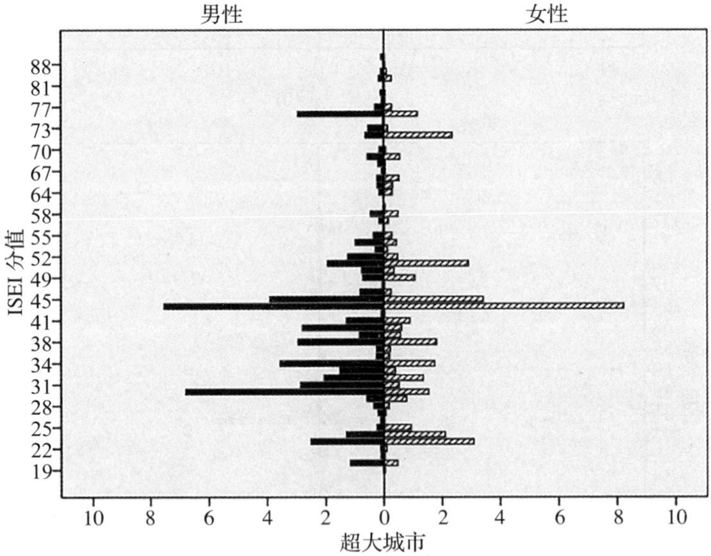

图 11-2 2010 年我国不同规模城市的社会结构差异（续）

1.“中小城市－超大城市”两个世界的差异

如图 11–2 可以看出，从整体上看，中国不同规模城市的社会分层结构非常不同。首先，中小城市与大型城市不同。中小城市是典型的“倒丁字型”或“土字型”社会结构，底层比例非常大。而大型城市则有更大比例的中层群体，社会结构较为现代。其次，在大型城市当中，超大城市的社会分层结构具有显著现代社会结构特征，已经接近于“橄榄型”，底层的比例明显缩小，而中上层的比例显著扩大。总的来说，可以认为，相对于中小城市与大城市的差别，中国城市当中，超大城市与其他所有城市的差异更为明显，可以明显区分为“超大城市”与“其他城市”两个世界。

表 11–5　2000、2010 年我国不同规模城市社会分层结构差异的变化趋势百分比（%）

	中小城市			大城市、特大城市			超大城市		
	2000 年	2010 年	变化	2000 年	2010 年	变化	2000 年	2010 年	变化
职业上层	4.12	4.33	0.21	6.82	7.68	0.86	11.09	11.25	0.16
职业中层	9.66	15.47	5.81	16.64	24.25	7.61	30.97	41.48	10.51
职业下层	86.21	80.21	–6.00	76.54	68.07	–8.47	57.94	47.27	–10.67

数据来源：根据 2000 年第五次全国人口普查长表数据 0.95% 的抽样数据、2010 年第六次全国人口普查长表数据 1% 的抽样数据计算获得。

与 2000 年相比较，如表 11–5 可以看出，尽管三类城市的职业上层、职业中层从业人员都有增长，但显然城市规模越大，其职业中层、职业上层增长的速度越快，而中小城市增长相对较为缓慢。中小城市与超大城市的社会分层结构差距在过去 10 年之间愈发明显。从群体内部分布也可以发现，三个阶层的人口都进一步向大城市集中。2000 年，我国 53.39% 的职业上层居住在中小城市，而职业中层与下层中相应的比例分别为51.85%、69.89%。到2010年，居住在中小城市的职业上层比例缩小了5.06个百分点（48.33%），中层缩小了1.16个百分点（50.69%），下层仅缩小了1.65个百分点。可见，上层群体不断向大城市集中，中小城市对精英的吸引力进一步弱化。

2.“中小城市－超大城市”两个世界分化的机制

第一，不同规模城市的差距主要是城镇化水平的差距。

上面的分析是从城市整体覆盖人口角度计量的。如果我们不是计算城市所辖的全部人口，而是仅仅比较城区常住人口的社会分层结构，也就是狭义上的“城市”，就可以发现，仅就城区而言，我国小城市与超大城市的社会分层结构虽然有一些差异，例如，小城市的底层比例更大，中上层的比例更小，超大城市社会分层结构的现代性优于小城市，但是，这种差异绝没有前述的那样巨大。

图11–3就显示了如果仅仅计算城区常住人口，社会分层差异显然比城市所辖整体人口的差异小得多。其原因何在呢？原因在于，中国不同规模城市的社会分层结构差异实际上是城镇化水平的差异。由于中小城市城镇化水平低，有大量的农村人口，使得整体上中小城市体现出底层比例较大的特点。所以，中小城市如果能够逐步提高就近城镇化与就地城镇化的水平，会对其社会结构优化发挥重大影响。

第二，不均衡的城镇化进程进一步拉大不同规模城市的差距。

尽管仅从城市地区来看，不同规模城市的社会分层结构差异似乎并不大。但考虑到我国近年来不均衡的城镇化进程，大城市的迅速扩展和中小城市的吸引力弱化，恰恰将会进一步拉大中小城市与超大城市的社会分层结构差异。

2000年以来城镇化进程的一个特点是，流动人口主要涌向大城市，并且构成了中国城市人口增长的主要来源。从2005年到2009年，对中国城市人口增幅贡献最大的是大型城市，占到了中国城市

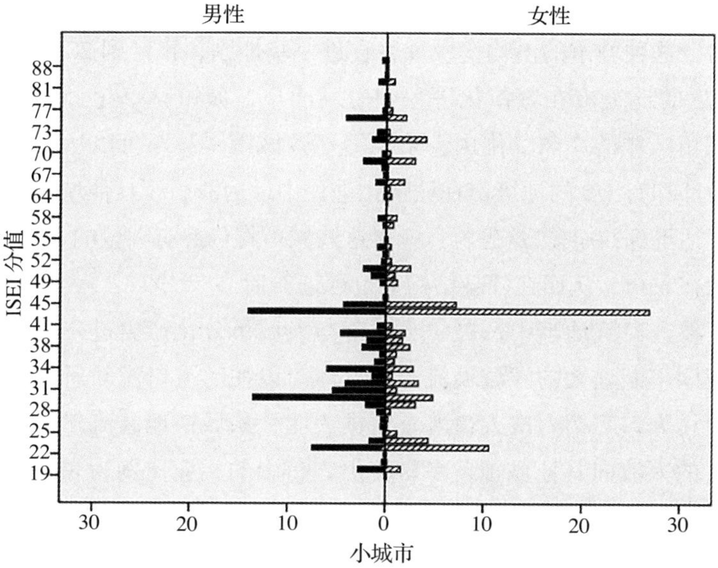

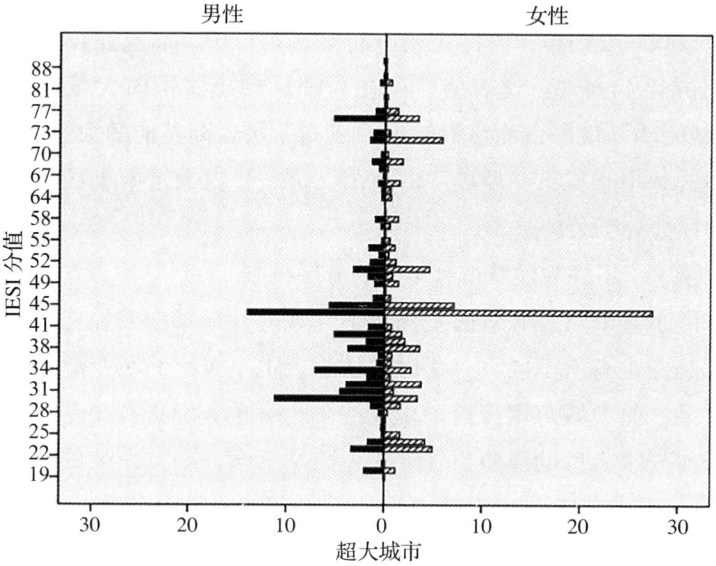

图 11-3　2010 年我国小城市、超大城市城区的社会分层结构差异

市辖区人口增长的74.39%，而中小城市仅贡献了25.61%。[①]有分析指出，这种城市的不均衡发展将会进一步加剧，预计到2030年，中国1/5的地级市在城镇化进程中脱颖而出，城镇化率超过80%，像珠三角区域的广州、佛山、东莞等一些城市，甚至可以达到100%。但另外却有1/5的地级市在城镇化进程中远远滞后于其他城市，甚至始终达不到50%。[②]这也就意味着这些城市将仍然有大量的人口工作、生活在农村，从而在社会结构上也远远滞后。

在人口流动当中，对中小城市与大城市分化产生进一步作用的是我国不断增大的“城城流动”群体。以往的人口流动研究大多关注农村人口。第六次人口普查数据表明，从城镇地区流出的人口中93%的人流向其他城镇，乡村流出人口中的相应比例为83%。城镇流入人口中有39.51%来自其他城镇，乡村相应比例为20.14%。相关研究也证明，大城市对非农业户口人口的吸引力强于中小城市。小城市吸引的流动人口中，农业户籍人口的比例达74.9%，而非农业户口仅占25.1%。而特大城市的流入人口中，非农业户口人口的比例占到44.69%。这表明，存在一种从中小城镇向大城市人口的“城城流动”现象，而该群体一般以高学历、高技能的大学生为主。正是这些中小城市“精英”的流出，进一步拉大了中小城市与大城市的社会分层结构差异。

第三，不同规模城市有不同的分层机制。

中小城市与大城市的差异除了直观的社会结构差异之外，在分层机制上也有所不同。一些讨论认为，中小城市的职业流动依靠社会关系，而大城市则接近于现代的公平竞争。但也有观点认为，大城市对外来人口的屏蔽更强。正如前文所言，一方面大城市吸引了

① 王昊：《城镇化过程中人口流动的实证分析》，收录李强主编：《多元城镇化与中国发展——战略及推进模式研究》，社会科学文献出版社，2013年版。

② The Economics Intelligence Group, “China’s urban dreams, and the regional reality”, *The Economics*, http://www.eiu.com/public/topical_report.aspx?campaignid=ChinaUrbanDreams, 2014-4-23.

大量的人口流入，另一方面大量的人口流入也意味着大城市的竞争非常激烈。流动人口与本地人口的竞争备受关注。大城市与小城市对于外来人口屏蔽机制的差异也不断凸显。

从职业地位的结构来看，如表 11–6，中小城市的本地人口是明显的“倒丁字型”结构，职业下层人口占到 81.49%，流动人口则接近于“金字塔型”，职业中层的比例要明显高于本地人口。在超大城市中，本地人口与流动人口在职业中层与下层上的比例差异并不明显，两者的结构都接近于“橄榄型”。但是从职业上层的比例可以看出，在超大城市中，本地人口的比例（16.52%）明显要高于流动人口（7.24%），对外来人口有明显的屏蔽。

表 11–6　2010 年不同规模城市本地居民与流入人口的职业阶层结构百分比（%）

		职业上层	职业中层	职业下层	合计
中小城市	本市人口	4.15	14.36	81.49	100
	省内跨市流入人口	7.68	30.83	61.48	100
	跨省流入人口	4.43	27.80	67.77	100
大城市、特大城市	本市人口	7.73	20.60	71.67	100
	省内跨市流入人口	7.34	38.57	54.09	100
	跨省流入人口	4.50	31.40	64.10	100
超大城市	本市人口	16.52	41.37	42.11	100
	省内跨市流入人口	7.24	46.09	46.66	100
	跨省流入人口	6.51	39.63	53.86	100

数据来源：根据 2010 年第六次全国人口普查长表数据 1% 的抽样数据计算获得。

两种不同的分层结构实际体现的是不同的分层机制。在大城市，整体上社会分层结构更为中产，但户籍作为优势职业机会与资源屏蔽机制的作用也更强，流动人口在竞争中处于劣势。而在中小城市，户籍的屏蔽作用较弱，流动人口作为有干劲、有能力的精英，在竞争中表现突出。

如表 11–7，从职业机会上看，大城市明显有更强的优势机会屏

表 11-7　2010 年不同规模城市本地居民与流入人口的职业分类结构百分比（%）

		单位负责人	专业技术、办事人员	商业、服务业人员	其他职业	合计
中小城市	本市人口	1.22	8.42	12.73	77.64	100
	省内跨市流入人口	3.05	13.22	33.47	50.27	100
	跨省流入人口	2.10	7.64	22.76	67.50	100
超大城市	本市人口	5.31	43.89	21.28	29.52	100
	省内跨市流入人口	3.37	17.52	39.82	39.30	100
	跨省流入人口	3.03	17.07	35.47	44.43	100

数据来源：根据 2010 年第六次全国人口普查长表数据 1% 的抽样数据计算获得。

蔽，中小城市则没有。特别是分析不同类型流动人口的情况，可以看出在中小城市中，省内跨市流入人口在单位负责人、专业技术人员、办事人员上的比例都要明显高于本市人口。而在超大城市中，省内跨市流入人口在负责人、专业技术人员、办事人员的比例则都明显低于本市人口，特别是在专业技术人员、办事人员这些公认的“白领阶层”上，流动人口中的比例在 17% 左右，本地人口中则为 43.89%。可见在超大城市中，户籍是进入优势职业的显著屏蔽机制。而且随着城市分层机制的发展，超大城市的这种户籍屏蔽作用将会进一步加强，与其他城市的分层机制差异会进一步凸显。

四、讨论：“四个世界”的影响、原因与应对

综上所述，我们证明我国社会分层结构可以区分为“城市－农村”“中小城市－超大城市”这样的“四个世界”，不同世界之间社会结构差异明显，并且这种差异有加强的趋势。我们分析的角度主要是职业结构，但很显然，我国城乡、中小城市与超大城市的差异不仅体现在职业机会和经济收入上，在教育、医疗卫生等公共服务

和社会文化生活等领域的差异也非常明显，是“政治经济社会区域体”的综合差异。

1.“四个世界”带来的影响

“四个世界”的割裂造成了中国资源分布的极大不平衡，实际上产生“四类资源平台”，不同世界的“四类社会群体”所拥有的资源难以自由流动和合理配置：(1) 留在农村的农民：正如前文所言，中西部地区部分农村的农民一方面缺乏职业机会，公共服务欠缺，另一方面土地、房产等资本却不能转换为资产收益或进城创业的资本，因此陷入“僵局”。(2) 乡城流动人口：这一群体在家乡是年富力强、有一定文化水平的乡土精英，但由于职业技能缺乏，在城市只能从事中下层的职业，职业上升渠道欠缺，享受不到平等的市民生活，而尽管近年来产业转移，在家乡附近也可以从事类似的职业，却有一部分人因为“面子”心态等原因，不愿返乡就近就业，职业技能与本地资源优势得不到合理的配置与利用；(3) 城城流动人口：以大学毕业生为主的城城流动人口，普遍有较高的学历和职业技能，但在大城市往往面临非常严重的户籍排斥，上升机会、社会融入遇到障碍，但对中小城市的职业机会和公共服务又感到不满，产生社会心态矛盾；(4) 城市本地居民：少数优势阶层的城市居民，在我国的发展过程中分享了比较高比例的社会资源，占有巨大优势，形成了强大的利益集团，对于资源开放和制度改革抱有较强的阻碍心理。但同时值得注意的是，城市居民内部也有分化，部分下岗、失业群体，由于不能适应市场新的需求，同时又缺乏农民那样的土地保障，生活非常困窘。特别是由于城镇化进程的不均衡，在那些可能出现产业凋敝、失业下岗凸显的城市，这样的城市居民面临的困难愈发值得关注。由此可见，“四个世界”的划分除了直观的社会分层结构差异，更代表着社会资源被分割为“四个平台”，产生“四类群体”，不同群体的资源与优势被区隔，得不到有效配置，影响我国社会经济的健康均衡发展。

“四个世界”的区隔潜伏着新的社会不稳定。学术界传统上认为，社会的两极分化会带来“结构紧张”[①]，产生“相对剥夺感”[②]，“分裂为两大敌对的阵营”[③]，激化社会矛盾。但也有学者认为，中国的不平等主要是区域、集团间的，团体内部的平均主义在一定程度上能消解掉对不平等的日常感受，从而降低社会不满[④]。笔者认为，这两种理论都主要适合于单一、封闭的社会体系，并不能很好解释当前社会高度分化下的许多现实问题。“相对剥夺感”和“团体内的平均主义”实际上参照和比较的对象都是同一群体内部不同层次的成员。“四个世界”理论则指出社会分化背后更深层次的问题是导致社会身份的混乱，同时带来多个参照系的混乱。例如，在当前社会，许多本该是“赢家”的大学毕业生和中产阶层，尽管从事的是信息技术、金融等优势行业，收入水平明显高于所在城市的平均水平，却在“四个世界”的比较中，自认为“IT 民工”和“社会底层”。这种社会心态的产生，主要并不是因为“相对剥夺”，而是面对不同世界的资源垄断和机会阻隔而产生的愤怒和不满，是一种“无声的抗争”，因而也无法通过群体内的平均主义来得到缓解；而恰恰是这种集团分隔的自我感知，进一步凸显了不同集团的巨大差异和无法逾越的区隔，激化了集体不满。学术界过去认为中产阶层是社会的“稳定器”，当一个社会呈现以中产阶层为主的“橄榄型”时是较为稳定的。但“四个世界”理论证明社会的巨大分割也有可能使得处于上升期的新兴中产阶层面对不同世界的“阻隔”与“屏障”产生强烈的“天花板”和“区隔”心态，恰恰成为社会不满的主要力量。

---

① Robert K. Merton, “Social Structure and Anomie.” *American Sociological Review*, 1938(3).

② 李强:《社会学的“剥夺”理论与我国农民工问题》，载《学术界》2004 年第 4期。

③ 马克思、恩格斯:《马克思恩格斯选集》第 1 卷，人民出版社，2012 年版，第 401 页。

④ 王天夫、王丰:《中国城市收入分配中的集团因素：1986—1995》，载《社会学研究》2005 年第 3 期；谢宇:《认识中国的不平等》，载《社会》2010 年第 3 期。

最新的研究已经证明，当代全球社会不稳定的主要力量并不是社会底层，而是那些“沮丧的中产阶层”。[①]

2.“四个世界”产生的原因

“四个世界”的产生当然会有市场的因素。市场天生有“马太效应”，追求利润和效率，而城市、特别是大城市的经济效率和资源机会确实要领先于其他区域，在竞争和发展中占据优势。

但显然，长期以来导致我国社会分层结构严重分割的，主要是结构和制度性的因素。除了讨论较多的户籍制度之外，笔者认为，有两方面的深层次问题值得强调。首先，我国40年来的改革主要集中在经济领域的市场化，但没有建立起统一、开放的公共资源分配与供给体制，相当比例的公共服务依赖于地方政府提供。在公共资源的财政分配上，分税制和市管县的财税体制，使得资源层层分拨，级别高的城市获得的资源多，而中小城市、乡村获得的经费较少。专项经费的“项目制”分拨，虽然关注了“落后”地区，但在实际运行中，并没有使得资源的分配实现真正的社会均等。[②] 同时，地方政府出于“地方法团”的相互竞争和政绩冲动，导致他们倾向于集中资源在城市区域的发展和城市居民的福利，对于其他区域和人群则采取排斥和阻碍的方式，造成城乡之间、本地居民与流动人口之间在各个方面差异巨大。

其次，相当多的学者指出，改革从经济领域逐渐拓展到更深层次的公共服务与权力领域，将触动既有的资源分配模式，面临利益集团的资源垄断，以及对制度改革和资源开放的阻碍。事实上，除了强大的垄断性集团之外，相当一部分普通居民作为既得利益群体

---

① Carol Graham & Soumya Chattopadhyay, “The Decade of Public Protest and Frustration with Lack of Social Mobility,” *The Brookings*, http://www.brookings.edu/blogs/social-mobility-memos/posts/2014/03/07-frustrated-achievers-mobility-attitudes-public-protest-graham, 2014-3-7.

② 渠敬东：《项目制：一种新的国家治理体制》，载《中国社会科学》2012年第5期。

也联合起来，给政府施加压力，以维持自己的优势地位，成为不平等的维持者。过去这主要表现在城乡之间，[①] 近年来，在诸如机动车摇号、异地高考开放等方面，城市本地居民与外来人口的冲突不断涌现。政策制定者的许多改革措施，如果缺乏深入全面的考虑，不进行综合性的配套改革，而是简单的实行“设限”或“提高门槛”的方式，恰恰会固化这种资源区隔，或制造新的不平等，例如强化“义务教育就近入学”，而不充分强调教育资源的公平配置，反而导致“学区房”的房价不合理高涨，事实上造成新的不平等。

3. 打破“四个世界”分割的应对策略

打破“四个世界”的分割，除了改革资源分配的机制，重点应该推进城镇化的均衡发展。“四个世界”的分析证明，导致中国社会分层结构差异巨大的原因依然主要是“城乡差异”问题，包括“中小城市—超大城市”的社会结构差异主要也是因为城镇化水平相差过大。“四个世界”证明，城镇化确实有助于促进社会结构的优化。但同时也反映了城镇化进程内在巨大的不均衡。“四个世界”的区分表明农村、中小城市的发展遇到很大阻碍，中产社会只有在大城市才能形成。但这并不意味着就应该更加注重大城市的发展，也不在于“撒胡椒面”式的农村建设，而是应该尊重人口流动和经济发展的规律，一方面，重点发展城市群，发挥核心大城市的辐射作用，带动区域内的农村、中小城市协同发展；另一方面，应该强化中小城市和县域经济的产业发展，提升其公共服务水平，增强其对人口的吸引力，推动一些有潜力的中等城市发展壮大成为大城市。“四个世界”对于职业结构的分析实际上突出了职业机会对于城镇化和社会结构转变的意义。人口流动和城镇的发展主要不在于住房和道路

① D. T. Yang and F. Cai, “The Political Economy of China's Rural-Urban Divide”, *Center for Research on Economic Development and Policy Reform Working Paper 62*, Stanford University Press: Palo Alto CA, 2000.

基础设施建设，而关键在于人的就业机会。推动农村和中小城市的发展，重点在于发展产业，创造就业机会，给予流动人口体面和有发展前景的职业机会。从另一个角度看，“四个世界”理论证明，城市之间也有巨大差异，有的城市会进一步发展壮大，有的城市则可能衰退。中国现在各个城市都有政绩冲动，许多城市都提出了宏伟的建设规划，超过 90% 的地级市提出要建设新城，[①] 而这些城市中相当一部分实际上缺乏有潜力成长为中产阶层的人口流动作为支撑，因而存在巨大的浪费和潜在的风险。

化解“四个世界”的差异，需要创新社会治理，打破制度区隔，建设资源共享平台。“四个世界”不同的社会分层结构造成社会治理的巨大难度。中国目前突出的问题是体制多元不接轨，比如，社会保障体制、福利体制、医疗体制等，造成制度不接轨的原因正是本文阐释的“四个世界”理论。“四个世界”证明，四类群体有不同的困境和诉求，而同时又具备各自不同的优势与资源。应该打破现有的体制束缚，创新社会治理机制，拓展资源共享平台。资源共享平台建设应重视三个方面。一是开放、公平的公共服务平台，让所有群体，特别是弱势群体享有平等的社会福利与保障，避免陷入没有机会的困境。二是创新资源利用机制，使四类群体能充分利用自己的优势与资源，同时能够通过资源置换或增值，享受到自己所期望的另一个世界的资源与机会。比如，应该探索让农民将土地、宅基地转换为资本和资源的机制，使得有意愿、有能力的农民有机会从土地中解放出来，通过土地入股或扩大经营等方式，实现向中产阶层的转化。三是打破优势资源的垄断，建设竞争型的资源共享平台，打破不公平的资源区隔体制，发挥职业能力比拼、技术创新竞争的作用，使得人们切实能够通过自己的努力，依靠技术和能力实现自己的梦想，营造积极向上、有所作为的社会心态。应该打破大城市

① 汪苏：《中财办副主任杨伟民：警惕新城变鬼城》，财新网，http://china.caixin.com/2014-04-21/100668044.html，2014 年 4 月 21 日。

对资源的制度区隔和政策垄断。这种区隔的打破，并不在于简单地放开管制，让外来人口进来，还应该打破利益集团的捆绑，向外放开闸门，让大城市依靠政策垄断的经济机会、社会服务等资源充分自由流动，并且向外辐射，带动农村、中小城市的发展。近年来提出的“城市群”思想，以及最近的“京津冀一体化”战略，正是这种思路的体现。

改革 40 年来中国的经济迅速发展，一定意义上获益于制度性的区隔，牺牲了农村、中小城镇的利益。未来的经济社会转型，要避免“中等收入陷阱”，需要培育健康有活力的社会结构。在“人口红利”逐渐消退的背景下，“四个世界”的分析证明，我国社会实际上积累了大量的资源，还没有得到充分的利用和合理有效的配置。“改革是最大的红利”，打破不合理的制度政策对社会分层结构的割裂，使得“四个世界”分割的资源得到合理配置，不仅有利于消解社会不稳定，更能促进资源的自由流动，让人们发挥各自的聪明才干，实现自己的理想，也会有助于社会经济的整体发展。

第十二章 关于中产阶级的理论与发达经济体的中产阶级现状

由前述关于社会结构转型的分析，我们可以清楚看到，中国在社会分层、社会结构方面，面临的最大任务就是如何实现社会结构的现代化转型，推进“橄榄型”社会的形成。在社会分层的理论中，这也就是关于中产阶级、中产阶层的研究。由于此问题非常之重要，从本章开始，笔者准备用九章的篇幅来探讨这个问题。这九章的具体安排，先是从社会分层研究中产阶级的理论谈起，介绍一下近百年来的中产阶级理论脉络，也介绍一下发达经济体的中产阶级现状。然后，进入我国中产阶层的研究，分析怎样定义中产阶层，中等收入群体与中产阶层到底是什么关系，按照不同标准测量的我国中产阶层规模到底有多大，我国中产阶层的收入、教育、职业以及消费模式和生活方式，同时也将我国的中产发展状况与国际上的状况进行比较。进一步分析我国中产阶层发展中遇到的问题，如过渡层和边缘层过大的问题，分析和探索在中国究竟如何推进中产阶层的发展，提出了我国中产社会形成的三条重要渠道，即教育的渠道、专业技术的渠道和市场的渠道。最后，分析农民工与中产阶层的关系，笔者认为，中国2亿—3亿农民工能否进入中产，是我国中产社会能否形成的关键。

我们知道，所谓“中产阶级”是英文“middle class”的翻译语，在中文里，有时也有不同的说法，比如：中产阶层、中间阶级、中等阶级、中间等级、中间阶层、社会中间层等，由于中文的春秋笔法，而产生了诸多的表达词语。在中文里，这些词语含义有某些差异，但在英文中实际上是一个词。所以，本书将这些术语同等看待。本书主要使用中产阶级和中产阶层两个概念，前者更强调与国际接轨的特点，后者更适于国内的情况。

对于这样一个庞大的中产阶层，过去，我们在理论上研究不够。一些研究曾对它简单地加以否定，认为中产阶层或中产阶级的说法抹杀了阶级界限。然而，从社会学的角度看，中产阶层的存在是一个社会事实，不管我们管它叫什么名字，它在客观上都确实起着缓解社会矛盾的功能。这就要求我们对这种功能进行研究。既然西方社会能借助这种中间结构来稳定社会，我们为什么不能取他山之石为我所用呢?

由于中产阶级是个外来概念、外来理论，所以，有必要对最先探讨中产阶级的西方理论作一下介绍。

一、中产阶级理论的来源

所谓中产阶级理论，就是认为现代社会是一个中产阶级会不断扩大的社会。当中产阶级变成了社会上的多数人或社会主体时，下层阶级或低收入者就必然成为社会的少数人群体。这时，社会的一个重要特征是：它在结构上比较稳定。因为，中产阶级往往对社会的主导价值观有较强的认同感，它往往起到缓解社会对立和社会矛盾的作用。反之，当中产阶级在社会上仅为少数人时，下层阶级或低收入者的比例就必然较高。这时，一个社会在结构上就处于不稳定状态。因为，下层收入群体对社会的认同感较弱，而反社会的情绪却较强。再者，失去了中产阶层的缓冲作用，上下两层之间容易导致矛盾和冲突。

理论泰斗卡尔·马克思如果不是最早，也属于是较早就认识到了中产阶级或中间等级的上述社会功能的。当然，马克思是从反向理论视角阐述这一观点的。他在《共产党宣言》中指出：中间等级的瓦解、中间等级的大多数落入无产者队伍中来，造成了社会的两极化，这是导致资本主义的重大社会冲突、社会动荡和社会革命的前提条件之一。[①]这里的“中间等级”是中译本使用的概念，而在《共产党宣言》的英文版中，所对应的原文就是 middle class 一词。所以，失去了 middle class 就会激化社会矛盾，这一点是马克思和其他学者的共识。

特别引起我们关注的是，我们也确实发现，马克思在《剩余价值理论》中，有两处提出了中等阶级将不断扩大的观点，并且肯定地说“资产阶级社会的发展进程却正是这样”[②]。马克思还批评了其他学者持与此相反的观点。马克思在《资本论》第 3 卷中也提到了这种趋势，他说，企业规模的扩大，使其对管理层的需求大大增加，于是一个人数众多的产业经理和商业经理阶级形成了。[③]但是，马克思并没有说明这个阶层处于什么样的社会位置上。

当然，真正全面阐述中产阶级思想的肯定不是马克思，从文献上看，应是马克思主义思想的修正者——爱·伯恩施坦（Eduard Bernstein）。

正是伯恩施坦在 1909 年的一次演说中最早比较全面地阐述了中产阶级的观点。他根据当时德国的收入统计，提出“收入的统计不是表明高收入和中等收入的人数的减少，而是表明它们的增加，而且它们的增长显著地超过人口的增长”。伯恩施坦还列出了具体的数据，从 1895 年到 1908 年，德国中等资产群体增加了 25.6%，富裕的中等资产群体增长了 33.7%。[④]

---

① 马克思、恩格斯：《马克思恩格斯选集》第 1 卷，人民出版社，2012 年版，第 408、410—411 页。

② 马克思：《1861—63 年经济学手稿》，《马克思恩格斯全集》第 33 卷，人民出版社，2004 年版，第 218 页。

③ 马克思：《资本论》第 3 卷，见《马克思恩格斯文集》第 7 卷，人民出版社，2009 年版，第 437 页。

④ 伯恩施坦著，史集译：《社会民主党内的修正主义》，生活·读书·新知三联书店，1963 年版，第 22、24 页。

伯恩施坦还形象地用社会结构的图形来展示他所说的中产阶层的变化。下面图 12-1 就是伯恩施坦所使用的图形，上面三张图表现的是，假设社会发生两极分化所会呈现出的社会结构的变化，下面三张图是他亲自画出的德国社会实际上发生的变化，“底座是雇佣工人阶级，中段或中间几段是小资产阶级和中等资产阶级，最上一段即尖端表示大地主和大资产阶级。”由此，伯恩施坦提出，社会关系并没有发生马克思所预言的两极分化，“在工人阶级和巨富之间的阶层没有一个环节显著地缩小”。[①] 依据这样一种判断，伯恩施坦认为，阶级对抗会因此而趋于缓和。

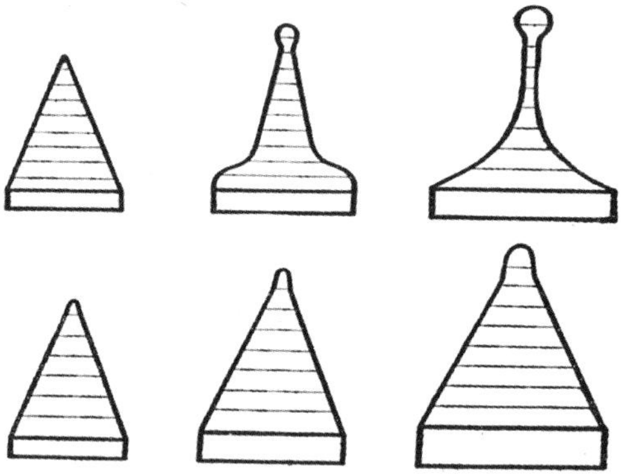

图 12-1　伯恩施坦展示的社会结构变迁图形[②]

当然，从学术上全面论证了中产阶级观点的，应该是德国经济学家与社会学家埃米尔·莱德勒（Emil Lederer）。埃米尔·莱德勒于 1882 年出生于犹太商人家庭，曾在维也纳大学学习法律学和国民经济学，获得博士学位，后来在海德堡等大学任教授。在政治立场上，他是民主社会主义的积极支持者，并于 1925 年加入了德国社会民主

① 伯恩施坦著:《社会民主党内的修正主义》，史集译，生活·读书·新知三联书店，1963 年版，第 24—25 页。

② 同上书，第 24 页。

党，所以，莱德勒与上述伯恩施坦、考斯基等关于社会结构演变的观点是一致的。在理论观点和学术观点上，莱德勒受马克思和熊彼特（Joseph Schumpeter）的影响较大，对无约束的自由市场经济持批判立场。在德国纳粹统治时期，莱德勒由于他的犹太出身而受到迫害，逃往伦敦，后来到了美国，与他人合作在美国纽约城建立"流亡大学"，称作"社会研究新学院"，并亲任首任院长，后突然病倒，手术医治无效后于1939年去世。1912年，埃米尔·莱德勒出版了他的关于中产阶级的第一部著作，这也正是他的博士学位论文:《现代经济发展中的私人基础》。该书研究了社会上新产生的包括职员、技术人员、办公室人员等在内的新的社会阶层，莱德勒称之为"新中产阶级"，比米尔斯关于"新中产阶级"的研究早了40年。莱德勒认为，由职员、技术人员构成的新中产阶级是一个特殊的社会阶层，有着特殊的阶级利益，与产业工人是不一样的，在实践中，他们建立了与产业工人相分离的工会。他认为，传统的工人阶级是由体力劳动者组成的，与新中产阶级有多方面的差异。后来，莱德勒还与他人合作出版了《中产阶级》（1937年）一书，全面研究了中产阶级的起源、发展，社会地位和社会功能。

第二次世界大战以后，由于社会结构发生很大变化，白领阶层不断扩张，对中产阶级的研究成为热门话题，这一时期，关于中产阶级的学术著作比较多，最主要的著作，如米尔斯的《白领——美国的中产阶级》、大卫·洛克伍德的《职员》、西奥多·盖格（Theodor Geiger）的《处于熔炉中的阶级社会》，以及弗里茨·克龙奈（Fritz Croner）的《现代社会中的雇员阶层》等。对新产生的社会阶层做了比较深入的研究。这些著作的研究特点是，第一，以大量的实证研究为基础，对欧美的中产阶级进行了比较全面的研究；第二，对于构成中产阶级的各群体，包括专业技术层、管理层、办公室人员等均做了分类的研究；第三，分析了中产阶级的特征，生活方式，社会地位；第四，发展了有关中产阶级的理论流派。

从社会分层角度探讨中产阶级的一个核心问题就是如何给中产

阶级在社会结构中定位，即中产阶级处在什么样的地位上，以及与其他阶级的关系如何。在这个问题上，有两派对立的观点。一派认为，中产阶级与资产阶级的地位更为相近，他们是资产阶级或统治阶级的延伸，因为中产阶级大体上承担着分工中的四种职能，即监督管理、专业技术、行政事务和经营销售，这四类职能的一个共同点就是，它们过去都是由雇主承担的，他们的职能过去是（有些现在还是）雇主工作的一部分。于是，中间阶级就被归入了统治阶级的一方。弗里茨·克龙奈（Fritz Croner）就是这一派的代表人物。另一派主张中产阶级主体是雇佣劳动者，从受雇的地位上看，他们与工人阶级的地位更为相近，后一派的代表人物如西奥多·盖格（Theodor Geiger）和 C. W. 米尔斯。米尔斯认为，新中产阶级在经济地位上是工资劳动者，是雇员阶层，并没有独立的财产，并且“在客观地位上，我们看到白领大众在结构中的地位和普通工人越来越相似，两者都没有财产，收入也越来越接近。使白领区别于普通工人的所有地位因素，如今都无可挽回地削弱了。不断加强的办公室合理化降低了技术水平，使他们的工作越来越像车间工作。高中教育在普通工人中日益普及，而不少白领工作要求的技能却更加简单。显然，白领工作市场今后将接受更多的普通工人子弟”[①]。后来，另一位重要的社会学家布雷弗曼（Harry Braverman）还专门撰写著作，描述白领的工作非常近似于工人阶级工作的技术细节。[②] 当然，米尔斯也认识到，虽然雇佣地位一致，但是中产阶级在意识上并不认同于工人阶级，所以米尔斯说出现了心理感受与经济地位不一致的情况。

对中产阶级地位的不同看法，很大程度上是因为中产阶级内部具有很大差异性，这样就使得问题变得更为复杂。所以，人们需要探讨的问题是，究竟中产阶级是一个统一的阶级，还是有多个中产阶级。

---

① C. 赖特·米尔斯:《白领——美国的中产阶级》，杨小东等译，浙江人民出版社，1987 年版，第 333 页。

② 哈里·布雷弗曼:《劳动与垄断资本》，商务印书馆，1978 年版。

二、统一的中产阶级还是分裂的中产阶级

中产阶级究竟是个统一的群体还是个分裂的群体，研究这个问题的意义在于，它与中产阶级的社会功能密切相关。如果是个统一的群体，则中产阶级稳定社会功能就有了依据。如果中产阶级是个四分五裂的阶级，则本身就矛盾重重，很难起到稳定社会的作用。

20世纪六七十年代以来，有很多学者对此进行了探讨，他们的观点有很大分歧，本章仅作一简述。英国有影响的学者A. 吉登斯，近些年来以研究“社会构成”的“第三条道路”等闻名于世，但是70年代时，他研究的主题却是社会分层。吉登斯关于中产阶级的思想主要体现在他的《发达社会的阶级结构》一书中，他的主要观点是提出了一个界定中产阶级的标准，这就是从市场能力（market capacity）上来定义中产阶级。他主张从市场能力上来区分三大社会阶级。他提出，对生产资料的占有、对教育或技术的占有，以及对体力劳动力的占有，是构成阶级的最重要的三种市场能力，由这三种不同的市场能力产生出发达资本主义社会的三个基本阶级：上层阶级，中产阶级和下层工人阶级。吉登斯认为，由于这三种市场能力的界限是清楚的，因此，中产阶级的界限也是清楚的。中产阶级与上层阶级的区别在于，上层阶级占有生产资料而中产阶级不占有，中产阶级与下层阶级的区别在于，中产阶级占有教育、技术证书，而下层工人阶级不占有。①

吉登斯当然看到了中产阶级内部的巨大差异性，但为什么他坚持将中产阶级视为一个统一的阶级呢？吉登斯认为，所谓社会群体的差异性主要来自两个方面，一是市场能力的不同，二是劳动分工的不同。所谓中产阶级的市场能力，就是他们在提供市场所需要的

① Anthony Giddens: *The Class Structure of the Advanced Societies,* Harper & Row Publishers, New York, 1975, pp.107–108.

技术知识，被社会承认的专业化技术的能力。那么，任何一个有此种能力的人都是中产阶级吗？他认为不是这样，中产阶级会通过社会屏蔽（closure）手段，防止其他阶级成员的进入。专业技术工作的市场能力，受到职业准入方面的“社会屏蔽”的限制，所有的专业技术协会都用屏蔽的方法排斥其他阶层成员的进入。他分析说，虽然劳动分工也会造成差异，但是与市场能力比较，劳动分工所造成的不是阶级的差异。因此，中产阶级内部尽管有很大差异，但大多是劳动分工的差异。吉登斯举例说，从劳动分工角度看，一个绘图员与一位社会工作者（social worker）有巨大差异，但是，从市场能力上看，他们却具有很大的相似性。[①] 他还批评了达伦多夫对于中产阶级的观点，达伦多夫认为，中产阶级的共性在于它是一个服务阶级，它为统治者与被统治者之间提供了桥梁，吉登斯认为，这种定义完全不能区分中产阶级与其他阶级。总之，吉登斯依靠市场能力的理论解释了为什么中产阶级是一个统一的阶级。

然而，同意吉登斯“统一的中产阶级”观点的人并不多，反对者却众多。比如，K. 罗伯茨、F. G. 库克、S. C. 克拉克和 E. 西蒙诺夫等提出了“破碎的中产阶级”的观点。他们认为，所谓中产阶级已经日益分化为一些不同的阶层，这些阶层处于分层体系的不同位置上。他们做了一项实证研究，对英国的白领群体的阶层意识进行调查。结果发现，第一，只有 27% 的白领人员接受“大中产阶级”的概念，并认为自己也属于大中产阶级。所谓大中产阶级概念，就是认为上层阶级和下层阶级人数都很少，只有中产阶级是社会的主体。这部分白领的实际经济收入也确实是处于中间状态。第二，有 19% 的白领认为，中产阶级是一个很小的社会阶层，它下面有一个巨大的、人数众多的工人阶级，上面有一个人数不多的上层阶级。认为自己是属于这个处于夹缝状态的中产阶级，这部分人大多属于小商

---

① Anthony Giddens: *The Class Structure of the Advanced Societies*, Harper & Row Publishers, New York, 1975, pp.186–188.

人。第三，有15%的白领认为，社会的阶梯是多层的，比如有4层以上的阶梯，并不存在一个处于中间状态的阶级，或者根本就不存在阶级分层，这部分人是受教育很好的、有专业技术的和收入较高的白领。第四，有14%的白领认为，构成社会阶级的主体是工人阶级，工人阶级处于分层体系的最下层，并认为自己就属于工人阶级，认为自己的地位与上层管理人员、专业技术人员有很大区别。这部分是下层白领人员，工薪低、上升机会少。[1] 所以，他们的结论是，中产阶级会越来越走向破碎化，会分化为不同的阶级。而艾伯克龙比（N. Abercrombie）则走得更远，他认为中产阶级是走向两极分化的，一部分变为上层，另一部分进入了下层，这实际上等于同意了马克思的中产阶级无产阶级化的观点。总之，凡是否定中产阶级是一致群体的，都或多或少地采用了比较激进的观点看待社会。

英国社会分层方面的重要学者J. H. 戈德索普（John H. Goldthorp）也不同意有一个统一的中产阶级。他将最上层的阶级称为"服务阶级"，包括高级专业技术人员、管理人员、官员、大公司经理、大的产业主等。也就是说，将中产阶级与上层阶级合在一起了。戈德索普不同意使用中产阶级的概念，而是使用"中间状态的阶级"（intermediate classes）概念。他的所谓中间状态的阶级包括职员、个人服务人员、小业主、小产业者、普通技术人员等，他们的地位比"服务阶级"地位低一些。在后来的研究中，戈德索普又认为，由于受雇状态、就业关系的不同，比如，养老金不同、发展机会不同、晋升提薪不同，阶层之间是有很大差异的。所以，他更倾向于划分细小的阶层，认为阶级结构是一种多阶级过渡的模式，而不是有一个统一的中产阶级。当然，戈德索普的观点是比较温和的，他是换了一种方式来表达缓和社会矛盾的途径。

---

① K. Roberts, F. G. Cook, S. C. Clark and E. Semeonoff: *The Fragmentary Class Structure,* Heinemann, London, 1977.

三、关于东亚中产阶级的研究

1. 萧新煌教授等关于东亚中产阶级研究的主要方面①

萧新煌教授首先分析了东亚新中产阶级产生的历史背景，认为自60年代至90年代，在东亚的一些国家和地区，包括新加坡、韩国，以及我国的香港、台湾地区，经济迅速扩张，产生了一种“新兴工业化经济”（NIEs，Newly industrialized economics），而新兴工业化经济促使职员、管理者、专业技术人员等“新中产阶级”发展起来，而且，也推进了小业主、小资产者等“老中产阶级”的增长。东亚中产阶级已成为在社会政治方面发挥作用的一支重要力量。

萧新煌教授等对东亚中产阶级的研究，是以对我国的台湾、香港地区，以及韩国、新加坡等的大型实证调研为基础的。该研究主要集中在四个方面：

第一，阶级界限问题，怎样和用什么标准将中产阶级与其他阶级区分开来？

第二，从家庭背景、婚姻、同质方面看，东亚中产阶级的社会特点是什么？

第三，东亚中产自我认定的阶级是什么？他们的生活方式是什么？

第四，政治态度方面，中产阶级对于国家、社会公正、民主转型的态度是什么？中产阶级在政治运动、选举中的积极性如何？

2. 萧新煌等关于东亚中产阶级特点的分析②

该研究提出了东亚中产阶级的五个特点。

---

① Hsin-Huang Michael Hsiao edited: *East Asian Middle Class in Comparative Perspective,* Institute of Ethnology, Academia Sinica, Taipei, 1999, pp.3–4.

② Ibid., pp.4–48.

第一，代际特征。第一代东亚中产阶级出生在“二战”以后，多来自工人、农民家庭。例如，父亲一代是农民，儿子一代成为中产阶级的，在韩国新中产阶级中占 33.3%，老中产阶级中占 51.4%。又如，父亲一代是工人，儿子一代成为中产阶级的，在香港新中产阶级中占 36.1%，老中产阶级中占 44.1%；在新加坡新中产阶级中占 32.7%，老中产阶级中占 46.2%。这一代人年轻时生活艰苦，后生活在多元阶级家庭中，所以第一代中产阶级，在阶级认同上和对待其他阶级上比较模糊，在劳工冲突中倾向于劳工一方。例如，认为自己是工人阶级的，在韩国新中产阶级中占 15.9%，老中产阶级中占 24.9%；在香港新中产阶级中占 10.3%，老中产阶级中占 28.8%；在新加坡新中产阶级中占 31.7%，老中产阶级中占 31.3%。所以，相当比例的中产阶级并不认同自己的中产阶级地位，而认同于工人阶级的地位。研究还证明了这种认同与他们的家庭出身有很大关系。

第二，中产阶级是东亚经济增长的主要受益群体（main beneficiary），市场带来的好处使得该阶级享受到较高生活水平。它发展出了一套显示其社会地位特点的象征符号。择偶倾向于在同阶层中寻找。为了维持其社会地位，该阶级具有保守倾向。东亚中产阶级的上述经济特征请参见表 12-1。

表 12-1　东亚中产阶级的一些特征（%）

具有如下特征的比例	韩国		香港地区		新加坡	
	新中产	老中产	新中产	老中产	新中产	老中产
有硕士以上学位	70.5	23.6	31.7	3.0	15.9	6.1
月收入超过 1 250 美元	84.5	74.1	91.2	66.7	69.8	48.5
年家庭收入超过 36 000 美元	63.6	54.1	74.7	26.2	44.6	27.3
有汽车	61.4	41.3	20.4	34.8	53.7	63.6
有信用卡	87.3	53.8	86.4	59.1	64.9	39.4
拥有现住房	63.2	48.0	59.2	54.5	20.4	87.9
有第二套住房	5.9	1.8	23.3	19.7	3.0	18.2

第三，该阶级自认为地位处于上升状态，意识到了自己独立的利益，而不采取支持劳工或资本的战略。自认为是民主的捍卫者，推进了环境运动、妇女运动、保护消费者运动，积极参加政治选举。因此，政府、资本家、劳工都想将它拉入自己的行列。

问卷调查询问了一些中产阶级自认为在社会中的作用的问题，结果中产阶级对于强调自己阶级作用的问题予以了比较正向的回答，但是在关心政治的问题上，中产阶级却倾向于并不关心政治（参见表 12–2）。

表 12–2 东亚中产阶级自己评价的社会作用（%）

同意下列判断的比例	韩国		香港地区		新加坡	
	新中产	老中产	新中产	老中产	新中产	老中产
中产阶级对社会贡献巨大	53.6	52.2	85.0	87.7	65.1	60.6
中产阶级是民主的先锋	54.5	46.2	50.0	53.6	41.3	30.3
中产阶级关注政治自由甚于经济发展	25.0	33.6	12.4	16.1	23.5	15.2
中产阶级不关心政治	42.3	54.5	28.3	24.6	24.2	28.1
中产阶级被征税过高	59.5	38.8	73.5	65.5	43.7	48.5

第四，该研究也提出了上文关于中产阶级是一个统一的阶级还是分裂阶级的问题。研究印证，东亚中产阶级内部有很大差异，是由众多阶层构成。包括：新中产阶级（受雇专业技术管理阶级），老中产阶级（小雇主、小资产的），边缘中产阶级（操作型的非体力劳动者）。新中产阶级的特征是同情工人阶级，老中产阶级的特征是比较保守，边缘中产阶级的特征是倾向于采取集体行动。

在分析阶级来源时发现，与新中产阶级相比，老中产阶级和边缘中产阶级来自工人和农民家庭的人更多，在自我认定阶级地位时，老中产阶级和边缘中产阶级自认为是工人阶级和较低阶级的比例也比新中产阶级高。

在市场能力方面，新中产阶级比边缘中产阶级显然具有更高的教育背景，新中产阶级比边缘中产阶级和老中产阶级的月收入和年收入也要高很多。在文化活动、生活方式方面，新中产阶级更倾向于现代生活方式，比如，听音乐会、打高尔夫球、参加社会俱乐部、出国旅游等。

第五，东亚不同国家、地区的中产阶级，因文化不同而有差异。新加坡，以及中国香港中产阶级政治上保守、对政治运动没兴趣，中国的台湾地区，以及韩国中产阶级有高度政治意识、试图改革其所生活的地区的政治制度。比如，新加坡的中产阶级在支持劳工和反对大资本方面的态度就比较温和，表现出的是强烈支持政府的立场，而政治参与的兴趣很低。

3. 高承恕教授关于中国台湾地区中产阶级的研究①

高承恕教授是在进行一项关于“台湾中小企业”的研究中，分析了中国台湾地区中产阶级的四个基本特性。

第一，高度流动性。高教授发现，台湾的中产阶级显现出高度的流动性，有从公家机关转到民营企业的，也有反过来的，但从公家机关转到民营企业的是主要流向（这有点像大陆的下海）。如果与日本、韩国相比，就更能看出这种流动性。日本比较强调终生雇用制，流动性小。韩国是以大企业为主，流动率也不高。在中国台湾，很突出的一种流动就是，很多人原先在公司里做雇员，后来自己出来开公司。原先在公司里做雇员的人，熟悉业务、学会了技术、掌握了市场网络，后来自己出来办公司、当董事长。台湾的董事长特别多，这与流动性高有密切关系。台湾企业有 90% 以上是中小企业。高教授所说的这种情况，目前在大陆也很普遍，大陆现在的董事长也特别多，人人都想当老板，这可能与华人的家庭式经济发达有关。

---

① 高承恕:《对当前台湾“中产阶级”的几点观察》，载萧新煌主编:《变迁中台湾社会的中产阶级》，巨流图书公司，1989 年版，第 21—31 页。

高教授所说的另一种流动是纵向流动，指台湾的中小企业主大多来自农民或工人家庭，过去打工，现在当老板，通过创业，逐渐积累财产，达到三四亿台币的年营业额，成为中小企业主。

第二，模糊性。模糊性与流动性有关，由于不断流动，中产阶级表现出来的结构化程度不高。这样，在阶级认同上就比较模糊，特别是第一代中产阶级常常认同于自己原来出身的阶级。

第三，多样性。这又涉及中产阶级是统一的中产阶级，还是分化的中产阶级问题了。高教授认为，台湾中产阶级内部差异是很大的。比如，中小企业主与公务员差异就很大，公务员与中小企业主的异质性大于同质性。即使在中小企业主群体的内部，不同产业之间也有很大差距。①

第四，现实性。这是指他们的认同和行动取向，比较倾向于以现实的利益为行为的标准，主要不是意识形态方面的标准，而是考虑如何能够获得更多的机会，得到更多的利益。他们更关心的是经济指标，比如汇率、股票、外销市场等，而不是政治意识形态。

四、西方国家中产阶级的现状

西方国家中产阶级的形成，经历了漫长的历史阶段。早期的西方中产阶级，学术上称为“旧中产阶级”，它主要是由小业主、小商人、小企业主以及小的土地所有者构成的。到了19世纪末、20世纪初，资本主义从自由竞争向垄断过渡，小企业大量被大的垄断组织吞并和取代。工业、运输、金融、商业等庞大的垄断机构开始大量雇用白领人员从事行政、管理、销售、计算、财物等工作。而股份公司的兴起也使得企业的管理阶层和所有者逐渐分离，出现了一个企业管理群体。这个时期，“旧中产阶级”纷纷破产，规模日渐缩小，而“新中产阶级”迅速成长为一个重要的群体。据统计，1931

① 严泉、陆红梅:《台湾的中产阶级》，九州出版社，2009年版，第5—7页。

年的英国，作为“新中产阶级”的“白领人员”占到了经济活动人口的 23%。旧中产阶级与新中产阶级最重要的区别在于，旧中产阶级是由业主构成的，是雇佣他人的雇主，因此，他们在社会上不可能形成一个庞大的群体，而“新中产阶级”是由雇员构成的，因此，他们有可能发展为庞大的社会群体。

“新中产阶级”和“旧中产阶级”相比，地位有所下降。在迅速扩大的白领队伍中，只有少数上层人物能与企业主保持密切的联系并手握大权。大多数职员与工厂主、董事会的距离非常遥远，成为普通的雇员。他们的就业安全和向上流动的比例降低，而且收入也相对下降。以 1913 年到 1978 年的英国为例，1913 年英国专业技术人员的平均收入为蓝领工人收入的 3 至 4 倍，而到了 1978 年则为 1.7 倍。在同一时期，美国的白领人员与蓝领人员的收入比例也发生了类似的变化。总之，在第二次世界大战以前，白领阶层中的专业技术知识分子，包括工程师、教师、科研人员等人数还不多，地位比较稳定。他们的就业安全率高，向上流动的机会也比较多。

第二次世界大战以后，科技革命和国家垄断资本主义的发展使发达资本主义国家的社会结构、劳动力结构发生重大变化，非体力劳动者日益增多，白领人员的队伍迅速扩大起来，已经成长为社会的主导群体。

在美国，白领人员的总数由 20 世纪 40 年代的 1 608 万人上升到 20 世纪 70 年代末的 5 105 万，增加了 2 倍多。其中专业技术人员增长最快，由 387.9 万上升到 1 542.3 万人，增长了近 3 倍。白领人员占劳动力总数的比例由 40 年代的 31% 上升到 1979 年的 50.9%。英国的情况也是如此，英国的白领人员总数由 40 年代的 600 万上升到 1978 年的 1 160 万人。1978 年白领人员的比例已经占到了 44%。

到 70 年代，各主要发达国家的白领人数都达到了 40% 以上（参见表 12–3）。

这种白领成为社会主导群体的势头，在 20 世纪末和 21 世纪初叶还始终保持着（参见表 12–4）。根据 2008 年数据，发达国家的白

表 12–3　20 世纪 70 年代部分发达资本主义国家白领、蓝领劳动者占有经济活动人口百分比

	美国	加拿大	西德	法国	荷兰	瑞典	挪威	日本
调查年份	1976	1979	1978	1975	1977	1979	1979	1975
白领比例	50.4	46.9	45	40	45.9	46.5	43.1	41.9
蓝领比例	43	44.8	53.7	44.8	46.7	50.6	54.2	55.7

资料来源：联合国劳工组织《劳工统计年鉴》1979 年、1980 年，美国劳工部《1977 年劳动统计手册》。

领人数一般都超过了 60%，如美、英、德、日、瑞典、澳大利亚等国，美国、瑞典、澳大利亚更是超过了 70%。这说明在发达资本主义国家，白领已经成为社会中的主体。而一般来说，经济越发达，白领所占比重越高，这也显示出随着经济增长，白领人数的增长也具有一定的必然性。

表 12–4　2008 年部分发达国家白领、蓝领劳动者占有经济活动人口百分比

	美国	英国	德国	日本	瑞典	澳大利亚
白领比例	77.57	69.64	65.85	63.79	72.11	71.13
蓝领比例	22.43	30.36	34.15	36.21	27.89	28.87

资料来源：联合国劳工组织《劳工统计年鉴》2008 年数据计算制作。

不过，随着白领队伍的膨胀，原来意义上的“白领”的社会地位也出现了进一步的分化趋势。一方面，股份公司的发展，资本的社会化导致管理阶层的上层地位变得更高，许多时候这个群体实际控制着众多大公司和企业的经营；另一方面，低层白领的工作和收入却越来越接近工人群体。而且，由于第三产业、第四产业（信息产业）和各类“知识密集型”产业的发展，专业技术知识分子也越来越多地成为生产的主要承担者。这个原来处于中产阶级中上层的群体也出现了下降的趋势。如麦科洛克指出，到了 70 年代，美国工程技术人员升迁的机会已经微乎其微了，他们长期呆在原来的职位上，对提升失去了信心。[1]但是白领群体内部的这种差别更多的表现为一种连续性和多层性，而且最底层白领通常都有一定的晋升机会，使得白领群体还是维持着一定的统一性和整体性。对于这个问题，西方社会学界也有着一些争论。

到了20世纪六七十年代，一些当时的中等发达国家，如韩国、日本等也形成了比较庞大的中产阶级，其社会结构演变的趋势与欧美国家十分相似。

那么，中产阶级是在什么样的历史条件下发展起来的呢？换言之，一个比较庞大的中产阶级的形成需要具备哪些基本条件呢？笔者以为，需要具备如下几个条件。第一是产业结构变迁的条件。当产业结构从以工业制造业为主转向以第三产业为主时，信息产业、银行、金融保险、通信、教育、保健、公用事业等得到了迅速的发展，而这些新兴产业中需要大量的专业和管理人员，导致了一个专业技术与管理群体的出现。第二是职业结构变迁的条件。职业结构的变迁除了受到前述的产业结构变迁的影响外，还受到三重重要原因的影响：一是随着资本所有权和管理权的分离不断扩大，出现了一个不具有财产权但是却有管理权的管理阶层；二是随着科学技术在社会生产中的作用日益显著，出现了一个具有较高学历和技术专长的专业技术精英群体；三是机器的广泛应用导致体力劳动工作大量减少，许多蓝领工作越来越多地由操作机器的专业人员代替。这些因素合在一起导致了全社会白领阶层的急剧增加，而蓝领人员的比例相对下降。第三是收入分配的调整。随着资本的社会化、股份的分散化，大资产所有者在资本收入中的比例降低，资本收入为更多的阶层所享有。而在“福利国家”政策的导引下，社会保障有了很大的发展，社会保障客观上有调节收入分配的作用，而累进税制则进一步缩小了收入的差距。这些制度上的改进都促使资本主义社

---

① Mark McColloch: *White Collar Workers in Transition,* Greenwood Press, London, 1983, pp.16, 177.

会中出现了一个庞大的中等收入层。第四是教育的发展。白领阶层的出现要求一个相应的教育的大发展，这个必要性从不同种类人员的受教育年限就可以看出。以美国为例，专业技术人员和管理人员在校受教育年限一般为15—16年，办事员、销售人员一般为12—13年，而体力工人仅仅为11—12年。当代发达资本主义国家都经历了一个高等教育从精英教育到大众教育的转变。目前，美国等国高等教育占总人口的比例已经达到了30%以上。教育的发展为白领阶层的出现奠定了基础。

中产阶级的形成对于社会具有深远的影响，它成为当代西方国家维护社会稳定的最重要力量。尽管近来一些研究提出，欧美国家的中产阶级也有某些分化发生，比如，2016年有两件大事，一件是英国对于是否脱离欧盟进行公投，结果同意脱欧的占51.9%，同意留欧的占48.1%；另一件是特朗普当选美国总统。一些研究人员认为，导致这两次重大政治结果的直接原因是英美中产阶层出现分化，一部分中产阶级地位下降，民粹主义情绪在一部分中产阶级中有所蔓延。其实，中产阶级的分化从现代中产阶级产生起，就一直频繁发生，每一次经济危机来临的时候，都出现了一部分中产阶级地位下降的情况。中产阶级这种特点本身就意味着它与上层或下层之间的界限并不是那样黑白分明，而是存在很多过渡地带。笔者以为，对于中产阶级的观察需要长远的历史视角，如果从现代中产阶级产生的百年历史看，在完成现代化转型的发达国家、发达经济体，中产阶级肯定是最重要的社会阶级和社会力量，也是相当稳定的无可替代的社会力量，其基本的社会功能也是毋庸置疑的，主要表现为如下四大功能：

第一，从社会结构和社会行动的角度看，中产阶级成为介于社会上层和下层的缓冲层，极大缓和了社会矛盾，降低了社会冲突的可能性。中产阶级的专业性使得他们形成了各种各样的“职业群体”，有利于社会上中下层的沟通。第二，中产阶级往往有广泛的社会交往，这为不同群体通过温和妥协的方式协调利益冲突提供了交往基础。第三，在意识形态上，中产阶级的中间位置，使得这个群体代表一种温和保守的意识形态，这使得极端激进的思想很难有市场。这为社会稳定提供了思想基础。第四，在经济稳定方面，中产阶级也是引导社会消费的最主要群体。中产阶级收入的稳定性使得他们的消费非常平稳，在中产阶级占多数时，一个稳定而庞大的消费市场就有了保证。这就为经济的稳定提供了基础。

总之，从长远的历史进程看，中产阶级占据主导地位，可以说是现代资本主义社会走向社会稳定的最重要的结构性原因。这对于我们目前的社会发展是非常具有重要借鉴意义的。

第十三章
谁是中国的中产阶层？

在中国的阶层划分中，传统上较少使用中产阶级或中产阶层的概念。1949 年中华人民共和国成立以后，直到改革开放以前，中国社会里，现代意义上的中产阶层确实比例甚低，那时候，关于主要社会阶级、阶层，比较流行的说法是包括：工人、农民、干部、知识分子，当然还包括少量的所谓“民族资产阶级”（1956 年后也并不占有工商业了）、小资产阶级，以及在农村接受改造的极少量的所谓“地主”“富农”等。现代意义上的中产阶级、中产阶层，实际上是改革开放到了 90 年代以后才逐渐崭露头角的。对于我国中产阶层所发生的这样一种历史变迁，本书第十五章会进行专门的分析。

本章主要解决中产阶层的测量标准问题。关于谁是中国的中产阶层的问题，也是很多人非常关心的，笔者就常常遇到人们询问，自己是否属于中产阶层。所以，本章先从中产阶层的标准谈起，分析经济标准、职业标准等，然后分析中产阶层与官方所说的“中等收入群体”是什么关系，分析中等收入群体的标准和规模，以及通过对我国中产阶层的分析，提出一些见解。

一、什么是区分中产阶层的标准？

上一章在一开始就已经说明了，关于中产阶级有多种表述方式。目前，在中国的情况下，使用中产阶层的说法比较容易被人们接受。所以，本书在分析中国的情况时，就比较多地使用中产阶层的说法。

直观地看，中产阶层是指生活水平、财产地位、社会地位处于中等层次的社会群体。所以，当我们使用中产阶层的概念时，就意味着，我们是从高低分层、分级的角度，对社会群体进行划分。按照此种划分方法，与中产阶级相配套的群体概念是上层阶级（upper class）和下层阶级（lower class 或 underclass）。由于上、中、下都是相对概念，因此，中产阶层的概念也就比较模糊。它与上层阶级和下层阶级之间并没有一条泾渭分明的界限。

与之完全不同的另一种划分社会阶层的方法，是从社会关系的角度进行分割。比如从经济关系的角度将社会群体划分为：有产者 / 无产者、老板 / 雇员、私营企业主 / 私营企业雇员、外企老板 / 外企雇员、国有企业经理 / 国企生产工人等，此种区分方法强调的是各群体之间的关系，按照此种区分，各群体之间没有过渡、非此即彼，界限分明。与之相比，上、中、下阶级的说法，显然会出现各群体之间的重叠和过渡，然而，也正是因为各群体之间的界限不清、模糊，使得此种划分社会阶层的方法，有利于缓和冲突，化解矛盾。而这一点也是任何一个按常规运作的社会所必需的。因此，我们很可以理解，为什么中产阶层的讨论成为报界的热门话题，以及为什么这样的主题被人们广泛接受。

既然中产阶层是社会地位处于中间层次的社会群体，那么，人们有多种社会地位，岂不是说中产阶层就会产生多种标准了？事实确实如此。笔者以为，在人们的多种社会地位中，有三种地位属于社会地位的基础要素，即经济地位、职业地位和教育地位。为什么笔者将这三种要素确定为社会地位的基础要素呢？第一，经济地位在决定人的社会位置的重要性是毋庸置疑的，不需笔者赘述。当然，经济的内容很多，可以是收入、财产、消费等，下文会进一步分析。第二，职业地位的重要意义似乎也不难理解。社会学认为，在现代社会中，职业地位是人们的首要地位；而且，职业地位是一种特殊的综合地位，因为有职业就会有职业收入；再者，职业也意味着对教育条件的基本要求。所以，也可以认为，职业地位包含了经济的要素和教育的要素，尽管这种包含还不是那样精确。正因为如此，本书在做阶级分层的时候，更多还是突出了职业的分层。这一部分在讨论区分中产阶层的三个维度的时候，最终还是落脚到了职业分层上面。第三，教育要素也是一种原始要素，在现代社会中，教育是引导人们进入社会网络上不同位置的一种机制或渠道，教育是形成社会分层的重要机制，笔者在以往的著作中将这一点称为教育在社会分层中的筛选功能。[①]千千万万的家长似乎都意识到了这一点，于是家长们就产生了为挑选更良好的教育机构的激烈竞争，家长们的口号是“决不能让孩子输在起跑线上”。当然，教育与人们最终在社会分层中位置的关系比较复杂，虽然要获得某种社会位置的前提是必须受过某种教育（获得某种文凭），但是，获得了某种教育或文凭还不一定就能实现某种社会位置。也就是说，教育是社会地位的必要条件，但还不是充分条件。所以，下文在分析教育地位与中产阶层关系的时候，使用了一个概念“中产潜在群体”，指受过较高教育的群体，他们未来进入中产的可能性会更大一些。

总之，在测量中产阶层时候，就可以从三个维度去测量。当然，从三个维度去测量，就会产生不一致的情况，一个标准符合了，另外的标准却不符合。所以，我们在研究中也使用了“广义中产”与“核心中产”的概念，“广义中产”指只要有一个维度符合了就暂且算做中产，“核心中产”指三个维度均符合标准的群体，当然，同时符合三个标准的人群确实很小。

尤其在我国，现代化转型的过程还远远没有结束，传统的社会结构特征还比较突出，现代意义上的中产阶层也还在发展过程之中，中产阶层的三个标准之间相互不匹配的现象会比较突出。这样，符合三个标准的中产阶层的比例会比较低。但是，等到我国现代化转型大体完成的时候，当我国完成了现代化社会结构转型、呈现出

---

① 李强:《当代中国社会分层与流动》，中国经济出版社，1993年版，第384—389页。

“橄榄型”社会结构的时候，笔者认为，那时候，同时符合三种条件的中产阶层的比例会大大上升。在此意义上，强调作为现代社会阶层的中产阶层的三方面标准还是有意义的。总之，笔者认为，在抽象理论研究的意义上，中产阶层的标准包括以下三方面：第一，在经济上，该阶层的收入、财产状况以及消费和生活状况不低于小康水平；第二，在职业上居于职业地位的中间层次，更具体来说，类似于白领阶层；第三，在知识方面，受过较好的教育，一般达到中等以上的教育水平或者受过 13 年及以上的教育。①

对于中产阶层的经济标准，目前比较多的是进行收入测量、财产测量和消费及生活方式测量。由于收入测量相对容易，目前从收入角度测量中产阶层的尝试也最为普遍。本章第二部分会专门分析中产阶层的收入问题，分析“中等收入群体”故此处不赘述。对于消费和生活方式的测量，本书第十五章也有专门的分析。

关于中产的教育标准，上文已交代了关系比较复杂。关于中产的教育标准是指，现代中产阶层大多受过较好的教育以及获得较高的文凭，英国社会学家吉登斯甚至将“占有教育的和技术的证书”定义为中产阶级的本质属性，但吉登斯也只是在理论上这样说，他也没能够给出中产阶级教育文凭的操作定义。② 现代社会的中产阶级、特别是“中产核心层”，应该是受过较高教育的群体，但反过来说，凡受过较高教育的都是中产阶级，也不准确，因为，上层阶级（upper class）很高比例也是有较高文凭的。但是，由于教育是社会地位的基础要素，所以，受过较高教育的群体会是中产阶层的潜在群体（参见表 13-1）。

---

① 李强:《当代中国社会分层：测量与分析》，北京师范大学出版社，2010 年版；李春玲:《中国当代中产阶层的构成及比例》，载《中国人口科学》2003 年第 6 期，第 25—32 页；李春玲:《准确划分中国中产阶层需要多元指标》，载《人民论坛》2003 年第 6 期，第 71—72 页。

② Anthony Giddens, *The Class Structure of the Advanced Societies*, Harper & Row Publishers, 1975, p.107.

表 13–1 我国教育分层之变迁百分比（%）

教育分层	CGSS2005	CGSS 2010	CGSS 2013
教育低层	71.89	68.12	65.49
教育中低层	15.24	13.13	13.5
教育中高层	12.87	18.75	21.01

表 13–1 使用的是中国人民大学的中国综合社会调查（CGSS）2005 年、2010 年、2013 年数据，根据当年权重指数进行加权。教育分层的标准是：受教育水平在初中及以下的人员定义为“教育低层”，拥有高中及技校、职高学历的为“教育中低层”，中专、大学本科及以上的为“教育中高层”。在这里，“教育中高层”显然是中产阶层的潜在群体，是比较容易进入中产阶层的群体。从 2005—2013 年的数据看，该中产潜在群体在 8 至 9 年的时间里，还是有较大上升的，从 2005 年的占 12.87%，上升到 2013 年的 21.01%，这就意味着，当前，中国是中产阶层比较容易扩张的时期，从培育“橄榄型”社会结构角度看，还是具备比较好的社会条件的。当然，上升速度虽然不慢，但整体上所占比例还不太高，这个大约 21% 的比例与下文从职业角度测量的中产阶层，以及从经济收入角度测量的中等收入群体，都还是比较接近的。

既然受过较高的教育是一种潜在的中产群体，那么，根据受过较高教育群体的发展情况就可以预测未来社会中产阶层的发展状况。下面，图 13–1、图 13–2、图 13–3 就是根据第五次全国人口普查和第六次全国人口普查数据做的我国城市和农村的分年龄的受教育程度的分布情况。

图 13–1 是根据第五次全国人口普查数据计算的，人口群体是 15—64 岁人口，横轴表示各年龄组，纵轴表示不同受教育水平的累计百分比，左边的图形是城市，右边的图形是乡镇和农村。从图形上可以看到，总的情况是，中国受过高等教育人口的比例还是相当小的，并且城乡之间的差别极大。图形的另一个特点是，中国各个

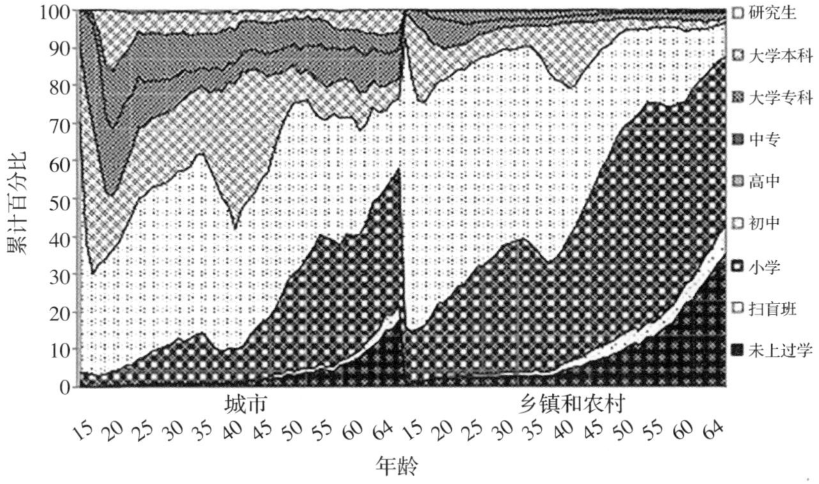

图 13-1　城乡分年龄教育程度构成状况（第五次全国人口普查）

年龄段人口中接受教育的情况表现为很特殊的骤升骤降的现象，为什么会出现这种骤升骤降的现象呢？细心研究，就可以发现，中国人口的受教育水平受到三个历史时期的重大影响。

其一，“文化大革命”时期，无论城市还是农村，受“文化大革命”影响教育规模均大大缩小，从图 13-1 中可以看到，建国初期积累的中等教育人口规模峰值骤降，体现为 40 岁左右高中学历人口比例巨大，而 35—40 岁年龄段，这部分人口的高中学历比例明显下降，直到 34 岁的人口（1966 年出生）达到高中及以上学历的谷底，1969 年到 1973 年这段时期，高中毕业生几乎中断，此后由于“文化大革命”后期教育体制的恢复（1971—1972 年恢复高中，1974 年以后开始有高中毕业生），学历水平又重新开始上升。

其二，“文化大革命”以后，教育的恢复速度很快。首先，高中学历的人口逐年上升，而且无论在城市还是农村都是同步扩张的，第五次全国人口普查 18 岁人口达到调查当年的高中学历的峰值。所以，可以得知，只要坚持朝着这样的方向发展下去，几十年以后，中国人口的教育素质会有根本的改观。其次，高中以上的各类教育都是逐年扩张的趋势，在城市，中专、大专、大学本科、研究生出现了全线增长的局面，18 岁群体受过高等教育的人口（包括大专）已经超过了 30%，如果朝着这样的速度发展下去的话，城市中产阶层的潜在群体会发展为社会的主要群体。当然，在农村里，主要是中专和大专队伍的扩大，更高的学历则还比较少见。

其三，90 年代中期“高校扩招”以后，在 20 岁以下的年龄组里，受过高等教育的比例出现骤增的局面，特别是城市中小于 25 岁人口中接受高等教育人口的比例增长十分明显，峰值时期接受高等教育的人口已经超过了 30%，可以预见，随着我国高等教育规模的不断扩大和人口的自然淘汰，城市多数人口的教育素质将具备中产阶层的基础条件。

当然，从农村的情况来看，高校扩招对于改善农村人口文化素质并没有起到明显的推进作用。从图中可以发现，即使在高校扩招以后的 20—25 岁年龄组中，也看不到受过高等教育的人的踪影，这是因为，如果只有扩招政策而没有鼓励返乡政策，就只会使农村中的精英更加高速度地向城市集中。从图中可以看到，在扩招以后的年龄组形成鲜明的城乡反差，城市受高等教育人口剧增，而农村完全看不到变化，所以，可以预计，如果朝着这样的趋势发展，城市中庞大的中产阶层会较快形成，而农村则大体上是中产阶层空缺的状况。

下面，我们再来看看根据第六次全国人口普查数据计算的城乡人口的教育分布：

图 13-2 显示的是城市人口的受教育状况，我们看到，从老年人到年轻人，受过大专以上教育的比例（即中产阶层的潜在群体）是一种持续的增长状态，40 岁左右的人有近 20% 受过大专及以上教育，30 岁左右的人为近 30%，20 岁左右为 40%。所以，城市里年轻一代的中产化是不可阻挡的趋势。当然，农村的情况就完全不一样了。

图 13-3 显示的是农村的情况。与城市人口差异巨大，农村 40 岁以上的人群中几乎看不到受过大专及以上教育的踪影，30 岁左右人群仅有微小的大专以上教育人口。18—20 岁人群中有明显的高等

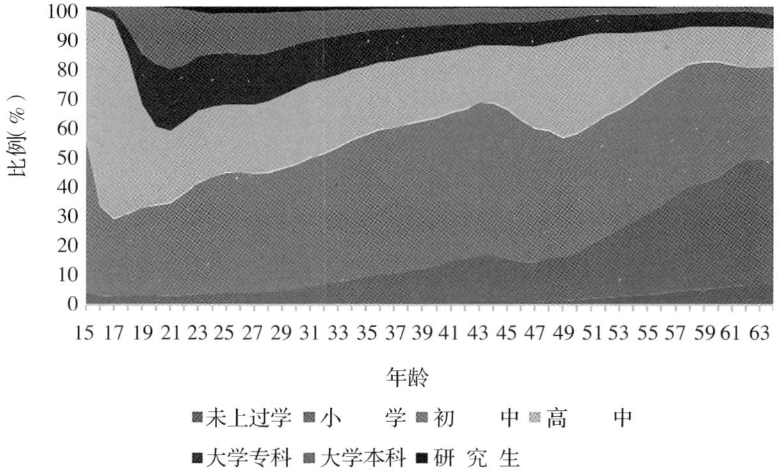

图 13-2　城镇分年龄教育程度构成状况（第六次全国人口普查）

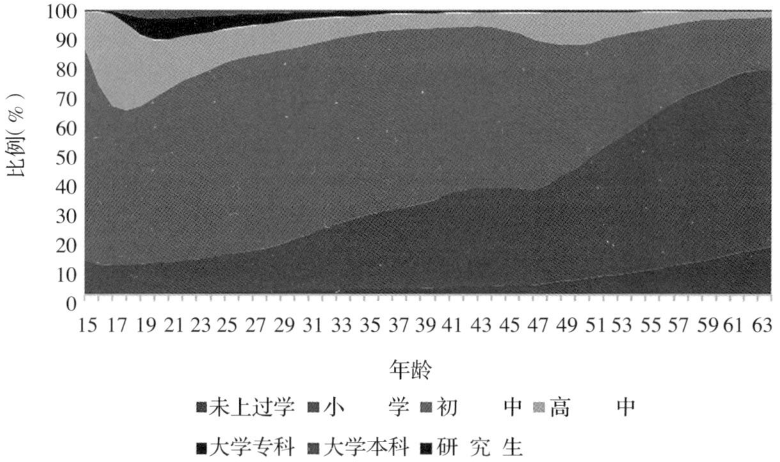

图 13-3　农村分年龄教育程度构成状况（第六次全国人口普查）

教育群体，但是，这些应该是在校大学生，他们毕业后恐怕又会流向城市。看来，农村明显缺少培育中产阶层的教育条件。总之，教育虽不能直接判断中产地位，但是，教育作为基础要素，可以判断中产阶层的发展趋势。

最后是关于测量中产阶层的职业标准。

在现代社会，职业地位是人们的首要社会地位，因此，所谓“中产阶层”首先是由居于社会中间地位的职业群体构成的。一个社会的职业体系一般具有相当的稳定特性，特别是当社会形成职业结构以后，一般很难在短期内发生巨变。职业结构又受到产业结构的制约，所以，中产阶层的职业结构需要在现代社会产业结构变迁以后才能实现。职业塑造人的行为方式和生活方式，所以，只有形成了中产阶层的职业结构才能形成中产阶层的政治态度、政治行为和生活方式。因此，中产阶层的真正形成，很大程度上取决于现代职业结构的形成。另外，从职业与上述教育地位的关系看，教育是潜在的社会地位，职业是显在的社会地位，教育往往成为进入某种职业位置的重要的准入条件，既然前面说，城市中受过高等教育的人口呈明显的增长趋势，那么就可以预见，城市里进入中产阶层职业结构的群体也会呈持续增长的趋势。

什么是中产阶层的职业构成呢？正如上文所述，从世界各国的经验看，中产阶层主要是由四个职业群体构成的，即管理人员、专业技术人员、办公室办事员和商业服务业人员，这四个职业群体又常被称为“白领人员”，而“白领人员”或“白领群体”是现代社会中产阶层的最主要构成部分。如果按照这样的职业分类，依据“全国第六次人口普查”数据，我国城乡四个白领类别职业群体的比例如下（见表 13–2）：

由表 13–2 可以看到，中国城乡合计的白领群体占全部就业者

表 13–2　中国城乡白领职业群体的构成比例（%）

	农村	城镇	城乡合计
国家机关、党群组织、企业、事业单位负责人	0.91	4.89	1.84
专业技术人员	2.10	23.35	7.08
办事人员和有关人员	1.41	14.32	4.43
商业、服务业人员	12.98	28.44	16.60
其他职业人员	87.60	29.00	70.05
合计	100.00	100.00	100.00

的 29.95%，但城乡之间差异很大，城镇比例为 71.00%，农村仅仅 17.4%，显然，推进城镇化是非常有利于推进白领群体发展的。这里研究的是中产阶层的职业标准，简单地将白领群体等同于中产阶层也是有漏洞的，至少有两个方面：第一，管理人员、单位负责人和专业人员中有一部分高级人士属于社会上层，尽管比例不高，但都归入中产也是不准确的；第二，在中国，商业、服务业人员中还有一部分人其劳动类似于体力劳动者而不是白领，尽管国际上一些发达经济体常常将服务人员、商店和市场销售人员（service workers, shop and market sales workers）归为一类并纳入白领范畴，但是在中国，商业市场以及服务业职业还远没有那样规范和成熟。所以，也只能说中国的商业营销工作近似于白领工作。

本书第九章曾详细探讨了“国际社会经济职业地位指数（ISEI）”的方法，即将所有职业都转换为一种地位指数，然后量化地确定每一个人社会地位的方法。由于有了每一个人社会地位的量化得分，这样上层、中产和下层的分组就比较容易，而且根据地位得分的分组，反过来再寻找各个对应的职业群体也比较容易，职业群体是属性地位差异群体，不同职业群体的界限十分明确，所以，用这样的方法确定中产阶层就变得比较容易了。根据笔者多年研究的经验，本书将 ISEI 分值在 67 和 67 以上的群体定义为社会上层（upper class），将 ISEI 分值在 41—66 的群体定义为社会中层，将 ISEI 分值在 16—40 的群体定义为社会下层（lower class）（目前社会地位分值最低的群体是 16）。根据全国第六次人口普查的数据，中国上、中、下阶层的比例如下表（表 13–3）：

表 13–3　中国城乡 ISEI 上、中、下阶层的构成比例（%）

社会分层	农村	城镇	城乡合计
社会上层	1.95	17.66	5.63
中产阶层	12.60	40.47	19.13
社会下层	85.45	41.88	75.24
合计	100.00	100.00	100.00

从表 13–3 可以清楚看到，在城乡合计的中国全部就业者中，按照 ISEI 测量的我国中产阶层，所占比例为 19.13%，也就是说接近 1/5。当然，城镇要高很多，为 40.47%，农村仅 12.60%。

以职业标准划分中产阶层有很多优点，上文已述，职业群体是属性差异群体，这样中产阶层的界限会比较清楚。另外，职业也是有真实社会互动意义的群体，进入某一职业的标准会近似，同一职业的人会有相似的职业规范、职业语言，也更容易发生社会交往。这就涉及了我们为什么要研究中国的中产阶层问题。一个真实的社会阶层，而不是虚假的社会阶层，是有社会互动、社会整合、社会态度和社会行动意义的。从世界各国的经验看，中产阶层是一个在政治、经济、文化、思想等方面有特殊利益的、有一定认同的社会集团。在中国，如果这个集团将来发展为社会的主体，它将最终使中国社会进入稳定的发展状态，使中国社会从“结构紧张”进入“结构宽松”。所以，关注于中产阶层的职业划分，更有利于研究真实的社会地位群体。

二、中产阶层与中等收入群体

在目前国内官方的话语上，还没有直接使用中产阶层的说法，而是使用“中等收入群体”的说法。中等收入群体，即 the middle-income group，在国际上也大体被视为与 middle class 是等同概念，所以，本章这一部分就来探讨中产阶层的经济收入标准。

那么，怎样测量中等收入群体呢？中等收入群体的测量与中产阶层的测量有什么区别呢？

首先，我们必须认识到，“中等收入群体”和“中产阶层”的界定历来是一个难题，有多种理论与分析方法，参照的标准有收入、财富、职业、生活方式等。其中，收入是讨论最多的维度。李培林等学者将中等收入者界定为收入分布在城镇居民第 26 到第 95 百分位之间的人群，并计算出 2013 年我国城镇人口内中等收入者群体比例为 25%。[①] 亚洲开发银行的研究报告曾提出，每天消费 2—20 美元（购买力平价）的人群就算是中产阶级，由此推算出中国 2007 年就已经步入中产阶级为主的社会，占比高达 89.1%。[②] 与收入相近，财富也是重要的标准。瑞信（Credit Suisse）2015 年发布《全球财富报告 2015》，以个人拥有财富 5 万—50 万美元为标准，认为中国大陆的中产阶层人数是世界各国之首，达到 1.09 亿，占比约为 10.7%[③]。

从现有中等收入标准来看，较为常用的主要为以下几种：

首先，国际上较为常用的一种界定中等收入群体的标准，是以人均收入或中间收入作为基准线，以“中间收入的 50%”为中等收入区间的低限值，以“中间收入的 150%”为高限值，经济合作与发展组织（OECD）的大多数成员都是以此作为界定中产阶层的收入标准。这一标准的特点在于，区间范围相对较宽，可以随着国民收入的变化在相对层面上划分出处于中间收入水平的群体，该方法更适用于收入分配较为均等的国家。OECD 一些经济较为发达的成员国如日本、韩国等已经度过了贫富差距较大的时期，因而采用这一中等收入划分方法是较为合理的。但是，在我国，由于仍处在城镇化、产业化进程中，贫富差距较大的问题仍然十分严峻，所以，这一方法对于我国并不太适用。我们来试着测算一下：2015 年我国人均可支配收入人民币 21 966 元，根据上述方法可以得到我国中等收入区间为年人均可支配收入“1.1 万—3.3 万元”，这样的中等收入群体标准显然是太低了。由于个人可支配收入的中位数统计年鉴中并未给出，因而计算时直接以人均可支配收入值替代计算。再利用中国家

---

① 李培林、朱迪：《努力形成“橄榄型”分配格局——基于 2006—2013 年中国社会状况调查数据的分析》，载《中国社会科学》2015 年第 1 期，第 45—65 页。

② Yuan, Zhang; Wan, Guanghua; Khor, Niny. “The Rise of the Middle Class in the People’s Republic of China”，引自“Asian Development Bank Institute”（http://hdl.handle.net/11540/2043），浏览于 2016 年 11 月 28 日。

③ 瑞信：《全球中产阶级的财富净值自 2000 年以来倍增至 80.7 万亿美元，占全球财富 32%》，引自“Credit Suisse Research Institute”（https://www.credit-suisse.com/cn/sc/about-us/press-release/pr-10132015.html），浏览于 2016 年 11 月 28 日。

庭追踪调查（CFPS）2014年调查数据，可近似得到满足这一收入区间的我国中等收入群体占比为38%，城市占比为45%。可以看到，如果以“中间收入的50%至中间收入的150%”这一标准界定我国中等收入群体，我国中等收入群体占比好像并不低，尤其是城市似乎已经形成了较大的中等收入群体规模。但“1.1万—3.3万元”的中等收入标准明显偏低，根据“十六大”提出的我国实现小康社会的基本收入标准“城镇居民人均可支配收入达到1.8万元”，1.1万元的中等收入基准线显然没有达到，若依据这一中等收入区间将使一大部分低收入者也被划入中等收入群体，导致中等收入群体规模虚高，而这一部分群体可能连小康的基本生活水准都没有达到。所以，这一中等收入标准对于我国并不适用。

其次，参阅国内已有中等收入标准研究，事实上，一些学者也认同以中位数的50%界定我国中等收入群体偏低，并采用不同方法提高了中等收入基准低线，较为常见的是基于城市户籍人口平均收入进行调整。如李培林等在研究中是将中等收入基准线由“中位数的50%”提高为“城市户籍人口的平均收入”，并将“城市户籍人口平均收入线以上到平均线2.5倍”的群体定义为中等收入层。[①] 若依据这一界定标准，根据2013年我国城市人均可支配收入26 955元，可以得到我国中等收入区间为人均可支配收入“2.7万—6.7万元”，据此利用2014年中国家庭追踪调查（CFPS）数据进行测算，得到我国2013年中等收入群体仅占约13%，城市仅占约19%。可见，向上调整了界定标准后，中等收入群体比例会明显下降，笔者以为，以城市户籍人口的平均收入作为中等收入低限确实有些偏高，导致我国中等收入群体比例过低，也不符合社会事实。

最后，国家发展改革委员会2005年提出的中等收入标准也比较

① 李培林、张翼:《中国中产阶级的规模、认同和社会态度》，载《社会》2008年第2期。

具有代表性[①]，在收入低限的界定上同样是以城市居民的收入水平为参考，具体界定方法则是“以2020年城镇居民人均收入的推算值为中等收入低限，以上下限之间3倍左右的差距确定中等收入上限”，最终得到中等收入标准为“个人年收入3.4万—10万元”“人均可支配收入1.8万—5.4万元”“家庭年收入5.37万—16万元”，同样依据2014年CFPS调查数据，测算得到2013年满足人均可支配收入“1.8万—5.4万元”的群体比例约为25%。这一比例明显高于李培林中等收入标准下的测算结果，但由于该标准提出较早，10年间我国居民收入水平已有较大提升，2015年人均可支配收入已达到3.2万元，因而上述标准的收入基准线对照中国现阶段国情略显偏低，且以2020年人均收入推算值（以2002年收入水平为推算基础）作为中等收入基准线的方法也有待商榷。

总之，基于上述分析，本研究认为，现有中等收入标准在界定中国中等收入群体上仍存在一些不足，我国中等收入群体的界定标准应符合我国现阶段的国情，应处理好城市和农村收入测算的关系，已有研究中直接以城市户籍人均收入作为基准线可能会使收入标准偏高，不利于扩大中等收入群体，但同时基准线也不能定得太低，应保证收入区间能够满足中等收入群体生活相对富裕和较为稳定的要求以及全面建设小康社会目标的实现，笔者所主持的课题组经过多种不同数据的反复测算和多次讨论，认为选取城市人均收入的60%—70%作为中等收入基准线的低限，上下限之间保持在2.5—4倍可能是较为合适的，以人均可支配收入为例，则可得到中等收入区间为“2万—8万”，由于上述经验分析均是基于相对指标的中等收入标准，因而得到的这一区间是较为宽泛的，正如上文所说的幅度范围较宽的特点。

笔者所主持的课题组最终提出的，测算我国中等收入群体的三

---

① 国家发改委宏观经济研究院课题组：《中等收入者的定义和划分标准》，载《经济研究参考》2005年第5期。

个方面：第一，人均年收入 3.5 万—12 万元；第二，家庭年收入 6.9 万—23.6 万元；第三，人均可支配收入 2 万—6.7 万元。

根据上述标准，本研究分别使用中国人民大学中国综合社会调查（CGSS）2013 年对“受访者个人去年总收入”的调查数据，以及中国家庭追踪调查（CFPS）2014 年对受访者“过去 12 个月的总收入”“人均家庭纯收入”的调查数据，对中国 2012 年、2013 年中等收入群体规模进行测度，测算结果如表 13–4 所示。中国综合社会调查（CGSS）和中国家庭追踪调查（CFPS）是国内比较具有代表性的调查数据，问卷设计从不同角度对居民收入情况进行了调查，调查方法的科学性、数据的可信度较高，不足之处在于目前仅能获得有 2012 年和 2013 年数据，虽然测算依据不是 2015 年的最新数据，但对本研究结论并没有太大影响。①

这里需要说明的是，受调查数据的限制，本章以 CFPS 数据中居民“人均纯收入”作为“人均可支配收入”的近似替代，根据统计局的指标解释，“人均纯收入”与“人均可支配收入”的统计口径并不完全一致，但存在一定的相近之处，所得测度结果也具有一定的参考意义。

表 13–4　我国中等收入群体规模测算结果

		人均年收入①	家庭年收入②	人均可支配收入③
中等收入标准		3.5 万—12 万元	6.9 万—23.6 万元	2 万—6.7 万元
年份		2012 年	2013 年	2013 年
全国	低收入群体	78.9%	77.7%	76.0%
	中等收入群体	19.7%	21.0%	21.9%
	高收入群体	1.4%	1.4%	2.0%

① 在此也对中国人民大学中国调查与数据中心和北京大学中国社会科学调查中心（ISSS）提供调查数据表示感谢。

续表

		人均年收入①	家庭年收入②	人均可支配收入③
中等收入标准		3.5 万—12 万元	6.9 万—23.6 万元	2 万—6.7 万元
年份		2012 年	2013 年	2013 年
城市	低收入群体	70.0%	70.7%	66.5%
	中等收入群体	27.9%	27.1%	30.3%
	高收入群体	2.1%	2.2%	3.2%
农村	低收入群体	93.9%	85.1%	86.2%
	中等收入群体	6.0%	14.4%	13.0%
	高收入群体	0.2%	0.5%	0.8%

数据来源：① 为中国综合社会调查（CGSS）2013 年调查数据，根据当年权重指数进行加权；②、③为中国家庭追踪调查（CFPS）2014 年调查数据，根据 2014 年家庭横截面权数进行加权。

从表中可以看到，依据本研究提出的中等收入群体人均年收入标准（3.5 万—12 万元），2012 年我国中等收入群体比例为 19.7%，低收入群体比例为 78.9%，高收入群体比例为 1.4%。依据家庭年均收入和人均可支配收入标准，中国 2013 年中等收入群体比例分别为 21%、21.9%，略高于 2012 年；低收入群体比例分别为 77.7%、76%，略低于 2012 年；高收入群体比例分别为 1.4%、2%。由此可以看到，基于多个中等收入标准和不同调查数据可得到较为相似的收入结构特征，即中等收入群体的比例为 19.7% 至 21.9% 之间。这与上文按照职业标准分析的中产阶层占比 19.13% 也颇为近似。当然，考虑到 2016—2017 年人均年收入和人均可支配收入会有上升，中国实际的中等收入群体规模比上述比例会略有提升。

进一步从城市、农村中等收入群体的占比情况来看，城市中等收入群体比例明显高于农村，2013 年城市居民满足人均可支配收入标准的比例达到 30%，满足家庭年收入标准的群体占比约 27%，这一比例结果与李培林所测算 2006—2013 年我国城镇中等收入群体一直稳定在 28% 左右的结论较为接近，[①] 而相比之下，农村中等收入群体比例最高也没有超过 15%，高收入群体占比则不足 1%，从而揭示出我国较大的城乡收入差距。

由此可以看到，尽管本文提出的中等收入标准的低限值并不高，但目前我国中等收入群体占比仍然只有 21%—22% 左右，虽然这一结果可能与我国收入调查存在低填答的现象可能有一定关系，但中国社会结构与“橄榄型”的分配格局仍有较大距离肯定是学界的共识。[②] 从城市与农村的比较来看，城市中等收入群体培育相对充分，而农村中等收入群体发展则十分落后，城乡差距较大，中国特有的城乡二元结构极大地阻碍了中国中等收入群体规模的扩大。所以，扩大中等收入群体的战略任务仍然是十分艰巨的。

当然，仅仅用收入来界定社会群体肯定有所不足。尤其是在中国目前的场景下，社会各阶层还在变动之中，资源分配和资源配置的制度体系还不稳定，如果仅仅用收入分辨社会群体，至少会遇到如下几个难题：第一，收入与职业、教育的关系还没有稳定或定型，所以，如果仅仅看收入，就会发生将某些职业教育典型的中产阶层排除在中等阶层之外或者发生相反的情况。第二，在经济形势波动的局面下，收入会随时发生变化甚至较大变化，这样中等收入的标准就十分不稳定。第三，迄今我国城市和农村依然差异极大，测量农村自然经济的收入与生活方式，与测量城市市场经济的收入与生活方式难以使用同一种货币尺度。第四，我国不同区域经济差异巨大，不同规模的城市之间差异也很大，所谓“一线、二线、三线、四线”城市的说法就是此种差异的生动体现。同一种收入，在特大城市里是低收入群体，到小城镇有可能成为高收入群体，反之亦然。总之，尽管人们常常询问究竟什么是中等收入群体的标准？研究人

---

① 李培林：《基于收入分配格局的观察》，《北京日报》2015 年 12 月 1 日。

② 李强：《中国离橄榄型社会还有多远——对于中产阶层发展的社会学分析》，《探索与争鸣》2016 年第 8 期。

员也常常难以给出准确的答案。这样，就不得不将中等收入的幅度定得十分宽泛，而过于宽泛的标准又失去了阶层分辨的意义，过于宽泛的标准就等于没有标准。[1]

从上述分析还可以看到，中等收入群体的标准并不十分严格，还需要根据实际情况不断进行调节，在标准调整以后，该群体规模自然也常常会发生变化。那么，中等收入群体与中产阶层是什么关系呢？虽然在不甚严格的意义上，我们有时候也将中等收入群体与中产阶层互相替代，但是，严格地讲，两者的边界还是有差异的。所以，本书第十四章，将中等收入群体分为两部分，一部分是比较符合中产条件的，称为“收入中产”，另一部分是中等收入群体里面收入略低一些的人，称为“收入中下层”。其实，无论怎样努力，试图从收入的划分中找到中产的界限，都会遇到边界模糊不清的问题。正因为如此，笔者以为，只有从职业上区分，才能够找到比较清晰的中产的界限。

三、中国中产阶层的五个集团

上文已述，笔者对中产阶层的研究显示，发现它的标准与规模固然重要，但是，更为核心的问题是发现它的组成结构、社会特性、社会功能，在此意义上，中产阶层就绝不仅仅是一个统计意义上的群体，而是一个有真实社会关系的群体，如上文说的，是有社会互动、社会整合、社会态度和社会行动意义的群体。那么，我国当前的中产阶层中，究竟有哪几个真实的，具有社会互动、社会团结意义上的群体呢？笔者认为，我国当前，有五个中产群体具有比较独特的社会功能，相互之间有比较明显的特征可以区分，由此提出，构成中国当前中产阶层的五个重要的集团的观点。当然，我国中产

---

① 李培林、张翼:《中国中产阶级的规模、认同和社会态度》，载《社会》2008 年第 2 期。

阶层正在形成过程之中，它内部所包含的集团，也常常会发生新的变化。

第一个集团是最典型的中产阶层，即专业技术阶层。该阶层包括传统的知识分子阶层，当然其中有很小一部分人，最高级别的专家，属于更高的阶层。在中华人民共和国的历史中，其他类型的中产阶级都曾经遇到过兴衰沉浮，比如，民族工商业者在50年代中期以后曾经一度消亡了，而专业技术阶层、知识分子阶层却是贯穿始终的中产阶层。尽管在“文化大革命”中有所谓“臭老九”之说，但是，实际上，无论就工资水平，还是福利待遇、工作环境来看，专业技术阶层的位置都显然是高于农民、高于普通体力工人的。当然，改革开放以后，这个集团也有很大变化。传统的知识分子都是在体制之内的，但是，近来市场的快速发展也将一部分知识分子吸引到了体制之外。他们很多在民营企业、外资企业、港澳台企业里就业，也有不少人从事自由职业，但从工作性质看，都属于专业技术型的，是典型的白领阶层。专业技术阶层中的这两个群体——体制内群体与体制外群体，由于他们受教育的基础并没有太大差异，所以，基本价值观还是相似的。但是，由于体制内、体制外的区别，也会有些利益取向上的差异。

第二个集团是各类管理人员，包括企业事业单位的管理人员和广大的干部阶层。当然，高层管理人员、高级干部，属于更高级的阶层，但是，这种高层管理者、首席执行官（CEO），毕竟人数和比例很少，多数管理人员还是应归入中产阶层。无论是什么单位的管理者，经济地位、权力地位、工作地位、市场地位当然都会高于一般非管理者。在中国社会主义改造的一段时间里，比较排斥民营的工商业运营者，曾经一度（1956—1977年）完全用具有政治色彩的干部取而代之。但是，改革开放以后，工商业运营者阶层有了迅猛的发展。而中国的干部阶层，今天人们称之为“公务员”阶层，其中，高级干部仅是极少数，绝大多数是普通干部。他们的工资收入、形式工资，虽然有可能比企业管理者、企业经理的收入低一些，但是，之所以公务员仍然是大学毕业生的最抢手职业，就是因为，这类职位收入稳定、上升机会较多，在住房、医疗、养老保障等方面具有比较好的条件，并且，能够在社会的政治生活、经济生活和精神生活中发挥巨大作用。总之，中国的管理人员，主要还是由公务员和企事业经营管理人员两类人构成。这两类人员虽然在经济收入、政治地位上也存在某些差异，但是，显然还是共同性要更突出一些，他们都是中产阶层的最主要的组成部分。

第三个集团是所谓“新中产阶层”，笔者比较强调它的新生代特征。笔者最初发现这个阶层是 90 年代中后期，在研究失业下岗的传统职工层的时候。当时出现一个非常奇怪的现象，即在一些大城市里，年轻人年龄组的平均收入居然超过了中年人的收入，笔者曾将此种现象称为“中产阶层的代际更替”。[①]2004 年，国家统计局城市调查总队在全国 10 个省市的调查也发现了同样的结果，调查发现 25—35 岁的年轻人的收入高于其他各年龄组，而这些年轻的高收入者所从事的职业多为新兴的或高新技术的职业，大多具有较高的学历，所谓新中产阶层，主要就是指这样一个由年轻人组成的群体。

有报载文章曾经描述了此种中产阶层，该文说：“业内人士曾开列过一份国产‘中产阶层’的消费清单，它是按中产家庭两个人为基数综合计算的：饮食吃喝每月花销为 1 500 元至 5 000 元；医疗保险每月投入 600 元至 1 500 元；教育‘充电’费用每月在 300 元至 5 000 元之间；交通通信每月支出 500 元至 1 000 元；时装、美容每月支出在 1 000 元至 5 000 元之间；文娱休闲活动每月支出 600 元至 3 500 元。综上所述，目前在国内要过上‘中产阶层’的生活，需要家庭中夫妻双方月收入达 1 万元，中等的中产者家庭为月收入 2 万元，高级的中产者家庭是 4 万元左右。据经济学家和社会学家分析判断，有 5 类人将会成为中国新兴‘中产阶层’的代表，即科技开

① 李强：《市场转型与我国中等阶层的代际更替》，载《战略与管理》1999 年第 3 期。

发型企业家、国外驻华企业的中方管理人员、国有金融行业中的中高层管理人员、各类专业技术人员，尤其是就职于中介机构的专业技术人员、现在个体私营企业家中的一部分。”[①] 这个描述与其说是对整个中国中产阶层的描述，不如说是对中国中产阶层中的“新中产阶层”的描述。

第四个集团是效益比较好的国有企业、股份制企业和其他经营比较好的企业、公司、单位的职工层。“职工”本来是“市场改革”以前的概念，笔者曾经称之为“类中间阶层”，即认为，在改革开放以前，国有企业职工是当时中国社会的典型中间阶层。改革开放以后，虽然不少效益差的国有企业转制了或破产了，但是，那些效益好的企业，职工层的经济与社会地位还是有相当大的延续性。迄今为止，这个集团的模式还是有较大连续性的，有些类似于改革开放以前的国营企业职工层，生活、住房、医疗、养老等都有保障，俗称“铁饭碗”。目前这种就业模式的比例大大下降了，但是由于社会的惯性，还是有些人生活在这种就业模式下。当然，更多的企业、公司已经市场化了，但是，传统模式的同化能力也很强，有些股份制企业、有限责任公司、外企、港澳台企业、合资企业也在学习传统模式，比如购买住房然后低价出租给职工。当然，前提条件是这些企业的经济效益都比较好，因此，其职工的经济地位也是比较稳定的。

第五个集团是大量的中小产业、中小工商业企业主和所有者。这部分人的构成比较特殊，与职业类别不好比较，有个别的甚至跨到了职业类别的第六类。在农村里包括那些经营比较成功的富裕起来的阶层，在城市里包括大批从事经营活动的中小工商业业主、独立经营者、中小公司经理等，很多是原体制内人员后来下海经商的。中产阶层的这个部分的构成最为复杂，这也正体现出变迁中的中国

---

① 《五类人将成中产阶层，夫妻双方月收入最少达万元》，原载《北京现代商报》，转引自新浪网，http://www.sina.com.cn，2003 年 2 月 9 日。

社会阶层重组的特点。正如前文所述，中产阶层的这个组成部分成为增长速度最快的部分。中产阶层的这个集团对于中国有重要意义，因为，中产阶层的前四个集团基本上都是由城市居民构成的，只有在这第五个集团里，农村居民占有相当的比例。这意味着，如果该集团有较大发展，农村的社会结构就会有较大变化。所以，推进中小工商业经营者集团的发展对于中国社会有重要战略意义。从文化的角度看，中华民族历来也有这样的传统，华人的家庭经济是非常适合于中小工商业经营模式的。

四、中国中产阶层的社会功能与社会责任

通过对以上五个群体的分析，我们可以清楚看到，中产阶层对于国家来说可谓举足轻重，它既是社会生产的重要承担者，也是社会的管理者，经济的经营者，理念的创造者，观念的传播者，传统的继承者。

从社会结构的角度看，中产阶层承担着重要的社会功能。国际上已经形成中产阶级为主体的社会，这表明庞大的中产阶层是维系社会稳定的最重要的社会力量。第一，中产阶层是介于社会高层与下层之间的缓冲层，当它成为社会主体时，社会高层与底层之间的冲突就会受到阻止，社会矛盾和社会紧张程度就会大大缓和，这是社会稳定的政治原因；第二，中产阶层在社会上代表温和的、保守的意识形态，当这种意识形态占据主导地位时，极端的思想和冲突观念就很难有市场，这是社会稳定的思想原因；第三，中产阶级也是引导社会消费的最主要群体，当中产阶级占社会的多数时，中产阶级的生活方式就保证了社会庞大稳定的消费市场，这是社会稳定的经济原因。虽然我国的国情与发达国家有差异，但是，中产阶层的稳定功能是相似的，所以，“扩大中等收入群体比重”也已经成为中国共产党的重要战略，写入了中共中央的文件。

中国目前正处在发展的一个关键时刻，处在发展的十字路口，

中产阶层的社会责任就显得尤为突出。改革开放 40 年带来了财富的巨大增长，但是，改革也带来了诸多的社会问题。改革是社会体制、社会规范、社会观念的深刻变革，而这些变化就好比巨大钟摆上面固定点的变化，固定点变了，则摆锤会形成巨大摆幅的游动。所以社会上出现大量的违规、违法现象也并不奇怪。问题是面对这样一个关键时刻，中产阶层更应该承担起理念、信念、道德、价值观的重大责任。具有社会责任感的中国中产阶层，应该承担起自己的社会责任。

当然，迄今为止，中国的中产阶层在全社会所占的比例还不高，前面所说的这个中产阶层的五大群体，如果将互相重叠的部分刨除，目前，占中国全体从业者的 21%—22%。中产阶层的更大发展，还需要具备如下的一些基本条件。第一，产业变迁的条件。即它一般形成于第二产业向第三产业转型的过程之中。正是在产业演进的过程中才形成了有规模的中产阶层。第二，职业变迁的条件。在现代社会中，现代职业结构取代了传统的职业结构，一个庞大的白领阶层形成并扩张起来。第三，教育条件。随着大多数人接受高等教育，人数众多的中产阶层也就逐渐形成。大学是造就中间阶层的机器，大学教育非常重要的功能之一就是使人们接受社会主导规范或中产阶层的规范。此外，中产阶级的发展，还要依赖于其他广泛的社会条件，包括：完成具有中国特色的城市化的任务，解决农业人口转向现代城市人口的最终变革，通过严格的税收调节缓解贫富分化，以及建立能够覆盖社会多数人口的社会保障制度等。

第十四章
中国中产阶层的结构分析

上一章阐释的主题为“谁是中国的中产阶层”，提出可以从经济、职业和教育三个不同的维度来分析我国的中产阶层。三个维度相比较而言，教育的标准比较复杂，最简单清晰的是职业的标准。在职业分层上，如果采用“国际社会经济职业地位指数”（ISEI）方法，则分值40分及以下定义为“职业低层”（典型职业为“农民”），分值41分至66分的为“职业中产”（典型职业为“办公室职员”），分值67分及以上的为“职业高层”（典型职业为“高级管理人员”）。根据“第六次人口普查”数据计算，我国有经济活动能力的人口中，职业中产占比仅为19.13%。

上一章也探讨了中产阶层的经济标准问题，探讨了中产阶层与中等收入群体的关系，并将中等收入群体定义为：人均年收入3.5万—12万元，或家庭年收入6.9万—23.6万元，在全国数据中两者占比分别为19.7%和21.0%。可以看到，上一章“中等收入群体”的标准比较宽泛，如上，涵括了年收入6.9万—23.6万这样宽泛标准的家庭，这样广泛的“中等收入群体”实际生活水平也必然差异很大。看来有必要对于中等收入群体作进一步的区分。

所以，为了更精细化地分析处在中间状态的这部分人群，在本章中，进一步将中等收入群体分为两部分，一部分是明显达到了中产阶层的生活水平，本章称之为“收入中产”，另一部分是还没有达到典型的中产阶层的生活水平，但是又明显高于低收入阶层，本章称之为“收入中下层”。具体的操作定义是：将平均收入作为基准线，将基准线到基准线 3 倍以下的定义为“收入中产”[①]，将基准线 50% 到基准线以下的定义为“收入中下层”。同时，将基准线 3 倍及以上的定为“收入高层”。这样，与上一章不同，就是区分了“收入中下层”与“收入中产阶层”，其目的是为了更准确地分析处在中间状态的这部分人群。

本章使用的是中国人民大学中国综合社会调查（CGSS）2005 年、2010 年、2013 年的公开数据，分别反映的是调查前一年的情况。

本章着重于分析中国中产阶层的结构与构成，特别是分析了中产阶层在城市和农村的结构、在不同区域的结构，以及在不同产业的结构。本章认为，中国中产阶层在三大结构中均存在着较为突出的诸多问题。

一、中国中产阶层的城乡结构问题

1. 中产阶层越来越集中在城市，城乡的差距越来越大

数据显示，中国中产阶层主要集中在城市，并且城乡差距呈现拉大的趋势。在历年的数据中，中产阶层集中在城市的比例都超过 80%。不同的定义方法下都呈现了相似的结果，如图 14-1，2012 年，城市人口在收入中产中占到了 87.75%，在职业中产中占到了 91.18%。并且这种差距在 2004—2012 年期间有所拉大，城市人口在收入中产、职业中产中的比例分别增加了 3.56、2.39 个百分点，表明中国中产阶层越来越集中在城市，城乡的差距越来越大。

中产阶层向城市集中，在发展中国家里具有典型特征。这给我们两点启示：第一，推动城镇化，促进产业转型和提升，发挥规模经济的作用，提升生产效率，有利于促进中产阶层的壮大；第二，

---

① 李培林、张翼：《中国中产阶级的规模、认同和社会态度》，《社会》2008 年第 2 期，第 1—18 页。（按国际经验，高收入群体的平均收入一般为中等收入群体的 2.5—3 倍）

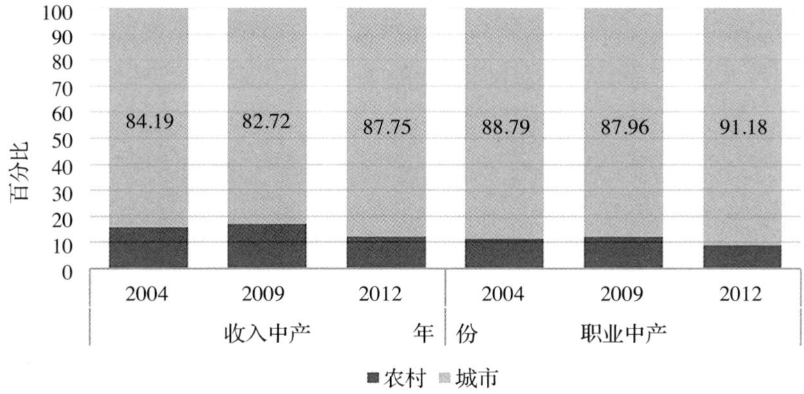

图 14-1　中产阶层的城乡分布

注:“收入中产”和“职业中产”定义见本章上文。

从国际经验来看，要真正实现社会健康发展，建设“橄榄型”社会，需要全社会的均衡发展。我国要真正壮大中产阶层，难度最大的是农村地区，应该促进农村地区中产阶层的发展壮大，实现城乡均衡发展。①

2. 城市地区已接近“橄榄型”，农村则仍然是“倒丁字型”

从城乡内部的结构来看，在城市地区内中产阶层已占相当比例，接近于“橄榄型”社会结构，农村则始终是“倒丁字型”，底层比例较大。如图 14-2，中国城市地区“广义中产阶层”②的比例在 2004 年就已经达到 48.91%，表明在职业或收入上已经有相当比例的人口达到了中产阶层的水平。受经济危机的影响，这一比例在 2009 年有所下降，但随后迅速恢复起来，到 2012 年达到 53.54%。这些都表

① 李培林、朱迪:《努力形成“橄榄型”分配格局——基于 2006—2013 年中国社会状况调查数据的分析》，载《中国社会科学》2015 年第 1 期。

② 本章的“广义中产阶层”是指按照前面的操作定义，在收入、职业方面只要有一个维度达到中产的标准即划入中产阶层，属于比较宽泛的定义方法，本书上一章已有解释。

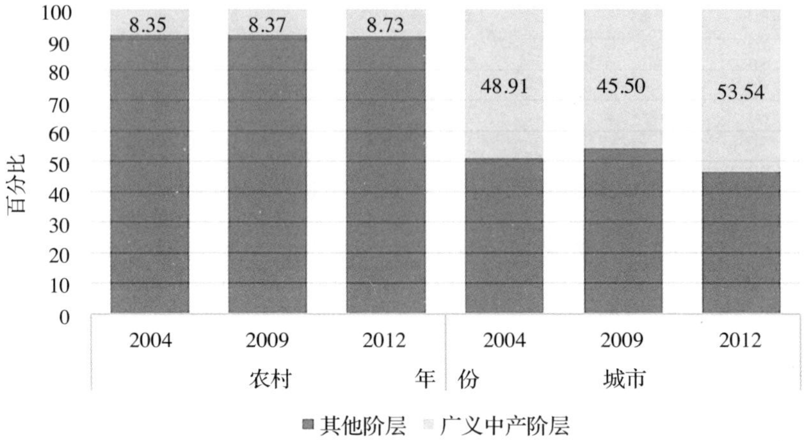

图 14-2　城乡内部的社会结构

明，中国城市内部中产阶层已经占相当高的比例。

然而，农村地区内的中产阶层发展却遇到了较大困难。2004—2012 年，虽然农村的广义中产阶层的比例增加了 0.38 个百分点，但明显滞后于城市的增速（4.63 个百分点）。农村的底层比例始终巨大，中上阶层群体非常弱小，城乡社会结构的差距越来越大。

3. 中产阶层发展在城乡方面的主要问题

首先，农村收入上确实有增加，但增速较慢，同时城市内部收入差距的拉大需要关注。如表 14-1，在调查期间，农村中等收入群体增加了 1.45 个百分点，2012 年达到 21.20%；农村收入中产增加了 0.55 个百分点，2012 年达到 6.06%。这显然与近年来国家的惠农政策、"三农"收入的增加密不可分，但这一增速明显还是较慢的。值得注意的是，从收入分配结构的角度，农村内部的收入差距在缩小，但城市内部的收入差距有增大的迹象。相对于 2004 年，2012 年城市地区收入上层和收入低层的比例都有所上升，表明城市内部收入分配有两极化的迹象。国家统计局的数据显示，近年来中国整体的基尼系数在下降，但城市内部收入差距的拉大值得我们注意。

其次，城乡在职业结构上的差异越来越大，农村的产业结构转型、人才培养面临困难。如表 14–1，在调查期间，城市的职业结构进一步优化，职业中上层的比例不断提升，农村的职业结构则发展缓慢。对教育程度的分析也证明，2012 年在城市地区，大专及以上学历的人口已经达到 24.69%，而在农村地区内则仅占 2.05%，并且增速缓慢。这表明，我国经济社会发展的成果主要都集中在城市，而农村的产业转型、人才培养都面临极大困难。

表 14–1　城乡中产阶层的发展（%）

年份			农村		城市	
			2004	2012	2004	2012
收入分层	收入上层		0.55	0.44	3.63	4.60
	中等收入群体	收入中产	5.51	6.06	28.57	26.82
		收入中下层	14.24	15.14	34.27	34.53
		小计	19.75	21.20	62.84	61.35
	收入低层		79.70	78.35	33.53	34.05
职业分层	职业上层		0.81	1.01	5.21	8.32
	职业中产		3.53	3.93	29.96	35.74
	职业低层		95.66	95.06	64.83	55.94

二、中国中产阶层的区域结构问题

1. 中产阶层越来越集中在东部地区，区域间的差距越来越大

从区域分布来看，中产阶层进一步向东部集中，而中西部占比不断下降。如图 14–3，在历年的数据中，中产阶层集中在东部的比例都接近或超过了 50%。不同的定义方法下都呈现了相似的结果，2012 年，东部人口在收入中产中占到了 65.77%，在职业中产中占到了 55.33%，中产阶层区域间的差距在 2004 年到 2012 年期间一直在

拉大，东部地区相应的比例分别增加了15.49、14.12个百分点，而中西部人口的占比则不断下降，中部地区分别下降了10.95、9.61个百分点，西部地区则分别下降了8.4、8.37个百分点。表明中国中产阶层越来越集中在东部地区，而中西部地区占比则不断下降，区域间的差距越来越大。

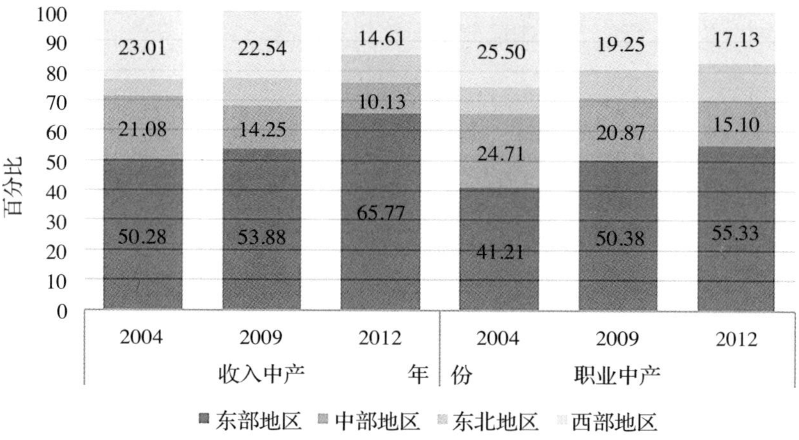

图14-3　中产阶层的地区分布

2. 东部地区已接近“橄榄型”，中西部地区则仍呈“倒丁字型”

如图14-4，东部地区中产阶层增速明显，到2012年广义中产阶层的比例已经达53.87%，已经接近于“橄榄型”社会。而其他地区则仍然有较大比例的底层群体，特别是中西部地区甚至出现了中产阶层比例下降的趋势，分别下降了6.14、3.19个百分点。这说明，中国不同地区的社会结构差距越来越大，中西部地区的中产阶层不仅没有增加，反倒是流失了相当比例的优秀人才。

3. 中西部地区中产阶层发展的问题

进一步分析发现，当东部地区在收入、职业等不同维度的中产阶层的比例上都以接近甚至超过10个百分点的速度增加的同时，

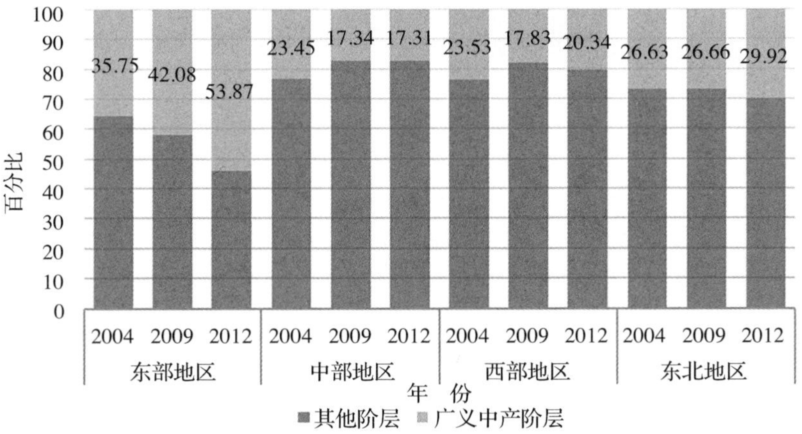

图 14-4　各地区内的社会结构

中西部地区的中产阶层比例却出现了下降。如表 14-2，东部地区内，2012 年收入中产阶层的比例已经达到了 33.37%，而中部地区、西部地区则分别仅占 7.96%、11.31%，并且在调查期间，反而分别下降了 5.17、2.52 个百分点。中西部地区收入低层的比例都超过 60%，并且在调查期间不降反升。这表明，中西部地区与东部地区的收入结构差距越来越大，增加中西部地区人民的收入，仍然是重点工作。

此外，在职业中产等方面的比例，中西部地区也出现了下降，而同期东部地区则增速明显，到 2012 年，职业中产的比例已经超过 30%。特别是在职业中上层、受过大专及以上水平教育人口方面，中西部地区在 2004 年实际上原本与东部地区并没有太大差异，例如 2004 年东部、中部和西部地区内部，有大专及以上学历的人口分别占 8.90%、7.40% 和 6.98%。但在 2004 年到 2012 年期间，东部地区的职业结构、教育结构得到了迅速的发展，而中西部则停滞不前或增速缓慢，流失掉了大量现代化素质比较高的人才。例如在教育方面，东部地区 2012 年有大专及以上学历的高教育水平人口比例已经达到 25.79%，而中西部地区则仅为 9% 左右。

表 14–2　不同区域内社会结构的发展（%）

<table>
<tr><th colspan="3" rowspan="2">年份</th><th colspan="2">东部地区</th><th colspan="2">中部地区</th><th colspan="2">西部地区</th><th colspan="2">东北地区</th></tr>
<tr><th>2004</th><th>2012</th><th>2004</th><th>2012</th><th>2004</th><th>2012</th><th>2004</th><th>2012</th></tr>
<tr><td rowspan="5">收入分层</td><td>收入上层</td><td rowspan="2">收入中产</td><td>4.64</td><td>5.84</td><td>0.98</td><td>0.91</td><td>0.49</td><td>1.59</td><td>0.65</td><td>1.62</td></tr>
<tr><td rowspan="3">中等收入群体</td><td>24.41</td><td>33.37</td><td>13.13</td><td>7.96</td><td>13.83</td><td>11.31</td><td>11.52</td><td>12.52</td></tr>
<tr><td>收入中下层</td><td>25.25</td><td>32.33</td><td>22.28</td><td>22.78</td><td>24.55</td><td>21.42</td><td>27.14</td><td>30.62</td></tr>
<tr><td>小计</td><td>49.66</td><td>65.70</td><td>35.41</td><td>30.74</td><td>38.38</td><td>32.73</td><td>38.65</td><td>43.14</td></tr>
<tr><td>收入低层</td><td></td><td>45.70</td><td>28.46</td><td>63.61</td><td>68.34</td><td>61.13</td><td>65.69</td><td>60.70</td><td>55.24</td></tr>
<tr><td rowspan="3">职业分层</td><td>职业上层</td><td></td><td>3.36</td><td>8.6</td><td>2.93</td><td>2.75</td><td>2.14</td><td>2.94</td><td>3.95</td><td>3.43</td></tr>
<tr><td>职业中产</td><td></td><td>19.11</td><td>33.64</td><td>14.11</td><td>12.08</td><td>14.51</td><td>13.67</td><td>17.98</td><td>19.24</td></tr>
<tr><td>职业低层</td><td></td><td>77.52</td><td>57.76</td><td>82.96</td><td>85.17</td><td>83.35</td><td>83.39</td><td>78.07</td><td>77.33</td></tr>
</table>

三、中国中产阶层的产业结构问题

1. 第三产业是中产阶层壮大的主要就业领域

研究发现，第三产业已经成为我国中产阶层的主要就业行业，各个维度定义下的中产阶层都有超过 60% 的成员在第三产业就业。如图 14–5，2012 年，64.69% 的收入中产在第三产业从业，职业中产相应的比例还要更高，达到 75.81%。可以看到，新增的高收入、高职业地位的人群主要流向了第三产业。所以，推进供给侧改革，推动第三产业发展、特别是高新技术产业和服务业的发展，将是中产阶层壮大的重点策略之一。

深入分析具体行业可以发现制造业、批发和零售业等行业是中

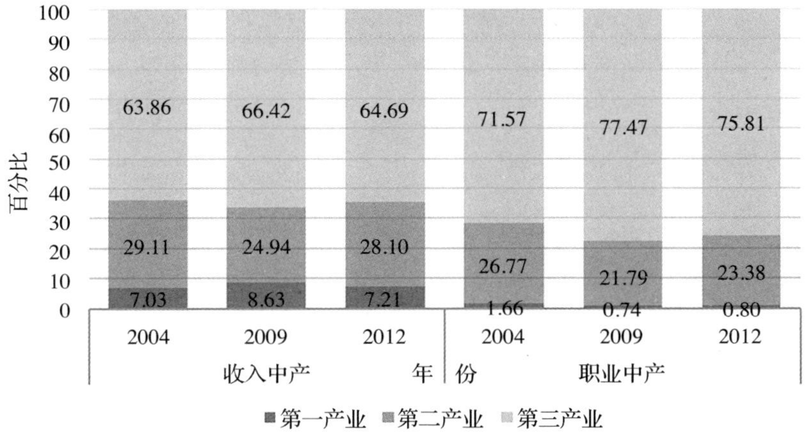

图 14-5　中产阶层的产业分布

产阶层占比较大、增速较快的行业。数据表明，收入中产占比最大的是制造业（18.14%）、批发和零售业（14.13%）、交通运输、仓储和邮政业（8.69%）。增长较快的是批发和零售业（3.76 个百分点）、住宿和餐饮业（3.64 个百分点）、建筑业（2.71 个百分点）。职业中产占比最大的是批发和零售业（20.77%）、制造业（17.3%）、公共管理、社会保障和社会组织（13.54%）。增速较快的是：住宿和餐饮业（3.18 个百分点）、租赁和商务服务业（2.7 个百分点）、卫生和社会工作（2.22 个百分点）。可见制造业、批发和零售业仍然是我国壮大中产阶层应继续扶持的基础产业。国际经验也证明，先进制造业是发展壮大稳定的中产阶层、增强国际竞争力的重要战略途径。

2. 第二、第三产业内中产阶层已占较大比例，第一产业则存在精英流失的问题

第二、第三产业内中产阶层已经占相当大的比例，如图 14-6，2012 年分别达到 50.44%、63.94%，接近于“橄榄型”的结构。并且第二、第三产业中产阶层增速明显，从 2004 年到 2012 年分别增长了 12.04%、8.9%。这表明，我国第二、第三产业是中产阶层壮大的

重要动力，并且内部的结构在不断改善。但是，第一产业中则始终有非常高比例的底层群体，2012 年中产阶层的比例仅为 3.19%，并且在调查期间甚至还下降了 0.1 个百分点。可见第一产业的中产阶层壮大遇到了非常大的障碍。

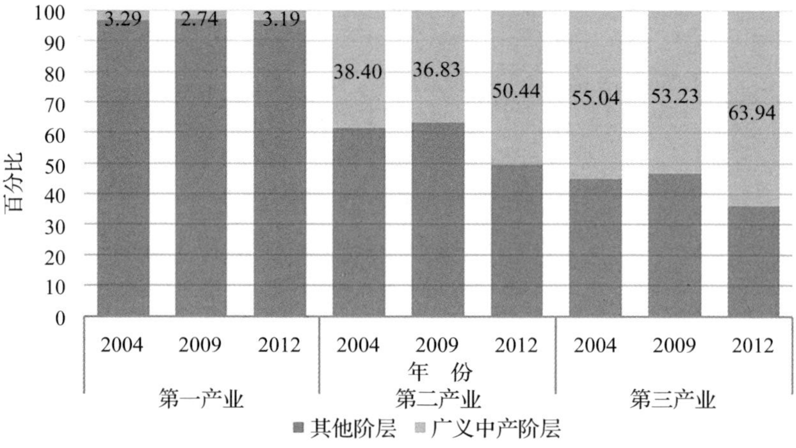

图 14-6　各产业内的社会结构

3. 中产阶层发展在产业方面的主要问题

首先是第一产业存在精英流失的问题，培育新型职业农民、农业管理与技术人才刻不容缓。表 14-3 显示，第一产业中各个维度的中产阶层都始终没有发展起来，收入中产、职业中产的比例都非常低。近年来，农业收入中产有一定增加，这固然可喜。但职业中产的比例却下降了 0.25 个百分点。而同期，第二、第三产业的收入、职业结构都在迅速提升。这表明我国在 2004 年到 2012 年期间，存在农业精英流失的情况。中国政府非常重视新型职业农民的培育。本研究发现，第一产业的中产阶层壮大确实存在阻碍，精英流失严重，应该进一步加大扶持力度，提高新型职业农民的增收能力，拓宽增收渠道，鼓励高教育、高职业技术水平的精英人才从事新型农业、有机农业，挖掘现代农业的增收潜力。

表 14–3　不同产业内的社会结构（%）

<table>
<tr><td colspan="3"></td><td colspan="2">第一产业</td><td colspan="2">第二产业</td><td colspan="2">第三产业</td></tr>
<tr><td colspan="3">年份</td><td>2004</td><td>2012</td><td>2004</td><td>2012</td><td>2004</td><td>2012</td></tr>
<tr><td rowspan="5">收入分层</td><td>收入上层</td><td></td><td>0.27</td><td>0.30</td><td>2.95</td><td>8.03</td><td>4.42</td><td>6.65</td></tr>
<tr><td rowspan="3">中等收入群体</td><td>收入中产</td><td>2.81</td><td>2.94</td><td>24.76</td><td>33.85</td><td>34.39</td><td>36.63</td></tr>
<tr><td>收入中下层</td><td>10.95</td><td>9.75</td><td>39.76</td><td>34.76</td><td>34.35</td><td>34.16</td></tr>
<tr><td>小计</td><td>13.76</td><td>12.69</td><td>64.51</td><td>68.61</td><td>68.73</td><td>70.80</td></tr>
<tr><td>收入低层</td><td></td><td>85.97</td><td>87.01</td><td>32.53</td><td>23.36</td><td>26.85</td><td>22.55</td></tr>
<tr><td rowspan="3">职业分层</td><td>职业上层</td><td></td><td>0.04</td><td>0.1</td><td>0.98</td><td>7.7</td><td>8.23</td><td>10.71</td></tr>
<tr><td>职业中产</td><td></td><td>0.59</td><td>0.34</td><td>20.73</td><td>30.59</td><td>35.37</td><td>45.96</td></tr>
<tr><td>职业低层</td><td></td><td>99.37</td><td>99.57</td><td>78.29</td><td>61.7</td><td>56.39</td><td>43.33</td></tr>
</table>

也应该认识到，农业精英的流失是发展过程中的正常现象。我国还应该进一步扩大第二、第三产业的就业人口比例。据《中国统计年鉴 2015》数据，我国 2014 年第一产业、第二产业和第三产业的就业人口比例分别为 29.5%、29.9%、40.6%，产业贡献率则分别为 4.8%、47.1% 和 48.1%。《2015 年国民经济和社会发展统计公报》则进一步显示，我国 2015 年第三产业增加值比例为 50.5%，首次突破 50%。这表明，第三产业已经成为我国经济的核心部分，但就业人口的比例明显与产业的贡献率比例不符，农业就业人口的比例仍然过大，未来仍然将有大量农业人口会流向第二、第三产业。

更深层次的问题是这些流向第二、第三产业的人口在向中产阶层转变的提升上遇到了重重阻碍。笔者对第五次人口普查、第六次人口普查数据的分析发现，从 2000 年到 2012 年，我国技术工人的比例不升反降，从 2000 年的 11.2% 下降到了 2010 年的 9.8%。这并不是因为我们劳动者的技术不高，而是因为，大量拥有技术的人才得不到依靠过硬的技术实现地位上升的渠道。同时，在第三产业方面，笔者的研究也曾发现，在过去十几年里，中产阶层最大的发展是在商品市场中发生的，中小经营者的比例急剧扩张。第六次人口普查数据显示其中58.2%是农村户籍，可见中小经营为农民实现身份转变和社会地位提升提供了巨大的机会。[①]我国台湾地区也是如此，正是因为中小资本的蓬勃发展，支撑起了一个巨大的中产阶层的发展壮大。但是我们近年来的城市管理政策，恰恰对这些群体存在排斥的倾向。实际上，一个城市的竞争力需要的不仅仅是高端技术人才，综合实力特别是服务业的水平更是至关重要的。加强对第三产业中小经营者的扶持和引导，提升城市的服务水平，既有助于壮大中产阶层，也有助于提升城市的竞争力。

四、怎样解决中国中产阶层的结构问题

结合前文的分析，我们就进一步壮大我国中产阶层，提出以下几点建议。

1. 中产阶层不等于中等收入群体，壮大中产阶层，需要增加老百姓的收入、调整产业结构、普及教育

我们的分析证明，中等收入群体并不都属于中产阶层。虽然我国中等收入群体的比例已经较大，但真正的收入中产阶层比例仍然较小。特别是同时具有较高收入、职业地位、受教育水平的中产阶层比例仍然非常小。

壮大中产阶层，首要的还是应增加广大人民群众收入。本章对农村、中西部、第一产业中产阶层发展的分析也证明，中产阶层发展壮大的主要障碍都是收入增加的问题。这些都充分证明，发展经济、增加收入，是壮大中产阶层的首要任务。应该坚持以人民群众为中心的发展思想，进一步增加居民收入在国民收入分配中的比例，让劳动者获得与其教育水平、职业地位相符的收入水平。特别是通

① 李强：《中国中产社会形成的三条重要渠道》，载《学习与探索》2015年第2期，第23—33页。

过精准扶贫、转移支付、产业政策等途径，推动农村、中西部、第一产业劳动者的收入提升，有助于进一步壮大我国的中等收入群体和中产阶层。

应该推动供给侧改革，调整产业结构。我们目前产业、职业结构仍然偏低端，社会结构中偏下层的占大多数。应该推动产业和职业结构的提升，推动一套完善的现代化职业结构体系的建立。这对于教育普及也是有意义的，一方面应该推动教育的普及，通过教育来孵化更多高素质的中产阶层；另一方面，应该推动职业结构、教育结构的相互匹配，既加强教育与市场的紧密联系，也要通过职业结构的提升，创造更多符合大学生教育水平的就业机会，让绝大多数大学毕业生能够成为中产阶层。

2. 推动农村、中西部中产阶层的壮大，实现均衡发展

研究表明，中国中产阶层的结构存在一定不合理，越来越集中于城市地区、东部地区，第一产业中产阶层的壮大也遇到了非常大的障碍。应该承认，优秀人才集中于城市、发达地区、第三产业，是符合资源配置与经济社会发展的一般规律的。但也应该意识到，这种差距的不断拉大，长远看不利于我国经济社会的持续、健康发展，特别是不利于收入差距、区域发展差距的进一步缩小，对于农村、中西部地区的健康发展也非常不利。

对此，我们认为，应该进一步推动城镇化，调整产业结构，提升公共服务水平。农村、中西部地区的中产阶层发展问题主要体现在增收滞后、精英流失两个方面。解决这些问题，需要城乡、区域统筹发展，根本的出路还是要推动城镇化和产业结构调整。通过城镇化和产业结构调整，能够提升生产效率，提升公共设施和服务水平，有助于吸引劳动力的就地、就近城镇化，一方面促进收入的增加，另一方面也加强对人才的吸引力，实现良性循环。

需要强调的是，笔者历来认为，产业转型和城镇化绝不是要放弃农业，恰恰相反，农业也需要走上现代产业化道路。我们需要的

是现代农民，现代农民完全可以是一个有科学技术的、有高水平农业技能的技术人员，也可以是一个现代的农业经营管理人员。[①] 通过培育新型农业、新型职业农民，将非常有助于提升农民收入，加强农业对精英人才的吸引力，促进农村、中西部地区中产阶层的壮大。

3. 扶持农民工通过技术晋升、自主经营进入中产阶层

壮大中等阶层不仅仅要靠高端人才的培养，对于我国而言，农民工人数巨大，他们能否进入中产阶层，是中国能否进入“橄榄型”社会的关键问题。我们的分析表明，制造业、批发和零售业等行业是中产阶层占比较大、增速较快的行业。对于农民工而言，这些恰恰也是最主要的就业机会。

笔者认为，应该扶持农民工通过技术晋升、自主经营进入中产阶层。一方面，应该认识到，基础制造业仍然是中国中产阶层的重要就业渠道和主要来源，应该重视实业和实体经济发展，推动产业技术、劳动者职业技能的提升，完善技术工人的薪酬激励机制，营造崇尚技能的社会氛围。特别是打破户籍等制度的束缚，让包括农民工在内的劳动者可以依靠职业技能的提升进入中产阶层。另一方面，在中国当前的发展阶段，应该遵循市场规律和发展阶段的客观现实，认识到包括批发和零售业从业者在内的广大小微创业者，是我国中产阶层的重要来源之一。应该鼓励商业服务业的发展，进一步降低市场准入门槛，清除创业壁垒，降低创业和经营成本，保护和鼓励小微创业者，引导广大小微创业者提升服务质量，在更大范围、更深程度上推进大众创业、万众创新。[②]

---

① 李强：《中国离橄榄型社会还有多远——对于中产阶层发展的社会学分析》，载《探索与争鸣》2016年第8期，第4—11页。

② 李强：《中国中产社会形成的三条重要渠道》，载《学习与探索》2015年第2期，第23—33页。

第十五章
市场转型与中国中产阶层的代际更替

上一章试图分析当前我国中产阶层结构存在的问题与对策，本章则是对我国中产阶层的历史回顾，分析改革开放以来，特别是自90年代中期起，我国中产阶层究竟发生了什么样的变化。

首先，有必要对本章的几个主要概念：市场转型、中间阶层、中产阶层和代际更替逐一说明。“市场转型”（market transition）一词源于50年代以来欧美学者的论述。[①] 近年来，它已为我国学者所普遍采用，其含义是明确的。它是指从中央集权配置资源和分配产品的计划经济型社会向由市场配置资源或由市场整合经济的市场型社会的转变。“中产阶层”的概念则存在颇多争议。传统上，对处于社会中间地位的一部分人，有称之为中间阶层，也有称之为中间等级、中等阶层的。对其含义的阐释，有偏重于主观指标的，也有偏重于客观指标的，有按身份划分的，有按收入划分的，也有按主观意识划分的。本章所说的中产阶层，是按客观经济指标划分的，是指其经济地位（收入地位或财产地位）处于社会中间状态的那部分社会群体，由于中产阶层是近年来才在中国大陆流行的概念，改革开放以前没有这样的称谓，所以，本文将改革开放以前的处于社会中间地位的人称为“中间阶层”。社会学对于“代”（generation）的理解有两种，一种是家庭的代系，比如研究父母一代与子女一代之

① 孙立平：《从“市场转型理论”到关于不平等的制度主义理论》（一），载《中国书评》1995年总第7、8期。

间的关系。社会学上比较常见的代际流动研究，就是研究父母与子女之间的职业地位、教育地位、经济地位的变迁，比较著名的如布劳和邓肯的有关代际流动研究。[①]另一种“代”，是指在某一个特定的时代，因受社会环境的影响而形成的具有相似特征的、年龄相近的群体。比如人们常说的“老三届”就是一代人，新中国成立以前参加革命的“老干部”也是一代人。中国近百年来的社会演变，历史分期鲜明，历史事件打在人们身上的烙印十分深刻，因此，一代又一代人的特征也就十分突出。新中国成立以后的社会，可以称之为“政策总动员”型社会，即由中央政策而发起的社会运动对社会的影响，超过其他任何因素对社会的影响。所以，中国的情况与其他很多国家不同，在中国，由同龄群体构成的第二种“代际”其特征明显地比第一种父母子女的“代际”突出。本章主要是在第二种意义上研究代际关系的。

本章从宏观结构角度，对市场转型影响下的两代中国人进行研究。本章提出的基本假设是，市场转型是以一代中老年国有企业职工地位下降为代价的。在过去计划经济下的、作为当时社会中间阶层的国营企业职工，目前的这一代中老年人，在市场经济下出现了整体的衰落。而作为新崛起的一代年轻人，特别是在一些反映未来发展趋势的新兴产业和大城市中，正在形成新的中产阶层。

从文献上看，对中国改革开放以前社会的研究中，美国耶鲁大学的戴维丝教授曾提出了中国城市代际结构的重要特点是，文化程度较低的年长的一代人占据了地位较高的职业和职位，而文化程度较高的年轻一代人从事的是较低职位的工作。[②]而本章证明，市场转型后，中国出现了完全相反的代际结构。因此，本章也是对中国城市中代际关系特征的新的阐释。

---

① Peter M. Blau and Otis Dudley Duncan, *The American Occupational Structure,* John Wiley & Sons, Inc., New York, 1967.

② Davis-Friedmann, *Intergenerational Inequalities and the Chinese Revolution. Modern China,* 1985, 11: 177-201.

一、市场转型三阶段与社会分层结构的变迁

中国经过40年的社会变革，其社会变迁的模式渐趋清晰，即它在朝向一种市场型体制变迁。学者们一般称之为“市场转型”，即从中央集权配置资源和分配产品的计划经济型社会向由市场配置资源或由市场整合经济的市场型社会的转变。笔者以为，所谓市场，主要包括三类市场，即商品市场、劳动力市场和金融信用市场。从这一视角考察就会发现，在我国市场转型的过程中，三种市场的发展呈现出三个发展阶段。

第一阶段是商品市场的发展。它大致上起源于20世纪70年代末、80年代初的农村改革。“大包干”以后，农民可以自由地到市场上出售粮食等农产品，这导致了农村商品市场的最初发展。1987年以后，城市开始尝试价格改革，由此开始了城市商品市场的急剧发展。由于当时社会上总的情况是产品的供不应求，因此，商品市场发展最初所引发的直接后果是通货膨胀，而通货膨胀又引发了政治危机。值得庆幸的是，90年代以后，商品市场改革的优越性逐渐显露出来，市场供应开始丰富起来，出现了买方市场局面，并最终克服了通货膨胀危机。

第二阶段是劳动力市场的发展。即自90年代以来，在城市中逐步废止了所谓的“分配工作”的体制，企业中逐步废止了“铁饭碗”式的终身雇用制，代之以劳动力的自由雇用制度。由于我国总体上是劳动力供大于求，加上产业结构的不合理，就业服务体系的不健全，劳动力市场发展的直接后果是大量失业人口的出现。90年代中后期和21世纪初叶，以国有企业下岗职工为代表的失业问题，成为困扰劳动力市场机制建立的主要难题。当然，劳动力市场机制如能改革成功，则会大大有助于劳动生产率的提高。

笔者预测，第三阶段将是金融信用市场的发展。不过由于亚洲经济危机、欧美金融危机风暴的连续警告，估计改革会延迟相当长

一段时期。

从对社会分层结构影响的角度看，市场转型第一阶段的影响相对小一些，因为当时改革的对象是产品或商品营销的体制，它对于群体利益结构的影响是间接的。第二阶段的影响会是巨大的，因为改革的对象是劳动力受雇的体制，是劳动力自身，它对于群体利益结构的影响是直接的。

所谓研究市场转型对于社会分层结构的影响，核心问题是研究各社会群体地位的上升和下降，以及这种上升和下降是怎样发生的，上升和下降的机制是什么。对于这些问题，近年来，国际上已有过一些研究。比较重要的，如维克多·倪（Victor Nee）的市场转型初期的平等化效应的理论，即认为市场转型初期干部的权力地位有所下降，而原社会下层群体的经济地位却有所上升。再如撒列尼（Ivan Szelenyi）的精英循环理论，认为集体化以前的社会精英的后代，在市场改革后又从下层上升为社会上层等等。[①]

中国改革开放之初所提出的“允许一部分人先富起来”的口号，反映的也是这个问题。中国改革开放初期曾有过“谁应该先富起来”的争论。当时曾讨论，究竟应该农民先富还是干部先富，应该工人先富还是知识分子先富。后来的发展证明，私营企业主、外企雇员、市场上的各种经纪人、企业或工程承包人、各类明星、涉外旅游业人员、外贸人员，以及与权力资源比较接近的群体等，成为先富起来的群体。一部分人的相对富有，也就意味着另一部分人的相对贫穷；一部分人的地位上升，也就意味着另一部分人地位的下降。那么，谁的地位下降了呢？比较典型的是，传统国有企业职工的地位下降了。

为什么会如此呢？笔者在此试从社会分层结构变迁的角度加以解释。笔者以为，市场转型以前，中国社会分层结构可以比拟为如

---

① 孙立平：《从“市场转型理论”到关于不平等的制度主义理论》（一），载《中国书评》，1995年总第7、8期。

下的一种同心圆结构（参见图 15–1）。

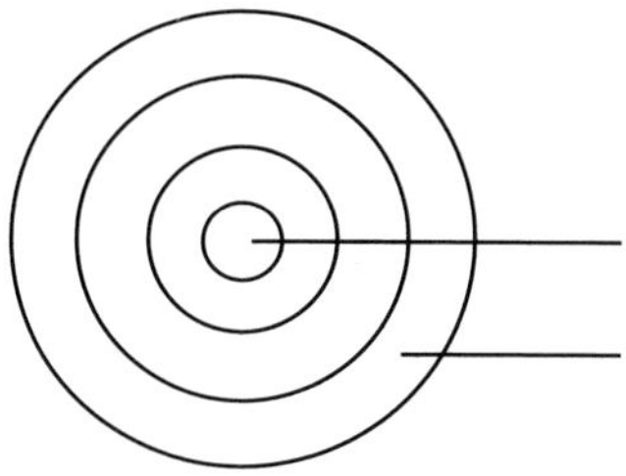

图 15–1　社会分层结构示意图

处在同心圆中心的，笔者称之为“核心群体”（或“中心群体”）；处在同心圆外围的，笔者称之为“边缘群体”。例如，中国高级干部是典型的核心群体，而农民则是典型的边缘群体。在计划经济下，社会资源的垄断与集中化程度相当高，由于社会资源是由中央统一调配的，因此，越是接近于中心的群体，就越容易获得资源。国有企业特别是级别高的大型国有企业，它们与中心接近，因此更容易获取资源。这样，级别高的国有企业职工也就成为计划经济下最主要的受惠群体之一。

上述同心圆的身份分层体制首先将全社会分为城市人口与农村人口，城里人所获资源显然高于农村人。其次，又将城市人口赋予了单位地位，即城里人的地位与他们所在单位的地位密切相关，单位的地位越高，其职工的地位也就越高。[①] 而衡量单位地位高低有两项指标：一是行政级别指标，二是所有制指标。行政级别指标分为中央级、省部级、地局级、县处级、镇科级等。所有制级别分为全民所有、大集体、小集体、个体。两种指标搭配则衍生出如下的单位分层：（1）中央级全民单位；（2）省部级全民单位；（3）地局级全民单位；（4）县处级全民单位；（5）地局级大集体企业；（6）县处级

① Nan Lin and Yanjie Bian, *Getting Ahead in Urban China. American Journal of Sociology*, 1991, 97, 657–688.

大集体企业；（7）街道集体企业；（8）居委会小企业。

在上述的社会分层中，国有企业职工显然处在社会分层的上层和中上层。

随着市场转型的发生，90 年代以来，中国资源配置的方式发生了重大变迁，即它由过去的非竞争型的计划配置资源转变为竞争型的市场配置资源。市场转型造成了资源在人群中的重新分布。这一点反映在人群的利益结构上，就是过去与计划资源相接近的群体资源的相对丧失，和更具市场竞争力的群体资源的相对获得。这种变迁表现在就业体制上，就是"铁饭碗"式的终身就业制被市场型的就业机制所取代；表现在就业人口上，就是国有企业职工较大量的失业与下岗；表现在社会结构上，就是传统的"中间阶层"的衰落。

二、市场转型与传统中间阶层的衰落

当我们考察现代社会的结构变迁和社会转轨时，会发现，在这一过程中，多数国家都曾伴随着中产阶层的巨变，即传统的中产阶层的衰落和新的中产阶层的兴起。其原因恐怕在于，社会中产阶层原本就具有地位不稳定的特点。中国的情况也不例外，中国的市场转型显然也导致了中产阶层的巨变。笔者以为，10 余年来，中国中产阶层的构成发生了根本的变迁，传统的中间阶层出现衰落，现代的中产阶层正在兴起。在我们研究这种转变之前，让我们先来看看，谁是中国社会的传统中间阶层呢？

1949 年中华人民共和国成立以后，中国社会中产阶层的构成发生了根本变化。土地改革以后，农村中的士绅层衰落了；社会主义工商业改造以后，城市中的民族资产阶级、小业主、私营个体工商层衰落了。笔者以为，从 50 年代中期直到 1978 年底的改革开放前，中国社会的中间阶层主要是由三部分人组成的：普通干部、普通知识分子和国有企业职工。对于将普通干部、普通知识分子视为中间阶层还比较容易理解。然而，为什么将国有企业职工也视为中间阶层，恐怕就要费一番解释。

中间阶层是个相对概念，从相对的意义上看，市场转型以前，国有企业职工是当时中国社会的典型中间阶层，也有人称之为“公有制贵族”。无论与当时占人口 80% 以上的农民相比，还是与城市中其他非国营企业的劳动群体相比，国营企业职工的经济地位、社会地位都占有明显优势。他们是 50—70 年代中国社会的稳定力量，即使“文化大革命”那样的社会动荡也没有对他们的生活形成重大威胁。当然，国有企业职工与一般意义上的中产阶层有明显区别。中产阶层通常是由白领层阶组成的，是管理者、技术人员、办公室人员等脑力劳动者，而我国的国有企业职工很多是体力劳动者。笔者只是在相对的意义上称之为中间阶层。在此意义上，我们也可以将当时的国有企业职工称为“类中产阶层”。

直到 80 年代以前，无论就收入而言还是就福利而言，中国的国有企业职工都是当时城市社会中分享较多资源的阶层。国有企业职工可以从单位分得住房、享受低价格房租、享有很多劳动保护福利，可得到免费医疗、有养老金，子女还有入托、上学等照顾。下表是国有企业职工的平均工资。仅从工资收入这一点上看，国有企业职工的收入高于当时的集体企业职工（参见表 15-1）。

表 15-1　中国不同所有制企业劳动者的年平均工资　（单位：元）

年份	国有单位职工	城镇集体单位职工	联营经济	股份制经济	外商投资经济	港澳台投资经济
1953	496	415				
1956	610	547				
1960	528	409				
1963	641	371				
1965	652	398				
1970	609	405				
1974	622	441				

续表

年份	国有单位职工	城镇集体单位职工	联营经济	股份制经济	外商投资经济	港澳台投资经济
1979	705	542				
1984	1 034	811	1 048			
1985	1 213	967	1 269		1 847	2 143
1989	2 055	1 557			3 567	2 995
1991	2 477	1 866	1 789		3 806	4 879
1994	4 797	3 245	4 982	6 383	6 533	6 376
1996	6 280	4 302	6 856	7 623	9 383	8 334
1997	6 747	4 512	7 310	7 693	10 361	9 329
1998	7 668	5 331	8 431	8 833	11 767	10 027

资料来源:《中国统计年鉴》，1988 年、1993 年、1999 年等。

上表反映出，自 50 年代至 70 年代，当中国仅有两种经济成分时，国有企业职工确实是经济地位较高的社会阶层。表中没有列出占中国人口大多数的农民的收入，如果与农民相比，国有企业职工的地位优势就更突出了。然而，80 年代以来，当社会上出现了多种经济成分，特别是，联营经济、外商投资经济、港澳台投资经济、股份制经济纷纷崭露头角时，这些经济形式的效率高于国有企业，雇员的收入也高于国有企业。

近年来，中国有一个十分流行的概念，即“工薪层”。当商店贴出招牌说“面向工薪层”，其含义是面向低收入层，工薪层成了今日“低收入层”的代名词。而所谓工薪层主要指的就是总人数高达 1 亿以上的传统国有、集体企业职工。

国有企业职工经济地位的下降也导致了其社会声望地位的下降。市场转型以前，国有企业职工是令人羡慕的一个群体：农民把国有企业招工视为“跳龙门”；当时的城市毕业生如果能够分配到国有企业工作，几乎是最好的去向了；各行各业的工人都以能在国有企业就业为荣。然而，90 年代后期，国有企业工作已经失去了头上的灵光。根据笔者 1997 年暑期在北京市海淀区所做的调查，当要求被调查者对全部 18 种职业按地位打分时，国有企业职工仅得 54.6 分（按诺斯—海特计算公式百分制计算分值），被排在倒数第三的位置上。

90 年代后期，随着国有企业职工失业、下岗问题的出现，国有企业职工地位衰落的问题就更为突出了。笔者与中国人民大学姚裕群教授等合作，于 1998 年完成了两项对失业、下岗人员的调查。一项是在全国 15 个省市、直辖市做的，共完成有效样本 1 043 个；另一项是在北京市做的，共完成有效样本 635 个。在对调查结果的分析中，笔者发现，失业下岗群体具有较强的同质性，即失业下岗人员是一个具有很大相似性的群体。根据笔者在全国的调查，69.7% 的失业下岗人员来自国有企业，来自集体企业的占 21.2%，两项相加占了 90.9%（参见表 15–2）。

表 15–2　失业者失业下岗前所在单位的经济类型 *

所在单位的经济类型	调查人数	有效百分比
1. 国有企业	710	69.7
2. 集体企业	216	21.2
3. 私营企业与个体工商户	27	2.6
4. 外资合资企业	32	3.1
5. 股份制企业	14	1.4
6. 其他	20	2.0
未回答	24	丢失
合计	1 043	100.0

*1998 年全国调查。

为什么在市场体制的冲击下，国有企业职工出现了衰落呢？国有企业职工地位的下降是怎样发生的呢？国有企业职工的衰落是多重因素交互影响的结果。

第一，是产业结构的衰落。中国的国有企业大多建于五六十年代，当时政府投资注重于重工业、制造业，因此，国有企业的主体都是集中在这些行业上。到了 90 年代，传统的重工业、制造业都已经陈旧了，或被一些新起的高技术产业所淘汰。从笔者所调查的失业工人的产业结构上，就可以清楚地看到这一点（参见表 15–3）。

表 15–3　失业人员失业下岗前所在单位的行业分布 *

行业	调查人数	有效百分比
1. 农林牧渔业	28	2.8
2. 采矿业、工业制造业	459	45.8
3. 建筑业、地质勘探业与水利业	52	5.2
4. 电力、煤气、自来水业	20	2.0
5. 交通运输、仓储与邮电通信业	65	6.5
6. 商贸餐饮业	240	23.9
7. 金融保险房地产业	9	0.9
8. 文教体育卫生与福利、社会服务	30	3.0
9. 科研与技术服务	24	2.4
10. 国家机关与社会团体	22	2.2
11. 其他行业	54	5.4
未回答	40	丢失
合计	1 043	100.0

*1998 年全国调查。

第二，是体制的衰落。国有企业的体制僵化，在市场经济中缺乏竞争力。例如，非市场型的就业制度所造成的冗员过多和平均主义的经济分配，都是困扰国有企业的顽症。国有企业体制的僵化是整体性的，各种体制问题交织在一起，该体制的变迁，仅靠某些环节的改革是不能奏效的。多年来，人们希冀于国有企业内部的制度创新。但事实证明，制度创新在国有企业内部极难发生。重要原因之一在于，国有企业是一种“氛围”，在此氛围中，职工之间的交往已经形成了“行为惯性”，处于萌芽状态的制度创新，总是被行为惯性所同化。在此条件下，体制的衰落就不可避免。

第三，是国有企业职工自身的不利条件。国有企业职工大多是60—80年代进厂的，其年龄多在40岁以上，这些人的受教育水平、技术素质偏低。他们虽然有多年的经验积累，但是，由于产品、技术的迅速更新，他们原有的那些技术都已经过时了。由于年龄的原因，他们又很难学会新的技术。

根据笔者对下岗失业工人的调查，那些年龄在40岁以上的下岗工人，是失业者中最困难的群体。这些人下岗后，生活水平骤降，他们极为迫切地要寻找工作，却又难以找到工作。下面表15-4用“方差分析”的方法比较了不同年龄组下岗失业人员的差异。表中显示，第三组是41岁及以上的下岗人员组，他们的生活费明显低于比他们小的年龄组。方差分析显示，他们比29岁及以下组月生活费低74.37元。在“希望找到工作的紧迫程度”一栏中，用29岁及以下年龄组的指数减去41岁及以上组指数，均值差异是负值。这说明，越是年龄大的人对于找工作的心情越为紧迫。在关于找工作的难易程度一栏中，均值差异也是负值。这同样说明，越是年龄大的组，找工作的难度越大。他们比低于他们的两个年龄组希望找工作的心情迫切，而找工作的难度更大。因此，我们可以得出这样的结论：在下岗职工中，存在着明显的代际差异，年龄在41岁以上的中老年下岗职工，无论在经济地位上还是在就业机会上均遇到比较大的困难，也就是说，他们的地位下降最为明显。

此外，国有企业职工还受到来自农民工的竞争压力。改革开放以前的户籍制度是保护国营企业职工中等地位的重要屏障。那时，农民没有资格进入城市的经济活动，除了极少数的矿区等招工外，农民一般也没有资格进入国营企业。改革以后，城门被打开，农民可以参与城市中的经济活动。相比之下，国有企业职工缺少农民工的干劲和竞争力。自80年代中后期以来，每年大约8 000万农民工在城市中务工、经商，很多过去由国有企业独占的领域，现在被农民工侵入。从资源配置的角度看，原先由国有企业职工独占的资源，现在被农民工所分享。许多职工已经感到了来自农民工的压力。在

表 15–4　不同年龄组失业人员的生活费、找工作紧迫度、找工作难度 LSD 方差分析 *

	年龄组[#]： 1. 29 岁及以下 2. 30—40 岁 3. 41 岁及以上	均值差异	标准误差	显著度检验
下岗失业后生活费水平	1–2	47.32**	15.38	0.002
	1–3	74.37**	18.37	0.000
希望找到工作的紧迫程度〔（1）完全不紧迫；（2）不紧迫；（3）一般；（4）有些紧迫；（5）非常紧迫〕	1–2	–0.242 5**	0.097	0.012
	1–3	–0.4530**	0.120	0.000
找工作难不难？〔（1）很容易；（2）比较容易；（3）一般；（4）比较困难；（5）很困难〕	1–2	–0.305 2**	0.073	0.000
	1–3	–0.493 6**	0.089	0.000

* 笔者 1998 年全国调查。

年龄组下各栏，均用 1、2、3 代表相应年龄组，1–2 指用第 1 年龄组相应变量减去第 2 年龄组相应变量，1–3 指用第 1 年龄组相应变量减去第 3 年龄组相应变量。

**$P \leqslant 0.05$ 时有显著性差异。

笔者 1998 年对北京下岗工人的调查中，72.1% 的下岗工人认为，应通过限制外来民工的办法，来解决国有企业失业下岗的问题。

从经济结构上看，国有企业受到了外资和乡镇企业的前后夹击。

总之，在上述多重因素的作用下，国有企业职工的地位迅速下降。

关于制度变迁时期中产阶层的衰落，社会学研究中，有两种基本的理论。一种是两极分化的理论，即认为，在工业化的进程中，中产阶层地位十分不稳定，处于急剧的分化之中，只有少部分人上升为社会上层，绝大多数则沦落为社会的下层阶级，中产阶层的衰落造成的结果是整个社会的两极分化。根据这一种理论，中产阶层会趋于消失。另一种理论则认为，在老的中产阶层衰落的同时，却又有更多新的社会群体涌入中产阶层。其结果是，中产阶层不仅没有消失，反而更扩大了。这种理论可用来解释西方社会是怎样形成

“中产阶级社会”的。米尔斯是持第二种主张的，他使用了老式中产阶级和新中产阶级的概念。他用数据证明了，在美国的中产阶级队伍中，虽然老式中产阶级的比例不断减少，但新式中产阶级的比例却在不断增加。参见下面表 15–5：[①]

表 15–5　1870—1940 年美国中产阶级内部结构的演变（%）

中产阶级	1870 年	1940 年
老式中产阶级	85	44
农场主	62	23
商人	21	19
自由职业者	2	2
新式中产阶级	15	56
经理	2	6
挣工资的专业人员	4	14
推销员	7	14
办公室人员	2	22
中产阶级总计	100	100

从表中可以看到，美国的老式中产阶级是由非受雇人员构成的，而新中产阶级则是由受雇人员构成的。虽然独立经营的老式中产阶级缩小了，但新式中产阶级却日益兴起。多数西方国家中产阶级的变迁正是如此，例如法国学者泰洛特对西方社会的研究证明：“在 50 年中，中产阶层的组成完全颠倒了：20 年代初，这个阶层 2/3 的人是独立经营者；今天，2/3 是领工资的人：职员或中层干部。”[②]

但是，中国中产阶层的演变恰恰相反。中国传统的“类中产阶

① ［美］C. 赖特 · 米尔斯：《白领——美国的中产阶级》，第 85 页。

② ［法］克洛德 · 泰洛特：《父贵子荣：社会地位和家庭出身》，社会科学文献出版社，1992 年版，第 26 页。

层”是由受雇人员构成的，而新产生的“新中产阶层”却包含了大批的非受雇阶层（例如，大批“下海”的独立经营者）。这是中国中产阶层变迁的第一个特点。与美国的新、老中产阶级更替的第二个特点不同是，美国的更替是一个缓慢的过程，中国的更替是迅速发生的。这样美国的无论老中产阶级还是新中产阶级，都是由各种年龄群体构成的，而中国的老中间阶层（包括下岗职工）是一个由40—50岁的、近于同龄的群体构成的，新中间阶层则是由一个25—35岁的年轻群体构成的。中国传统中间阶层衰落的第三个特点是，衰落的群体是整体性的。相比较而言，多数欧美国家社会中产阶层的成分复杂，因此，传统中间阶层的衰落表现为多重复杂社会群体地位的下降，而不是像我国这样，呈现为某一个巨大的“同质”社会群体，即人群比较集中的、主要是由国有企业职工组成的群体的衰落。由于我国传统中间阶层地位下降的上述特点，它所可能引发的社会后果会更为严峻。

为说明中产阶层衰落的社会后果，我们先来看看中产阶层的社会功能。一般说来，在任何社会中，中间阶层都是维系社会稳定的最重要的社会力量。在政治上，中间阶层起到中和社会矛盾的作用；在思想上，它维护稳定的占统治地位的（或占社会主导地位的）意识形态；在经济上，它是最主要的消费群体。中国传统中间阶层地位的下降，显然是当前对于社会稳定的最大威胁。近来，人们对于社会保障体制变迁的种种忧虑，对于住房、医疗、养老体制变迁的担忧，社会上流行的普遍缺乏安全保障感的心态，最主要地就是反映了类中产阶层的社会态度。由于传统的类中产阶层是我国以往消费的最重要群体，因此，该群体经济地位的下降，造成了中国消费市场的萎缩。曾经有一段时期，社会上消费疲软，银行一再降利率也不能带动消费需求的上升，其重要结构原因之一就是：类中产阶层已不能再像过去那样构成消费市场的主要社会群体了。

三、新的中间阶层的形成与代际更替

1. 年轻一代的崛起

近年来，常常听到一部分老职工抱怨："我们干了近一辈子，怎么收入反倒不如自己刚毕业的孩子？"社会调查的结果也显示，中国大城市中确实出现了一个由受过较高教育的人口构成的新生代，他们的收入居然超过了其他各年龄层。证明之一是，笔者于1994年底组织中国人民大学学生对北京市14个区县45个居委会的居民作入户问卷调查，调查采用严格的PPS抽样方法，共完成有效样本3 063个的调查。笔者发现，20—30岁的年轻人的收入居然高于其他各年龄组。请看下表15-6：

表15-6　1994年底北京市各年龄组人均月收入（指数）比较

年龄（岁）	有效样本数	人均月收入（指数）	20—30岁组收入高于其他各年龄组的指数	显著度检验
20—30	345	5.19		
31—35	469	4.63	0.56*	0.000
36—40	557	4.54	0.64*	0.000
41—45	451	4.38	0.81*	0.000
46—50	273	4.79	0.40*	0.002
51—60	505	4.82	0.36*	0.001
61岁及以上	463	4.19	1.00*	0.000

*$P \leqslant 0.05$ 时有显著性差异。

在上表中，20—30岁的年轻人居然月收入指数最高，超过了其他各年龄组的人均收入，特别是超过了中年组。而中年人组：41—45岁组居然收入指数甚低，这一点只有从代际更替上才能做出解释。

调查还显示，这样一个年轻人组，教育程度高的特点十分突出。

从表 15–7 可以看到，20—30 岁的年轻人收入高与他们的教育程度有高度正相关关系；从表 15–7 反映出，年轻人的教育程度也同样高于其他各年龄组。

表 15–7　1994 年底北京市各年龄组教育程度（指数）比较

年龄（岁）	有效样本数	教育程度（指数）	20—30 岁组教育高于其他各年龄组的指数	显著度检验
20—30	345	4.83		
31—35	469	4.68	0.15	0.193
36—40	557	4.32	0.51*	0.000
41—45	451	4.22	0.61*	0.000
46—50	273	4.52	0.31*	0.015
51—60	505	4.19	0.63*	0.000
61 岁及以上	463	3.37	1.46*	0.000

*$P \leqslant 0.05$ 时有显著性差异。

2. 三种收入图形的比较

尽管年轻人的高收入可以从教育程度上得到一定解释，但是，在市场机制下，如此年轻的群体的高收入仍然是非常奇特的现象。我们知道，在市场经济国家，收入与年龄的关系一般是一条中间高两边底的曲线（见图 15–2）。也就是说，刚毕业参加工作的年轻人收入较低，45 岁左右的中年人收入最高，老年者收入又有所下降。这反映了收入与人们在市场上的竞争力密切相关。中年人经验丰富、竞争力最强，因此收入最高。

中国市场改革开放以前，资源配置完全没有体现市场竞争的原则。当时按计划配置资源的结果是，按年龄指标，论资排辈，实行年功制，即年轻时收入较低，年龄越大，资历越老，收入越高。这样，收入与年龄关系是一条直线（见图 15–3）。这也就是前述的戴维丝教授所说的中国改革以前社会的代际阶层化问题，老一代占据

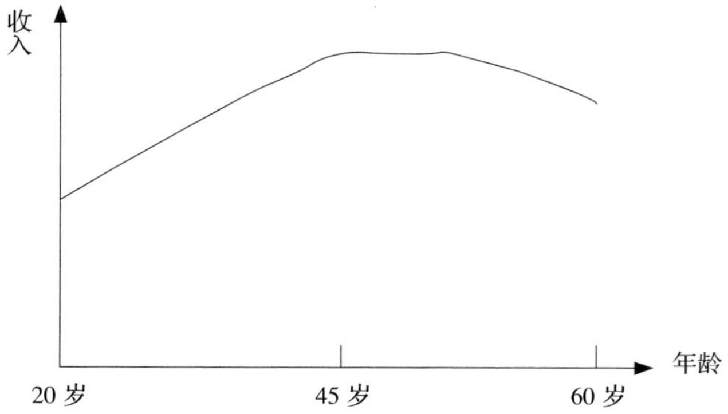

图 15-2　一般市场经济国家收入与年龄关系示意图

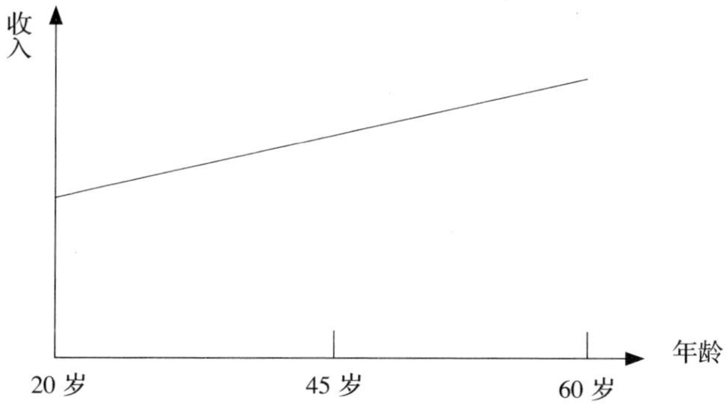

图 15-3　中国计划经济下收入与年龄关系示意图

高位，年轻一代只能处于低位。

然而，最为奇特的是目前的图形（见图 15-4）。20—30 岁的年轻人的收入突然很高，中年人的收入反而降低。这种情况只有在社会转型的巨变时期才可能发生。也就是说，由于引入市场，有竞争力的年轻人的收入巨增，不能适应社会巨变的中老年人的相对收入剧减，此时才可能发生此种情况。因此，如下的图形并不是同一个人年轻时收入高，到了中年反而收入变低，而是说，这里的年轻人与中年人是两代不同的人。

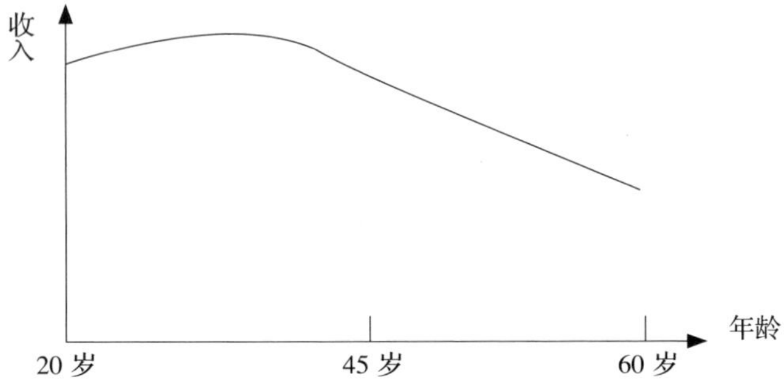

图 15-4 中国市场转型时期收入与年龄关系示意图

3. 对新生代的分析

这个年轻的高收入群体的成员，大都具有较高的学历，就职于三资企业或是新兴行业，在消费行为上有着很强的高消费倾向。他们在收入上的一个显著特点是，他们的收入与学历成正比。在通常情况下，人们是到 40 岁左右才达到事业和收入的峰值期。为什么在我国 20—30 岁的年轻人收入地位很高呢？这主要是市场竞争的结果。近年来，高收入领域大都集中在三资企业、新兴行业，如金融、证券、信息、高新技术等领域。这些行业本身，在社会上处于上升地位，一旦进入其中，也就占领了市场的最高点。年轻人有学历，有新的专业知识，懂外语，会电脑，也就能比较容易进入这些有竞争力的职业中。相反，年龄较大的人，一方面，他们的年龄和原有的技术、知识使他们很难适应这些新的专业领域；另一方面，年龄偏大的人所在的国有企业和传统的制造业由于种种原因进入了衰退期，单位地位的下降进一步加速了中老年人社会地位的下降。

新崛起的一代人实际上是一种标志，它不仅是产业结构变化的结果，而且是社会结构变化的产物。在我国过去的产品经济时代，年龄与收入的关系是直线型的，年龄越大，收入越高；收入并不与能力、劳动积极性有关，而只与年龄有关。如今，年轻一代人已经脱离了原来的生活轨迹，形成了两代人之间的差异。无论在职业结构上，还是在生活方式、社会态度上，新的中间阶层与传统的中间阶层都有重大差异。

如果仅仅看到传统中间阶层的衰落，人们会得出结论说，社会出现了两极分化。马克思在分析西方社会的结构变迁时，根据当时中间阶层的衰落而提出，西方资本主义社会将会走向两极分化。然而，几十年后，伯恩施坦的研究发现，社会中间阶层并没有缩小，反而是扩大了。为什么会是这样呢？这是因为，在传统的中间阶级衰落的同时，有其他阶层不断地进入中间阶层队伍，形成了新的中间阶层。中国结构变迁的概况也是这样。

4. 新生代对全国的解释力

有趣的是，新生代的出现在我国全国范围并不是均等的，它主要是在一些大城市中，在中小城市中还完全没有发现它的踪影。笔者特别比较了我国省会与直辖市等大城市与县级城市的情况。

笔者在 1996 年暑期至年底曾组织了全国规模的入户问卷调查，① 在全国城市或地区共完成有效样本 3 087 个，在此，剔除其中的流动人口，仅就有户口的正式居民作计算。根据此调查，笔者发现了这样一种差异，即在省会和直辖市这样的大城市中，30 岁以下的年轻人收入高于 41—55 岁的中老年人。与此形成对照的是，在县级市中 41—55 岁的中老年人的收入却又高于 30 岁以下的年轻人。请参见表 15–8：

表 15–8　1996 年我国大城市与小城市两代人收入之比较

城市	大城市		小城市	
年龄组（岁）	20—30	41—55	20—30	41—55
有效样本	65	162	208	279

① 1996 年，笔者组织了关于中国社会结构的全国型入户问卷调查。调查采用随机抽样原则，抽中全国 100 个县市，共完成有效样本 6 473 个。本书后面凡提到 1996 年全国调查，均指此项调查。

续表

城市	大城市		小城市	
年龄组（岁）	20—30	41—55	20—30	41—55
平均月收入（元）	623.05	586.85	441.77	506.91
标准误差	119.14	27.89	23.61	27.45
标准差	960.56	354.98	340.47	458.55

从表 15-8 中可以看出，虽然大城市 20—30 岁的年轻人收入高于其他群体，但是该年轻人群体收入的标准差较大，这说明该群体内部的差异是很大的。在这个年龄段中，有一部分所谓大款，这个大款层提高了整个年龄段的收入水平。

所以，虽然中国的一部分年轻人地位上升了，但这部分人的人数不多。从中国社会总的结构上看，中产阶层的欠缺是比较明显的。如果我们观察一下我国的收入分布（表 15-9），就会看到，社会上的高收入层较多地占有了社会上其他各阶层的收入。不仅占去了社会底层的收入，而且占有了社会中产阶层的收入，这样就把社会中间阶层也推向了社会的下层。在下面表 15-9 中，（4）（5）（6）（7）组本是典型的中产阶层，然而其收入均有部分被上层占去。

表 15-9　1996 年中国城乡居民家庭按人均年收入分组，各组占全部收入的比例

按家庭人均年收入，从低到高分为 10 组	各组占全部收入的比例（%）
（1）最低的 1/10	1.41
（2）1/10	2.65
（3）1/10	3.75
（4）1/10	4.88
（5）1/10	6.27
（6）1/10	7.87
（7）1/10	9.66
（8）1/10	12.12
（9）1/10	15.72
（10）最高的 1/10	35.68

资料来源：1996 年，笔者关于社会结构的调查。

因此，笔者以为，尽管有新的青年层进入社会的中产阶层，但是在社会的总的阶层分布中，中产阶层仍比较弱小。也就是说，年轻人进入中产阶层的现象尽管已经出现，但在全国范围内，还不是普遍的现象。在老的中间阶层已经退出，新的中产阶层仅在大城市中出现的情况下，我国中产阶层的总体力量仍比较弱小。

5. 结论

应该承认，中国当前的代际更替具有重要的社会意义。我国受教育程度较高的年轻一代是以新的职业结构、新的产业结构和新的经济体制的面目出现的。换言之，代际更替完成的是职业结构、产业结构与经济体制的更替。

如前所述，戴维丝教授的研究证明，中国市场转型以前的社会，代际结构的特点是，年长的一代人占据高层职位，而文化程度较高的年轻一代则从事较低职位的工作。这样一种特点本身是不利于资源的有效配置并有损于社会效率的。根据本章的研究，市场转型以后的代际更替，从本质上反映了具有更高竞争优势的年轻一代人，其在社会整体结构中的地位在上升。这反映出中国社会在朝向一种资源配置更优、效率更高的社会发展。当然，在效率提高的同时，我们也不能不注意到社会公平的问题。过去的年长一代占据优先地位的现象，对于竞争力较强的年轻一代来说是有失公平的。今天的年轻一代占据优先地位的倾向，也提醒我们，对于曾经对社会做出贡献的老一代人在社会再次分配中应给予补偿。

正如本章前面所说的，现代化过程中，社会结构的急剧变迁，常常带来传统中产阶级的解体。社会中产阶级的解体有多种形式，比如，表现为某一职业群体的解体，或表现为某一社会阶层的解体。如笔者所述，当前中国的传统中间阶层的解体，表现为一个特殊年龄（中老年）群体的危机，表现为代际更替的方式，即新起的年轻一代取代了中老年一代占据了中产阶层的地位。笔者以为，相比较而言，此种方式所引发的社会阵痛会更轻一些。为什么呢？从作为社会细胞的家庭的角度看，上述的代际更替在家庭中表现为年长的一代人从收入的较高位置降到了收入的较低位置，家庭中年轻一代人从家庭中的收入较低位置升到了收入较高位置。中国人的家庭始终起着重要的经济调节作用：在代际更替以前，在中国家庭中，往往是老一代人给年轻一代人以经济补贴，比如，那时子女结婚往往需要父母掏钱；在代际更替发生以后，在中国家庭中，往往是年轻一代给老年一代以经济补贴，比如，子女定期地或逢年过节给老人钱。这样，两代人的更替，实际上并没有对中国人的日常生活造成重大打击。当老年人看到自己的子女一代地位上升时，由子女地位上升中所获得的欣慰，也就补偿了因自己地位下降而受到的打击。所以，以代际更替的方式，使老的中间阶层解体、新的中产阶层形成，相对而言，对社会的震动和损伤要更小一些。

第十六章
中国中产阶层的生活水平与生活方式

本书第十三章分析过中产阶层与中等收入群体的关系，中产阶层更强调是处在社会中间位置的社会阶层，而中等收入群体是侧重于用经济指标、收入指标测量出来的，处于收入中间位置的社会群体。既然经济地位在阶层地位测量中最为重要，而经济收入又是体现人们经济地位、经济生活水平的核心要素，所以，测量收入地位与测量阶层地位的重合可能性会是比较高的。

上文已经展示，在本书的测量中，中产阶层与中等收入群体在全社会所占的比例十分近似，所以，本书暂且这样假设，中产阶层与中等收入群体并没有太大的差异，在很多时候是可以互相替换的概念。

一、探索中产阶层生活水平与生活方式的重大意义

中产阶层和中等收入群体既然是一个有着特定经济地位的社会群体，它的经济特征就不仅会表现在收入方面，也必然会表现在消费方面、必然表现在日常生活的各个方面。所以，对应着中产阶层、中等收入群体，就会有中等生活水平，以及中等生活水平群体或中等消费群体，由此也可以形成中产阶层的生活方式。本章较多使用了“中等生活水平”和“中等生活水平群体”等概念。由于我国中产阶层形成的时间较短，一种特定阶层的生活方式，还远远没有形成，所以，本章最后也对如何推进中产阶层生活方式的形成进行了探讨。

我们为什么会如此关注中产阶层和中等收入群体的研究呢？目的还是很明确的，笔者认为未来中国要实现“橄榄型”社会结构，因为自从现代化的社会模式在世界上出现以后，我们看到，中产阶层演变为规模庞大的社会主体群体，是社会长治久安的最重要的社会结构因素。

从社会学角度看，研究和探索我国中产阶层生活水平与生活方式，至少在以下四方面具有重大意义：

第一，它具有“形塑”（形成与塑造）未来中国社会主流生活方式的重大意义。百年来的中国经历数次革命，传统的贵族、士绅阶层连同他们的生活方式都被彻底打碎，20世纪六七十年代“文化大革命”中的所谓“破四旧、立四新”使得人们失去了判断生活方式的基本标准。只是到了改革开放以来，一种追求美好、美丽的、高雅的生活方式和社会时尚的潮流才开始萌生和发展，人们从而提出了小康社会、全面小康社会的标准和目标。但是，一方面，新的生活方式形成的时间毕竟太短；另一方面，中产人群比例也较小，所以，推进新的美好高雅生活方式的形成，可以说是中华民族真正实现现代化的重大任务之一。当然，正在形成中的中产生活方式既是高雅的、典雅的，又不是奢华的、奢靡的，这里面还蕴含着“中庸哲学”和适度平衡的传统文化思想。

第二，它对于形成巨大的消费市场、对于带动中国经济异常重要。中产阶层和中等收入群体是中国最具消费潜力的群体，近来，我们遇到了严峻的产能过剩问题，由此也导致了经济发展的下滑。本书的数据分析显示，目前，我国的中产群体在全体人口中所占比例还不太高，为22%—24%，但是，中产群体加上他们的家庭成员的数量也到达了3亿人的规模，从国际比较看，也是世界上最大的中产群体了，如此巨大的有消费能力的群体，对于国民经济发展来说，太重要了。所以，培育中产阶层的生活方式，推进我国的消费市场发展，显然具有积极意义。一般来说，达到中等生活水平的群体，更偏好于追求独特的生活方式和品位，对生活质量的要求相对较高，有着较强的消费需求，能够创造巨大的市场购买力。此外，中产阶层的生活方式和消费文化在社会上也往往具有引领性特征。中等生活水平指标的构建有助于引导社会消费市场，刺激新兴消费需求，尤其是中高档消费品的购买需求，进而引导商品生产者调整产品结构、提升商品质量，从而将大大促进整个国内产业的转型升级，推进中国经济供给侧改革。

第三，中国的中产生活方式正在形成过程之中，而生活方式的形成，最初的定位异常重要。最初的定位就会影响后来人的生活路径，社会学称之为“路径依赖”。在此意义上，中产阶层“衣食住行”的各个方面的细节都很值得深入研究。我国中产阶层形成的时间还比较短，其生活方式也还没有形成稳定的结构，其发展的各种可能性都存在，所以，研究中产阶层的生活方式，在深入思考的基础上，进而对其引导和调整，使其向合理、适当、适合国情的方向发展，都是很重要的。

第四，探索中等生活水平指标的构建对于我国全面小康的实现具有重要意义。目前关于小康生活指标的研究，主要是从宏观层面、区域层面对居民生活的平均状况（比如区域内人均 GDP、平均受教育年限、城镇人均住房建筑面积等）进行测量，而中等生活水平指标是以家庭为单位，主要采用具体化、个体化的标准，可以对照到每个人或者家庭的生活状况，因此，中等生活水平指标是对小康生活指标的进一步深化。再者，中等生活水平指标为我国的未来发展目标提供了新的方向和着力点。根据“十三五”规划，中国将在 2020 年实现全面小康。作为一个阶段性目标，全面建成小康社会的任务完成之后，居民之间生活水平差异明显的状况仍然可能会存在，居民的生活水平依然还有进一步提高和改善的空间。而中等生活水平指标正是关注到每个个体的生活状况，提出了一个为社会上大多数人接受、向往和争取的生活水平，作为未来社会发展的新目标，可以为中国在 2020 年实现全面小康后，提供一种全新的、更为高水平的发展目标。

生活方式是一个非常复杂的体系，包含的内容十分广泛。以往对中等收入群体的研究，更多聚焦在了收入这一个指标上，这样就难以展现这个群体的真实生活的各个侧面。所以，本章比较注重于用多元的生活指标测量中等收入群体、中产群体，这样可以更全面地了解该群体，从而更有利于实现“扩大中等收入群体”的战略目标。需要指出的是，本章的中等收入群体、中产群体、中产阶层、中等生活水平群体几个概念基本上是等同的，之所以使用不同的概念，是为了突出该群体的不同侧面。

二、中产阶层、中等收入群体和中等生活水平

“收入”测量在界定社会群体社会地位方面的意义毋庸置疑，一方面，没有收入就没钱消费或者只能借贷，这是不可持续的；另一方面，用收入作为标准划分社会群体也十分简便易行。但是，如果仅仅用收入来测量和界定社会群体也会有很多不足。首先，我国地区差异大、城乡差异大、大城市小城市差异大，如果仅仅测量收入，很难找到一个统一的标准来测定：究竟谁是中等收入群体？其次，我国居民家庭收入日益多元化、多样化、复杂化，除工资性收入外，财产性收入、经营性收入、转移性收入的比例持续提高，使得收入的测量难度大大提升。最后，根据我们的实地调查经验，国内很多被调查者有“藏富”、怕露富的心理，现实生活中也确实存在大量隐性收入，在填答收入时很多人又倾向于“就低不就高”，所以，在用收入测量时，常常存在测不准的问题。

而中等生活水平的概念，显然可以弥补中等收入概念的很多不足。生活水平含义广阔，它可以包括收入，同时也包括一个人或一个群体生活的各个方面，它形象生动，看得见、摸得着，老百姓也易于理解。一个群体的生活水平往往表现为一种特定的生活方式，可以用一些综合性的指标来反映这种生活方式。既然生活水平的含义广泛，那么作为学者研究就要将其界定在一定指标的范围内，这

样才能准确把握“中等生活水平”的概念。

在确定中等生活水平的具体指标时，笔者进行了较长时间的讨论，在清华大学课题组内征求了大家的意见，同时也参考了国内外的生活水平指标研究、中国的小康生活指标以及研究中产消费的相关文献。最后，结合中国近几年的经济发展水平，本章提出了五个方面测量的指标，笔者以往的研究也证明，这五个方面的指标在分辨居民生活水平时都是很重要的。这五大方面分别是：收入方面、财产方面、消费结构、生活方式以及主观生活态度。指标由一级指标和二级指标构成。之所以选择构建两级，而不是三级或四级，主要是考虑到指标尽管可以无限地构建，但是指标太多，可能会使得指标之间的关系更复杂，反而不利于对中产阶层做具体的测量与辨识。因此，我们仅构建了两级指标。具体参见表 16–1。

表 16–1　中等生活水平测量内容

一级指标	二级指标或操作定义
收入方面	家庭年人均可支配收入 2 万—6.7 万元
财产方面	有房、有车、有金融理财产品
消费结构	恩格尔系数为 0.3—0.365
生活方式	每年有文化娱乐支出、每年有旅游支出、居住社区类型为有单元房、别墅或联排别墅的中产社区
主观生活态度	社会地位自我评价居中或以上、对生活满意、对未来有信心

下面是我们对以上五个方面指标的具体说明与阐释。

1. 收入方面

毫无疑问，一定水平的收入是维持中等生活水平的保证，也是中产阶层追求有品质、有格调生活的基础。因此，在探索中等生活水平时，是一定要有收入指标的。查阅文献发现，我国对中产阶层经济收入标准的界定，主要是以家庭为单位，常用的指标有家庭年总收入、家庭年人均收入、家庭可支配收入、家庭年人均可支配收入等。在以上这些指标中，我们选择了家庭年人均可支配收入作为测量指标。可支配收入是老百姓实际拿到手的收入，是看得见、摸得着的收入，是老百姓实实在在可以花的钱，是刨去了福利保障、基本养老、医疗、失业保险，以及刨去了个人所得税等以后剩余的部分，它比居民的总收入显然要少些。之所以选择家庭人均可支配收入，一方面，相对于家庭人均收入来说，家庭人均可支配收入是居民家庭人均可用于最终消费支出和其他非义务性支出以及储蓄的总和，即居民家庭可以用来自由支配的收入，比人均总收入更为合理；另一方面，相对于家庭总收入来说，家庭人均可支配收入中的“人均”可以规避家庭整体收入比较高，但是家庭人口规模较大导致的生活水平下降问题，因此，更能准确反映家庭的经济状况。在具体测算收入标准时，笔者组织的课题组主要查阅了国际上较为常用的标准及国内一些学者的界定方法，同时参考了国家发展改革委员会 2005 年提出的人均可支配收入 1.8 万—5.4 万元的中等收入标准，[①] 并对 2013 年中国综合社会调查（CGSS）、2014 年中国家庭追踪调查（CFPS）数据进行了测算分析，在以上综合分析判定基础上，本研究提出以家庭年人均可支配收入 2 万—6.7 万元作为我国中产阶层的收入标准是较为合适的。当然，有人会质疑，这样的标准跨度是否太大了一些？上文已述，我国的特点就是地区差异大，如果不用这种宽幅度的标准就无法概括全国的情况。后文用实际数据测量，证明这样的标准还是符合我国国情的。

总之，采用这样的标准和幅度，一方面，此收入区间比较符合中产阶层生活应处于中等水平之上、生活较为富裕的要求；另一方面，中等收入界线略高于国家发展改革委员会 10 年前提出的中等收入标准，比较符合我国居民收入水平不断增长的趋势；同时，通过

---

① 国家发改委宏观经济研究院课题组：《进一步扩大中等收入者比重》，载《红旗文稿》2006 年第 12 期。

比较，这一收入标准也与日本、韩国等发达国家在相似发展时期中产阶层的收入水平较为相近。

2. 财产方面

这一指标主要是对居民家庭财产拥有情况的测量，本研究所设计的指标包括有房、有车、有金融理财产品三个方面。中产阶层因达到了一定的收入水平，也大多拥有一定的财产积累。以往国外的中产阶层研究也曾提出有房、有车是该阶层的重要标志，[①] 同时，这样的说法在大众中也比较流行。近些年来，有房有车这样的指标，在中国中产阶层中也普及开来。尤其是进入 21 世纪以来，中国人的消费热点开始从八九十年代的老三大件家用电器（电视机、电冰箱、洗衣机）及其他一些耐用消费品向新的两大方面——住房和汽车转移，有房有车也逐步成为中国中产阶层生活方式比较显著的特征。其中，有房的意义最重大，因为房屋是人们赖以生存的最重要的居住条件，而且，在人们所有的财产中房屋财产的价格最高、占财产比例也最高。根据北京大学中国社会科学调查中心的调查，在中国城镇家庭房产占家庭总财产的比例平均为 79.8%。[②] 而且，近来在国内婚姻择偶条件中，也常常将拥有住房视为一个核心条件，这也无形中抬高了住房在社会地位中的分值。所以，是否有房屋这一个指标，就成为影响中产心态的一个核心指标。总的来看，中国中产阶层的住房自有的比例还是非常高的，这一点成为中国中产阶层社会心态稳定的最重要的基础。对此，下文还会有分析。

所谓金融理财产品，主要指拥有基金、股票、期货、期权和有价证券等。之所以将金融理财产品也作为财产的一个重要指标，主要考虑到受东亚文化的影响，中国历来都是金融储蓄率较高的国家。

---

① L. 史密斯著，劳任译:《中等收入的美国人是如何生活的》，载《国外社会科学》1992 年第 10 期，第 44—48 页。

② 谢宇、张晓波、李建新、于学军、任强:《中国民生发展报告 2014》，北京大学出版社，2014 年版，第 33 页。

2013 年 9 月数据显示，中国已成为全球储蓄金额最多的国家，同时也是人均储蓄最多的国家。一般来说，中产阶层的经济条件较为宽裕，中等收入家庭在日常开销之后都会有相当比例的节余，以往大多数人都把这些节余的金钱存入银行。然而，最近几年，随着中国金融证券业的迅速发展和银行存款的利率连续下降，中等收入家庭处置节余金钱的方式也发生了很大的变化，越来越多的中等收入家庭加入了投资理财的行列，购买股票、基金、债券或保险的活动明显增多。因此，除了有房有车外，我们结合中国社会的实际情况，将拥有金融理财产品也作为反映中产阶层生活水平的重要财产标志。

3. 消费结构

虽然测量消费有数以万计的指标，但是，最为简洁的方法还是恩格尔系数。恩格尔系数是指食品支出在总消费支出中所占的比例。联合国和世界各国都把它作为衡量各国生活水平的重要指标。一般来说，恩格尔系数越低，生活水平越高。按照联合国对居民生活水平的划分标准，一个国家平均家庭恩格尔系数大于 60% 为贫穷；50%—60% 为温饱；40%—50% 为小康；30%—40% 属于相对富裕；20%—30% 为富足；20% 以下为极其富裕。关于中产群体的恩格尔系数，不同的机构和学者有着不同的看法，如联合国粮农组织将家庭恩格尔系数 30%—40% 确定为较富裕的水平，中国社科院 2011 年版《城市蓝皮书》将 0.3—0.375 作为参考标准[①]，学者狄煌在 2003 年认为中等收入者的恩格尔系数应低于 25%[②]。本研究基于上述文献研究及中国家庭追踪调查 2014 年（CFPS）数据，提出将 0.3—0.365 作为中产阶层的恩格尔系数标准。具体测算过程如下：上限是通过计算达到中等生活水平经济收入标准（年人均可支配收入为 2 万—

① 王宏：《国际视野的中等收入阶层：内涵界定、指标体系与地区差异》，载《宏观经济》2013 年第 5 期。

② 狄煌：《合理界定中等收入者》，载《经济参考报》2003 年 2 月 12 日。

6.7 万元）的家庭的平均恩格尔系数得出，下限采用的是联合国属于相对富裕的阈值下限标准。社科院 2011 年提出 0.3—0.375 的标准，但由于该标准提出要早几年，这几年我国居民收入水平又有一定提升，而恩格尔系数的变化规律是，随着收入的增长，食品消费支出占生活费支出的比例呈下降趋势。因而现阶段中国中产群体的恩格尔系数在以往研究的基础上适当向下浮动是合理的。

4. 生活方式

生活方式的差别是区分不同社会群体的重要标志，通过分辨某一群体的生活方式，往往能够精准地了解其社会位置。中产阶层作为具有相同经济和社会地位的群体，往往表现为共享一种特定的生活方式或者有着共同的品位和嗜好。不过生活方式包含内容太多，在具体测量时显然是无法全部涵盖的，本研究只能选择一些关键性、具有较大分辨度且符合我国国情的指标进行测量。那么具体选择哪些指标呢？大多学者都认同，休闲是生活方式的重要指标之一。在很多已经实现了中产转型的社会，娱乐休闲、旅游度假是中产群体生活方式的重要表现。国内的一些研究也表明，白领群体日常的休闲行为较多的是，“读书看报”“到各种娱乐场所消遣”“旅游”。[①] 基于上述文献及调查数据获得的便利，并考虑到对生活方式的衡量只能通过个人实际的消费实践来揭示和度量，我们将每年有文化娱乐支出、每年有旅游支出作为中产阶层在休闲生活方式上的指标。其中，文化娱乐主要指购买阅读报纸杂志、看电影和戏剧等。旅游则主要包括外出旅游和度假。此外，我们认为，中产社区也是体现中产阶层生活方式的重要指标。中产阶层一般都居住在条件较好的社区内，社区设施完善、环境优美、服务周到、方便、安全、舒适是其主要特征。有学者在比较了中产阶级和其他阶层的居住区的类型

① 夏建中、姚志杰:《白领群体生活方式的一项实证研究》，载《江苏社会科学》2005 年第 1 期。

后得出，上层阶级一般居住于别墅区或高级住宅社区，而中产阶级大多居住于普通商品房小区和单位社区，中下阶级大多居住于老旧居民区或城市的边缘地带。[①] 我们根据调查数据，参考以上文献，将居住类型为有单元房、别墅或联排别墅的社区定义为“中产社区”。一般来说，普通商品房小区和单位社区都是有单元房的社区，而老旧居民区或农民居住的房屋以平房、简易楼、老旧楼房为主，有单元房的社区总的来说要比平房、老旧楼房社区环境会更好一些。

作为正在形成中的中国中产阶层，其生活方式也还没有完全定型，所以，探索我国中产阶层的生活方式及其对于整体社会生活方式的影响，其意义还是十分重大的。由于中产阶层是消费市场的重要力量，其生活方式、消费方式甚至会影响我国经济的结构与走向。

5. 主观生活态度

为什么将主观生活态度纳入到生活水平的测量中来呢？生活水平或生活质量的指标一般包括客观和主观两个方面。目前在国际上，盛行生活质量主观方面的研究，有学者认为生活质量应该超越宏观经济层面，考察每个个体对其生活是如何感受的。[②] 国际组织如经济合作与发展组织（OECD）、世界卫生组织等也采用了大量的主观指标作为生活质量领域的主要研究方向，并被广泛接受。国内有学者也认为，中产阶层的主观生活态度反映了该群体的主观福利，对于经济社会的发展有着重要影响。[③]

参考以上文献和国际经验，本研究也将主观生活态度作为中产阶层的一个独立指标提出来。基于数据的可获得性和文献，我们将

---

① 李春玲：《中产阶级的消费水平和消费方式》，载《广东社会科学》2011 年第 4 期。

② 周长城、蔡静诚：《生活质量主观指标的发展及其研究》，载《武汉大学学报（哲学社会科学版）》2004 年第 9 期。

③ 上海研究院社会调查和数据中心课题组：《扩大中等收入群体，促进消费拉动经济》，载《江苏社会科学》2016 年第 5 期。

中产阶层的主观生活态度确定为三个方面：社会地位自我评价居于中间及以上，对生活比较满意，对未来有信心。之所以选择以上三个方面，也是参考了目前众多的研究：首先，主观社会经济地位认同是大多数研究中产阶层的学者关注的重要议题之一，甚至还有些学者将其作为划分中产阶层的一种标准。其次，关于满意度这一指标的选择，主要参考国际学术界在测量主观生活质量时，一般把能最大限度地满足公民需要的社会看成是人们所追求的社会；① 因此，对生活满意度的测量成为国际学术界研究主观生活质量的基础概念。中产阶层作为居于社会中间位置的群体，大多对生活感到满意。最后，对未来有信心也是中产阶层的重要标志之一。自信的特质是中产阶层自我认同的核心特征之一，② 中产阶级在劳动力市场上处于相对优越的地位，使得他们相对于其他阶层，更容易表现出对未来的自信。③

三、中国中等生活水平的测量与分析

根据以上指标，本研究采用了2014年北京大学“中国家庭追踪调查”第三轮全国调查（CFPS）数据（该数据已公开），对全国的中等生活水平现状、城乡现状、分地区、分群体的中等生活水平状况进行了测算。之所以选择利用2014年中国家庭追踪调查（CFPS）数据而没有采用其他数据：如中国人民大学中国综合社会调查（CGSS）数据、中国社科院中国社会状况综合调查（CSS）数据等，主要是考虑到北京大学CFPS数据关于居民消费和生活方式

---

① 周长城、蔡静诚：《生活质量主观指标的发展及其研究》，载《武汉大学学报（哲学社会科学版）》2004年第9期。

② Lewis, Roy and Angus Maude, *The English Middle Classes,* London: Phoenix House, 1949, p.273.

③ 吕大乐：《坐立不安：香港中产的社会心理状况》，载《中国研究》2011年第2期。

的内容较全，和中等生活水平指标对应较强。该数据记录的是 2013 年我国居民生活状况，数据稍早了一些，但是，并不影响本文的分析和结论。

北京大学 CFPS 家庭数据总样本 14 113 个（有 283 个缺失值），城市 6 616 个，农村 7 214 个，我们将全国区域分为东北、东部、中部、西部四个地区。东北包括辽宁、吉林、黑龙江；东部包括北京、天津、河北、上海、江苏、浙江、福建、山东、广东和海南；中部主要包括山西、安徽、江西、河南、湖北和湖南；西部主要包括内蒙古、广西、重庆、四川、贵州、陕西、云南、西藏、甘肃、青海、宁夏和新疆。其中东北样本 2 126 个，东部样本 3 303 个，中部样本 4 782 个，西部样本 3 902 个。CFPS 个体数据总样本 32 159，剔除不适合职业分类的样本后，有 22 991 个样本，按人群划分，农民样本为 12 498 个，产业工人为 4 967 个，普通商业服务业人员为 1 984 个，普通白领为 2 708 个，高级白领为 834 个。

通过对全国的中等生活水平现状、城乡现状、分地区、分群体的中等生活水平状况的测量分析发现，随着改革开放以来中国经济的发展和繁荣，以及小康社会建设的不断推进，我国居民的生活水平确实有了较大提高，如居民住房拥有率明显提升、恩格尔系数显著下降、居民主观生活心态反映良好等。当然，综合来看，中国居民家庭整体生活水平仍然偏低，其中在收入、财产、消费结构、生活方式和主观生活态度五个方面的指标中，全部满足五个指标的家庭比例仅为 0.26%，满足四个指标的占比也只有 1.13%，满足三个指标的家庭比例为 7.28%，满足两个指标的家庭比例为 26.38%，满足一个指标的家庭比例为 42.66%，而一个指标都没有满足的家庭比例为 22.29%。所以，要看到，中国中等收入群体、中产阶层虽然也占有一定的比例，但是，他们的中产生活方式还远远没有形成。当然，在所有指标中，住房指标比例最高，而又由于住房对于人们日常生活的意义最为重大，所以，也可以认为，住房指标对于中产生活其他方面的不足起到了一些弥补作用。

1. 收入方面，达到中等生活水平经济标准的为 23.48%

从家庭年人均可支配收入来看，本研究提出的家庭年人均 2 万—6.7 万元的标准并不算很高，但是，中国居民家庭能够达到中等生活水平经济收入标准的仅占 23.48%，仍有 74.51% 的家庭未达到。其中，未达到中等生活水平经济收入标准的家庭中，年人均可支配收入 1 万—2 万元的占 28.31%，1 万元以下的占比高达 46.20%。可见，我国在提升居民经济收入方面仍然任务艰巨。

城乡、不同区域以及不同职业群体之间收入差距也很明显。城乡对比，城市居民家庭达到中等生活水平经济收入标准（2 万—6.7 万元）的比例为 32.73%，农村为 13.64%，城市比农村高近 20%。而在 1 万元以下的收入区间，农村家庭占比为 59.03%，近六成，城市为 34.15%，农村比城市高近 25%。按不同地区来划分，东部人均可支配收入达到 2 万—6.7 万元的家庭比例最高，约为 40%，而西部仅为 15.04%。1 万元以下的低收入家庭，西部达 61.46%，东部仅为 26.99%，相差近 35%。不同职业群体相比，农民、产业工人和普通商业服务业人员与白领群体相比，收入差距也非常显著，高级白领达到 2 万—6.7 万元的比例为 54.20%，农民、产业工人和普通商业服务业人员比例仅为 13.51%、21.57% 和 22.77%。而农民、产业工人和普通商业服务业人员人均可支配收入在 1 万元以下的群体所占比例比高级白领高出很多。其中，农民近 60% 在 1 万元以下（具体见表 16–2）。

表 16–2　居民家庭人均可支配收入比例（%）

家庭年人均可支配收入	1 万元以下	1 万—2 万元	2 万—6.7 万元	6.7 万元以上
全国	46.20	28.31	23.48	2.01
城市	34.15	29.97	32.73	3.16
农村	59.03	26.52	13.64	0.81
东北	37.10	36.45	25.70	0.74

续表

家庭年人均可支配收入	1万元以下	1万—2万元	2万—6.7万元	6.7万元以上
东部	26.99	28.47	39.06	5.48
中部	49.34	29.24	20.10	1.31
西部	61.46	22.55	15.04	0.96
农民	58.32	27.12	13.51	1.05
产业工人	42.10	34.94	21.57	1.38
普通商业服务业人员	41.33	34.50	22.77	1.40
普通白领	24.62	35.13	37.24	3.01
高级白领	15.14	24.06	54.20	6.60

2. 财产方面，住房拥有率非常高，汽车和金融理财产品拥有率则甚低

本研究数据显示，中国大约有81.05%的家庭拥有完全住房产权。多种调查数据显示，我国居民拥有住房的比例是很高的，如中国家庭金融调查（CHFS）数据曾显示，中国家庭自有住房拥有率高达89.68%。所有调查都显示，中国拥有房产的家庭比例大大超过世界平均水平（60%）。[①] 这样的数据也明显高于一些经济发达国家，如美国，根据美国人口普查局数据，1965—2016年，美国住房拥有率一直维持在63%—69%之间。[②] 怎样理解中国住房的高拥有率与中产阶层及中产生活方式的关系呢？笔者特提出以下几点：

第一，中国居民住房拥有率高是非常积极的、正向的社会指标。上文显示，从收入测量看我国中产占比仅23.48%，确实不高。但是，我们要理解什么是中产阶层的核心含义。中产阶层意味着生活稳定的群体，而住房在实现生活稳定上又往往发挥着核心作用。所

① 甘犁：《中国家庭金融调查报告（2015）》，西南财经大学出版社，2016年版。

② 参见 http://gongleimm.blog.sohu.com/322471058.html。

以，中国城乡居民高比例拥有住房，对于实现他们稳定生活的作用不可低估。笔者认为，我国城乡住房的高拥有率起到了“中产效应”，这是中国社会能够稳定发展的重要因素。中国农村居民拥有宅基地当然就拥有住房，农村居民的住房拥有率甚至高于城市。中国城市自“房改”以后，居民拥有住房大体是两种形式：一种是原单位房屋低价格卖给了职工，另一种是居民通过购房成为市场型商品房的所有者。所以，从中国的国情出发，要充分认识到住房的“中产效应”确实对于中国社会的稳定发展起到了巨大作用。第二，华裔社会历来都十分看重住房的社会稳定功能。考察新加坡，以及中国台湾、香港地区，都可以发现华裔居民对于拥有住房非常重视的观念和文化现象，这恐怕与中华民族传统文化中的“安居乐业”“有恒产者有恒心”等理念有关。第三，中国人对拥有住房的渴望，在一定程度上也造成了在其他方面消费偏低的现象。有学者运用中国社科院中国社会状况综合调查（CSS）数据，分析2006—2015年中等收入群体的消费趋势也发现，除医疗保健支出较高外，购房首付及房贷支出成为制约中等收入群体消费的重要制约因素。[①] 我们的调查也发现，很多居民将收入中的相当一部分用来购房付首付或者还房贷，由于房贷一般是按月从账户扣除，一些人在填答收入时又倾向于“就低不就高”，一些被调查者在填答问卷时把房贷支出费用从收入中刨除出去，结果造成了这部分人收入偏低的现象。所以，未来中国中产群体的界定可以考虑从收入和财产两个方面综合测量。第四，住房问题也成为流入大城市的年轻一代地位上升受阻的重要因素。本次数据显示，白领的住房拥有率明显低于农民、产业工人。我们知道，中产群体主要分布在城市特别是大城市，白领又是中等收入群体的核心层，但是这部分群体目前却遭遇住房困境，购房贷款压力巨大，导致其消费力萎缩，不但影响中国经济发展，而且也

① 朱迪：《中等收入群体的消费趋势：2006—2015》，载《河北学刊》2017年第2期。

会导致中产群体陷入焦虑和恐慌，并通过舆论蔓延到整个社会。因此，未来亟待国家出台针对年轻中产群体的相关住房保障政策，满足他们的住房需求，真正实现安居乐业。

在现代社会中，拥有汽车是现代生活方式的重要标志，也是衡量一个家庭生活水平的关键性指标。但是数据显示，目前中国拥有汽车的家庭比例不足两成，仅为17.2%，还未达到国际上通用的汽车社会的标准，即每100户家庭拥有的汽车量超过20辆。[①]与经济发达国家相比还存在较大差距，日本2012年的汽车拥有率已经高达90%以上，2011年日本的户均汽车拥有量已经超过1辆。韩国2011年则达到每户拥有汽车0.91辆，基本接近每户1辆。我国的汽车拥有率远低于经济发达国家。

在金融理财产品方面，全国总体上拥有金融产品家庭的比例仅为4.44%，还不足5%，远低于上文提出的测量中等生活水平的其他指标的比例。笔者认为，金融理财拥有率较低，可能和中国人目前还是将储蓄作为金钱的主要处置方式有关。2014年北大调查数据也显示，全国有存款储蓄的家庭比例为44.27%，其中可支配收入在1万元以下的家庭，有近34%的储蓄率，1万—2万元的家庭有近50%的储蓄率。而在全国有储蓄的家庭中，有近50%的家庭采用的是定期存款的储蓄方式。但中国近几年存款储蓄利率持续下降，已较大地影响了居民的收入增长。全国居民家庭的金融理财产品拥有率亟待提升。

从城乡、区域和不同职业群体来看，差异也较为显著。城市家庭金融财产拥有率为8.02%，农村仅为0.6%，城市明显高于农村。东部地区家庭金融财产拥有率高于东北、中部和西部，东部为9.87%，其他三个区域均在2%—3%之间。白领职业群体拥有金融产品的比例高于其他职业群体，尤其高级白领群体中，拥有金融产品的比例最高，达到18.03%，而这一比例在农民、产业工人和普通商业服务业

---

① 肖生发等:《关于构建和谐汽车社会的思考》，载《湖北汽车工业学院学报》2009年第23期。

人员职业群体中尚不足 4%。可见，要提升全国居民家庭的金融财产拥有率，未来应重点提升农民、农民工群体的金融理财产品拥有率。

3. 生活方式方面，中国居民家庭每年在文化娱乐和旅游方面的支出及居住在中产社区的比例都偏低

首先，中国居民在文化娱乐方面（包括购买阅读报纸杂志、看电影看戏剧等）有支出的家庭比例整体不高，为 24.73%。其中，城市占比 35.21%，农村为 13.54%，城市比农村高出近 22%。可见，在文化娱乐方面，农村文化生活较为贫瘠，公共文化服务设施明显落后于城市，且市场化的文化娱乐场所远比城市稀少，农村文化建设较为滞后。

其次，中国居民家庭有旅游支出的比例为 17.6%。而城乡、区域和不同职业群体之间也存在明显差异。其中，城市地区有旅游支出的家庭比例为 25.67%，而农村仅为 9.03%；东部地区为 27.6%，东北、中部、西部均不足 20%；白领职业群体中有旅游支出的家庭比例超过 30%，其中高级白领这一比例高达 45%，农民、产业工人、普通商业服务业群体则不足 20%。综上可见，农村地区、西部地区以及非白领职业群体中“有旅游支出”的家庭比例明显偏低。

再次，中国居民家庭居住社区类型为单元房、别墅或联排别墅等中产社区的比例也不高，仅占 23.82%。城乡对比，农村家庭居住在中产社区的比例为 4.86%，而城市家庭占比为 46.32%，城市显著高于农村。这可能和农村、城市不同的居住方式和居住习惯有关。不同职业群体之间差异也比较明显，高级白领居住在中产社区的比例最高，为 47%，普通白领为 41.17%，普通商业服务业人员为 26.71%，产业工人为 17.52%，农民为 9.37%。

四、怎样提升中国居民的生活水平？

由上述分析可知，中国居民总体的生活水平还不高，即使是中产阶层也还不能实现生活水平各方面的匹配，经济收入、金融资产、

文化娱乐支出、旅游支出等方面还很不均衡，这一方面说明“扩大中等收入群体”的任务还很艰巨，另一方面也说明，中国中产阶层在消费领域还有很大的发展潜力，这也是促进中国调整结构，实现经济转型的极大动力。本部分将针对以上这些问题，提出一些解决问题的对策建议。

1. 调整收入差距，提高低收入者收入水平

经济收入是居民获得生活资料的重要保障，对改善和提高居民生活水平起着根本性的作用，有收入才会保障生活水平的其他方面。在中国，要提高居民整体收入水平，除了大力发展经济之外，重点应放在缩小贫富差距、提高低收入者收入水平上。中国的低收入群体主要集中在农村地区、中西部地区以及农民、产业工人和普通商业服务业人员群体当中，因此要提高居民整体收入水平，重点在于提高上述区域和职业群体的收入水平。

首先，提高农村地区居民的收入水平，缩小城乡收入差距。目前中国农民的收入日益多元化，包括工资性收入、个体经营收入以及农业收入等，要提高农民的收入水平，一是需要打破户籍因素对农民的用工限制，保证同工同酬、保障农民享受同等的工资待遇和福利水平；二是要改善农民个体经营者的经营环境，尤其是要改善城市对农村进城商贩的管理方式，保障其在城市的合法经营；三是要推进农村土地制度的改革，尤其是农村土地承包经营权的流转，以及农村宅基地的流转，增加农村居民的财产性收入。

其次，提高中西部地区的收入水平，缩小区域差距。国家应进一步通过西部开发、财政转移支付等手段，对西部经济发展进行扶持，促进中西部地区经济增长和居民收入水平的提高。

最后，提高产业工人以及普通商业服务业人员的收入水平。这一部分职业群体与中高层职业群体相比，规模庞大，学历背景和技术水平较低，工资水平也较低。要提高其收入水平，一是要根据我国的国情提高最低工资标准，保证其工资收入；二是要通过工会及

政府部门介入调整劳资关系，帮助这类职业群体与资方进行待遇协商，以形成公正合理的薪资待遇；三是要通过政府财政补贴以及优惠措施，加强其职业技能培训，尤其是对中国缺口较大的技术工人的培训，帮助其提高在就业市场中的竞争力，促进其收入的提高。

2. 加快激活农村金融理财市场

金融理财方面，我国居民家庭的金融产品拥有率很低，其中农村拥有率仅为0.6%。而关于收入增长的数据则显示，近几年农村的收入增长速度要快于城市，农民的财富其实有了很大的提升。但是与城市相比，农村的金融理财产品却没有相应发展起来，究其原因，一是农民理财意识淡薄，缺乏相应的理财知识，习惯于银行储蓄。二是农村投资渠道较少。银行理财产品品种开发少、投资起点高，理财产品的设计与农民的实际需求不符，不适合农民投资；投资股市风险又太大；而目前二线、三线城市实行楼市调控，去房产库存，投资房产收益也不稳定；民间借贷法制又不完善，导致农民投资理财无门。三是金融机构对农村理财产品的开发重视与支持不够。

针对以上原因，我们认为，首先，应在农村普及理财知识和理财理念，加大宣传力度，提高居民的理财意识。如举办公益性的理财知识课程、讲座或者通过发放宣传页、张贴海报、悬挂条幅、印制一些金融基础知识读本的形式进行宣传推广，也可以通过电视、广播、网络平台等便捷方式将金融理财产品在农村广而告之。其次，遵循农村市场的实际情况，紧贴农民需求，设计开发出操作简单方便、投资门槛低、风险低、收益稳定、期限适宜等特点的适合农民的金融理财产品。另外，针对目前中国大多数农村普遍存在青年劳动力流向大城市，出现大量土地和宅基地闲置的现象，金融机构可以开发与之相关的农民土地信托、宅基地流转等理财产品。[①] 最后，

---

① 郑兰祥等:《论农村金融理财产品的创新与发展》，载《对外经贸》2012年第2期。

政府应重视完善农村金融市场，加强农村金融机构网点的管理和建设，比如通过优惠措施引导金融理财机构进驻乡镇，促进对农村金融理财市场的开发。同时，强化对农村金融理财产品的市场监管，切实保护好农民的利益。

3. 因地制宜，合理引导汽车市场

汽车拥有率是衡量居民生活水平的一项重要指标，我国目前汽车拥有率还较低，远远低于经济发达国家。因此，提高居民生活水平，需要进一步促进汽车保有量的提高，让更多的家庭能够拥有自己的汽车。提高居民汽车拥有率，主要从供给和需求两方面入手，在需求方面，首先，应提高居民的收入，提升购买能力；其次，在收入提高的同时，可以推动汽车购买银行信贷机制的调整，根据实际经济情况适当放宽信贷政策，刺激购车需求。在供给方面，可通过税收优惠、技术补贴、财政支持等方式帮助国内企业降低生产成本，通过较低价格提高汽车供给能力，让更多居民买得起汽车。

特别需要指出的是，在欧美国家，人人都有汽车确实是中产阶层的重要标志。但是毕竟不同国家的资源和环境承载能力不同，人口规模也不一样，尤其中国人口众多，人均资源贫乏，过高的汽车拥有率将大大增加资源和环境的负担。因此，中国不能简单类比发达国家，要求未来的中产阶层家庭都要有汽车，而是需要发展出具有中国特色的中产阶层出行方式。一方面，应大力发展低能耗汽车以及新能源汽车，在不对环境和资源造成过重负担的情况下，增加居民成为有车族的比例；另一方面，可以参考英国和日本经验，大力发展快捷、方便、绿色、舒适的公共交通。

4. 加速推进农业转移人口市民化，培育形成中产生活方式

本章关于生活方式主要有三个指标：文化娱乐支出、旅游支出和居住社区类型。数据分析显示，全国居民家庭在以上三个方面所

占比例都不高，且农村显著落后于城市。要使更多的居民家庭达到中产阶层的生活方式，未来应重点加快推进农业转移人口市民化，培育更多农民或农民工形成中产生活方式。

文化娱乐方面，农村文化娱乐方式单一和文化娱乐场所匮乏是导致农村有文化娱乐支出的家庭比例较低的主要原因。而目前大批的农民进城务工、经商，为农村建设如城市一般完善的娱乐文化场所设施不太现实，最有效的办法还是大力推进农业转移人口市民化，制定一系列优惠政策方便农民工落户城市，把一批符合条件的县镇改造建设成小城市，将文化资源集中，让更多的农民享受到城市的文化娱乐资源。①

旅游方面，居民收入、节假日是否有保证、旅游产品是否有吸引力，是影响居民旅游支出的关键因素。因此，要提升有旅游支出的农村家庭比例，一方面要大力推动新型城镇化，加快推进农村转移人口市民化，提升农民的收入；另一方面应加强对法定节假日的保障，增加劳动者的休闲娱乐时间。最后，可在农村或郊区就近开发更多有价值的地方旅游资源和创新型的休闲旅游产品，多开发能让游客亲身经历活动及体验过程的旅游项目，比如利用亲子农场、手工作坊、采摘园等，开展各种 DIY 活动、节庆活动、体育赛事、有氧运动等刺激居民的旅游消费。

居住方面，未来我们国家可以通过加速新型城镇化建设，提供宅基地有偿退出、土地节约指标用于村镇发展或有偿流转等激励措施，鼓励散居农民向中心村、小城镇适度集聚，由传统散居转变为居住空间相对集中、居住条件改善、居住类型社区化的集中居住方式，② 在全国形成更多的、更高水平的中产社区。

---

① 罗云烈:《浅谈农村居民的文化娱乐生活》，载《现代交际》2015 年第 6 期。

② 杨亚楠等:《新型城镇化过程中农民集中居住研究进展》，载《人文地理》2015 年第 2 期。

第十七章
中国中产阶层发展状况的国际比较

一、为什么要将中国中产阶层发展与国际做比较？

通过前面的论述，我们已经看到，现代社会出现人数和比例都巨大的中产阶级、中产阶层的现象，首先发源于现代化演进较早的国家和地区，最早形成中产社会的也多是欧美国家，所以，研究中国中产阶层的发展，可以参照这些已经完成现代化转型的国家和地区的发展状况，从中获得一些有益的启发。我国的现代化进程晚了一些，学术上我们称之为“后发型现代化”，后发型现代化也有一个优点，就是可以吸收先发型现代化那些国家和地区的经验和教训，别人有好的东西我们可以学习，别人已经掉过的陷阱我们一定要避开。当然，这里面也遇到了概念差异问题，这些国家使用的主要是中产阶级概念，而中国使用的是中产阶层以及中等收入群体等概念，在本书中，这些概念差异不大，所以，也可以视为近似的、甚至同等的概念。

尽管学界对于如何界定中产阶层的具体标准，认识上还是有所差异的，但是，对于中产阶层在维持社会和谐和平稳发展中的积极作用还是有非常明确的共识[①]。国内外的不少研究都认为，中产阶层

① 李培林:《中产阶层成长和“橄榄型”社会》，载《国际经济评论》2015 年第 1 版；李强:《当代中国社会分层：测量与分析》，北京师范大学出版社，2010 年版。

是当代社会变迁的重要动力[①]，是稳定渐进的工业化力量[②]，也是国家现代化民主化的重要动力[③]。

我国社会学界关于现代社会分层结构变迁的比较一致的认识是：现代社会结构呈现菱形或“橄榄型”发展趋势，换言之，中产阶层有了比较大的增长，并将逐渐成为社会的主体，与此相对应，社会上层和社会下层都占比不高；并认为，这也从一定程度上解释了，早期工业社会激烈的阶级冲突为什么得到了缓和。多数社会学家认为，壮大中产阶层将有助于弥合两大对立阶层之间的收入差距，缓解阶级之间的矛盾，对于整个社会的和谐平稳过渡具有重要意义。

然而，当我们作国际比较的时候也会发现，迄今为止，世界上真的形成了中产阶层占据主体的社会并不很多，主要还是欧洲、北美、大洋洲等发达经济体，以及很少数的东亚国家和地区。其他大多数的国家和地区，虽然也在努力推进现代化的进程，但是在扩大中产阶层这件事情上却常常陷入困境，贫富分化等诸多问题阻碍了中产阶层的发展。近年来关于“中等收入陷阱”的讨论蜂起，[④]也反映了现代化社会结构演变中遇到的困境。

21 世纪以来，随着中国城镇化、产业化的推进、高等教育的快速发展、职业结构的演变，我国中产阶层也有了一定发展。如前所述，笔者采用“国际社会经济职业地位指数”（ISEI）方法测量中国中产阶层的发展状况，发现，中国总体上社会结构在优化，从过去的“倒丁字型社会结构”变成了“土字型社会结构”，但是，从社会结构整体看，中国中产阶层占比仍然较小、而且其主体是处在中下

---

① Lash. S. & J. Urry, *The End of Organized Capitalism,* Cambridge: Polity Press, 1987, pp.297–321.

② Clark Kerr, F. H. Harbison, J. T .Dunlop and C. A. Myers, “Industrialism and Industrial Man”, *International Labour Review* 82(1), 1960, pp.236–250.

③ Huntington & Samuel P., *The Third Wave: Democratization in Late Twentieth Century,* Norman: University of Oklahoma Press, 1991, pp.68–93.

④ 郑秉文：《中等收入陷阱与中国发展道路——基于国际经验教训的视角》，载《中国人口科学》2011 年第 1 期。

层的位置上。中国中产阶层主要聚集在大城市、特大城市，农村和小城市、小城镇中产阶层比例甚低。[①] 所以，培育和推进中产阶层的发展，是中国当前现代化转型面临的一项重任，这与中央提出的扩大中等收入群体的战略也是完全一致的。

由此，我们就遇到这样一个问题：在目前中国现阶段的经济社会发展水平上，中产阶层在全社会占多大比例会是比较适当呢？从国际比较的角度看，在中国目前的发展阶段上，中国中产阶层的比例是否适当呢？

支撑本研究的基础理论是认为，社会分层结构的基础是社会经济发展水平，有了一定的现代经济发展水平、产业结构、职业结构，才可能发展出现代的中产阶层为主体的社会。本章分析的基本逻辑是，先看看国际上的发达经济体，当年他们处在与中国类似的经济发展水平时，他们的中产阶层是一种什么样的比例，由此来判断中国中产阶层的发展是否滞后了。进而比较和分析，中国中产阶层发展滞后究竟有哪些原因，最后针对这些原因提出几点对策。

二、中国中产阶层发展水平的国际比较

如前所述，社会结构的变迁受到经济发展的制约，中产阶层的发展壮大必须依托在一定的产业结构和经济基础之上，中产阶层的快速发展也离不开经济快速发展做支撑。改革开放 40 年来，中国经济总量和人均发展水平都有了极大的增长，然而，与经济发展水平相比，中国的中产阶层却存在发展滞后的问题。图 17–1 给出了从 20 世纪 60 年代直到 21 世纪初期，中国和世界主要发达国家的人均 GDP 增长状况。数据显示，2015 年中国人均 GDP 达到 7 925 美元，

---

① 李强：《中国离橄榄型社会还有多远——对于中产阶层发展的社会学分析》，载《探索与争鸣》2016 年第 8 期。

这大致相当于美国 1975 年、加拿大 1976 年、德国[①]和法国 1977 年、英国和澳大利亚 1978 年的经济发展水平。但是，令我们惊讶的是，在同样人均 GDP 发展水平上，中国中产阶层的比例严重偏低。仅以美国为例，早在 20 世纪 70 年代初，美国就已成为十分典型的中产阶级国家。

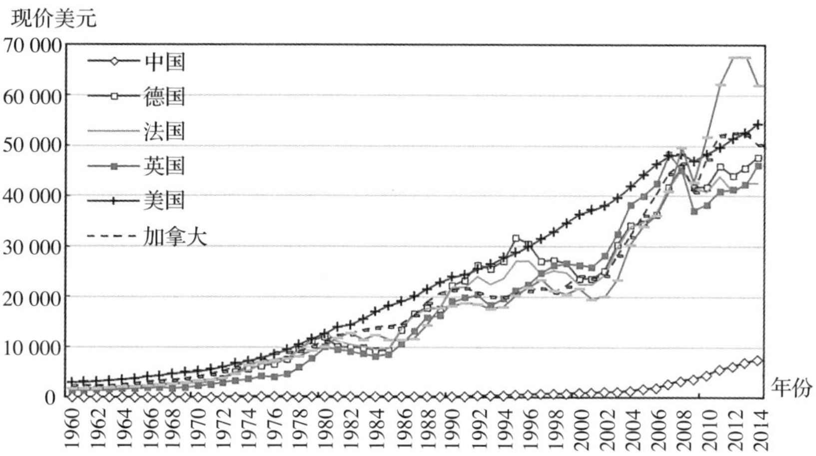

图 17-1　我国与主要发达国家的人均 GDP 增长趋势

资料来源：世界银行国民经济核算数据，以及经济合作与发展组织国民经济核算数据文件。

首先，看看职业标准测量的中产阶层发展水平。米尔斯从职业角度界定美国的中产，将农场主、小商人和自由职业者称为老中产阶级，并将随着 20 世纪公司经济发展而产生的经理、雇佣职业者、推销员和诸多的办公室职员称为新中产阶级。[②]美国中产阶级主要由

① 民主德国于 1990 年并入联邦德国，实现两德统一。本章中，德国人均 GDP（现价美元）数据的时间跨度是 1970—2015 年。其中，1970—1989 年的人均 GDP 是联邦德国和民主德国的加权平均值，1990—2015 年是两德合并后的德意志联邦共和国人均 GDP 数据。

② C. 赖特 · 米尔斯，杨小东等译:《白领——美国的中产阶级》，浙江人民出版社，1987 年版。

各类管理人员、专业人员、技术劳动者、商业销售人员、普通办公室人员、中小业主、农场主和农场经营管理人员、文员、手艺人等构成。如果按照家庭户主的职业标准进行计算的话，1975 年美国中产家庭的比例达到了 70% 左右，[①] 但是中国 2013 年就业人员中的中产阶层占比仅为 20%[②]。

其次，以经济收入标准测量中产阶层的发展水平。虽然划分标准存在很大争议，但是经济收入仍然是界定中产阶层的重要方法。经济收入标准有相对标准和绝对标准两种。其中，一种比较通行的相对标准是，“排除最富裕的 5% 和 25% 的最低收入者”。美国劳工统计局也曾以家庭人均收入中位数的 75% 为下限、以人均收入中位数的 125% 为上限定义“收入中产”[③]。但是，利用相对标准测量的中产比例，由于上下限的弹性较大，并且在很大程度上受收入分布的影响，测量结果的可比性不强。而对于绝对收入标准，目前有文献支持的美国中产界定标准主要有三种。第一种是 1983 年罗斯（Rose）提出的，美国中产家庭年收入标准是 1.5 万—10 万美元。[④] 如果按照家庭规模 3 人推算，中产家庭人均年收入标准是为 0.5 万—3.3 万美元。第二种是 2001 年美国研究顾问公司进行了一项关于中产阶级生活费调查，同时也是中国国家发改委宏观经济研究院“扩大中等收入比重的战略研究”课题组参考使用过的标准。该调查认为，一家三口人的美国家庭，年收入 10 万美元，人均 3.3 万美元是中产阶层

① 数据来自美国劳工统计局发布的调查报告：*Current Population Reports: Household Money Income in 1975 and Selected Social and Economic Characteristics of Households*, Issued, March 1977。

② 数据来自中国国家统计局数据库，2012 年之前的数据来自国家统计局城镇住户调查。

③ Kacapyr, Elia, Peter Francese & Diane Crispell. “Are You Middle Class?–Definitions and Trends of US Middle–Class Households”, *American Demographics*, 1996, 26(10), pp.34–59.

④ S. Rose, *Social Stratification in the United States*, Baltimore: Social Graphic Co., 1983.

的起步水平。[①]第三种是美国社会学家威廉姆斯·托马斯（William Thomas）以及约瑟夫·希基（Joseph Hickey）在2005年给出的界定标准，认为年收入3.5万—10万美元（约合23.2万—66.3万元人民币）的群体为美国下层中产，年收入10万—50万美元（约合66.3万—331.9万元人民币）的群体为上层中产。[②]显然，美国中产界定标准的差异性也很大。但是为了能够比较中美中产发展状况，仍然需要选择一个统一的标准。为此，暂且以中国国家发改委宏观经济研究院提供的2005年中国中等收入阶层的划分标准人均年收入3.4万—10万元人民币作为统一测量标准，比较中国和美国中产阶层的发育水平。该标准按照平价指数换算后大致相当于1975年美国的0.7万—3.6万美元，并以此作为1975年美国中产阶层的测量标准。在这一口径下，根据美国劳工统计局提供的1975年美国人的收入计算，美国中产阶层的比例接近70%。而在同一口径下，2015年我国中产阶层的比例约为22%。虽然不同的标准和计算方法会导致结果有所差异，但是我国中产比例偏低却是毋庸置疑的事实。

此外，如果按照主观认同率测算的话，美国人的中产认同率更高。由于一些收入和职业不属于中产范围的美国人在主观上也认为自己是中产阶级，1975年美国人的中产认同率达到了80%。[③]我国严格的中产认同调查还缺少数据支持，但是2004年周晓虹教授在广州市、南京市和武汉市的调查结果显示，城市居民的中产认同率仅为38.7%、40.5%和41.3%，我国城市中产认同比例明显低于美国同时期，而农村中产的认同比例则更低一些。[④]几种口径测算的结果均表明，中国中产阶层的发育严重滞后于经济发展水平。

---

① 国家发改委宏观经济研究院课题组:《中等收入者的定义和划分标准》，载《经济研究参考》2005年第5期。

② William Thompson & Joseph Hickey, *Society in Focus: An Introduction to Sociology*, New York: Harper Collins College Publishers, 2005, pp.138–167.

③ 香港凤凰周刊:《大陆中产阶级沉浮》，浙江出版联合集团，2015年版。

④ 周晓虹:《中国中产阶层调查》，社会科学文献出版社，2005年版，第29—61页。

三、中国中产阶层规模偏小、比例偏低的原因

由于发达经济体进入中产社会的路径大致相同，这里仅选取美国作为案例进行分析。中美两国都是幅员辽阔的超巨型社会，具有很强的可比性。美国近年又由于中产阶级利益受到伤害，甚至中产阶级有所萎缩而导致社会不满情绪增高，前不久的美国大选结果就是一个明证。这些对于我国都具有重要的启发和借鉴意义。

1. 居民家庭收入水平明显偏低

家庭收入是决定一个家庭能否进入中产阶层的主要指标。图 17–2 给出了同等经济发展阶段中美两国居民的家庭收入。数据显示，2015 年我国居民的家庭年收入达到了 8.5 万元（人民币），相当于 2015 年的 2.2 万美元[①]。但是，1975 年美国居民家庭年收入已经达到了 1.4 万美元，相当于 2015 年的 6.3 万美元[②]。在类似经济发展阶段，中国居民的家庭收入水平仅为美国居民家庭的 1/3。中国家庭收入水平偏低，导致中产群体比例偏低，也导致消费能力难以提高，经济发展动力不足。

2. 居民可支配收入占 GDP 的比例严重偏低

居民可支配收入占 GDP 的比例是衡量居民分享经济发展红利的主要指标之一，也是影响中产阶层发展的主要因素之一。图 17–3 给出了中美两国居民可支配收入占 GDP 的比例。数据显示，虽然近年来略有反弹，但是中国居民可支配收入占 GDP 的份额仍然严重偏低。中国居民可支配收入占 GDP 的份额在改革开放初期所占比例最高，约为 68%。然而，30 多年来占比呈现出持续下降的局面，到 2010 年中国居民可支配收入占 GDP 的比例仅为 41%。虽然近 5 年开

---

① 该数据按照 2015 年美元和人民币的购买力平价因子换算得到。

② 该数据以 2015 年的美元计价。

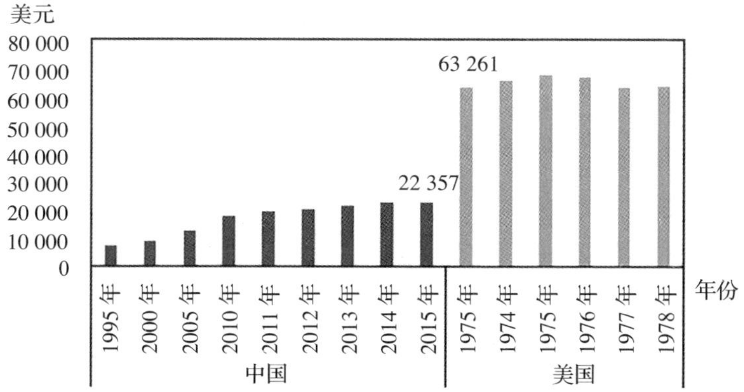

图 17-2　同等经济发展阶段中美家庭收入比较

注：为了使中美两国家庭收入具有可比性，并且在不同年份具有可比性，图 17-2 中的家庭收入已经统一换算为 2015 年的美元计价方式。

资料来源：1975—1978 年美国家庭收入数据来自美国劳工统计局（U. S. Bureau of Labor Statistics）发布的住户收入与主要社会经济指标调查报告：*Current Population Reports: Household Money Income and Selected Social and Economic Characteristics of Households*; 中国家庭收入数据来自中国国家统计局数据库。

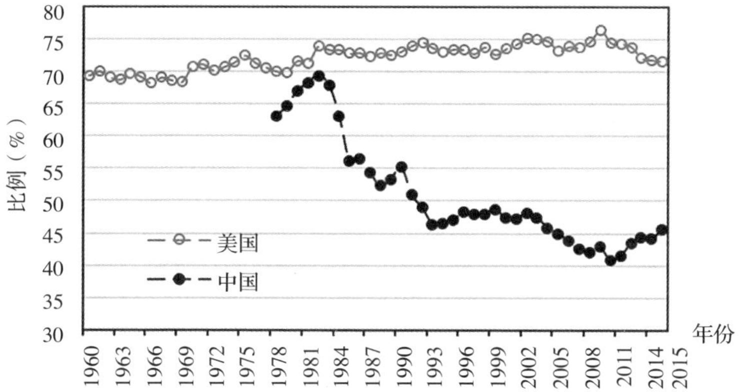

图 17-3　中美两国居民可支配收入占 GDP 的比例

资料来源：美国居民可支配收入数据来自美国劳工统计局数据库；中国居民可支配收入数据来自中国国家统计局《中国统计年鉴 1995—2015》，中国和美国 GDP 数据来自世界银行数据库。

始反弹增长，但是到 2015 年也仅增长到 45%，所占比例仍然严重偏低。而对应美国 1960—2015 年期间，居民可支配收入占 GDP 的比例从 69% 逐渐增长到了 72%。与我国相比，美国居民可支配收入占 GDP 的比例一直很高，并且整体保持了持续增长的态势。相对而言，中国居民可支配收入占 GDP 的比例严重偏低，说明居民从经济发展中的获利太少，一定程度上影响了居民家庭收入和生活水平的提升。

3. 初次分配中的居民所得偏少，企业所得偏多

财富分配是影响中产阶层壮大的制度性原因之一。图 17-4 给出了中美两国财富初次分配状况。数据显示，2015 年我国财富的初次分配中，居民所得占 47%，政府所得占 15%，企业所得占 38%。从变化趋势看，企业所得一直在增加，政府所得也有少量增加，但是居民所得在明显减少。90 年代初期，我国居民所得大致占 53%，但是到 2015 年居民所得仅占 46%，减少了 7 个百分点。这 7 个百分点的财富分别流到了企业 4 个百分点和政府 3 个百分点。如果假设近 25 年来我国居民、政府和企业的财富初次分配比例不变的话，初步估计，原本应该分配给居民的超过 10 万亿元的财富流向了企业和政府，这显然违背了中国共产党和政府统一再强调的：要提高居民收入在国民收入分配中比重的方针。如果财富能够流向中低收入群体的话，不但有助于扩大中产阶层，而且也可以提高居民的消费能力，推动经济持续发展。

美国初次分配政策倾向于“藏富于民”。在中产阶级快速成长的时期（1930—1980 年），居民所得一直持续增长，大致从 50% 增长到了 60%；企业所得和政府所得分别减少了 6 和 4 个百分点。与美国相比，同一经济发展阶段，我国初次分配中居民所得少了 12 个百分点，而企业和政府所得分别多 5 和 7 个百分点。企业所得偏多，意味着仅占极少数的资本所有者侵占了广大劳动者的财富，导致中产阶层规模难以扩大。而在以政府为主导的社会中，由于基础设施建设的需要，政府所得有必要多一些。但是，不能否认的是，这在

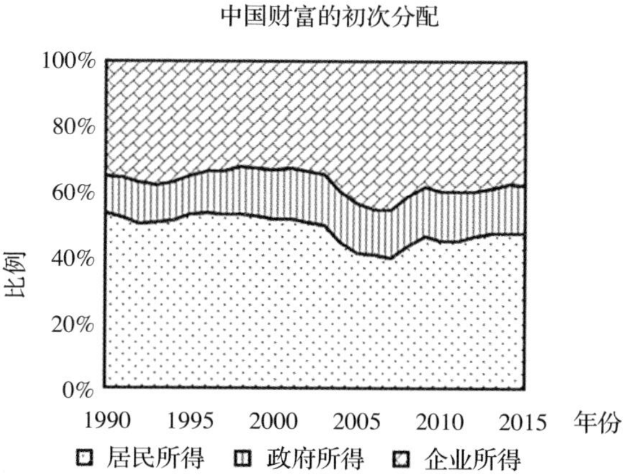

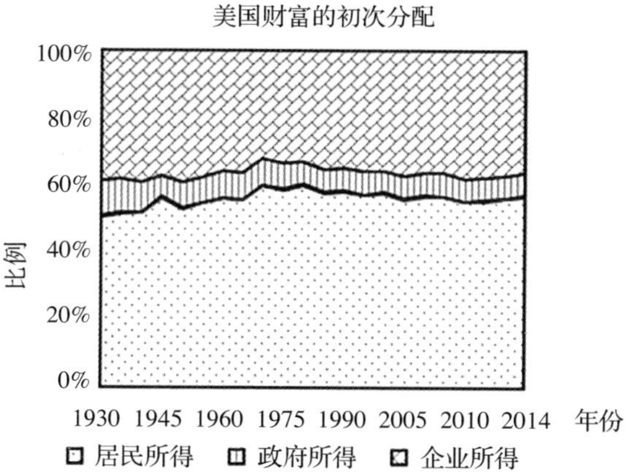

图 17-4 居民、政府、企业的财富初次分配关系

注：初次分配中的居民所得占比是指劳动者报酬在国内生产总值中的比例；企业所得比例是指固定资产折旧和营业盈余在国内生产总值中的比例；政府所得比例是指税收在国内生产总值中的比例。

资料来源：1990—2015 年中国的国内生产总值、劳动者报酬、固定资产折旧、企业营业盈余的数据来自中国国家统计局数据库。1930—2014 年美国的国内生产总值、劳动者报酬、固定资产折旧、企业营业盈余的数据来自美国劳工统计局（U. S. Bureau of Labor Statistics）数据库。

一定程度上也制约了中产阶层的扩大。一直以来，中国政府走的是“集中力量办大事”的路线。政府在经济增长中获得了巨额财政收入，并将其投入到公路等基础设施和民生保障事业中去。虽然惠及了13.7亿居民的生活，但并不能直接提高居民的可支配收入。另外，财政重点投资建设的医院、学校、产业园区等项目也过度集中在北上广深等发达地区，进一步拉大了高收入群体和低收入群体的公共服务差距。因此，比较集中的财政策略选择，也在一定程度上约束了中产阶层的扩大。

4. 贫富分化严重，导致中产阶层难以巩固壮大

收入分配领域存在的诸多问题，特别是贫富分化严重的状况，导致中产阶层规模难以巩固壮大。图17-5给出了中美两国基尼系数的变化情况。数据显示，当年美国在中产阶层快速增长的时期，基尼系数长期保持在0.33的较低水平，分配格局相对合理（近年来美国贫富差距持续扩大也导致了中产阶层的萎缩）。而中国在改革开放初期，基尼系数也很低，仅为0.22，这与改革开放以前的平均主义的分配格局密切相关。随着20世纪90年代打破平均主义分配格局的诸多的改革步伐加快、一系列重新配置资源的体制机制的引入，我国基尼系数也迅速攀升，2000年以后超过了0.4，一度甚至接近0.5，收入差距过大，贫富分化程度比较严重。

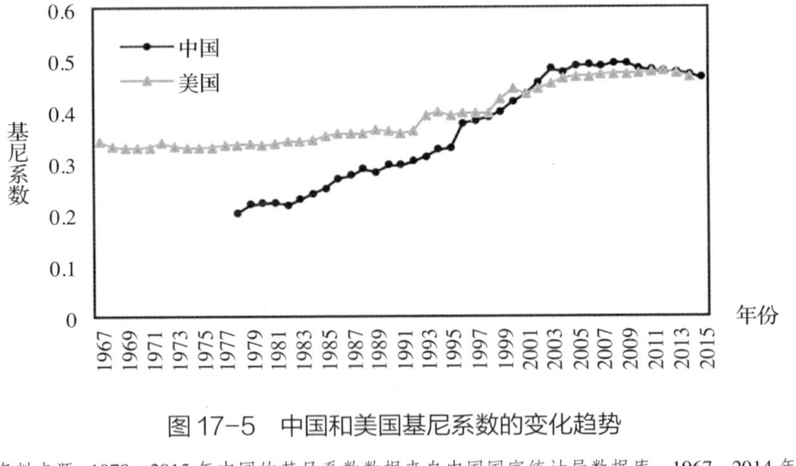

图17-5 中国和美国基尼系数的变化趋势

资料来源：1978—2015年中国的基尼系数数据来自中国国家统计局数据库。1967—2014年美国的基尼系数数据来自美国劳工统计局（U. S. Bureau of Labor Statistics）数据库。

另外，从同时期家庭收入增长情况看，中国家庭收入的增长速度远快于美国。并且，按照收入将家庭五等份之后发现，中国富有的家庭和贫困的家庭的收入增长速度存在明显的分化现象（如图17–6所示）。数据显示，在2007—2015年期间，中国城镇“最富的20%家庭”，收入增长了16 235美元；而“最穷的20%家庭”，收入仅增长了4 684美元。两组收入增长差距巨大，为11 551美元。另外，同一时期，农村“最富的20%家庭”，收入增长了13 098美元；而“最穷的20%家庭”，收入仅增长了3 703美元。两组收入增长的差距也较大，为9 395美元。但是，对比美国发现，在同一发展阶段时，家庭收入增长的差距明显较小。在1967—1975年期间，美国“最富的20%家庭”的收入增长了3 164美元；“最穷的20%家庭”的收入增长了1 431美元。两组收入差距较小，仅为1 733美元。

简而言之，近10年来，中国越富有的家庭后期收入增长的速度越快；而越贫困的家庭后期收入增长的速度越慢。家庭收入增长中的“马太效应”非常明显，即富者愈富，贫者愈贫。但是，美国在同一发展时期，五等份家庭的收入增长速度差别较小，从而避免了贫富分化的扩大和中产阶层的萎缩。而中国家庭收入增长中的“马太效应”，导致家庭收入向贫富两极分化的程度越来越严重，从而导致中产阶层难以巩固壮大。

5. 财产性收入机会不均等，“赢家通吃”侵蚀社会公平

财产性收入机会不均等也带来了“赢家通吃”的问题。[①] 尤其是2000年以来，伴随着中国资本市场的成长，越来越多的经济增长成果开始通过资本市场进行分配，财产性收入成为增加居民收入的重要来源。然而，在财产性收入上，不同类型居民之间的机会不公平、权利不公平等问题比较突出。比如，城市居民拥有了住房获得了“房

---

① 马明德、陈广汉：《中国居民收入不均等：基于财产性收入的分析》，载《云南财经大学学报》2011年第6期。

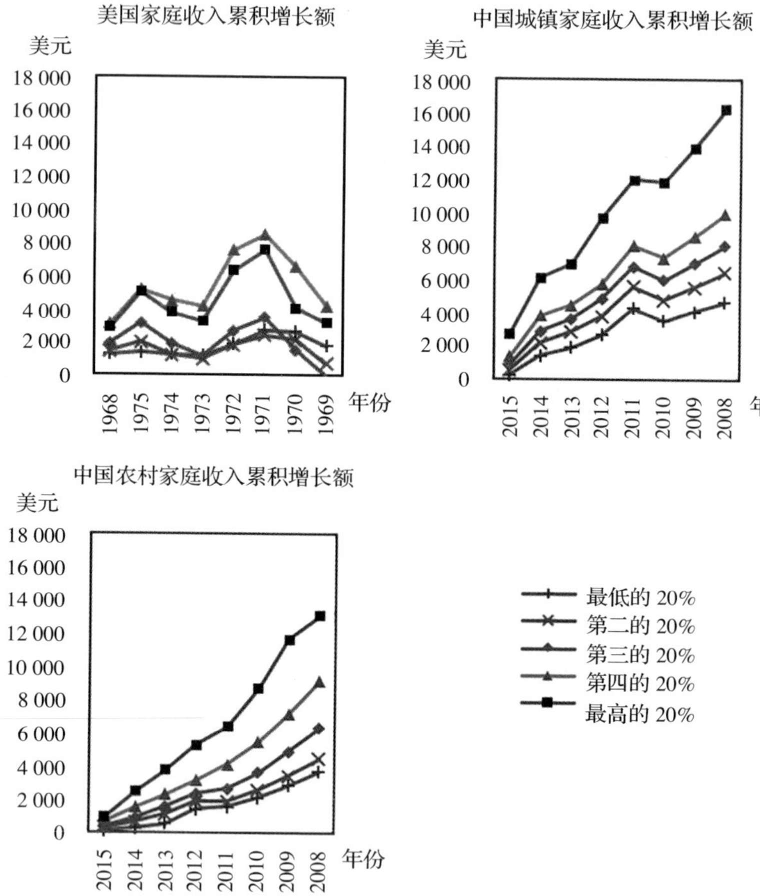

图 17-6　中国和美国五等份家庭收入的增长情况

注：为了使家庭收入具有可比性，图 17-6 中的中国和美国各年份的家庭收入累计增长额数据已经统一换算为以 2015 年美元计价。

资料来源：2007—2015 年中国五等份家庭收入的基础数据来自国家统计局数据库；而 1967—1975 年美国居民家庭收入数据来自美国劳工统计局（U. S. Bureau of Labor Statistics）数据库；PPP 转换因子来自世界银行国际比较项目数据库。消费价格指数来自国际货币基金组织《国际金融统计》和数据文件。

产证”，从理论上看可以进入房地产市场，一部分居民通过买卖房屋由此获得财产性收入，在一些大城市、特大城市随着房地产价格的暴涨，一部分居民有机会获得巨大的收益，而绝大多数农民，虽然拥有农村住宅，但是，没有房产证、也不能进入房地产市场，也就没有房屋财产性收益的机会。本书第十六章关于“金融理财产品”的城乡差异数据也证明，城市居民拥有金融理财产品的比率是大大高于农村居民的，为农村居民的13倍以上。2007年人民论坛与人民网联合发布的“谁最能从‘财产性收入’中得到实惠”的调查发现，排在前三位的是垄断企业高管、私人企业主和领导干部，排在最后的是农民、一般工人和农民工。[①] 长期以来，由于中国城乡资本市场的发育极不均衡，城乡家庭的财富分化严重，农村地区的广大中低收入群体缺少机会获得财产性收入。在投资机会和财富水平不均衡的双重作用下，社会财富正以更快的速度向少数高收入人群集中，造成了更为严重的贫富分化，也极大地侵蚀了社会公平竞争的原则。

四、怎样实现扩大中产阶层的目标？

本研究发现，目前中国人均国内生产总值接近8 000美元的水平，从历史比较的角度，仅从经济发展水平看，已经达到了可以构建中产社会的基础条件。所以，将我国中产阶层规模和比例较小仅仅归因于总体经济发展水平落后是不对的。当然，虽说是人均接近8 000美元，但实际上很大一部分人是“被人均”的，也就是说，很大一部分人远远达不到8 000美元的水平，这说明，财富分配中存在很大问题，包括财富分配中居民所得偏低，以及贫富分化严重等。所以，最重要的是建设公平公正的财富增长环境，企业和政府适度让利于居民，努力提高居民收入水平。短期内，可针对重点人群制定收入增长计划和中产职业计划，提高中产阶层的规模和比重。同时，促进教育资源均等化，从根源上遏制贫富分化。

---

① 人民论坛“千人问卷”调查组：《百姓“财产性收入”看法调查分析》，载《人民论坛》2007年第23期。

1. 构建公平公正的财富增长环境，重点完善农村资本市场

近年来，城市资本市场迅速崛起，房产和资本收益大幅增长。但是，农村资本市场的发育严重滞后，房产、土地均无法获得与市场价值相等的收益，导致城乡收入差距越来越大。而要缩小贫富差距，首先必须构建一个公平公正的财富增长环境，尤其是要完善农村资本市场。在任何国家，土地都是最重要的资本要素。要通过激活农村资本市场，使农民的资产获得与市场价值等价的回报，不仅能够直接提高农村居民的财产性收入，而且能够提高农村土地和房屋等资源的配置效率，有利于农村劳动生产率的提高和收入的增长。

2. 企业和政府适度让利于居民，普遍提高居民收入

中产阶层的扩大必然带来消费需求的增长，从而带来企业利润的增长和政府税收的增长。[①] 换句话说，企业和政府是中产阶层扩大的受益者，因此建议企业和政府适度让利于居民，以扩大中产阶层规模，提振消费需求。按照 2015 年 GDP 和人口规模估算，如果企业出让 4 个百分点的利益，每一位劳动者的税前年收入将增长 3 000 元；如果政府出让 3 个百分点的利益，劳动者的税前年收入将增长 2 250 元，合计增长 5 250 元。这样就会使得 2 500 万人有机会进入中产阶层的队列，中产阶层的比例将可能提高 2 个百分点。当然，这里只是一种抽象的统计分析，只是为了显示企业、政府让利与中产阶层增长的关系，笔者也认为这种“摊大饼”式的平均主义的方式，实际效果并不好，因此，究竟如何向居民让利，还需制定更具操作性的和更有针对性的政策。

---

① 李春玲:《中产阶级的消费水平和消费方式》，载《广东社会科学》2011 年第 4 期。

3. 针对技术工人和新型职业农民等重点群体，实施收入激励计划

短期内快速扩大中产阶层的规模和比例，需要有针对性地提高重点人群的收入。从职业发展前景和收入水平看，技术工人和新型职业农民的增收潜力大、带动能力强，是最重要的潜在中产群体。[①] 应该瞄准这两类群体，深化收入分配制度改革，实施收入激励计划。针对技术工人，完善薪酬激励机制，制定鼓励多劳多得、技高者多得的收入分配政策。针对新型职业农民，加大农业技术培训支持力度，积极培育家庭农场、专业大户、农民合作社、农业企业、公司加农户等新型农业经营主体和农业社会化服务主体，发展适度规模经营。

4. 针对大学生和农民工等重点群体，实施中产职业计划

大学生和农民工是中产阶层的储备军。[②]2015 年中国大学及以上学历的人数达到了 1.7 亿人，农民工达到 2.7 亿人，合计 4.4 亿人。这两大群体进入中产阶层将大大提高我国中等收入人群的规模和比例。然而，在获得中产职业时，这两大群体仍然面临着较大的困难。我们对全国第六次人口普查数据的计算显示，我国 15—29 岁青年人的平均失业率为 9%，明显高于其他群体；其中，大学生、研究生和博士毕业生所占比例达到 44%，农村进城的青年农民工达到 50% 左右，其余 6% 为城镇低学历青年。大学生和农民工是两类完全不同的就业群体，两类群体都发生了就业困难，这是很奇怪的事情。究其原因在于：一方面，长期以来我国经济结构中低端产业比例占比过高，阻碍了高学历人才知识技能的发挥和收入水平的提高；另一方面，职业技能人才培养与市场需求不匹配的问题也很严重，导致

① 参见国发〔2016〕56 号文件：《国务院关于激发重点群体活力带动城乡居民增收的实施意见》，发文时间为 2016 年 10 月 21 日。

② 李强：《中国中产社会形成的三条重要渠道》，载《学习与探索》2015 年第 2 期。

青年农民工就业困难。所以，应该针对大学生和青年农民工，实施中产职业计划。一方面，积极推进产业转型升级，增加高技能岗位的供给数量，并且加强人才培养与市场需求的衔接，以市场需求为导向，及时调整专业设置和人才培养计划；另一方面，给予农民工在流入地享受技能培训的权利，并增强技能培训的实用性。[①] 扫除大学生和农民工群体进入中等收入职业的障碍。

5. 推进教育资源均等化，从根本上遏制贫富分化

仅通过调节收入分配并不能从根源上遏制贫富分化。贫富分化表面上看是收入不平等的结果，实际上是机会不均等的结果，尤其是教育机会不均等的结果。[②] 因为教育是决定职业和收入的核心要素，如果不能推进教育资源的均等化，贫富分化的问题将无法最终解决。我们认为在已有收入调节政策的基础上，应重点推进教育资源的均等化，从根本上遏制贫富分化。目前教育资源的配置和分配主要存在两大问题，一是优质教育资源过度集中在城市地区，尤其是高收入群体聚集区，而郊区和农村太少；二是划片区就近入学，学区房价格昂贵，导致低收入群体难以接近优质教育资源。针对这两个问题，一是建议教育资源多向郊区和农村投放，实现教育资源配置的均等化；二是取消入学门槛限制，开放教育资源，实现教育机会的均等化。此外，互联网的飞速发展也为教育资源的均等化提供了新的途径和契机，建议将优质教育资源和互联网相结合，改善教育资源分配不均衡的现状，为每个人提供更好的教育，从根本上遏制贫富分化。

总之，通过经济发展水平和社会结构的国际对比发现，中国中产阶层发展滞后了。中国目前人均 GDP 水平大约类似于欧美一些发

---

① 李强:《中国城市化进程中的“半融入”与“不融入”》，载《河北学刊》2011 年第 5 期。

② 李培林、田丰:《中国劳动力市场人力资本对社会经济地位的影响》，载《社会》2010 年第 1 期。

达经济体 20 世纪 70 年代中后期的水平，这些发达经济体在如此经济发展水平上的时候，已经明显是中产阶层占主体的社会了，而中国目前中产阶层规模和比例还明显偏低。本研究发现，造成中国中产阶层发展滞后的原因包括：在整个社会财富的分配中，居民家庭收入占比偏低、社会贫富分化比较严重等。因此应该构建公平公正的财富增长环境，企业和政府适度让利于居民，努力提高居民收入水平。短期内可针对重点人群制定并实施收入增长计划和中产职业计划，以期提高中产阶层的规模和比例。同时，推进教育资源均等化，从根源上遏制贫富分化。

第十八章
中产过渡层与中产边缘层

通过前面几章的研究，我们已经看到，中国中产阶层总体比例还不高，本章研究则发现，其中大部分尚属于中产过渡层和中产边缘层。本章仍然采用 ISEI 方法，测量了中国中产过渡层、中产边缘层的具体规模，分析了过渡层、边缘层的内部结构，分析了其在不同规模城市中的分布，分析了其主要的职业构成，进而提出了一些辅助中产过渡层、边缘层的政策措施，提出了如何培育我国中产社会的一些政策主张。

一、什么是“中产过渡层”与“中产边缘层”

如前所述，关于中产阶层表述的概念固然很多，但是在真实社会群体或具体职业群体的识别上，分歧并不是很大，即人们通常将职业上处于中间层的社会群体视为中产阶层。从职业分类上看，通常将各类组织的管理者（除少数高层以外）的大部分、中小企业、中小机构经营人员、中小资产者、专业人员与技术人员的绝大部分、普通职员、普通办公室人员、普通工商业营销人员等视为中产阶层。

本章的重点是探讨中产过渡层和中产边缘层。我们知道，所谓中产阶层的说法本身就是一种等级分层的方法而不是属性分层的方法，上中下的划分就意味着阶层之间是相互连接的关系，而不是不同属性群体之间界限分明的关系。所以，“中产过渡层”是一种普遍现象，中产阶层与上层和下层都会存在过渡层的现象。[①] 中产与上层的过渡不是我们关心的重点，中产与下层之间的过渡层才是我们研究的核心，笔者研究的目的是为了培育和扩大中国中产阶层的队伍，为了推进“橄榄型”社会的形成，为此就必须研究通过什么样的途径、方法才能够使得目前数量和比例都很大的社会地位不高的群体能够实现地位上升，进入中产群体中来或稳定在中产的队伍里，成为中产的核心层。所以，在此意义上，中产过渡层与中产边缘层的含义相似，甚至可以互相替换。当然，如果一定要区分两个概念的话，中产过渡层含义更广些，既涉及中产阶层中与下层群体接近的部分，也涉及下层群体中与中产阶层接近的部分，而中产边缘层（下文常简称为边缘中产）指已经进入了中产阶层的边缘部分。

对中产阶级中“过渡层”和“边缘层”的专门研究，较早的有英国社会分层理论家帕金（Frank Parkin），他曾经提出“社会文化缓冲层”（a social and cultural buffer zone）的概念，[②] 认为在中产阶级与工人阶级之间存在着一个过渡层，是由大量的比较低层次的白领群体构成的。帕金探讨的重点并不是如何促进边缘层向核心层的转化，而是从比较积极的意义上理解这个过渡阶层的社会功能，认为该过渡层起到文化心理上的缓冲作用，缓解人们的社会紧张和社会不适应。

对中产阶层中过渡阶层的认识，较早的有功能主义分层学者沃纳（W. Lloyd Warner），探讨了区分过渡层的理论与方法。沃纳等人的“洋基城”研究，将全社会分成上中下三个阶层，然后，又将中层分成上中层和下中层，而他所描述的下中层诸如小零售商、技术

① 吴启焰、刘春卉：《边缘化新白领的中产阶层化研究：内容、理论框架与未来》，载《人文地理》2015 年第 1 期。

② Frank Parkin, *Class Inequality & Political Order*, London: MacGibbon & Kee Ltd., p.56.

工人等就是本章探讨的中产边缘层。[①] 国内学者所持观点也颇相似。例如陆学艺教授等提出的“十大社会阶层”观点，在将十大阶层归为五大社会等级时，将社会中间层分为“中上层”“中中层”和“中下层”，而“中上层”就是中产与上层的过渡层，“中下层”就是中产与下层的过渡层，所以，也是突出了中产过渡层的特点。[②]

既然笔者曾经提出了中产阶层的三种标准，那么，理论上就有三种中产边缘层（同时也就意味着有三种“中产核心层”）。第一种是按照经济标准划分的边缘层，第二种是按照职业划分的边缘层，第三种是将某些教育水平不太高的群体视为中产边缘层。

但是，在将这样一种想法变成操作型定义时，经济标准的定义和教育标准的定义都遇到了很大的困难。上文已述，笔者将我国家庭年收入为 6.9 万—23.6 万元的家庭定义为中等收入家庭，这样的家庭在全国占比 21%—22%。从定义的收入跨度之大，就可以体会到中产过渡层比例肯定是很高的；同时，还可以体会到上文讲到的收入定义的困难：收入幅度十分宽泛。要想从中再分辨出具体的中产边缘层，显然难度就更大了。

至于教育标准，难度也很大，对此，本书第十三章已有详细阐释，此处不赘述。

总之，三种标准比较之后，笔者认为，还是从职业角度定义中产阶层和中产边缘层最具有操作性。而且，职业与教育、职业与职业收入之间，都有比较强的耦合度。那么，怎样从职业上定义呢？笔者在前面第九章、第十章详细探讨了“国际社会经济职业地位指数”（ISEI）的方法，[③] 即将所有职业都转换为一种地位指数，然后量

---

① W. Lloyd Warner and Paul S. Lunt, *The Social Life of a Modern Community,* Vol. I, “Yankee City Series”, New Haven, Yale University Press.

② 陆学艺：《当代中国社会阶层研究报告》，社会科学文献出版社，2002 年版，第 9 页。

③ 李强：《社会分层十讲》（第 2 版），社会科学文献出版社，2011 年版，第 241—247 页。

化地确定每一个人社会地位的方法。由于有了每一个人社会地位的量化得分，这样上层、中产和下层的分组就比较容易，而且根据地位得分的分组，反过来再寻找各个对应的职业群体也比较容易，职业群体是属性地位差异群体，不同职业群体的界限十分明确，所以，用这样的方法确定中产群体和中产边缘群体、中产过渡群体都变得比较容易了。根据笔者多年研究的经验，本研究将 ISEI 分值在 67 分及以上群体定义为社会上层，将得分值在 41 分—66 分群体定义为中产阶层，将得分值在 16 分—40 分群体定义为社会下层（目前社会地位分值最低群体是 16 分）。这样，不仅三大社会阶层的分界十分清晰，而且，很容易定义中产过渡层和中产边缘层，即将那些得分值处在中产阶层分值边界的职业群体定义为中产过渡层和中产边缘层。同时，还可以将那些虽然处在下层群体，但是 ISEI 分值接近于中产阶层边界的职业群体定义为有可能流入中产的过渡阶层。下面笔者采用 ISEI 测量分析一下中国分层的整体状况。

在本书第十章，使用第五次和第六次全国人口普查数据，显示了中国社会是如何从“倒丁字型”结构向“土字型”社会结构转变，但总的来说，中国社会还属于中产比例较小的社会，而且从图 10–2 中可以看到，中产群体的主体，其位置处于中下层，也就是说，主体正是本章所讲的中产过渡层和中产边缘层。

本章图 18–1 是根据第六次全国人口普查数据计算的，中国 660 多个城市的 ISEI 社会结构图示，这里计算的是城市常住人口（指在城市里居住 6 个月及以上的人口），也就是将外来打工者都计算在城市人口里了，这应该是比较真实的中国城市社会结构。图 18–1 显示，中国城市人口已经有了比较明显的中产特征，按照上述中产 ISEI 标准，城市中产阶层比例为 38.44%，城市上层比例为 12.67%，下层比例为 48.99%。图 18–1 也清楚地显示了，中产的大部分居于中产过渡层或中产边缘层位置。

通过观察社会结构图形，可以得到三点启示：第一，从全国总体社会结构图形上看，我国中产阶层力量还比较弱小，究其原因，主要是受到农村社会结构的影响，只要农村、农民还占有巨大人口比例，整个社会的中产化就会滞后。当然，我们知道，未来30年仍然是中国城镇化大发展时期，从人口预测上可以清楚看到未来15年农村人口比例会大幅下降，所以可以预见，未来15年中国中产阶层人数比例会有较大上升。第二，中国中产阶层主要集中在城市里，即使将外来流入城市的打工人口计算在内，中产阶层也仍然有了很大发展，在城市中占较高比例。第三，中国城市中产队伍中，处于中产边缘层的比例很高。因此，本章所研究的中产过渡层、中产边缘层，是培育中产社会的关键。

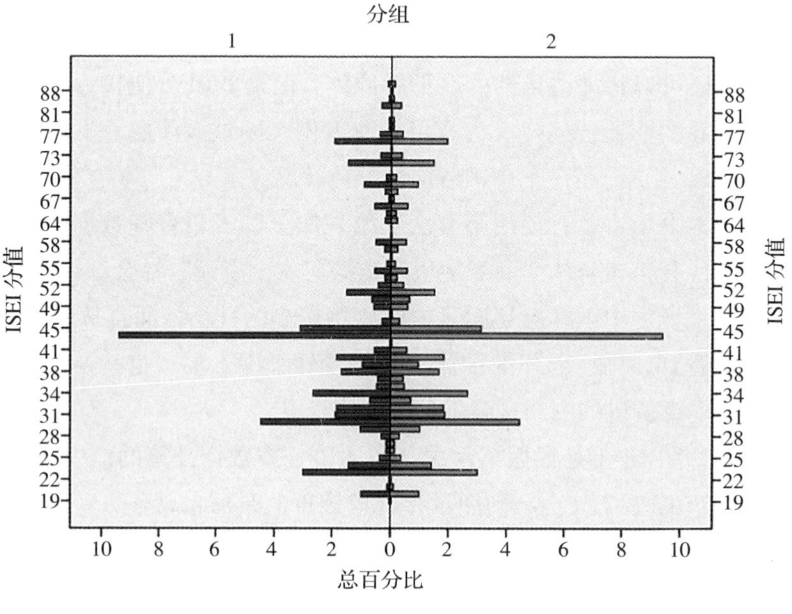

图18-1　中国城市常住人口ISEI社会结构（第六次全国人口普查）

二、中国中产过渡层与中产边缘层的结构剖析

通过上文分析，我们知道，从职业分层角度区分中产阶层、中产过渡层与中产边缘层是比较理想的方法。上文也说明了使用ISEI

区分三大阶层的具体分值，根据第六次全国人口普查数据，上层比例为5.62%，中产层为19.12%，下层为75.25%（合计不足100%是四舍五入所致）。下面，笔者就来具体分析一下中产过渡层和中产边缘层的构成。

1. 两种不同类型的中产边缘层、过渡层

上文已述，探讨中产边缘层和中产过渡层，主要是在中产阶层内部寻找那些与下层连接的群体。既然是与下层连接，从下层群体中也可以找到与中产相连接的群体。这样，所谓过渡层就有两种，一种是划为下层，但靠近中产的群体，本章定义ISEI分值38—40的群体，另一种是虽然划入中产，但是处于边缘状态，本章定义ISEI分值41—45的群体。

ISEI分值38—40群体，是下层群体中的上层，在全国人口占比例不高，为4.4%，主要职业是服务业辅助人员、饭店旅游健身娱乐场所服务人员、卫生辅助人员、生活辅助人员、维修检修人员和值班人员、印制处理人员、治安保卫人员、设备安装人员等。这个群体的社会地位处在临界线附近，如果在职业培训、经济收入、社会福利社会保障、劳动合同等体制机制建设上对该群体给予帮助，该群体社会地位是可能上升的。

当然，上述群体不是本章讨论的重点，本章主要还是讨论ISEI分值41—45的群体，该群体主要职业类别为购销人员、营业人员、推销和展销人员、各类销售人员、办事员、普通办公室人员、各类产品设备维修人员、各类技术人员和技术工人等，该群体在全国就业人口中所占比例甚高，为13.90%，上文讲过整个中产也不过是19.12%，而该群体就占到了目前整个中产的73%。由此我们也更加认识到，中产边缘层在如何培育中产阶层上占据着举足轻重的位置。

上述两个群体受教育状况差别不大，占比最高的都是初中毕业，ISEI分值在38—40的群体为46.22%，41—45的群体为48.89%，两个群体中都有大约17%的人受过大学专科及以上教育，而且，很明显，两个群体虽然都是在城市劳动，但大部分都还是农村户籍，所以基本上是外出打工的农村户籍者，脱离了繁重的体力劳动，进入了比较体面的工作的劳动群体。目前，最大多数人群既不是在特大城市中，也不是在小城市中，而是聚集在地级市里，居住劳动在地级城市中的比例，38—40分群体为53.21%，41—45分群体为52.21%。我国地级城市的规模一般也不小了，所以，要想脱离繁重的体力劳动、进入白领工作，小城市里机会太少，还是要到有一定规模的城市中来。

对这两种不同类型过渡层的分析显示，两个阶层社会地位的状况确实差异不大。其实所谓中产和下层是我们人为的划分，处在边缘、过渡、临界位置上的社会群体，其实是同一个社会阶层。这恰恰是中产阶层划分方法造成的。

2. 在不同类型城市中的中产层与中产边缘层

本研究发现，中国中产阶层与中产边缘层在不同规模的城市中的比例中有明显差异，总的趋势是，城市规模越大，中产阶层及中产边缘层所占的比例就越高。关于城市规模，本章将1 000万以上人口的定义为超大城市，300万—1 000万为特大城市，100万—300万为大城市，50万—100万为中等城市，50万以下为小城市。按照这样的分类以后，中产阶层与中产边缘层的比例显示在表18-1和表18-2中。

考察表18-1和表18-2数据，笔者试作如下五点分析：第一，

表18-1 不同规模城市的中产阶层比例（%）

阶层	小城市	中等城市	大城市	特大城市	超大城市
上层	4.0	4.68	7.18	9.05	11.3
中产	14.1	17.17	23.01	27.68	41.4
下层	81.9	78.15	69.81	63.27	47.3

表 18–2　不同规模城市的中产边缘层比例（%）

阶层	小城市	中等城市	大城市	特大城市	超大城市
中产边缘层（ISEI 41—45）占全体 16—64 岁人口比例	10.58	13.19	16.40	19.34	25.35
中产边缘层（ISEI 41—45）在中产层中所占比例	75.04	76.82	71.27	69.87	61.23

城市规模越大，全部社会阶层的社会地位也随之上升。城市规模越大，下层群体所占比例就越低，中上层所占比例就越高。所以，大城市提供了更多的中上层就业机会，发展大城市可以优化整体社会结构、提升各社会阶层整体社会地位。第二，城市规模越大，中产阶层所占比例越高，与此相对应中产边缘层所占比例也越高。在超过 1 千万人口的超大城市里，中产阶层比例达到了 41.1%，而中产边缘层占了 25.35%，也就是说，在这些超大城市有经济活动的人口里面，每 4 个人就有 1 个人属于中产边缘层。所以，培育中产阶层，稳定中产社会地位、扶助中产边缘阶层，超大城市的任务要更为重大。我们知道，中产边缘层大部分是城市外来常住人口，是从农村或小城镇来到大城市经营服务的群体，在大城市、特大城市、超大城市里常常受到各个方面的排斥和挤压。所以，我们应该反思和修正大城市户籍政策，将排斥变为帮助和改善边缘中产层的政策。第三，由上述两点可以推论出，城市规模的布局对于培育中产社会有重大影响。在城市的发展中，有一种错误的认识，即总是恐惧大城市的发展，担心大城市的发展会带来“城市病”。中国改革开放 40 年以来的发展证明，大城市和城市群是中国经济增长的主要源泉。大城市集约化效应所带来的高效率、所创造的就业机会、所激发的经营创新、所促成的经济社会繁荣，是中小城市所无法相比的。有人会说，大城市会带来“城市病”，会发生交通拥堵，造成环境污染，其实，如果管理水平低，中小城市同样会发生交通拥堵和环境问题。因此，所谓“城市病”的发生主要是因为城市管理水平低下，应从提高城市管理水平上解决大城市的诸多问题。从东亚经验

看，在人口数量大、密度高的社会，发展以大城市、城市群为主体的城市布局符合一般规律。以大城市、城市群为主导的城市布局与中国扩大中等收入群体，推进“橄榄型”社会的战略完全一致。第四，越是规模大的城市，“中产核心层”的比例就越高，这与大城市的现代社会结构、现代职业结构是一致的，超大城市的发展非常有利于推进中国社会的现代化转型，有利于推进中国社会结构的现代化转型、形成中国后工业社会的新型社会结构。第五，城市的规模越是小一些，在该城市的中产阶层中，中产边缘层所占的比例反而会更高一些，表 18-2 数据清晰显示了这一点。规模小一些的城市现代化的程度会低一些，所以，聚集在中产边缘位置的群体比例会高些，这很容易理解。当然，这里所说的规模小些是与特大城市、超大城市比较，中产阶层、中产边缘层的聚集还是需要城市具有一定的规模，需要有相对成熟的现代化职业体系，因此表 18-2 数据也显示，中产边缘层所占比例最高的是“中等城市”，为 76.82%。这与上文提到的，在我国，“地级市”聚集的中产边缘层的人数总体规模最大，完全一致。所以，在中国中等城市或地级市中，培育中产的任务也很艰巨，在这里中产边缘层的总量和占中产的比例都最高，也更应该重视扶助中产边缘层的工作。

3. 中产过渡层与中产边缘层的职业群体分析

中产过渡层与中产边缘层的具体职业类别非常复杂，为简明扼要地了解这些职业群体的社会地位、社会状况，笔者认为以下四个群体最应该予以重视。

第一，经营销售群体边缘层。改革开放以来，中国社会的最大变化就是市场经济的兴起，而经营销售群体是市场经济发展的直接产物。过去有一段时间，我们曾经轻视商业经营销售职业，认为它不是直接生产劳动、不创造剩余价值，今天，这种观念已经被彻底改变了，尤其是在产能过剩、买方市场占主流的今天，商业营销群体在推动经济发展、促进消费方面起着举足轻重的作用。如果考察

ISEI 分值 41—45 分群体，将商业销售、服务销售、推销、展销、购销人员等合计的话，这部分人员占到了该群体的 68.3%。可见，中产边缘层很高的比例是由商业营销阶层组成的。而且，如果进一步比较第五次全国人口普查和第六次全国人口普查数据就会发现，在中国的中产阶层中，无论就增长速度、增长人数或增长比例看，商业经营销售层都是最为重要的群体。经营销售群体的崛起证明了这样三个特点：一是，它体现了中国职业群体演变的趋势，从过去的直接生产者为主，未来会转变为营销服务者为主，其功能是将商品真正转变为居民的消费。二是，中国营销群体的社会地位尚有提升空间，他们目前的社会地位还不高，处于边缘位置，随着其社会功能变得越来越重要，其社会地位的提升也会发生。当然，社会地位提高的前提是他们自身的文化素质、技术素质、经营管理水平也需要提高。三是，该群体目前处于边缘状态，往往是市场不规范所致。稍稍观察就会发现，城市里有两种不同类型的营销者：正式注册登记的和没有正式注册登记的。在大城市里每天都发生着城管和商贩之间的博弈。在城乡接合部和小城市，市场不规范的现象则十分普遍。其实，商贩的非正规经济与违法经济还是有根本区别的。国际上很多国家也都在探索如何推进非正规经济去发挥更为积极的作用。

第二，技术人员队伍的边缘层。在国际上的经济发达体中，技术人员和技术工人都是中产阶层的重要组成部分，而且技术阶层是进入了中产阶层的核心部分。但是，在中国，技术工人还仅仅处在与中产边缘层接近的比较低下的位置上。这里面也分成两种不同身份的技术工人：一种是从职业技术学校毕业的、有正式技术等级证书的技术工人，该群体的身份地位是得到国家、社会和企业认可的，一般也是城市户籍人口，是比较容易纳入中产阶层的；但是，该群体的人数和比例都很低，在中国全部就业者中约占 4%—5%，而在国际上很多发达经济体中，这种进入中产阶层的技术工人的比例占到了全部就业者的约 15%—20%。在中国，另一种特殊社会身份的技术工人，却往往被冠以“农民工”的称呼。我国农民工总数通常认为有 2.7 亿，他们从事的劳动有相当部分当然是体力劳动，但是，农民工中从事有技术、技能工作的也不在少数。根据笔者的全国调研，被访农民工中回答自己从事“有某种专业或职业技能”工作的占比 53.4%。[①] 所以，技术工人队伍的边缘层，人数和比例最多的就是这种处在中产阶层与社会下层之间过渡位置上的群体，他们名义上叫农民工，实际上从事的是有相当技术含量的工作，如何使得处于技术边缘层的农民工实现地位上升，是实施“扩大中等收入群体”战略在当前面临的最为紧迫的任务。

第三，普通办事员、行政人员的边缘层。从工业社会向后工业社会转型的一个突出特征是普通行政人员的剧增。伴随着高等教育的大众化以及各个层级教育的膨胀、医疗保障事业的发展、现代科研的发展，体力劳动者人数比例大大下降，而从事办公室工作的普通行政人员激增，对此社会学家早有阐释。[②] 中国虽然目前还是以工业制造业为主体，但是，随着产业结构、增长方式的转型，向后工业社会的变迁已经发生。第六次全国人口普查数据显示，普通办事员、普通行政人员在就业者中占比 4.45%，城乡之间差异巨大，在城市就业者中占比 10.87%，在乡村仅 0.76%。可以预计，随着未来 20 年城市化的快速推进，其占比会迅速攀升。中国社会的特点是普通办事员、行政人员的身份区隔还很严重，在党和政府工作的普通办事员，只要是列入公务员编制者，社会地位还是比较高的，工资收入虽然不很高，但是福利待遇等相当不错，他们属于典型的中产阶层而不是中产边缘层。但是，目前政府机关也雇用了很多合同制办事员以及很多辅助人员，他们则明显处在边缘位置上。还有一类是事业单位办事员，由于中国事业单位是个极其庞大的体系，与教育、科技、文化、卫生相关的机构大多属于事业单位，事业单位工

① 李强：《农民工与中国社会分层》（第 2 版），社会科学文献出版社，2012 年版，第 244 页。

② David Lockwood, *The Blackcoated Worker: A Study in Class Consciousness*. Oxford: Oxford University Press, 1989.

作特点使其所需要的主要不是体力劳动者，而办事员行政人员占了很大比例。事业单位的办事员也常常分成两种身份，一种是事业编制人员，这部分人工资、福利、待遇都很不错，属于典型中产阶层；另一种则是劳动合同制雇工，他们的工薪福利待遇则要差很多，属于典型的中产边缘层。近年来，政府提出“激发社会组织活力”[①]的战略，行业协会商会、科技类、社区类、公益类社会组织如雨后春笋般发展起来，雇用了大量办事员、行政人员、办公室人员，承担了多方面的社会工作。这类人员很多都是大学、大专毕业生，但是，他们的福利待遇等往往不够完善，他们在大城市中的福利保障诉求比农民工要高很多，但遇到户籍、子女教育等诸多问题时，在大城市中往往受到制度排斥，处于中产边缘状态。

第四，服务人员边缘层。在统计上，中国习惯于将服务业人员与商业营销人员合为一类，合在一起的话，这类人群在中国就业者中占比例很高，据第六次全国人口普查数据，在中国城市就业者中占到了 31.86%。当然，服务人员与商业营销还是有很大区别的。中国在传统观念、文化习俗上常常轻视、以至于看不起服务人员。但是，随着未来几十年我国产业的转型，第三产业比例迅速上升，未来服务业大军的兴起是必然的，根据国际上发达经济体的经验，服务业吸纳的就业人口最多，所以，这类劳动者会成为城市就业者的主体。特别是随着中国老龄化社会到来，对于各类辅助老人的服务人员的需求会激增，包括生活辅助人员、医疗辅助人员、社区辅助人员等。在国际上，服务人员是纳入白领职业的，也就是说是可以纳入中产阶层的，尽管属于典型的中产边缘层。而在中国，服务人员往往被视为社会下层，所以，如何对待服务人员也是我们构建中产社会中的一道难题。

---

① 本书编写组：《〈中共中央关于全面深化改革若干重大问题的决定〉辅导读本》，人民出版社，2013 年版，第 50 页。

三、中产过渡层与中产边缘层的政策辅助与中产社会的培育

综上所述，经过40年改革开放、经济社会发展进步，中国的中产队伍有了一定的增长，尤其是在大城市、特大城市里，这种增长更为明显。但是，目前突出的问题是：中产阶层中的大部分人，仍然聚集在中产阶层边缘地带，此外，还有数量巨大的就业者聚集在中产与下层之间的过渡带。对于中国社会来说，现阶段的政策变量非常关键，笔者已经论述过政策变量对中国社会分层的重大影响。如果采取适当的辅助推进政策，中产阶层就会进一步发展壮大，反之，如果政策失误，则会停滞甚至倒退。由此，笔者特提出关于辅助、培育中产的如下几点想法。

1. 边缘中产的社会地位极其不稳定，亟须政策辅助

中产阶层的地位不稳定历来是个大问题，边缘中产的不稳定特征就更为突出。马克思是最早探讨现代工业社会中中产阶层边缘层地位不稳定问题的。马克思认为，中产阶级的“下层”包括：小工业家、小商人、小食利者、手工业者和农民（指自耕农）等，这些“小资本不足以经营大工业，经不起较大的资本家的竞争”，会出现向下流动[①]，而这种向下流动会引发重大的社会矛盾、社会冲突。所以，笔者认为要想构建和谐社会，不仅应防止边缘层地位的下降，还要帮助过渡层实现地位上升。

“十三五”规划以来，国家强调扶贫、精准扶贫，对于贫困层确实给予了较多的关注。相比之下，对于中产阶层的辅助则重视不够。中产阶层的地位下降，引发的社会问题常常更为严峻。社会学研究

---

① 马克思、恩格斯：《马克思恩格斯选集》第1卷，人民出版社，2012年版，第408页。

证明，引发重大社会矛盾、社会冲突、社会动荡的往往不是来自最为贫困的群体，而是来自地位下降的中产阶层，这就是所谓“相对剥夺”理论。中产阶层和中产边缘层，由于社会地位处于中层位置，社会期望值往往较高，将有一定地位的群体视为参照群体，其地位一旦下滑，社会不满情绪会高涨。尤其是中产边缘层，他们的社会地位不稳定、生活不稳定问题更为突出，为了维持一定的生活水平，他们遇到的困难往往不亚于贫困层。

中国中产阶层形成的时间还不长，社会地位还不太稳定，所以，如果有各种突发事件的打击，会导致其地位下降。比如中产阶层往往是有了一些资金积蓄，开始有了一点小资产、小资本收益，但是，一方面是资本金额较小，另一方面是经验不足，所以，一有风吹草动，受损失的往往是这种小资本者。比如，2015 年的股灾，受损人数最多的就是这些“涉市未深”的小中产阶层，很多人多年的积蓄毁于一旦。上文已述，中国中产阶层大部分居住在城市里，城市房价昂贵使得年轻一代的中产阶层大多靠按揭贷款买房，生活压力极大，表面上看来居住在光鲜亮丽的中产社区，但是，经济地位十分脆弱。一旦失去工作，还不起贷款，生活就会立即陷入困境，连住房都要失去，结果会是血本无归。近来中国经济呈现下滑趋势，边缘中产层的地位下滑问题更为突出，所以，政策辅助是极为紧迫的。

2. 大学毕业生的政策辅助

高等教育是中产阶层的孵化器，上述边缘中产层的很多群体都是源自大学毕业生。目前中国高校毛入学率高达 40%，如此高比例的高校学生，毕业后，还难以直接进入核心中产层，而是易于进入边缘中产层。目前，中国高校学生中大约有半数是大专和高职，与这样的毕业生对应的职位也大多属于中产边缘层。所以，在辅助中产边缘层、中产过渡层方面，辅助大学毕业生是一项核心工作。

大学毕业生遇到的第一大难题即就业难题。根据第六次全国人口普查数据，在毕业后未工作人群中，大学专科、本科和研究生毕业未找到工作的比例达到44%。按道理中国经济社会发展对高水平人才的需求是很急迫的，但为什么如此高比例的高校毕业生又找不到工作呢？这里面非常突出的是两种不对口问题。

首先是期望与现实不对口。高校毕业生往往期望值很高，认为自己受过高等教育，付出了较高的教育成本，希望找到较高位置的工作。但是，在高等教育进入大众化阶段后，高校毕业生就业市场也发生质的变化，高校毕业生不是对应精英职位而是对应大众职位。所以，应引导他们适应这种变化，否则就会出现高不成低不就的局面。其次，专业技能与市场不对口问题也很严峻。大学扩招阶段，很多新增招生往往不是由于社会急需，而是由于学校容易提供教学条件，从数据上看，1999—2013年人文社科类本科生增长比例很快，工科类反而呈现出比例下降的局面，这与工科类需要的教学资源较多有关。结果，劳动力市场出现重大的不匹配，市场需求较大的职业和专业技能反而出现缺口。为此，政府、学校与社会都需要改革与创新。学校应设立毕业生就业市场部，根据市场需求及时调整招生专业。高校还特别应加强就业实习环节建设，实习期间相当于接受职业岗位的培训。各级政府更应建立辅助大学生就业的常设部门，做就业的介绍、指导和引导工作，设立专门的网站随时更新需求方与供给方的信息。此外，所有的社会组织、专业协会等都有责任协助大学生就业。

大学生进入中产阶层的再一个矛盾现象与城市规模有关。上文数据显示，越是人口数量巨大的大城市、超大城市，中产阶层比例越高，越是小城市中产比例越低。高校学生都愿意留在大城市，这里的职业也与他们的专业更匹配。但是，越是特大城市、超大城市，对外来人口的排斥政策越明显。上文已经论证，未来中国城市布局，以大城市、超大城市、城市群为主体，符合国情。所以，应改革这些城市的户籍政策，应更为宽容地接受外来大学生，这不仅有利于经济社会发展，也体现了社会公平公正的基本原则。当然，在特大城市、超大城市的大学生边缘中产层也遇到了巨大的生活压力，包括生活费用压力、住房压力、子女教育压力，以及社会管理体制压力等，首当其冲的是住房压力。甚至可以这样说，在特大城市、超大城市，住房已经成为大学毕业生能否进入中产层的制度障碍，住房政策已经成为影响未来中国能否顺利进入中产社会的重要因素。从制度安排角度看，政府住房政策设计应匹配市场住房与福利保障住房之间的适当比例，应在住房市场化的改革中，配置、创新具有公共物品性质的城市住房类别，以保证大城市、超大城市住房的公平理念。外来大学生是大城市里最年轻、最有奋斗精神、最有发展潜力和最有创新能力的群体之一，应该在住房等制度安排上对他们实施一些倾斜政策，这不仅有利于培育中产社会，而且是实现民族复兴的战略举措。大学生也是政治敏感性最突出的群体，如果大城市、超大城市长期对他们采取排斥政策，肯定会激化社会矛盾、引发社会冲突。所以，还是应逐步改革那些在户籍、身份档案、城市管理上对外来大学生的排斥政策，既能辅助有强烈奋斗心的边缘群体实现地位上升，也体现了社会公平公正。

反之，小城市、边远地区，人才奇缺，大学生不愿意到这些地方去，结果成了恶性循环，越是奇缺高水平人才的地方就越没有人去。为解决这样的问题，也需要靠国家政策调节，鼓励大学生到这些地方去，要切切实实地对到这些地方去的大学毕业生，给予收入上的足够有吸引力的补贴。其实，特大城市人才过剩，出现人才的“不经济”现象，大学生职位晋升的机会极为狭窄，反而在中小城市，由于高水平人才稀少，大学生职业晋升的机会宽广。人才是一个地方能否发展的最为关键的因素，从中央政府到地方政府，应给予到边远贫困地方去的大学生财政上的支持，边远地区应该有较高的津贴、补贴，让他们真正享受到实际利益和社会声望。中国区域之间发展差异太大，这样的财政支出显然有利于区域的协调发展。

3. 技术工人边缘中产层的政策辅助

上文已经论证清楚了三个问题：第一，技术工人群体是中产阶层的重要组成部分；第二，中国技术工人进入中产的人数比例很小；第三，中国从事技术工人劳动的群体还主要处于下层向中层边缘过渡的位置上。那么，怎样辅助技术工人的地位上升呢？

上文已经分析了中国技术工人的两大类人员构成：一类是从中等职业技术学校（中专、中技、职高等）和高等职业技术学校（与上述高等教育有交叉）毕业的人员，这类人员接受的职业训练比较规范、有职业资格证书，但这类人数比例都很少；另一类则数量巨大，2.7 亿农民工里很大一部分属于这一类。农民工是中国最大的潜在技术工人群体。农民工中的技术工人能否进入中产，成为中国"橄榄型"社会能否形成的关键。

目前的突出问题是，单一教育渠道所能够提供的职业技术教育资源远远不能够满足数以亿计的劳动者的技术培训需求。所以，对策是创造多渠道的技术培训方式。首先是公立的职业技术学校，目前，其接受的财政拨款远远低于普通学校，中职学生人均财政教育经费投入明显低于普通高中生人均财政投入。[①] 同样，高职学生人均得到的教育拨款更大大低于本科高校学生，仅为后者的不足 1/3。[②] 我们知道，职业技术训练需要设备、耗材等经费支撑，口头上说重视职业教育，不如拨款上真正给予和投入。当然，仅靠公立学校也是远远不够的，企业培训在职业培训中也居于重要位置。调研证明，目前农民工中的大部分人是在企业中受到培训。目前的突出问题是，企业担心培训后，农民工跳槽，这样难免为他人做嫁衣。所以，也需国家出面，从政策上、资金上鼓励企业培训员工，企业培训普遍化以后，员工都受到培训，就解决了员工流动的问题。此外，也应鼓励职业协会、行业协会从事该职业、该行业的技术培训，这些组织是跨企业的，由它们来组织培训更为合理。从国际经验看，行业

---

① 复旦大学、清华大学联合课题组：《中国劳动力市场技能缺口研究》，2016 年 10 月，第 197 页。http://www.199it.com/archives/651604.html。

② 同上，第 201—202 页。

协会在劳动者技术培训方面起着核心作用，我国的行业协会面临改革和转型，必须去官僚化，真正转型成为同业人员交流培训的基地。最后，市场培训也是很好的补充，市场往往能够捕捉到那些最为稀缺的技术技能需求，提供高水平职业培训，这方面有很成功的案例，一些劳动者愿意缴费接受培训，因为好找工作、很快就可以收回成本。当然，也要加强管理，防止滋生假冒伪劣的市场培训。

在大的战略上，应探索适合中国国情的技术等级制度。目前的五级职业资格证书很不成功。笔者的调研表明，近90%的劳动者没有职业资格证书，有了证书的人员，工资水平也没有提升。近年来，为推进简政放权，国务院取消了数百项职业资格证书，目的是强化市场导向的作用。但是，这里面有矛盾，职业资格、职业技术等级是形成社会地位的条件。中国目前的职业资格证书制度，需要探索新的体制或机制。中国改革开放以前的“八级工”在形成技术工人社会地位方面曾经十分成功。众所周知，李克强总理在政府工作报告中提倡“工匠精神”，得到了全社会的认同，工匠精神需要制度保障，如何真正实现，目前还在探索之中。

4. 城镇化、市民化与中产边缘层的辅助政策

城镇化与中产边缘层是什么关系呢？城镇化是农村人口大量聚集到城市中来，生产方式、生活方式向城市转变。转移到城市里的原农村人口，比农村的职业地位有所上升，但是，往往聚集在中产过渡层、中产边缘层的位置上，从图18-1中也可以清楚看到。

在大的战略上，政府提出“农业转移人口市民化”，市民化与本章强调的中产化的理念是一致的。市民化就意味着，转移到城镇来的农村人口会进入城市的生产方式、生活方式中来，会享受城市人口一样的公共服务、社会福利、社会保障。所以，市民化也就是中产阶层的培育过程。既然农村转移来的人口很大部分处在城市的中产边缘位置上，那么，提高市民化水平就与辅助中产边缘层是同一件事情。

怎样将提高市民化水平和辅助中产边缘层的政策融合在一起呢？笔者特提出三个辅助。

第一是就业辅助。农民转变为市民后最突出的问题是到哪里就业，所以，简单地转变户籍没有什么意义，核心问题是帮助农民在城市里找到就业位置。笔者在调研中询问农民，转变为市民后能做什么工作？结果回答最多的是物业和保安。回答得确实有道理，因为人口聚集以后服务业的就业机会最多。物业和保安是典型的服务业职位，这样的职业如果是高水平的话，就能直接提高城市居民的生活水平和安全水平。其实，这样的职业需要很高的技术含量，人们以为任何人都能够进入这样的职业是不对的。譬如保安，居民将生命安全都托付给这样的职业，这个职业应该是一种高技术含量的职业。在国际上，保安也属于典型的白领阶层职业。所以，在农民市民化以后，对农民进行服务业的培训非常重要，不仅能够帮助农民迅速融入城市就业体系，而且也有利于大大提高我国城市服务业的水平。中国正处于产业结构转型的历史机遇期，第三产业的兴起、服务业人员的兴起是产业转型的重要标志。服务业职业在国际上也属于白领阶层，国际经验表明，服务业队伍的扩张与白领的发展、中产社会的形成有直接关系。所以，市民化过程中，辅助农民进入城市服务行业是社会发展的基本路径。我国文化传统上，长期以来轻视和看不起服务业人员，这是非常落后的观念，应在舆论引导上，培育尊重服务业劳动的现代社会观念。

第二是生活辅助。刚刚转变为市民的农民，肯定是不适应城市生活的。农民在自然经济状态下，房前屋后种瓜种豆，不花钱就可以生活，而到了城市市场经济下，处处需要花钱。农村生活空间巨大，到城市以后非常不适应的就是房屋窄小，没地方放大件物品。所以，市民化的农民需要一个适应过程，应在政策上给予他们多方面的生活辅助。最主要的包括住房辅助、物业管理辅助等。农民在农村最大的资源就是自家住房、宅基地、承包土地，应尝试多种创新，包括农民住房、宅基地、土地资本化的实验，使市民化的农民真正获得资本收益。

第三是社会权益辅助。中国城市和农村是两种完全不同的社会保障体制，所以，市民化以后的重大变化，是农民怎样与城市的保障体系接轨。笔者调研中发现，市民化后，满退休年龄的农民，立即就能享受城市低保，所以市民化对他们最有吸引力。而对于远远没有到退休年龄的农民，市民化最没吸引力，他们还需要交纳多年的保障金，因此常常有怨言。所以，还是要创新对于各个年龄段农民都有吸引力的保障体制。可以尝试将农民宅基地、土地资本化后的一部分资本转移到他们市民化后的社会福利保障体系中来，这方面有待于各地城镇化、市民化实验做出多种制度创新。

第十九章
我国“中产社会”形成的三条重要渠道

所谓“中产社会”当然就是指中产阶层占据了主体地位的社会。通过前面几章的分析，我们看到，虽然近些年来中国社会结构有所优化，但是，下层庞大、中产阶层还比较弱小是中国社会结构的基本特征。那么，是什么样的机制或渠道可以使中产阶层比例增长，从而最终形成中产社会呢？

本章提出，中国中产阶层的扩大，有三条最重要的渠道，即教育渠道、专业技术渠道和市场渠道。通过高等教育渠道培育中产是传统渠道，但自中国大学扩招以来也产生了不少新问题。而中国劳动者通过技术地位上升的渠道也明显受阻。迄今为止，劳动者进入中产阶层，人数、比例最高的渠道，是商品市场营销的渠道，因为市场渠道最少身份歧视。本章分析了形成中产社会的三条渠道目前仍然存在的各种障碍与问题，并试图探讨如何进一步拓宽社会地位上升的教育渠道、技术渠道和市场渠道的具体对策。

一、形成中产地位的正规教育渠道

教育历来是社会地位筛选的主要渠道，在我国更是如此。目前，中国最主要的教育筛选机制就是“高考”。该机制在“文化大革命”期间的中断，造成社会上升流动失去秩序，引发社会动荡，这也从反面印证了它在维护社会秩序方面的重大功能。自 1977 年恢复高考以来，该机制迅速成为社会地位流动的最为正规的渠道。获得中产地位的很多体制、机制都与这条主渠道接轨。如考取公务员、律师、注册会计师等，都有高等教育学习的要求。又如，户籍制度与高考相配合，只要考上大城市的好大学，即使北京上海这样的户籍极其严格控制的城市，也都可以转户口。调查数据也证明，中国农业户籍转为城镇户籍（非农业户籍）占比最高的就是高考升学。所以，千千万万的家长们最为期盼的就是孩子能够通过高考上好大学，实现社会地位上升。目前，中国大学生中，属于农业户籍子女的高达63.3%，[①] 他们毕业后，很多人实现了社会地位的转变。所以，通过高考、接受正规教育是实现中产地位的重要渠道。但是也应该看到，迄今为止，与同龄人口相比，大学生人数比例还不是很高，初中毕业后去打工的现象还很普遍。因此，高等教育虽然是最得到社会认可的实现中产的渠道，但是，毕竟人数、比例仍然有限。更何况大学生毕业后情况颇为复杂，有些顺利上升，另一些则还受到各种阻碍，下面试做一剖析。

简而言之，一些重点大学毕业生进入中产，相对顺利些，而大专生要想进入中产则困难重重。所谓“重点大学”，最主要的是被称作“985”和“211”以及“双一流”的学校，但两类合在一起，所占全国在校大学生的比例仅为10.15%。[②] 比重点大学再扩大一个范围的是普通本科院校，这类普通本科（包括上述重点大学）占全国在校大学生比例为52.33%，普通本科院校毕业生进入中产职位的比例高于下面的几类高校——如果再扩大一下，可以加上一些新办的所谓“独立学院”的本科学生，所占比例为11.19%和所谓民办本科的学生，所占比例为2.77%。所有以上这些是所谓“本科生”，他们进入中产阶层的比例会相对高一些。但是，千万不要忘记，目前高等教育中还有另一类学生，其中比例较高的是“高等职业学校”（高

① 李强、刘精明、王昊、曾迪洋：《让每个学子都拥有公平的机会》，载《光明日报》2012年7月3日第15版。

② 本数据及以下高校数据均根据《中国高等教育统计年鉴2013》和教育部数据中心2009年数据整理得出。

职），在全国高校大学生中占比例为23.25%，民办大专占6.86%，以及高等专科（大专）占3.60%，这三类学生合在一起的比例为33.71%，即占到目前在校大学生的1/3。这部分高比例的大学生，毕业后，进入中产还是有巨大障碍的。这类大学生，来自农村的比例甚高，毕业后，又往往受到户籍歧视。在大城市、特大城市上升的渠道受到重重阻碍。本科生与大专生之间有明确的分界，很多人试图通过“专升本”突破障碍。这些人从所学专业看，更适合于在大城市找工作，但是，目前的户籍制度对他们不利。这些农村来的大学生，往往是农民家庭几乎付出全部积蓄负担了学费才获得了高校文凭，父母对他们期望值很高，他们回农村的可能性极低。他们是城市里具有强烈奋斗心、具有极大上升动力的群体。他们由于受到种种的制度阻碍甚至排斥而难以进入中产，这对于他们本人以及对于农民家庭都是极大的打击，这也很容易激化社会矛盾，决策者必须予以重视。

二、进入中产地位的专业技术渠道

从已经进入现代化行列的发达经济体的经验看，在全体就业者中，通过专业技术证书、或专业技术渠道进入中产阶层中来的，占非常高的比例。所谓专业技术渠道主要可以分为两类：

一类是专业工作者，如教授、律师、医生、工程师等，这类专业工作者与上面的教育渠道是接轨的，中国已经建立了比较完善的专业职称、专业地位评估认证体系，因此不是笔者讨论的重点。

另一类是技术工作者，主体是技术工人。与专业工作者的职称制度相比较，我国技术工人的评估认证制度存在较大问题。上述第五次全国人口普查和第六次全国人口普查数据显示，在长达10年的时间里，一方面，我国工业产业有了极大的增长，而另一方面，与此形成尖锐反差的是：我国技术工人所占比例，不但没有上升，反而有所下降，第五次全国人口普查数据（2000年）为11.2%，第六次全国人口普查数据（2010年）为9.8%，这是十分令人震惊的事情。这不仅是对于技术队伍发展的警告，也表明，通过技术进入中产队伍的渠道严重受阻。为什么会如此呢？笔者在以往的研究中就提出，原因并不是因为中国劳动者的技术水平不高，而是中国的技术人员、技术劳动者的认证体系存在严重问题。对该问题，本书在后面的第二十章还有进一步分析。

下面我们看一下新的调研数据。清华大学2013年城镇化调查，询问了参与调查的所有劳动者关于他们的技能证书和等级的问题。下面有四组数据：

第一组为农业劳动者技术证书数据。结果证明，无论农村还是城市，绝大多数劳动者都没有任何职称、技能技术等级或证书。此次调查，农业劳动者共5 309个有效样本，回答说没有技能等级的占96.8%，只有微小比例样本回答说有农业技术、养殖技术、手工艺技术等级证书。其实，近年来中国农业技术发展迅速，农业科技含量越来越高，农业劳动同样需要很高的技术技能，农业劳动者同样应该通过技术技能等级的上升而进入中产，而我国目前农业劳动者若想通过技术技能实现地位上升，几乎是死路一条。所以，目前这样一种农业劳动者队伍的状况令人堪忧。

第二组为非农业劳动者技术证书数据，共5 895个有效样本，回答说没有技能等级、无职称的占88.5%，仅有很低比例的劳动者具有各种类型的职业资格证书，有技术工人职业资格证书的：初级技工占4.3%，中级技工占2.7%，高级技工占0.8%。从事专业工作的劳动者，绝大部分也没有专业职称。

第三组数据则回答说没有技术证书的劳动者中，实际从事有技术技能劳动的究竟有多少人。非农业劳动者中回答“无技能等级”的4 781人，系统缺失17人，对剩下的4 764人做了更进一步的职业分类。其中，从事技术工作的人（包括技术工人、专业技术人员、自由职业者等）占比例为40.4%，从事各类管理工作的占13.4%，从事服务业经营工作的占21.9%，而真正从事无技术体力劳动的仅占21.5%。也就是说，在非农业劳动者中，从事有技术、管理、服务性质工作的人，占到了七成以上。所以，非农业劳动者中，潜在的技术队伍人数是巨大的。如果能创造更多的技术认证渠道，使这部分人口实现社会地位上升，对于改变中国社会底层过大、实现“橄榄型”社会结构会有明显作用。总之，该组数据证明，中国劳动者中，实际上从事有专业技术的人很多，但他们得不到相应的技术等级认证。所以，不是中国劳动者没本领，而是我们的体制机制出了问题。

第四组数据显示出，农业劳动者中回答无技术的5 138人，在更进一步的职业分类中，有4 592人（89.5%）是普通农业劳动者，剩下的10.5%的人也不是完全没有技术的，有一些是农业专业技术人员、手工业者、技术工人、维修人员、自由职业者，以及一些个体户、农村干部、基层办事人员等。所以，最为严峻的问题是，农业劳动者是否可以通过农业劳动技术晋升而实现中产地位的晋升？中国的农民职业过于泛化，农业劳动者的技术培训和技术地位上升的可能性被忽视了。这对于中国农产品质量的提升，乃至对于中国的食品安全都是十分不利的。

在现代化的进程中，世界各国中产社会的形成都是因为农业劳动者大量减少。比如，农业劳动者在全体劳动者中所占比例，在美国、英国、日本不足5%，在韩国不足7%。中国的情况是，农业劳动者在一段时间里还会保持较大比例。中国整体社会结构底层人数过大的主要原因也是农业劳动者占了很高比例。中国土地集约化经营越来越突出，机械化和农业技术的成分越来越突显，所以，我们必须建立农业劳动者社会地位的技术认证渠道，这也是使农村能够吸引一部分年轻人的重要前提。

三、进入中产地位的市场渠道

所谓进入中产的市场渠道，指人们通过市场经营、运营、营销等运作，从而获得经济利润、收益，进而实现经济地位、职业地位上升。上文已述，计算ISEI分值职业地位，第六次全国人口普查比第五次全国人口普查上升比例最高的一组发生在43—45分值群体，这里，试对该组进行进一步分析。参见表19–1。

表19–1　第六次全国人口普查数据ISEI分值43—45分组的职业群体分布

职业编码	具体职业群体	样本数	百分比
198	护理人员	2 199	2.4
245	幼儿教师	1 380	1.5
311	行政业务人员	8 694	9.5
411	营业人员：从事商品销售、服务销售	50 246	55.1
412	推销、展销人员：推销员、出版发行人员、服装模特	9 460	10.4
419	其他购销人员：医药商品购销、摊贩、摊商等	2 567	2.8
422	商品储运人员：商品运输、商品托运、商品组配、接收	748	0.8
761	裁剪、缝纫人员：服装缝纫、画样、裁剪、整形等	12 164	13.3
762	鞋帽制作人员	3 545	3.9
	其他人员	209	0.2
合计		91 212	100.0

表19–1展示了第六次全国人口普查数据社会地位分值在43—45分组的各类职业群体。可以看到高居第一位的是从事商品销售和服务销售的营业人员，占到了55.1%，即43—45分值群体的一半以上。如果再加上类似职业地位的推销、展销人员以及其他购销人员，总比例为68.3%。这就真实显示了中国白领群体的职业状况。进入白领中来的，比例最高的是营销人员。为什么会如此呢？这与进入渠道有直接关系：通过高考等正规教育渠道的人数比例毕竟有限，虽然一部分人可以进入行政人员和普通办公室人员队伍，但在43—45分值群体中也仅占9.5%，上文已阐释过，技术渠道面临严重的体制障碍。所以，相比较而言，最为畅通的渠道就是这里所说的市场经营渠道。

从理论上说，市场的渠道应该是最“接地气”的渠道，是每一个老百姓最容易进入的渠道。改革开放40年以来，中国社会最大的变化是引入了市场机制。所谓市场主要指三个市场：商品市场、劳动力市场、金融信用市场。商品市场交易的双方是商品经营者与商品消费者；劳动力市场交易的双方是雇佣者与被雇佣者；金融信用市场交易的双方是金融机构与金融产品消费者。从机制上看，目前，前两个市场的开放度比较大，绝大多数老百姓都可以在市场环境下自由交易。第三个市场对各类金融产品的消费大体是放开的，但是，对金融机构设立的控制是非常严格的，民间的融资是违法的。所以，金融机构的垄断性最强，这就造成有垄断权的金融机构处于有利的位置，而广大老百姓处于不利的地位上。金融管理部门和金融机构控制了各种金融产品利率的决定权，老百姓处于被动的消费位置。股市证券表面上看起来是自由市场，但上市公司设立是受到严格控制的，再加上对上市公司信息的监控有很多漏洞，一些公司发生坐庄牟利、内幕交易、老鼠仓等不法行为，这就造成了广大股民的钱被上市公司卷走、广大股民亏空而少数垄断者盈利的局面。所以，金融信用市场的垄断十分不利于中产阶级的扩大，反而造成两极分化，即少数金融垄断者获得巨大利益，而广大老百姓的金融收益缩水。

第六次全国人口普查数据显示，在过去十几年里，中产阶层最大的发展是在商品市场中发生的，即商品经营者的队伍急剧扩张，大量的老百姓进入中小经营者的队伍中来了，而在中小经营者中，很高比例是来自农村流入城市人口中的成功者。在城市小经营者中，来自农村的经营者占据主体，诸如个体工商户、建材城商贩、电子城商贩、服装营销商贩，乃至菜市场商贩以及其他各类商贩。当然，这里面也同时包括劳动力市场的扩张，雇佣者大多数是中小雇主，而被雇佣者也有很多进入中产队伍中来。而且，对不同类型城市ISEI分值43—45群体的分析证明，营业人员、推销、展销人员和其他购销人员所占比例都是很高的，在超大城市（1 000万人口及以上）占64.7%，而在小城市（50万人口以下）占68.0%，这些说明，在小城市，农民进入商业营销队伍中来的机会、概率甚至高于超大城市，这为农民实现身份转变提供了巨大机会。在实际调查中，询问农民工未来的期望时，绝大多数人都回答“做小买卖”，这种期望与宏观数据是吻合的。

总之，研究证明，市场渠道在中国社会结构转型中，是地位上升的最重要渠道，市场给农民提供了地位上升的最大机会，在过去的10年中是中国中产阶层增长的主渠道。从发展看，中国产业结构会处于转型过程之中，制造业比例在下降，第三产业比例在攀升，市场渠道对于社会结构转型发挥的作用可能会越来越大。

四、怎样为中国中产社会的形成拓宽渠道？

本章探讨了进入中产阶层的三条主要渠道，那么，从决策角度看，怎样进一步拓宽老百姓地位上升的渠道呢？

1. 怎样拓宽中产社会的教育渠道？

自20世纪90年代末，中国开始实施高校扩招的方针，这本身就是拓宽中产渠道的重要举措。[①] 我国高校录取大学生的人数，从1998年的108万，增加到2014年的700万左右，增加了约5.5倍。招生人数确实不少了，高校再扩招的能力也十分有限。更何况高校毕业生仅仅是“中产潜在群体”，而“中产潜在群体”变为“中产现实群体”需要完成“进入中产职业队伍”的转变。所以，关键问题是，高校能否培养出职业市场所需要的中产队伍，以及高校毕业生能否顺利进入中产职业群体。如果毕业生就业困难，则该潜在群体越大，积累的社会矛盾反而越突出。笔者以为，当前应着重解决以下三个问题。

第一，高等教育自身的培养机制问题，即高校培养的学生与职

---

① 李成：《中产中国》，上海译文出版社，2013年版，第205—229页。

业体系、就业市场对中产人才的需求能否匹配？近些年来，高校建设的浮夸之风甚重，追求的往往是表面文章，本来是“学院”的设置却改名为“大学”，而大学又一味追求所谓提高层次，攀比和追求更高学位的设置，以为博士点、硕士点设置越多越好，但是，这种空头高学历的培养模式与社会职业的实际需求严重脱节。当前，科学技术进步日新月异，而高校的专业设置往往跟不上科学技术进步的步伐。中国的专业设置又是一种自上而下的体系，由政府定位，高校没有专业设置的自主权，导致一些专业的设置明显不能与社会需求接轨。笔者建议应试验允许高校根据社会需求自设专业，应鼓励人才需求方与高校一线教师共同设计社会急需专业。此外，中国高校培养的学生还受到了一系列身份体制的制约，如上文所述的重点大学、普通本科院校、高职、大专等，这些不同身份体制之间是封闭的，这种特殊的教育身份制度，严重阻碍了毕业生向中产职位的自由流动。十八届三中全会决定提出：“试行普通高校、高职院校、成人高校之间学分转换，拓宽终身学习通道。”[①] 这应该是打破教育身份制度的重大举措。

第二，破除社会体制上的诸多障碍。高校毕业生进入中产的努力也受到其他多种社会体制的限制。近年来，“事业编制”的急剧削减封闭了传统的中产渠道。体制转型以前，大学生进入事业编制是进入中产的稳定途径。体制改革以后，所有传统的单位，机关、学校、医院、研究机构、公共部门都大幅度压缩事业编制，改用劳动合同制。而新的劳动合同制与实现中产地位的各项体制还不能接轨，如不能得到户籍、专业职称、住房补贴、单位多项福利等，工资、档案体系也完全不同，事业编制工资由国家定的工资加单位津贴构成，而合同制工资明显较低，合同制就业不转档案，这也屏蔽了就业者中产晋升的道路。总之，在实践上合同制几乎可以视为“临时

① 《〈中共中央关于全面深化改革若干重大问题的决定〉辅导读本》，人民出版社，2013 年版，第 44 页。

工”的代名词。而此种“临时工”的特性阻碍了千千万万中产队伍的形成。所谓“北漂”“蚁族”[1]就在某种程度上反映了大学毕业生、中产潜在群体被屏蔽在中产大门之外的社会现象。更有甚者，很多机关事业单位都采取委托“劳动派遣公司”签约的方式，阻止了长期就业者签订无固定期限合同，这就等于摧毁了中产职位社会地位的稳定特质。对于体力工人来说，合同制确实有助于就业保障，但是，大学生与农民工不同，他们希望通过职业途径进入中产。而新的就业制度的设计安排，完全忽视了劳动合同制与中产地位的接轨路径。

近年来，传统的能够吸纳中产的机关、事业单位、国有企业从业人员大大削减，而生长最快、吸纳就业者最多的民营、民企，尤其是中小企业，又被排斥在与中产社会地位接轨的制度之外。在大城市、特大城市，这些中小企业、中小经营单位，没有户口指标、没有建立与官定专业职称接轨的体制，很难与中国传统中产的“档案体系”接轨。所以，大学生如果到这些单位就业，连存放档案、未来在非户籍地领取养老金等，都会成为极大的难题。用学术的话语说，就是大学生就业的交易成本极高，这种现象在现代化的体制中极为罕见，这种体制严重阻碍了我国现代化转型的进程。

总之，到这些单位就业的千千万万大学毕业生被屏蔽了中产晋升的渠道。所以，为使得大学毕业生这些“中产潜在群体”真正成为“中产现实群体”，我们深化改革的任务十分繁重，户籍制度、职称体制、人事档案制度、养老体制、事业单位制度、新生单位与社会体制的接轨等，都面临全方位改革的任务。十八届三中全会决定关于“推进社会事业改革创新”部分和“创新社会治理体制”部分的很多举措都是朝向这一目标的努力。

第三，推进中小城市中产职位与大学生就业的良性循环。中小城市中产阶层的发展是我国进入中产社会的关键环节。但是，目

---

① 廉思:《蚁族：大学毕业生聚居村实录》，广西师范大学出版社，2010 年版。

前，中产职位在不同规模城市之间发展极不平衡，中小城市中产职位比例很低，于是就更缺少中产的就业氛围，大学生就更不愿意就业于中小城市，由此造成了中小城市中产职位难以发展的恶性循环。根据本书第十八章的数据（见表18–1），我国小城市中间阶层占比14.1%、中等城市占比17.17%、超大城市占比41.4%。这里定义的中小城市，规模也不算小，人口的聚集效应所能够创造的中产就业机会也不应该太少，但是，为什么中产就业者比例如此之低呢？这显然与中国城市之间资源配置的极大的不平衡有直接关系，中国城市的两极分化十分严重，资本过多地在少数超大城市高度集中，与中产职位密切相关的教育、医疗、文化等资源的配置也极不平衡，资源在超大城市的高度密集，已经产生了严重的不经济现象。所以，应改革财税体制、财政拨款体制，使得教育、医疗、文化的发展向中小城市倾斜。县域经济的发展、中小城市的发展对于推进中产阶层的发展有重大意义。

上文已经分析，有大约1/3的大学毕业生，进入中产职位时遇到障碍，比较突出的表现是，那些来自农村的大学生往往聚集在大城市打拼，但是，大城市又设置了种种制度壁垒，使得他们地位上升的努力受阻。所以，应大力推进中小城市产业结构向现代化转型，吸引人才流向中小城市，从而实现中产发展的良性循环。

2. 怎样拓宽中产社会的专业技术渠道？

我们知道，在国际上，专业技术渠道比较顺畅的发达经济体，如法国、德国、瑞典，仅技术人员的比例就占到全体劳动者的20%左右，再加上专业人员，两者之和接近40%，而我国的专业人员加技术人员之和仅为7.1%，差距十分明显。

为什么这些发达经济体的技术工人渠道比较畅通呢？笔者以为，这些国家的技术资格认证体制激活了四个“积极性”，即得到了四个方面的积极参与：行业协会、企业（雇主）、技术工人和政府。而在这种认证中，行业协会居于非常重要的位置。仅以德国为例，德国的职业资格考试、技能等级认定，都是由行业协会完成的，劳动者取得了职业资格的证书，企业才能将其录用为员工。行业协会与企业是什么关系呢？企业必须加入行业协会，由于行业协会十分熟悉企业技术劳动、技能的细节，因此其考试的内容更贴近一线的技术操作。[①] 行业协会代表了企业主与企业雇员的共同利益，“它所组织的职业培训与考试以及所颁发的证书具有更高的可信度和可接受度”[②]。这种证书不但得到德国各企业的公认，而且还得到奥地利、瑞士等国的承认。[③] 而行业协会与政府又是什么关系呢？行业协会由政府部门批准和监督，政府颁布关于行业协会、职业教育、技术认证、行业协会与企业关系的各类法规，行业协会依法开展活动。[④] 企业举办职业教育，必须经过行业协会的审核。行业协会设在各个地区，行业协会下设“职业教育委员会”，委员会由雇主代表、雇员代表和职业教育教师代表组成。行业协会负责劳动者从职业教育到技术水平认定的全部过程。行业协会负责组织众多的职业资格考试。比如在德国“仅慕尼黑和巴伐利亚工商行会就组织了950个考试委员会”[⑤]。考试委员会由雇主协会代表、雇员协会代表和教师三方面组成。行业协会也会联合起来，举办全国的或地方的统一考试。用这样的方法，保证了劳动者技能的水平、质量以及技术证书的可信度。所以，行业协会是政府与企业之间的重要的桥梁和纽带。而企业、雇主、行业协会和政府对职业资格认证的重视，自然极大地激发了劳动者参与考试和技术认证的积极性。

---

① 陈爽、冀国峰:《欧亚五国职业资格证书制度及对我们的启示》，载《中国职业技术教育》2001年第24期，第59页。

② 邓志军、李艳兰:《论德国行业协会参与职业教育的途径和特点》，载《中国职业技术教育》2010年第19期，第64页。

③ 赵文华:《德国的行业协会及其作用》,《中国物资流通》1997年第9期。

④ 商务部产业损害调查局赴欧洲考察团:《德国、瑞典、芬兰三国行业协会发展的经验值得借鉴》，载《商场现代化》2013年第32期，第152—153页。

⑤ 邓志军、李艳兰:《论德国行业协会参与职业教育的途径和特点》，载《中国职业技术教育》2010年第19期，第62页。

对比上述经验，我们应在哪些方面改进呢？仅从上文所述的四个积极性看，我国是仅有政府单方面的积极性，而其他三方面积极性明显不足。中国的职业资格、技术证书，是由国家授予的，由国家制定职业技术技能标准，由政府认定的考核机构鉴定、评价，颁发国家的职业资格证书，并且建立了通过网络进行真伪查询的系统。看起来很权威有效，但问题是国家太大，国家认证与企业和生产一线往往距离太远，在实践上反而效果不佳。中国与技术认证相关的劳动者数以亿计，完全靠国家机关监管，肯定鞭长莫及。相关调研表明，企业、雇主方面也不信任这样的资格证书，而更相信劳动者在一线的技术表现。既然企业、雇主不重视资格证书，劳动者当然更没有获取证书的积极性。本书第二十章会讲到，笔者组织的全国七省市调研证明，中国就业的农民工中，88.94% 的人都没有国家认可的职业资格证书，这丝毫没有妨碍他们找工作。而且，职业资格证书与劳动报酬的高低也没有关系，[①] 劳动者的技术水平很大程度上与操作技能、经验密不可分。仅仅靠书面考试成绩，会脱离实际。对比上述职业技术认证成功的国家，我国体制上的缺陷之一是认证对一线操作重视不足，这也是导致企业和劳动者缺少参与积极性的重要原因。

但中国的最大问题，还是行业协会没有发挥应起的作用。表面上看，中国也有众多的行业协会，但是官办色彩太突出，中国的行业协会往往是由退下来的老同志组织的，与企业生产脱节，与技术劳动者、一线生产者就更脱离。十八届三中全会决定提出："限期实现行业协会商会与行政机关真正脱钩，重点培育和优先发展行业协会商会……" [②] 所以，我国的行业协会面临重大转制与转型，转制转型的最核心问题，就是从官办的组织向企业、同业劳动者自己的组织转变。行业协会的最大特点在于，它是同行、同业内部的交流平台，而同行业最了解一线技术操作的细节，它所做出的职业资格认

① 李强：《农民工与中国社会分层》，第 244—247 页。

② 《中共中央关于全面深化改革若干重大问题的决定》，第 50 页。

证、技术认证最容易得到企业的认可，得到技术劳动者的认可。这样的行业协会对于产品认证、技术认证才真正能够起到监督与管理的作用。中国之大，需要建设从地方县市直到全国的众多层次的行业协会。根据社会学的原理，社会地位的形成，技术壁垒十分重要，而行业协会的技术准入就是最重要的技术壁垒，没有技术壁垒就无法形成技术工人的中产阶层社会地位。

技工、高级技工“缺口”，历来是困扰中国企业运营的一大难题，而另一端是数以亿计的劳动者，他们的技术技能得不到认证。应该承认，我们的技术认证机制存在严重问题。由于现有的职业资格认证体系得不到企业与广大技术劳动者的信任，其结果是造成了恶性循环。所以，高信度的职业技术资格证书制度的完善，以及企业对于职业技术资格的重视，会实现良性循环，自然会大大激发广大劳动者在技能、技术上精益求精、参加技术培训的积极性。与此同时，还需要改进中国的职业教育体制。中国当前存在的问题是，大多数农村劳动者、农民工，往往没有经过正规的职业培训，就直接上岗，这存在很大弊端。笔者在以往的研究中，曾提出农村初中毕业生与职业技术技能教育接轨的思路，而职业技术教育很容易与职业资格证书、职业技术等级接轨。[①]

当然，以上只是提出了技术工人进入中产阶层的职业路径。而技术工人能否进入中产还受到职业以外的其他制度的制约，比如户籍制度，很多大城市仅为高学历者或高级专业人员落户开拓了渠道，而几乎没有对技术工人放开户籍限制等。所以，技术工人进入中产，还不仅仅是职业认证就可以，还需要其他制度体制的改革来配合。

3. 怎样进一步拓宽中产社会的市场渠道

上文已经阐明，在过去的十几年中，中国中产阶层扩大的主体，

---

① 李强主编:《城镇化进程中的人口迁移与人的城镇化研究》，中国建筑工业出版社，2013 年版，第 104 页。

是通过市场渠道完成的，表现为商品销售、服务销售、推销、展销人员的激增。之所以中产的该群体人数和比例增长最快，与渠道的通畅有直接关系。因为市场渠道最少身份歧视，人人都可以进入，数据也显示，原农民身份者进入的数量和比例最高。

最近，中央有两项重大的政策，预计对于拓宽中产阶层的市场渠道会有进一步影响。一条是十八届三中全会决定提出的，“使市场在资源配置中起决定性作用”。尽管有人认为更突出市场的作用会导致社会分化，但是，仅从本章的社会结构变迁数据就可知，突出市场的作用，培育更为公平的市场环境，确实可以让亿万人民群众受益。农民、农民工、工人，他们最容易参与的就是市场，我们可以目睹，没有任何特权的社会群体，根据第六次全国人口普查数据计算，仅 10 年间，在市场这个平台中，通过辛勤努力、操劳奋斗而实现地位上升进入中产的，就达到近 1 亿人（根据上述进入营销队伍比例计算）。另一条是中央采取了扶植小微企业的举措，小微企业是普通老百姓办得起的企业，是以民为本的企业。笔者谨提出三点建议：

第一，降低市场准入门槛，让普通老百姓都有平等的机会进入市场。市场准入本是个经济学概念，指跨国的市场允许或限制的条件，在本书中不是这个含义，而是指在中国内部，市场经营对我国老百姓的开放程度。前一段时间据媒体报道，天津滨海新区行政审批局废止了过去用于审批的 109 枚公章，将过去分散在 18 个不同单位的 216 项审批职责合并为“一局一章”，在场的李克强总理感叹说，这公章不知束缚了多少人，“为了盖这些章，老百姓不知要跑多少腿”[①]，降低市场门槛的核心是政府简政放权，简化市场进入手续。对于无权、无势、无关系的老百姓来说，这一点非常重要。所谓与市场相关的行政审批，就是增加市场进入的控制因素，本来冠冕堂

① 《李克强见证封存审批章，叹“不知束缚了多少人”》，中央政府门户网站，www.gov.cn，2014 年 9 月 13 日。

皇的理由是保证市场秩序，但是，多年来的实践证明，这种控制因素往往成为审批部门牟取部门利益的手段，更有甚者变成了掌握印章者个人牟取私利的手段。审批异化成了侵害老百姓利益的工具，其本质相当于无权无势的老百姓要向这些部门或个人交“好处费”，所以这不但无助于维护市场秩序，反而破坏了市场秩序，其结果是无权无势的老百姓被排斥在市场经营之外。由此看来，本届政府所提倡的取消下放行政审批权，意味着更多的普通老百姓可以更容易地进入市场经营，其结果必然带来中产群体的扩大。

第二，推进小微企业发展是实现中产社会的重要途径。小微企业是个新概念，是改革开放以来，尤其是20世纪90年代以来在中国经济运营中涌现出来的最普遍的工商业经营模式。据统计，小微企业占我国企业总数90%以上。[①] 按照从业人数，小型企业一般指从业人员100人以下的企业，而微型企业一般指从业人员10人以下的企业，所以，微型企业与个体工商户是重合的。中国自古是家族宗族社会，家庭参与经营是极为普遍的社会现象。小微企业的生命力与中国强大的家庭经济潜力是一致的。所以，小微企业意味着以家庭为基础的所有制模式，根据中国台湾等地经验，小资本是中产阶层孕育的最为主要的土壤。小微企业吸纳就业能力强，也是未来大量劳动者就业的最重要场所。

中国传统体制上的重大缺陷就是资本的垄断性太强。笔者认为，创造就业机会，是政府和企业最重要的责任。政府机构应该大大鼓励提供就业岗位和自我就业的企业和个人。

前文已经证明，对于广大人民群众而言，通过产业运作、市场经营，而进入中产阶层队伍中来，是比例最高的渠道。所以，拓宽中小资产者的准入渠道是符合最广大人民群众根本利益的。

从哪些方面推进小微企业的发展呢？除了上述的降低门槛鼓励

---

① 马章良：《我国小微企业融资难现状及对策研究》，载《经济导刊》2012年第7期，第58页。

创业、改善小微企业经营环境以外，目前的鼓励政策主要是两方面：一个是减税。税收的高低对小微企业影响极大。国家近来出台一系列政策为小微企业减税，当然，惠及范围还是有限，根据中国《小微金融发展报告（2014）》的数据，虽然有不少参访企业表示享受到了税收优惠政策，但是仍有近六成企业没有享受到税收优惠政策[①]。二是金融支持。小微企业的经营者大多是小本经营者，资金的支持是最大的问题。从下层上升到中层的核心问题也是资金。小微企业融资难历来是约束这些企业发展的瓶颈。近来国家规定小企业业务保证金减半，这就等于给小企业的贷款可以增加 1 倍。当然，银行往往有自己的考虑，以为贷给小微企业的贷款风险大。其实，根据以开展小微企业为主的民生银行 2014 年中期报告数据，小微企业贷款还款率是非常高的，小微贷款不良率非常之低。近来的数据显示，小微企业（包括个体工商户）获得了银行贷款的比例为 46%，还是很大的进步，当然，42.4% 的小微企业没有申请贷款，11.6% 申请了贷款但是被拒绝了。[②] 所以，金融支持还需进一步加强。

第三，如何帮助和保护小的工商业经营者的权益。通过市场途径进入中产阶层有一个发育的过程。对于多数人而言往往是从小的经营者开始，慢慢扩大资本进入中产阶层的。所以，我们的管理者要学会培育、规范、引导小资本经营，而不要忽视小资本，更不要排斥打击小资本。目前，不少地方政府都热衷于吸引大资本，一来了大资本就把地圈走，为此对小资本采取了驱逐、排斥的做法，使小商小贩失去谋生手段，阻碍了潜在中产向现实中产队伍的转化。中国土地公有制的原宗旨是为了保护广大人民群众的利益，但是，在实践中往往异化为土地主要为大资本、为垄断资本服务，尤其是土地的大面积规划和审批往往仅优先为大资本垄断服务，而小资本

---

① 中国民营经济研究会：《民营经济内参》，2014 年 4 月 18 日，第 6 页。

② 同上，第 9—11 页。

的经营得不到保障或往往受到严重侵害，甚至随意受到驱赶。[①]

中华民族久远的历史证明，中国普通老百姓非常会做生意，而且做生意往往是从小买卖开始的。小生意经营者是自己在创造就业，在靠自己的劳动谋生，他们有着极大的发展动力。这样的“就业大军”养活了不知多少家庭！这对全社会贡献极大。所以，应该大力扶持小资本、小经营者，给他们创造宽松的就业谋生环境，而不是一有什么情况就打压他们。在国际上，很多国家和地区的大城市都尽可能给小商小贩谋生留下空间，比如有的道路白天用于汽车通行，晚上在规定时间内让摊贩们支起货摊做生意。所以，我们应该反思自己的城市管理方式。应学会精细化管理，将小的经营者也纳入管理范围，培育小经营者的规范经营，引导他们进入规范体系，而不是采取简单粗暴围追堵截的打压政策。

当然，为维护市场秩序政府监管是必须的，对于违法者必须依法惩罚。但要正向引导，扶持培训，不是简单驱赶了事。在很多国家和地区的众多城市，由小吃店、小货摊、小买卖组成的市场非常繁荣，经营秩序井然。如我国台湾、香港也是这样，一家一户小老板、小饭馆、小生意，管理十分规范，卫生条件等各方面都很让人放心。这样就形成了小资本发展的良性循环，并吸纳了大量的就业人口。而我们现在遇到的是恶性循环问题，政府不允许繁华市面出现小的经营者，但由于市场需求的存在，结果造成不登记、不注册的违规经营丛生，政府对于这些非正规经营采取打压政策，这些经营就更加不规范。必须认识到，小资本、小经营者是我国中产社会的最重要源泉。所以在政策法规上，政府应该多多支持鼓励自谋生路的就业者。

在关于进入中产的市场途径方面，还有一点是不可忽视的。笔者历来认为，定义中产阶层应包括三个方面，职业指标、收入指标

---

① 陈宇琳:《特大城市外来自雇经营者的市民化机制研究》，载《广东社会科学》2015 年第 2 期。

和教育素质指标。[1]由于收入指标与职业指标有耦合的关系，所以，本章没有专门论述收入指标。而教育素质指标在前两种途径：教育渠道和专业证书认证渠道中已经得到重视，那么，这里存在一个问题，即从市场途径进入经营者阶层的人群，很大程度上，在教育素质指标方面有明显不足。这也正是市场经营者需要训练的，培育诚信、培育守法。这需要市场管理者和市场营销者双方面共同努力。如上面提到的行业协会培育技术素质一样，市场营销者也应通过行业协会培育中产文化。中产阶层意味着有比较高的教育和文明素质的阶层形成，这恐怕是中国中产社会发展的长期任务。

作为本章结尾，笔者还要强调的是，上述用人口普查数据分析的中产现状，是从他们调查中从事的职业活动分类的，有些固然是稳定的社会阶层，有些则还是不稳定的。比如，通过教育渠道进入中产的，像管理者队伍和专业者队伍，都是比较稳定的阶层。而通过市场进入的虽然人数、比例都很高，但是，其社会地位并不稳定。由于小资本经营者地位不稳定，所以，尤其应在体制制度的建设上，帮助他们实现稳定地位，为他们创造更好的社会环境，而不要让他们从已经获得的中产位置再次落入社会下层。

① 李强：《转型时期中国社会分层》，第302—312页。

第二十章
农民工地位上升研究

上一章分析了中国中产社会形成的三条渠道，三条渠道中与农民工最为接近的是技术渠道，但是研究发现，技术渠道上升受阻的现象比较严重，这也导致了中国农民工的地位上升普遍受阻。所以，本章就专门研究一下农民工怎样实现地位上升。

所谓农民工就是指来自农村、户籍还是农业户籍、但是已经进入工业或服务业劳动岗位上的劳动者，这既包括在农村乡镇企业劳动的工人，也包括外出到城市、城镇打工的劳动者。根据官方数据，截至 2016 年底，全国农民工总数达到了 2.82 亿人[①]。但是，研究表明，农民工即使进城打工、进入工业服务业劳动，他们在整体社会结构中的地位也并没有太大变化。特别是在城市里，他们始终处在下层的位置。所以，研究农民工的社会地位怎样上升，对于中国社会结构现代化的意义最大。让我们先从社会地位变化的一般规律谈起。

一、社会地位变化的一般规律与对农民工的分析

本书是对社会分层与流动的研究，那么，从社会分层的角度看，地位较低的阶层如何才能实现上升流动呢？百年以来的中国革

---

① 新华社:《全国农民工总量达到 2.82 亿》，http://news.xinhuanet.com/fortune/ 2017-03/14/c_1120627561.htm。

命，在试图改善底层群体社会地位上作过多次实验。历史经验多次证明，阶级、阶层地位的变迁是难以靠别的社会阶层的帮助而实现的。想帮助农民阶级改变地位，毛泽东主席的实验进行得最为气势磅礴，包括50年代的土改，然而，60多年过去了，今天看来，总体上说，中国农民的经济地位还是比较低下的。“文化大革命”中关于“工人阶级领导一切”的实验，派工人去管理大学、让工农兵占领上层建筑的实验，也均告失败。所以，总结共和国建国近70年的经验教训，甚至思考清帝逊位以来的百年中国历史，笔者试提出关于社会地位变迁的如下假设：

第一，社会地位的变化是个渐进的过程，采取骤然变化、超常规变化的方式，最初以为实现地位变迁了，但是，经不起时间的考验，在一定意义上，社会地位结构至少在逻辑上，又慢慢地有复原的趋势，这可以称为“社会结构惯性原理”或“社会结构海绵原理”。百年以来，我们经历了第一次国内革命战争、第二次国内革命战争、抗日战争以及第三次国内革命战争等，战争连绵频仍。新中国成立以后，很长一段时间里，也还是革命运动接连不断。打碎社会结构、打破社会常规运行的革命运动，表面上看起来轰轰烈烈，但是，社会地位结构短时间变了，长时间又复原了。所以，采取打破社会常规运行的方式来改变社会分层结构的努力并不是很成功。社会地位之所以会有复原的趋势，可能是因为社会地位是个综合体，骤变的、激烈的措施往往只改变了综合体的某一个方面，其他方面并没有真正变化。所以，变化的往往是表面，内在的要素没有真正变化。

第二，在社会能够按照常规运作的情况下，也就是对于法治、法规大体认同的条件下，社会地位的变化，是社会各个阶层在制度体系内博弈的结果，当然，博弈的方式多种多样。笔者曾经提出，今日中国，参与博弈的因素有：市场的作用、政府的作用、权力的作用、金钱的作用、单位的作用、关系的作用、平民的抗争（包括信访、上访上告、群体事件等），以及网络的呼声、舆论的作用等。

第三，博弈的结果取决于各个阶层自身的力量，这包括各个阶层的优势因素和劣势因素，当然，所谓优势因素和劣势因素也异常复杂，比如有政治权的优势、话语权的优势、舆论的优势、网络的优势、社会同情心的优势等。社会博弈的情况异常复杂，有些群体有钱有势，本来以为博弈必胜，结果没想到，社会公众对这样的群体产生了“社会厌烦”和“社会抵触”，在网络上，这样的群体往往被声讨得一塌糊涂。所以，在这里，人数也是一个很重要的优势，平民、普通老百姓显然有人数上的绝对优势。

第四，在社会按照常规运作的博弈中，当然制度安排最为关键。如果制度安排中就含有对于某些群体的利益倾斜，那么，博弈的结果也显然是会带有这种倾向的。所以，从社会公正的视角出发，制度安排的基本原则应该是机会均等、权利公平、规则公平、公平竞争，好的制度应该是不剥夺每一个中国公民的参与机会，或者说，好的制度应该让更多的人有参与的机会、参与的权利，并且在竞争的过程中遵循程序公正公平的原则。

第五，从社会分层的角度看，一种公正的制度安排的核心原则应该是允许流动、鼓励竞争，为社会成员提供更多的上升流动的机会。任何社会都做不到让每一个人都实现地位上升，地位变迁的结果总会是有的人上升了、有的人下降了，但是，公正的制度要让每一个人都有参与竞争的机会。公正的制度一定要避免“没有机会”的群体的存在，不公正的制度就是该制度造成的障碍或约束，使某些人或群体丧失了上升流动的机会。[①] 关于这一点，中共十九大报告提出：“破除妨碍劳动力、人才社会性流动的体制机制弊端，使人人都有通过辛勤劳动实现自身发展的机会。”[②] 这里使用了“社会性流动”的概念，而本章讨论的核心就是如何使农民工群体有公平公正的社会性流动的权利和机会。

---

① 李强：《创造条件使更多人实现上升流动》，载《人民日报》2010 年 6 月 24 日第 6 版。

② 习近平：《决胜全面建成小康社会夺取新时代中国特色社会主义伟大胜利》，《北京日报》2017 年 10 月 28 日第 4 版。

下面，我们就用这样的观点来考察一下中国农民工，看看这个阶层在社会博弈中有什么优势？有什么劣势？制度安排对他们是否公正？是否让他们参与了公平公正竞争的机会？

首先可以看到，农民工是我国各个劳动力群体中，最具年龄优势的群体。外出打工的农民工，绝对是以青壮年劳动力为主体的，他们年轻，精力旺盛。根据《中国劳动人口发展报告（2012）》，中国农民工各年龄组所占比例为：16—20岁占10.5%，21—25岁占22.3%，26—30岁占17.6%，31—35岁占14.7%，36—40岁占15.3%，41—45岁11.4%，46—50岁 占5.6%，51—55岁 占1.8%，56—59岁仅占0.9%。也就是说，农民工中年龄在16—45岁的占到了91.8%，青年有活力，壮年既有能力又有经验，所以，他们都是最有劳动能力的群体。

这样有活力的劳动群体，在经济中的贡献如何呢？这里暂使用的是第五次人口普查的数据，分析全国流动的劳动力与经济发展的关系，采用相关分析的方法，通过31个省（直辖市、自治区）人均GDP分别与总体流动劳动力所占比例、农业流动劳动力所占比例、非农业流动劳动力所占比例的相关系数来看，证明这几项指标与人均GDP均存在很强的正相关关系。具体数据如下（参见表20-1）：

表20-1　我国各省（直辖市、自治区）人均GDP与劳动力流动比例相关系数

项目	相关系数	Sig（2-tailed）
全国各省流动劳动力比例与各省人均GDP关系总计	0.66**	0.000
流入农业职业的流动劳动力比例与该省人均GDP关系	0.57**	0.001
流入非农业职业的流动劳动力比例与该省人均GDP关系	0.76**	0.000

** Correlation is significant at the 0.01 level (2-tailed).

表20-1显示，总的来看，流动的劳动力与全国各省的人均GDP都是明显的正相关关系，而其中流入非农业职业（人数最多的是农民工为主体的生产工人）的流动劳动力比例与该地区人均GDP的相

关性最强，高达 0.76，这说明，农民工对各省、直辖市、自治区人均 GDP 的社会贡献最大。正是在这个意义上，美国《时代》周刊曾将“中国工人”评为 2009 年年度人物，发表照片上显示的人物都是中国农民工，杂志文中称，“中国农民工”是当时中国经济“保 8”的最大功臣，认为在 2009 年里，正是他们的奋斗使中国的经济一步步复苏。所以，表 20–1 的数据与这个评价是一致的。笔者以为，中国未来经济增长的最大动力也是来自这个群体。

那么，既然农民工年龄有优势，贡献又巨大，为什么他们在社会地位的竞争中却处于劣势？这就不能不使我们反省制度安排中存在的问题了。上文已述，公正的制度是每个人都有竞争和上升流动的机会，而不公正的制度则是上升流动向某些社会成员倾斜，而对另一些社会成员歧视。

笔者以为，目前中国制度安排中的一个突出问题是，没有为农民工的劳动技能优势设计良好的上升渠道，对于这里存在的问题，笔者称之为“技术流动的社会断裂”，造成的社会后果是“有技术无地位”，这正是本章分析的主题。

上文已经说明了农民工的年龄优势，以及农民工在 GDP 中的巨大贡献，后文还将用调研数据证明农民工的技术优势。其实，即使没有这些数据，我们每个人有目共睹的数以千计的高楼大厦，“西气东输”“西电东送”“南水北调”“青藏铁路”等一系列重大工程项目，以及近年全国各地上万的工程建设，数以亿计的各类产品都可以证明农民工的劳动是有技术含量的，被我们称作“农民工”的很多人，其实应该属于“高级技术工人”。但是，上面所说的这些项目都是“集体成果”，其成果的社会技术地位含量怎样落实到每一个个人身上呢？这样我们就要分析，个人是怎样获得技术地位的？譬如，我们问一个人凭借什么成为有专业技术地位的人，人们自然会回答，凭借一个人的技术职称，如高级工程师、编审、主治医师、教授、副教授、讲师等，最高级的可以成为“中国科学院院士”“中国工程院院士”，甚至“两院院士”。总之，一个人的专业技术地位需要得到社会制度的认可，只有得到了社会制度的认可，这个人才可能获得相应的社会地位。这就是一个社会的“专业技术证书制度”。

在中国，农民工与“专业技术证书制度”的关系是什么呢？上文已述的农民工的年龄优势、社会贡献优势，都是群体的整体优势，要区分每一个农民工的社会地位，还要靠他们劳动力中的技术含量，就像知识分子中具有最高技术含量的人可以获得最高级的技术职称一样，农民工可以获得什么样的技术职称呢？从形式上看，政府的“人力资源与社会保障部”已经建立了“国家职业资格证书制度”，目前这种证书可以“全国联网查询”，只要输入证件号码、证书编号、准考证号和姓名，就可以从网络上查询证书的真伪。该网络覆盖全国32个省市自治区。由各地的人力资源开发局“职业技能鉴定部”颁发“职业资格证书”，该证书共分成五级，所涉及的行业包括：轻工、冶金、纺织、化工、烟草、有色金属、粮食行业、珠宝首饰行业等。从表面上看，好像也为农民工建立了技术地位上升的渠道。但是，后文数据证明，我国绝大多数的农民工，都没有获得过这种“职业资格证书”，很少数的人虽然也有获得“职业资格证书”的，但是，这种“职业资格证书”并没有对他们的社会地位上升产生什么影响。

这就不能不令我们反思我们的专业技术证书制度本身存在的意义。在经济发展、产业发展中做出巨大贡献的农民工，他们明明完成了高水平的专业技术劳动，但是，他们基本上没有获得支撑自己社会地位的、被社会认可的专业技术职称或职业技术证书。后文的数据证明，虽然有很小比例的人获得了相应的证书，但也并没有真正改变他们的社会地位，即他们总是处在社会分层的下层，难以进入中产阶层的队伍之中。

农民工的这种有技术无地位的“地位上升滞后现象”已经威胁到了中国社会结构的整体变迁。上文已述，迄今为止，最大的问题仍然是“中层欠缺”，下层比较巨大。而下层巨大的原因就是农民、农民工聚集在社会下层。中国实现中层为主体社会结构的关键就在于，如何使农民工中，已经处在产业工业体系中的、有专业技术的农民工，能够通过获得高级技术工人这一重要环节，上升到社会中间阶层的位置上。而转变的关键环节，就是本文提到的如何让“有技术”的人实现“有地位”的变革，结束“有技术无地位”的社会现象。

二、社会地位是怎样获得的：劳动技术与地位变迁的关系

为了探索有技术的人是怎样获得社会地位的，我们先需要做一下理论的分析，即从理论上、学术上阐释，农民工为什么有能力、有技术而无地位。这就涉及社会学的最基本问题之一：社会地位是怎样获得的，以及什么因素在决定着人们的社会地位。

决定社会地位的因素很多，众所周知，社会学常讲三元分层，认为人们的社会地位是由财产地位、权力地位和声望地位三元因素决定的。其实，这种分层视角有很大的缺陷，比如，在中国的场景下，在农民和农民工的地位问题上，有一个因素：户籍身份，对他们的社会地位起着至关重要的作用。这样，在中国的场景下如果仅仅通过财产、权力、声望的三元分层模式来阐释社会地位，就漏掉了非常重要的社会因素。在决定社会地位的因素方面，新马克思主义者，美国教授赖特（Erik Olin Wright）的模式还是有重要意义的，他将权力阐释为“组织资产”，而且又加入了“技术资格证书资产”[①]，笔者以为采用这样的理论架构，对于解释中国当前的社会分层有一定意义。虽然笔者也曾提出，决定社会分层的因素有十个方面[②]，但是，那是作为学术分析的通用原则而言的。笔者以为，在当前中国的场景下，决定社会地位的因素有以下六个方面最为重要：

① ［美］埃里克·欧林·赖特：《阶级》，高等教育出版社，2006年版，第85—88、96—97页。

② 李强：《社会分层十讲》，社会科学文献出版社，2008年版，第12—22页。

第一，权力地位（或用赖特的概念：对组织资源的占有）。第二，经济地位，或可称之为：对财产、收入等经济资源的占有。第三，教育地位，在中国，高考是能否进入相应社会地位的一道重要门槛，能够获得正式的教育证书，仍然是中国社会“地位准入”（recruitment①）的最核心的机制；虽然教育证书不能直接决定职业地位，但是目前，博士、硕士、学士、大专、中专等一系列教育证书，还是起着筛选社会地位的重要功能。第四，技术职称，指人们获得的各类专业技术、职业的技术、技能的职称或专业证书。第五，户籍身份地位，这是中国特色的社会地位体系，由于户籍与很多经济利益、社会资源利益挂钩，所以，起到的实际社会地位功能还是很突出的。第六，家庭出身，尽管我们一再抨击血统论，但是，在社会生活中，人们很看重一个人的出身，这就是为什么一些自称出身于高级干部家庭的骗子能够屡屡得手的重要原因。

下面我们就看看，上述六大因素对农民工社会地位演变的影响是什么，或者说，哪些因素，对于农民、农民工的地位上升是有利的、哪些是不利的。

第一，权力地位，赖特术语“对组织资源的占有”。显然，这一因素对于多数农民、农民工来说是不利的。当然，现在村庄的村长是通过公开选举产生的，所以，农民有平等的机会去竞选村长。也确实有这样的个案，一些在外打工见了世面的农民工，后来回村参加选举，被选到了村长的位置上。当然，这样的组织资源，首先是权力级别很低的资源。其次，对于农民、农民工来说，这种资源获取的概率是很低的，能够通过权力地位上升的只是极少数人，对于绝大多数农民工来说，是没有可能的。比村长更高的权力地位，基本上与农民工无缘，比如公务员考试要求具有大专以上文化程度，而绝大多数农民工没有这样的文凭。

---

① Frank Parkin, *Class Inequality and Political Order: social stratification and communist societies*, London: Mac Gibbon & Kee Ltd., 1971, p.13.

第二，经济地位或财产、收入地位。改革开放以来的最大的机会变化就是农民可以通过各种渠道来致富，也确实有一些农民，经济方面十分成功，成为村庄里的富人，近来农村的调研也证明，农村内部的分化十分突出，村庄里出现了一些富裕甚至富豪家庭。但是，将农民、农民工作为一个整体来看，或者对全国农民、农民工的平均收入进行计算，他们在全国的各阶层的比较中，仍然是比较低的收入阶层。北京师范大学李实教授等的研究证明，1997—2010年城乡居民收入差距进一步扩大，[①] 城市居民获得的经济收入仍然大大高于农民、农民工。笔者的数据也证明，越是居住在大城市的居民，就越容易获得更高的经济收入。[②] 为提高农民、农民工的经济地位，大体上有两种途径，一种是结果型的，比如在公共财政的支出中向农民、农民工倾斜，近年来，政府的主要举措包括取消农业税、扶贫措施、在农村建立“新农合”、各个城市做出的最低工资的规定等。我们看到两种形态：一是结果型，显然受到财政资金的很大约束，面对8亿人的农民、农民工群体，再大的财政支出，平均到每一个人也必然变成杯水车薪。另一种是机会型的，即是各个方面给农民、农民工提供更多的致富机会，比如城市里取消对农民工就业的行业限制，只要具备一定条件，农民工也可以进入多种行业。机会型的意义在于，鼓励农民工自己通过竞争获得更多的经济和社会资源。从目前中国对于农民、农民工发展的制度约束看，机会型途径有更多的改革余地。而且，机会型途径有很大的公平竞争的意义，它为农民工创造出更多的公平竞争的机会。本文所阐述的专业技术能力的竞争就是属于机会型的。

第三，正规教育地位。迄今为止，对于农村的孩子来说，要想改变人生轨迹、实现地位上升的最为常规的渠道，还是“高考”，所谓“一考定终身”。我们常常看到这样的案例，同一个农民家庭的两

---

① 曲哲涵：《收入差距为何不断扩大》，载《人民日报》2010年5月24日第18版。

② 李强：《转型时期中国社会分层》，辽宁教育出版社，2004年版，第234页。

个孩子，一个通过高考，进了大学后来当了城里人、干部；另一个没有参加高考，就仍然当农民。最后，两者的社会地位有重大差别。但是，能够通过高考特别是进入拔尖大学的毕竟只是极少数，绝大多数打工的农民工并没有参加高考，他们的正式学历往往是初中毕业。所以，对于多数农民、农民工来说，难以通过正规教育实现地位上升。

第四，职业技术职称地位。本文认为，这一种渠道对于农民工来说，发展余地最大。农民，特别是农民工，每个人每天都在从事着有某种专业技能的工作，近40年来中国经济高速发展、高楼大厦如雨后春笋在全国所有的城市、城镇、县城、乡镇建设起来、出口的产品充斥世界各国的市场等，很大程度上是农民工的贡献。上文已述，产品的生产者本身有着高超的技术技能，问题是，社会上对于农民工职业技术的认定体系很不完善，本文下面会提供数据证明这一点，也正是在这个意义上，本文将着重论述，如何改进、改善我们的职业技能的评定手段，对具有高水平技能的农民工的职业地位给予认定，从而实现他们的地位上升。

第五，户籍身份。这一点是制约农民、农民工的最重要的制度因素。很多学者已经做了这方面的研究，这有待于我国的户籍改革。有文章指出，日本在1955—1975年也曾经有比较突出的农民工问题，但是，日本没有我们这样严格的户籍制度，日本农民工外出后，可以很自由地将自己的“誊本”（相当于户口）迁出，然后，在所到的打工地当地政府登记，就成为打工地居民，所以，日本农民工转为市民没有户籍的障碍。[①] 这一点值得我们深思。当然，关于户籍改革的研究已经很多了，数以千计的学者、管理者、老百姓都在各抒己见。目前，比较流行的观点是认为，通过户籍改革实现“农民工的市民化”，给农民工以平等的市民待遇，以此来解决农民工的地位问题。笔者同意户籍改革，但本文也警告，不要以为单凭户籍改

① 童卉欣:《日本如何破解“农民工”问题》，载《深圳商报》2010年3月17日。

革就可以解决一切问题。历史经验告诉我们，试图实现工人、农民地位整体上升的实验早就进行过，但结果并不理想。为什么试图整体地改变社会地位的努力，总是经不起时间的检验呢？从社会学社会分层的基本原理看，人们社会地位的上升往往是在分化中完成的，如上文所述，公正的社会是要为每一个人提供上升流动的机会，地位上升是个体在竞争中实现的。所以，户籍改革是必要的，因为只有这样的改革才能防止“集体排他”（collectivist exclusion）；而公正的流动机制必然会有“个体排他”（individualist exclusion），现代社会人们地位的上升往往是在“个体排他”中实现的。[①] 所以，正是在这个意义上，本文提出了，为农民工创造向技术人员、高技术人员转化的认定与竞争机制，通过这条途径，经过较长时间的努力，最终实现中国的中间阶层主体社会结构。

第六，家庭出身。这一点笔者也无话可说了，因为我们都反对血统论，但是社会上的事实是，家庭出身影响着人们的社会地位，农民和农民工是社会各个阶层中最无权无势的阶层，所以，他们的家庭出身对他们的地位上升肯定是不利的。不过，中国处在社会地位整体上升阶段，所以，农民、农民工将会通过几代人的变迁进入其他社会阶层。数据证明，中国代际流动的比率还是呈上升趋势的，用流动表分析，中国的总体代际流动系数不低于 0.5 的水平。

六个方面分析以后，笔者要告诉读者，本文分析的重点是技术职称、技能对于社会地位的影响。这样，我们就专门分析一下，技术职称、技能影响社会地位的规律是什么，特别是分析农民工的职业技能对于社会地位会有什么样的影响。

关于技能、技术怎样影响人的社会地位，比较成熟的理论有两种：一种是新马克思主义者赖特提出的技术资产理论，另一种是新韦伯主义者帕金（Frank Parkin）提出的专业资格、技术证书制度理

① 李强:《社会分层十讲》，社会科学文献出版社，2008 年版，第 112—113 页。

论。[①] 赖特认为，技术和技术资格证书也是社会中一种不平等分配的财产形式，技术资产的基础是技术证书，而技术证书是由权威部门和各种法规所决定的。帕金认为，专业资格、技术证书制度与财产制度同样重要，是现代资本主义社会分层的两大基本制度，技术证书决定着什么人可以进入什么样的职位，因此，在决定社会分层、阶级结构方面，技术证书的功能丝毫不亚于财产制度的功能。总之，两位学者虽然代表不同的理论流派，但是，在确认技术证书决定社会分层方面，两者的观点是近似的。

那么，在中国目前的社会背景下，技能、技术、技术证书影响社会分层有什么特点呢？特别是在对于本文分析的农民工的技能、技术认定上，存在什么问题呢？

第一，由于技术晋升制度的重大变迁和不稳定的特征，目前的职业技术证书制度，在技术工人的社会分层方面，功能比较弱化。中华人民共和国成立以来，技术证书晋升机制曾有过几次变革，可以说，迄今为止还处于改革之中。由于技术证书认定本身也在不断变革，在决定分层方面，其特征表现为“不稳定”。共和国建立初期，需要对旧中国的工资制度进行改革，国家机关曾一度实施供给制等试验，到50年代初进行了第一次工资改革，在企业工人的层面上实行了以技术等级标准为基础的八级工资制度，用考工定级或考评结合的办法确定工人的工资等级。[②] 这种工人的八级工资制，到1956年全国第二次工资改革时基本定型了，虽然也有个别企业采取其他定级方式，但是，全国大多数企业都实行了八级工资制，制订了八级技术等级的标准，严格按照技术等级标准考核晋升。[③] 在此后的较长一段时间里，这种八级技术等级的制度，得到企业工人和全社会的普遍认可，虽然也曾受到政治运动的冲击，但是，直到“文

① 李强：《社会分层十讲》，社会科学文献出版社，2008年版，第110—111页。

② 李唯一：《中国工资制度》，中国劳动出版社，1991年版，第22—23页。

③ 李唯一：《中国工资制度》，中国劳动出版社，1991年版，第35页；么树本：《三十五年职工工资发展概述》，劳动人事出版社，1986年版，第139—141页。

化大革命”结束以后，这种制度也一直延续着。1985年全国第三次工资改革实施，该年元月国务院发出《关于国营企业工资改革问题的通知》，接着劳动人事部门拟定了“国营大中型企业工人工资标准”，从此，长期奉行的全国统一的以工人技术等级为基础的八级工资制被打破。[①]在此后的一段时间里，虽然，国家人事部门规定的工人工资级别中还有八个等级的分类，但是，1985年以后，企业的工资制度出现了多元化的局面，很多企业根据自己的特点创造了多种体制，所以，全国统一的以工人技术等级为基础的工资制被大大弱化了。[②]1985年的工资改革以后，企业大多实施了工资总额包干的方式，企业自身有了很大的自主权，这样，事实上，统一的工资制度已不复存在。另外，企业工人的奖金部分迅速扩大，相比之下基本工资部分缩得很小，所以，技术等级所起到的分层功能也就被大大弱化了。90年代中后期，国有企业大转制以后，企业的所有制多元化，各种不同的企业更是奉行各自的工资制度，所以，原来的按照八个技术等级的分类也就没有什么实际意义了。1995年，国家劳动人事部门参考国际经验，在我国建立了五级职业资格证书制度，这样，在职业技术等级方面，就彻底摧毁了原来的八级技术等级的制度。五级资格甚至在顺序上与原来的八级技术等级都是相反的，五级资格证书，五级是最低的，一级是最高的。而传统的八级技术等级是一级最低，八级最高。该变革的本意是试图建立新的技术等级制度，但是，从实际效果看，新的五级职业资格制度很不成功，这样，变革的结果是更加弱化了技术等级分层的功能。本章第三部分笔者的调研数据也可以证明这一点。笔者以为，企业工资多元化，企业的类型多元化，企业工资的自主权，这些都是好事情。但是，从此，中国技术工人的具有社会分层意义的技术等级制度受到致命冲击，其分层功能已经大大弱化了。

---

① 李唯一:《中国工资制度》，中国劳动出版社，1991年版，第121页。

② 同上书，第112—121页。

第二，制度隔离。此后，虽然劳动部门制订和修订了各行业、工种的技术等级标准，并且也有考核机制，但是，中国的企业运行体制已经多元化了，工业劳动者中，在国有企业里工作的人数和比例均大大减少，而在其他多种类型企业里劳动的人数和比例剧增，所以，劳动部门虽然制订了技术等级标准，但是对于在多种类型企业里劳动的工人并没起很大作用。特别是对于广大农民工来说，影响就更小了，一方面，他们的劳动单位是完全隔离于技术等级的体制以外的，比如许多乡镇企业、包工队等；另一方面，他们自己也意识不到技术等级对于他们有什么用处，我国目前的技术分层制度安排的实际状况，对于多数农民工的参与是不利的。所以，从制度安排的角度看，虽然形式上没有排斥农民工，但是实际上大多数农民工根本没有参与进来。

第三，身份隔离。与上述制度隔离相类似，社会身份也在制约着农民工向技术工人或高级技术工人的转化。上亿的农民工在城市里打工，但是，他们在身份上还被视为农民，没有被城市接纳，所以，难以转化为有技术等级的城市工人。以往的研究，大多是从户籍制度来解释此种隔离现象，认为户籍起到了屏蔽作用。概而言之，城市中有两种体系：一种是只有本地户籍人口才可以进入的正式编制，另一种是外来户籍人口的非正式编制。目前，对于非正式编制，制度基本上不为他们设计技术晋升的证书制度。笔者以为，户籍是一个原因，但还不是原因的全部，另一个重要的原因就是“技术流动的社会断裂”。目前的劳动者的技术，一种是被制度认可的有技术证书的技术；另一种是不被制度认可的，可以在劳动场所、劳动过程中显示出来，但是，不被官方的制度认可，简称“有证书的技术”和“没有证书的技术”。而当前农民工的绝大多数持有的是没有证书的技术。社会产品吸纳了他们的劳动与技术，但没有赋予他们以“应得的社会地位”，从理论上说，这是一个“entitlement”（应得权利）的问题。

第四，社会传统的不利影响。科举制度对于中国社会影响巨大，在科举制度下，只有科举认定的四书五经是可以获得功名利禄的知识，其他的技能则受到轻视。受到这种影响，迄今为止，全社会都注重“高考”。可以说，高考是被过度张扬了。明明国家经济建设最大量急需的劳动群体是“技术工人”，常常出现“高级技术工人”奇缺的难题，但是，全社会却在追捧所谓高考“状元”，仅从“状元”这个词就能看到科举的“烙印”。明明数据证明，历来的高考“状元”在后来的就业中，并没有特别杰出的成就，但是，仍然受到全社会的炒作。反之，对于直接操作型的技术，社会则比较轻视。其实，我国劳动就业中最急需的、需要数量最大的，恰恰是这种直接操作型的技术人才。中国有一种很不好的传统就是轻视体力劳动，因而也轻视体力劳动技术。中国目前的教育中，对于学生动手能力的训练明显薄弱，可以说，近年来，学生的动手能力越来越弱。当然，这里面也有“官本位”的不利影响，来自“人民网”调查数据，约七成的网民就业选择都是“公务员”，这样的就业选择显然是畸形的。总之，这些社会传统影响的结果是，在技术与社会地位的关系上，人们看重的是高层专业技术职称——教授、医师等，而对于技术工人的职业技术分层比较轻视。社会观念当然也会影响制度安排，因为制度是人设立的，设立者的观念当然影响制度安排的倾向。

当然，对于直接操作技术的影响，在中国当前的局面下，也不完全都是负面因素，也有正面因素。这也正是笔者提出让有直接操作技术的农民工实现社会地位上升的重要社会条件。目前，总的社会大背景是产业演变、职业更新，该演变会导致农民比例的减小，从事专业技术、职业技术、产业技术人员的比例大大上升，所以，中国处在一个有利的阶段。对于这个演变，有学者称之为“职业结构渐趋高级化”[①]。所以，从社会大的背景看，笔者提出的通过农民

① 陆学艺:《当代中国社会流动》，社会科学文献出版社，2004年版，第10—11页。

工转变为技术工人（包括高级技术工人），实现中国社会向中产阶级社会转型还是有可能的。当然，笔者认为这种“渐趋高级化”并不会自动实现，只有在中国的职业技术认定制度变革以后才会实现。

三、中国城市农民工技术与社会地位关系的调研数据

本论文使用了笔者组织的几次关于城市流动人口调研的数据，这些数据是在2007—2009年收集的，包括委托调研和由清华大学社会学系学生完成的城市流动人口调研。其中，2007年在广东、广西、湖南、福建、河北、河南、山东、辽宁、重庆等省市进行的农民工调研，在剔除不合格样本后，共完成了有效样本1 899个。调查证明，被调查的农民工中，有职业资格或技术资格证书的仅占15.7%，而占总数84.3%的农民工都没有任何职业资格或技术资格证书，具体数据如表20–2。

表 20–2　您现在是否有职业资格 / 等级证书？

	人数	百分比
没有任何证书	1 601	84.3
有证书	298	15.7
合计	1 899	100.0

当然，经调查核实，上面回答“有证书”的，也并不都是国家认可的证书，目前国家认可的证书是分成五级的“职业资格证书”。如果将那些回答说“有证书”，但证书没有等级的（即不是政府劳动部门颁发的正式的职业资格证书）刨除在外的话，那么，本次调查证明，有国家认可的正式的职业资格证书的农民工仅占11.06%（210人），也就是说农民工中88.94%的人都没有国家认可的正式的职业资格证书。关于农民工获得的证书具体分类的情况参见表20–3。

表 20–3　对农民工中有证书的 298 人的进一步分类

	人数	百分比
有证书，但无等级	88	29.53
有初级证书	127	42.62
有中级证书	74	24.83
有高级证书	9	3.02
合计	298	100.00

当然，笔者一再强调，没有证书的人不是说没有专业技术。本次调查证明，当向农民工询问：您是否有某种职业技能或一技之长时，53.4%（987 人）的农民工都自认为具有某种专业或职业技能，46.6%（862 人）则回答没有。

那么，在调查中我们进一步询问，您的这种职业技能是通过什么方式获得的呢？回答结果参见表 20–4。

表 20–4　您的这种职业技能是通过什么方式获得的呢？

	人数	百分比
本人自学的（边学边干）	307	29.9
拜师傅学来的	252	24.6
亲戚、朋友或老乡教的	149	14.5
所在单位 / 企业组织的技能培训	120	11.7
在学校（中专、职高、技校）学会的	92	9.0
参加政府劳动部门等组织的培训	52	5.1
在社会上开办的培训学校学会的	37	3.6
其他	17	1.7
合计	1 026	100.0

从表 20–4 数据中可以清楚看到，大多数的农民工是自己在劳动中获得的，这主要有三种情况：第一，“本人自学、边学边干”获

得的；第二，自己“拜师傅学来的”；第三，“亲戚、朋友或老乡教的”。三种途径加在一起，占去了69%，这些都属于非正规的培训。应该承认这些非正规培训的效果其实是很不错的，但问题是，依靠此种方式获得的技术，其社会地位的资格得不到社会的认可。表20-4也显示，也有一些方式使农民工获得了技术，途径要正规一些，包括单位企业的培训、学校的培训、政府组织的培训和社会上的培训，可惜比例均很低。

其中最为正规的要算是专业学校的培训了。此次调研证明，农民工中有92人（占9.0%）是从中专、职高、技校毕业的；而对数据的进一步分析发现，在这部分人里面，78.4%的人是有证书的。所以，事实证明，从专业学校毕业的农民工大多是有证书的，如果不是从专业学校毕业的则基本上没有证书。这样我们就看到了问题的症结所在：能够从专业学校毕业的农民工，他们大多有技术也有证书，可惜在农民工中只占9.0%；而九成以上有技术的农民工，都不是从专业学校毕业的。所以，现在的问题是，对于已经通过各种渠道获取了专业技术的农民工，怎样使得他们的技术能够获得社会的认可。

记得“文化大革命”刚刚结束的时候，由于正规的教育渠道长期阻塞，很多人是通过自学成才的，为了使这部分人的教育水平能够得到社会的认可，社会上曾经创造了很多制度，比如：在考大学、考研究生、评职称时，可以填写“同等学历”，当时“同等学历”就意味着已经获得了一定的教育水平，这样就可以与社会的正规体制相接轨了。今天，农民工遇到了同样的问题，笔者认为应该为他们创造与正规制度接轨的办法。

2009年笔者组织在广州市所做的另一次城市流动人口问卷调查，证明了相似的结果，参见表20-5。

对于表20-5中回答有证书的94人，我们又进一步询问：“您的证书是谁发的，得到谁的认可？”回答结果是：58人（61.2%）是政府劳动部门认定的；其余的36人或者是企业内部或者是其他一些

表 20–5　您是否拥有职业资格或等级证书?

	人数	百分比
没有	333	78.0
有	94	22.0
合计	427	100.0

部门认定的，出了本单位后并不被其他单位认可。所以说，没有国家认可的正式的职业资格证书的农民工，在 2009 年的广州调研中占 86.4%，与上文提到的多省市调研数据 88.94% 都没有正规的职业资格证书是十分接近的。

那么，目前国家所建立的职业资格证书是否对于农民工的收入有直接的影响呢？换言之，目前的职业资格证书能否起到职业分层、技术分层、收入分层的作用吗？下面表 20–6 是对上述提到的笔者组织的多省市农民工调研的数据进行分析，看看农民工的技术证书与他们的收入是什么关系？

表 20–6　农民工技术、技术证书与他们月收入的关系

	没有什么技术的	有技术但没有技术证书的	有技术也有证书，但不是国家认可的正规证书	有初级技术证书的	有中级技术证书的	有高级技术证书的
农民工月收入均值（元）	939.81	1 112.57	1 198.17	1 242.14	1 305.44	1 371.43
标准差	399.535	570.185	909.838	673.031	604.694	895.757

从以上数据可以看到，比较明显的收入差异表现在自认为没有什么技术的农民工与自认为有一定专业技术的农民工之间，即没有什么技术的农民工平均月收入 900 多元，而有技术的农民工平均月收入都在 1 100 元以上。所以，收入的事实也证明，农民工自己认为“有技术”或“没有技术”是真实的，反映在收入上，也是有其真实

作用的。而相比之下，国家认可的技术证书反映在收入分层上的功能并不突出。从表 20–6 可以看到，有国家认可的初级技术证书的农民工平均月收入，比国家不认可证书持有者仅高出 44 元。而且，拥有国家正式的初级、中级、高级技术证书者，相互之间的平均月收入差异也是很小的，分别约为 63 元和 66 元。所以，不仅农民工中仅有很少的人拥有国家颁发的正式证书，而且，即使拥有正式证书的，也没有因拥有证书而对其收入产生多大影响。由此，笔者得出的结论是：政府为一般劳动者所设立的技术分层证书制度，在农民工身上基本表现为低效的或无效的。

上文已分析，技术分层是社会分层的重要方面，而对于广大农民工劳动者来说，这几乎是他们能够凭借自身努力实现地位上升的最主要机会。然而，残酷的社会现实却是，绝大多数农民工根本没有进入这一渠道，即使进入的，在这一渠道内也是徒有其名。这一渠道的设立和管理者，实际上并没有真正关心数以亿计的本应纳入这一渠道的农民工。所以，迄今为止，中国的技术分层，更多是为社会上层群体服务的，而明显忽视了占社会劳动者绝大多数的普通劳动者群体。

最后，我们再看看，农民工对于技术分层的主观感受，即有职业技术的农民工与没有特殊职业技术的农民工，他们在找工作的时候，是否感到职业技术确实发挥作用呢？这里使用的仍然是笔者组织上述多省市农民工调研的数据。前面已经论证过了，由于绝大多数农民工没有职业技术证书，所以，这里说的有职业技术与没有职业技术，都是农民工自己认定的。

数据显示，大多数农民工都认为，找工作时，用人单位是看重

表 20–7　您认为在找工作时，用人单位是否看重您的职业技术呢？

	有职业技术农民工的回答		没有什么职业技术农民工的回答	
	人数	百分比	人数	百分比
看重	603	67.2	605	72.1

续表

	有职业技术农民工的回答		没有什么职业技术农民工的回答	
	人数	百分比	人数	百分比
不看重	52	5.5	39	4.5
说不清	255	27.2	196	23.3
合计	737	100.00	839	100.00

职业技术的，这应该是事实。工业劳动是分工很细的，用人单位当然要看重职业技术，如果有对口的专业技术还可以使用人单位省去入职的技术培训，所以，职业技术在找工作时异常重要，这是不言而喻的。表 20–7 的数据还显示，自认为“没有什么职业技术”的农民工，比自认为“有职业技术”的农民工，有更高一些比例的人认为找工作时，用人单位看重职业技术。如果从心理角度分析，这也是一种正常的心理现象，即害怕自己因没有技术特长而找不到工作的，比那些有技术的求职者更容易对技术产生敬畏之心。那么，怎样证明自己有专门的职业技术呢？从社会信用的角度看，也只有拿出国家认可的技术证书来证明了。调研表明，求职者在拿出技术证书以后，还是起了一定作用的，请参见表 20–8。

表 20–8 的数据显示，总体上看，农民工的主观感受是，有证书的比仅有技术而没有证书的人，在找工作时，自认为自己的专业技

表 20–8　有技术也有证书的与有技术没有证书的农民工回答：找工作时，用人单位是否看重他们的职业技术？

	有初级职业证书		有中级职业证书		有高级职业证书		有技术但没有证书	
	人数	百分比	人数	百分比	人数	百分比	人数	百分比
重视	92	74.2	57	78.1	7	77.8	435	63.3
不重视	5	4.0	5	6.8	0	0	35	5.1
说不清	27	21.8	11	15.1	2	22.2	217	31.6
合计	124	100.00	73	100.00	9	100.00	687	100.00

术还是有优势的。换言之，在找工作时，国家认可的证书还是起一些作用的。这也很好理解，有技术没有证书的人，在求职的当场很难证明自己的技术。这也正是国家技术证书本应该发挥的基本功能。但是，正如上文所述，农民工中有国家认可证书的人数比例甚低，由表 20–8 也可以看到，有高级证书的在笔者 1 899 个农民工的调研中总共才发现了 9 人（仅占 0.47%），其中还有 2 人自认为，说不清楚找工作时自己的专业技术是否起作用了。所以，目前的国家认可的证书制度，确实还有待改进与完善。

四、扩大中产阶层的国际比较与中国技术评级的制度建设

本章探讨了中国社会结构变迁中遇到的最大难题，即如何改变整体社会结构中下层过大的问题，如何使原来处于中下层的社会阶层进入中等社会阶层。这里的核心问题，是要解决已经进入产业队伍中的广大农民工的社会地位问题，使他们有机会进一步上升到中等社会阶层中来。本章指出，最有力的渠道就是对农民工中已经具有一定和较高技术水平的农民工给予正式的技术职称认定，从而实现农民工自身的结构转型。使有技术的农民工进入专业技术阶层的队伍，这不仅符合国际上大多数国家社会结构演变的惯例，而且，也可以大大促进农民工学习技术、参与技术评比、实现技术进步的积极性。

从世界上已经完成了向现代社会结构转型的国家经验看，专业技术人员是中产阶层的重要组成部分。这些国家之所以实现了中产阶层为主的社会结构，亦称作“橄榄型”或“纺锤型”社会结构，重要因素之一就是专业技术人员比例的扩大。下面特列出美国、加拿大、澳大利亚、瑞典等几个经济发达国家专业人员、技术人员等阶层的结构变化情况。[①]

---

① 数据来源：国际劳工组织网站，http://laborsta.ilo.org/STP/guest，笔者的学生王昊帮助笔者查找了该资料，在此特致谢意。

表 20-9 美国、加拿大就业者的职业阶层百分比变迁

<table>
<tr><th rowspan="2">职业阶层</th><th colspan="3">美国</th><th colspan="3">加拿大</th></tr>
<tr><th>1975</th><th>1995</th><th>2005</th><th>1975</th><th>1995</th><th>2005</th></tr>
<tr><td rowspan="2">专业技术人员</td><td rowspan="2">15.07</td><td rowspan="2">17.65</td><td rowspan="2">20.32</td><td rowspan="2">15.07</td><td>专业人员 15.19</td><td>16.95</td></tr>
<tr><td>技术人员 12.49</td><td>14.84</td></tr>
<tr><td>各类管理人员</td><td>10.49</td><td>13.76</td><td>14.43</td><td>6.56</td><td>10.98</td><td>9.18</td></tr>
<tr><td>普通职员</td><td>17.85</td><td>14.72</td><td>13.78</td><td>17.53</td><td>13.70</td><td>13.80</td></tr>
<tr><td>商业销售人员</td><td>6.44</td><td>12.10</td><td rowspan="2">27.92</td><td>无#</td><td>无#</td><td>无#</td></tr>
<tr><td>服务业人员</td><td>13.74</td><td>13.55</td><td>11.10</td><td>14.11</td><td>14.16</td></tr>
<tr><td rowspan="3">生产、运输等操作人员</td><td rowspan="3">34.16</td><td rowspan="3">25.29</td><td rowspan="3">22.87</td><td rowspan="3">31.43</td><td>有手艺者 9.40</td><td>10.31</td></tr>
<tr><td>操作工人 10.93</td><td>9.99</td></tr>
<tr><td>初级就业者 9.74</td><td>8.34</td></tr>
</table>

加拿大数据自 1995 年后取消“商业销售人员”分类，且没有显示归入何类，特此说明。

表 20-10 澳大利亚、瑞典就业者的职业阶层百分比变迁

<table>
<tr><th rowspan="2">职业阶层</th><th colspan="3">澳大利亚</th><th colspan="3">瑞典</th></tr>
<tr><th>1975</th><th>1993</th><th>2005</th><th>1975</th><th>1995</th><th>2005</th></tr>
<tr><td rowspan="2">专业技术人员</td><td rowspan="2">11.96</td><td rowspan="2">11.54</td><td>专业人员 17.29</td><td rowspan="2">22.35</td><td rowspan="2">35.62</td><td>专业人员 19.49</td></tr>
<tr><td>技术人员 13.41</td><td>技术人员 19.56</td></tr>
<tr><td>各类管理人员</td><td>6.05</td><td>13.49</td><td>10.76</td><td>2.02</td><td>无#</td><td>4.80</td></tr>
<tr><td>普通职员</td><td>17.38</td><td>5.97</td><td>13.40</td><td>11.94</td><td>16.55</td><td>9.18</td></tr>
<tr><td>商业销售人员</td><td>8.44</td><td>14.86</td><td>无#</td><td>8.57</td><td>9.46</td><td>无#</td></tr>
<tr><td>服务业人员</td><td>9.63</td><td>16.62</td><td>15.61</td><td>13.04</td><td>9.38</td><td>19.09</td></tr>
<tr><td rowspan="3">生产、运输等操作人员</td><td rowspan="3">39.21</td><td rowspan="3">21.83</td><td>有手艺者 11.90</td><td rowspan="3">35.49</td><td rowspan="3">25.73</td><td>有手艺者 10.69</td></tr>
<tr><td>操作工人 6.39</td><td>操作工人 10.15</td></tr>
<tr><td>初级就业者 8.23</td><td>初级就业者 5.04</td></tr>
</table>

该分类在该年被取消，且未说明归往何类。

上面数据显示：经济发达国家的专业技术阶层比例还是很高的，到 2005 年美国为 20.32%，加拿大 31.79%，澳大利亚 30.70%，瑞典 39.05%，而且从 1975 年至 2005 年间，该比例一直是上升的。特别是加拿大、澳大利亚和瑞典，2005 年以后的分类中，将技术人员单独作为一类，可以清楚看到从生产操作工人中，有相当比例的人员流入了“技术人员”（technicians）这个典型的中产阶层中来了。

而反观我国的社会结构则会发现很大的问题。根据中国人口普查数据，1982 年专业技术人员占全部就业者的比例是 5.07%，1990 年是 5.31%，2000 年是 5.7%，2010 年是 7.1%，在近 30 年的时间里，比例仅有很小一点儿发展，没有太大变化。这种变迁，不符合现代化的规律。中国改革开放以后的 40 年里，经济发展神速，对于专业技术人员需求极高，GDP 的高增长与专业技术人员有着极为密切的关系；但是很奇怪，为什么从人口普查数据上看，专业技术人员人数比例增长大大低于经济增长和现代化的速度呢？这就涉及国家的一系列的制度约束，包括本章提到的职业技术等级认定的制度，以及户籍制度、身份制度等。其实，本文证明，我国数以亿计的农民工中的很多人，按照他们目前的职业技术水平，在任何意义上，都当之无愧地属于专业技术人员。但是，由于社会的制度安排、制度约束、制度障碍，使得有技术无地位的现象比比皆是。虽然表面上劳动部门也有所谓技术职称评定体系，但是，实际上并没有真正为有技术的“农民工”技术评定的事情操心。

与此形成鲜明反差的是，中国脑力劳动的专业技术阶层职称评定，受到了全社会的关注。为了评职称就要发表论文、著作，这样的活动，有些甚至走到了极端的地步。目前低水平的论文充斥于市，有些甚至可以称之为“垃圾论文”。但是，这些即使包括很多负面因素的评职称，却有着完整系统的专业技术证书制度来支撑。所以，在这样一种制度的建设上，我们恰恰忽视了社会上最大多数人的技术地位。

从各国的经验看，农民工转变为国家认可的技术工人后，这个群体一般处在中产阶层的什么位置上呢？如果将中产阶层也分为“中产上层”“中产中层”和“中产阶层下层”的话，转变为专业技术工人的农民工的大多数会处在“中产阶层下层”位置上，用帕金的术语说属于“缓冲带”阶层。我们知道，“缓冲带”阶层是很重要的，它是中产阶层的非常重要的组成部分，它最重要的社会功能是为社会下层提供上升流动的机会，因此，它也是缓解社会矛盾，促进社会和谐的重要社会结构原因。本书第十八章还提出了中产过渡层与中产边缘层的概念，读者可以进行对比。

上文已述，对于我国劳动者职业技能的认定，中国的劳动部门也做了很多工作，也建立了五级职业技术证书的制度，这些成绩应该充分肯定。但是，本文也证明，目前的技术证书制度对于中国大多数农民工是无效的，还需要做比较大的“手术”进行变革。在技术工人职业技术等级分层方面，笔者建议恢复建立八级职业技术分层制度。这种制度比较类似于新中国历史上的八级技术等级制度。

历史证明，1956年制订、后来又经过修订的企业八级技术等级制度，曾经在工人技术等级的分层上发挥了非常重要的作用。笔者在社会调研中得知，迄今凡经历过当年的企业八级技术等级制度或企业八级工资制的人，都承认八级的技术分层是非常成功的，都承认当时如果一个人，不要说成为“八级工”，即使是“五级工”“六级工”，在企业中和社会上都具有很高的地位，而且他们的技术水平确实高超。历史也证明，操作技术的八级分层的技术标准是明确清晰的，考核的标准是准确可操作的。当年“技术考级”的社会影响和社会效果也是好的。后来，在强调阶级斗争的年代，由于受“左”的思潮的影响，“技术考级”曾经长期中断，这也从反面证明，失去了八级技术考级对于广大劳动者的劳动积极性是重大的挫伤。

应该承认，八级技术分层比目前的五级技术分层更能体现出为今日中国创造出巨大GDP的技术劳动的差异特征，更能体现出简单劳动与复杂劳动的巨大差异，更有利于中国工人追求高层次、高水平的劳动技能。中国目前的技术分层，更多地偏重于对脑力劳动、知识分子进行细化的专业技术分层，而忽视了一线劳动的、将体力劳动与技术劳动相结合的专业技术人员的分层，这与中国的比较轻视操作型劳动的传统有关。中国教育的一个巨大缺陷就是过分偏重于课堂上的书本教育，而很少有针对学生的操作型实践教育。如果比较其他国家的教育，比如，比较在欧洲和美国的中小学教育，我们就会发现，他们经常有让学生动手的技术操作教育。而中国由于作为教育最终指挥棒的高考，完全没有动手的技术操作内容，所以，几乎全社会，包括家长的督促，都只专注于让学生填答更多的试卷，忙于应试教育。这样，全社会忽视了一件对于中国发展实际上起着巨大作用的、实际操作型专业技术的细化分层。

同时，八级技术分层比目前的五级技术分层，更能激发一线的高水平的劳动者的劳动自豪感。社会学的研究证明，更为细致的技术分层可以有更强的社会地位差异感，可以促使人们更积极地去追求更高的技术地位，更为细致的技术分层也会使社会公众对于高技术层有尊崇之心。中国目前缺少的恰恰是对于一线劳动者的尊敬。笔者认为，应该由政府的劳动部门组织和推广，在全社会开展技术等级竞赛或“技术大比武”，对那些在竞赛和“比武”中表现出高水平职业技术、技能的人给予奖励，也给予国家认可的技术证书。甚至可以通过电视等媒体宣传这样的竞赛，在全社会塑造具有高水平技术技能者的社会地位。现在电视台表现的五花八门的竞赛很多，但是，恰恰缺少了这种有实质社会进步意义的竞赛。

当然，常规的技术考级，更加重要。近来从中央到地方，人们都在提倡“工匠精神”，中共十九大报告也提出“大规模开展职业技能培训”，这是一个很好的契机，笔者认为，应该让这些培训计划与农民工的技术考级相结合。目前的培训方针是对的，但是，目前的政策忽视了“培训”对于农民工的“技术分层”的作用。表面上看起来，考级等技术分层措施使农民工分化了，似乎不很公正；但实际上，这恰恰是最主要的机会公正、权利公正、竞争公正的制度建设。农民工的技术分级，恰恰是使得中国社会走向中产阶层为主体的社会的关键一步。既然有这样大的意义，笔者主张，在农民工培训和技术考级方面，应给予较大的财政补贴，大大降低农民工参加职业技能考试鉴定的费用。这样做特别有利于实现中共十九大报告提出的“使人人都有通过辛勤劳动实现自身发展的机会”。

总之，一旦制度安排接纳了农民工进入有专业证书的“专业技术人员队伍”，我国的社会结构就会发生重大变化。当然，笔者历来反对“大呼隆”的方式，即反对一窝蜂地认定农民工的技术职称做法。技术级别的认定是个历史过程，一定要严格技术考级制度，要培训出和考核出一批有经验、有道德、执法公正的专业技术人员当考官，同时增加操作型技术考级在考试内容中的比例，减小笔试题目的比例。同时，也要进一步完善目前劳动部门已经建立的通过网上查询证书真伪的体制，严厉打击技术证书造假。采用严格的法律手段防范各种破坏技术等级分层的行为，最终实现具有中国特色的高水平操作型技术阶层的形成，进而实现中国社会结构向现代社会结构的转型。

第二十一章
关于当前的高收入群体

改革开放40年来，社会分层上的一个最为突出变化，就是产生了一个高收入群体。在关于贫富分化的研究中，“富有”的一端，即高收入群体常常成为研究者乃至全社会关注的焦点。近40年前，当邓小平同志最初提出“允许一部分人先富起来”观点的时候，社会上曾经有过激烈的争论，究竟哪一部分人应该先富起来。其实，当时人们也并不清楚，谁会成为高收入者。改革开放40年后，究竟谁成为高收入者了呢？本章试做出几点分析。

一、怎样调查高收入群体？

我们知道，对于高收入群体的调研，今天已经变成了十分困难的事情。社会学者采用入户问卷调查的方法了解收入等情况，始于80年代初，那时候，无论是城市还是农村，入户调查还是比较好操作的。当时，即使是城市里的居民一般也没有电话，所以，登门拜访不用事先打招呼，往往是敲门就进。居民对于“不速之客”的来访者也比较客气，当时人们也没有什么重大财产，防卫的意识也不强。再者，当时居民的个人隐私意识也不强，大家互相询问收入是很平常的事情。当时，即使互相不认识的人见面，譬如在火车上，第一个问题往往是“您在什么单位工作”，第二个问题就是“您挣多少钱”。所以，入户询问收入是很正常的，当时人们的收入来源不多，收入也比较好计算。那时候，人们的收入水平普遍不高，最有钱的家庭被称作“万元户”，即全家人一年能够挣1万块钱（平均1个月不到1 000元），就是最富裕的家庭了，当然，这主要是针对农村而言。由于收入水平普遍不高，被访者心理上也没有什么忌讳的，所以，调研的数据也大体上是真实可靠的。

中国城市居民家庭普遍安装电话是到了90年代中期，由于有了电话，即使是熟人之间的拜访，也就很少有过去那样的“不速之客”式的敲门即入，而是事先要打个招呼。这时候，人们的生活水平上升，对于财产的防卫意识增强、个人隐私意识提高。所以，这时候的城市居民入户调查就开始有一些难度了。不过，只要是运作安排得好，入户问卷调查还是可以操作的。笔者当时组织过一些全国规模的城乡抽样入户调查，在城市里，一般是与居委会做好安排、打好招呼，调查员入户的时候，向被调查者展示事先做好的专用调查证件，以及学生证、身份证等，再向被调查家庭发放一些礼品，调查还是比较好操作的，基本上没有拒访。不过，这时候，由于人们的收入水平上升了，一些人变得很富有了，回答有关收入的问题时，是否真实值得质疑。为了获得真实的收入情况，笔者在设计问卷的时候开始加进了测谎的问题，比如，在问卷里不太引人注意的地方加进一些消费项目的问题，以此来核对收入的真实性。又如，让调查员记录该家庭的大件耐用消费品，找到可以核对该家庭收入的标志型大件消费品。再比如让调查员在问卷最后记录对于该家庭经济地位的印象等。所以，这一时期的城市居民家庭入户问卷调研还是比较成功的，即使是在北京、上海这样的大城市，也都运作成功了。调查中发现了一些高收入家庭，记得当时调查过年收入数千万的家庭，当然，调研严格遵守保密原则，调查不记录个人姓名。

然而，到了90年代后期，特别是21世纪以来，随着小区、住宅档次的提高、居民生活水平的提升和保护个人隐私意识的加强，城市居民的入户调研就越来越困难了。这时候，城市的管理模式也发生重大变化，城市社区居委会的地位下降，在众多新建的物业管理小区中，物业公司的地位大大上升，而物业公司是受雇于房屋业主们的，所以，他们的责任就是保障业主的权利和隐私，因而，他们一般都拒绝任何入户调查。90年代后期的“住房体制改革”以来，大多数城市居民变成了住房的所有者，他们的权益意识大大增强，认为生人不能进入他们的房屋。特别是那些高收入者聚集的高档住宅小区，基本上是无法入户的。这个阶段，虽然也有众多在城市里操作的入户调查，但是，如果仔细分析这些调查会发现，它们基本上是避开了高档住宅小区，因此，这样的调查样本有很大的偏差，反映的往往是中低收入者的状况，而难以反映高收入群体的情况。所以，这一时期城市入户调查所提供的数据有很大的缺陷，因为高档小区基本被排除了。在北京、上海的一些非常高档的住宅小区，物业管理公司雇用的保安把小区戒备得如铁桶一般，不要说入户，连小区大门都难以进入。笔者曾经尝试与政府行政部门合作，看是否可以进入这些小区，结果即使是高层行政管理部门，也被物业管理者拒绝，理由很简单，业主不愿意被访。由于物业管理者拒绝提供业主信息，所以，抽样根本做不成。笔者曾经研究过这些高档住宅小区的拒访率究竟有多高，结果发现，即使有政府行政部门的协助，拒访率仍然是非常高的，都在85%以上。所以，笔者以为，目前对于城市高收入群体的研究，已经不宜采取入户的方式了。目前城市入户调研的数据本身已经有重大偏差。

当然，国家统计局城市社会经济调查司在城镇实施住户抽样调查，在城市中抽取了数万样本作为经常调查户，做家庭记账，作为国民必须按照法律履行的义务。应该说，这个数据是具有全国代表性的，所以，本章下面对于这个数据中的高收入群体作了分析。由国家通过法律获得住户的数据，这样的方法有明显的优点，住户不能拒绝填答。但是，事物总是有一利即有一弊，由于是国家机构出面，住户填答时，将经济收入等记账的时候，数据是否真实可靠，住户是否有顾虑，就成为研究者必须重视的问题了。

那么，如果不采用入户调查方法，还有什么其他方法？本章后面所分析的一些数据，来源于对于高收入群体的非入户调研。协助笔者进行调研的有李廷江教授、石长惠博士和清华大学日本研究中心的李沛老师，调查时间为 2007 年 10—12 月。这次调研的对象是高收入群体，问卷的主要内容是关于高收入群体旅游、航空消费方面的研究，可以来分析高收入群体社会地位的内容并不多。但是，如上面所说的，能够寻找到高收入群体调研本身就很不容易，所以，尽管数据有限，对于研究高收入群体还是有意义的。本次调查改换了传统的入户方式，主要尝试了两种调查方法，一种是在高收入群体活动的聚集区域进行调查，本次调查主要是对参加各种教育培训、商业培训的老板、经理们，包括一些参加 EMBA 班的高收入者进行调查。由于这些老板、经理是在外面学习，与自己的单位组织没有关系，而且又是匿名填答问卷，所以，被调查者没有压力，比较有利于反映真实情况。另一种是采取“滚雪球”方式，即通过一些熟人关系、熟人网络发放问卷，先了解到哪些人是高收入者，然后通过熟人网络将问卷送到这些高收入人员的手中，也是不记名的，所以，被调查者也没有压力。本次调查共回收问卷 312 份，其中填答比较完整的有效样本 202 份，虽然样本数量不多，但是，由于可以确认是高收入者，这样的样本还是很难得的。填答问卷者的地区分布还是比较广的，分布在全国 38 个城市和地区，其中北京最多，占 40.6%，东北占 18.4%，华北占 8%，华东占 18%，广东占 7%，华中和西部占 8%。必须指出，由于本次调查不是随机抽样，样本量也很小，所以，本次调查样本的代表性不强，不能通过本次调查推论全国的情况。但上文已述，由于对于高收入者的调研很少、很难，所以，本调研还是提供了一些可以参考的情况。

二、谁是高收入群体？

所谓收入上的高、中、低是相对概念，所以，高收入群体不是一个有十分明确界限的群体。当然，人们说“高收入者”或“富人”“有钱人”的时候，含义是指一个很特殊的群体，也就是说，在相比较而言的情况下，他们是收入很高的人。当然，比这个群体更富有的，人们使用的概念往往是“巨富群体”“富豪”“亿万富翁”，这样的群体在世界各国都是人数很小的群体。本章研究的群体显然还没有达到这样高的富裕水平。

下面，试比较一下，不同数据对高收入群体的描述。

首先，我们看看国家统计局的调查数据。在调查方面，当然是国家统计局的体系最为完整，调研队伍也最庞大。由于中国城乡差异很大，富有的群体当然是大量聚集在城市，所以，我们就看看全国城市居民家庭的抽样调查数据。[①]2007 年，国家统计局的城镇居民家庭抽样调查户数是 56 094 户，作为抽样调查的样本量是足够大了。国家统计局的数据，选取其中大约 1/10 的户即 5 571 作为城镇的最高收入户。测算结果是，该年城镇高收入户的户平均收入为 91 266，一年收入 9 万多元的家庭，应该说是不低了。但是，如果用人均来算的话，这样的家庭平均每人收入是 34 834 元，这样平均每人每月收入是 2 902 元，在近年城市生活费用高涨的局面下，每月人均不到 3 000 元，这样的收入水平恐怕难以称为是很高的收入群体。那么，还是根据该 56 094 户的数据，我们选取其中的更高收入的群体。按照该年户总收入分为 20 组，最低一组为 1 万元以下，最高一组为 10 万元以上，这样，最低一组占调查样本的 4.85%，最高一组占调查样本的 2.07%，从比例上看是收入分组人群中的两端了。最高一组的户平均年收入为 134 528 元，人均年收入 41 140 元，也就是说人均月收入 3 428 元，虽然看起来，收入也不算很高，但是，这已经是在该年国家统计局对外公开的全国抽样调查数据中，可以寻找到的最高收入群体了。该群体的生活水平如果与最低收入组比，还是差距很大的，该最高收入组是最低收入组家庭人均收入的 13.9 倍。从食品消费看，最低收入组恩格尔系数为 0.496，而该

① 中国城市年鉴编辑部:《中国城市年鉴（2007）》，中国社会科学院、中国城市发展研究会，2007 年 12 月，第 137—141 页。

最高收入组的恩格尔系数为 0.248，两者生活水平差异明显。在相对的意义上，可以说他们是最高收入组。但是，在绝对的意义上，恐怕还是很难说他们是很高收入的群体，还很难冠以“富人”或“有钱人”的称号。

其次，按照国家 2005 年修订后的《个人所得税法》所规定的，自 2006 年 1 月 1 日起，凡年所得达到 12 万元以上的个人，需在第二年的 4 月 1 日前，主动到主管税务机关办理纳税。这样就提出了一个年收入 12 万以上（个人月收入 1 万元以上）的标准。

按照这个标准，可以与上述国家统计局调查的户年收入 10 万元以上的最高收入组比较一下。注意，这里应该计算的是有经济活动的个人的收入，而不是计算整个家庭人均的收入，这样，上述 56 094 户城镇抽样调查户按 20 组分组的最高收入组，应该计算该组每户有工作的人（就业者）的收入，而将不工作的人剔除在外，这样有工作的人的收入为每人年均 66 270 元，月均收入 5 523 元，虽然这样的收入不算低了，但是与国家要求申报个人所得税的年收入 12 万元以上（即月收入 1 万元以上）的人群比较，还是有很大差距的。所以，12 万元以上的确实可以称为是高收入群体了。根据国家税务总局公布的资料，2007 年全国共有 1 628 706 人申报了个税，人均年收入 31 万元，确实是大大高于一般的收入群体。近年来，国家税务总局没有公布该群体规模，据有的媒体估计，到 2015 年该群体大约有 550 万人。[①] 根据国税总局的数据，该高收入群体主要集中在银行、保险、证券、烟草、电力、电信、石油、石化、航空、房地产、制造业、医院、高校等较高收入的行业。从地区分布看，主要集中在北京、上海、广东、江苏、浙江、山东、福建、天津、深圳、宁波、青岛、厦门等省市，这些地区的申报者占了总申报人数的 81%。但是，国税总局的数据也显示，申报者多数是工薪阶层。

① 信息来源：《全国年收入超过 12 万的纳税人有多少？》，搜狐网，http://money.sohu.com/20161101/n471967940.shtml。

于是，人们就提出质疑，老板到哪里去了？中国年收入12万元以上的老板到底有多少？

这就关涉到了私营企业主阶层。所以，下面我们就来看看私营企业主阶层的情况。在80年代的时候，虽然私有性质经济的业主已经有所发展，但是，一般规模还很小，所以，当时主要是以“个体工商户”形式出现的，按照官方规定的标准，“私营企业主”比较少见。私营企业主阶层的迅速发展，还是在1992年邓小平南方谈话以后，这时候，无论在理论上还是在政策上，社会上对私营经济发展的恐惧感都消失了。在非官方的场合，人们也更多地使用“民营经济”或“民营企业”的说法，来取代“私营经济”或“私营企业”的说法。特别是到了2002年11月，中共第十六次全国代表大会对“中国共产党章程”做出了重要修改，如本书第五章所述，修改了关于党员条件的表述，在以往的阶级阶层、群体的基础上，加上了“和其他社会阶层的先进分子”这几个字。不要小看这几个字，它表明，作为执政党的共产党，大门是向着多种社会阶层的先进分子敞开的，从而解决了不同经济成分、不同所有制的优秀分子的入党问题。从此，中国共产党也将把新产生的经济精英人士，吸收到自己的队伍中。本书第三章提到，这一阶段中国私营企业迅速发展，到2014年有1 275万家，私营企业投资人超过2 500万人。而上文说了，2015年申报年收入12万元以上的仅约550万人，而且大多数是工薪层，不是私营企业主，也就是说绝大多数私营企业主并没有申报年收入12万元以上的个税。

而私营企业主的实际收入状况如何呢？根据2011年中国私营企业抽样调查数据，私营企业主个人年薪平均为22.9万元。此次调研报告也指出，年薪收入仅为私营企业主个人收入的很小一部分，因为，多数私营企业是家族企业，企业主个人和家庭的消费往往以企业开支方式纳入企业成本，“他们自报的年薪数，只相当于领取的零花钱”。[①] 该报告还指出，私营企业主最重要的收入是资产收入，至2011年底，他们拥有的资产平均为2 257.4万元，平均年资产收益都在百万元以上，所以，仅从个税申报上探寻高收入群体是远远不够的，对私营企业主和高层管理人员的研究是很有必要的。为此，笔者进行了针对私营企业主和高层管理者的小样本研究。

最后，我们看看，笔者小样本的高收入群体调查结果。这次调查的职业群体或阶层，大致上可以归纳为五类，即私营企业主、高层管理人员、中层管理人员、专业技术人员和一般职员。本调查发现，高收入群体主要是前两种人：私营企业主和高层管理人员，虽然在中层管理人员和专业技术人员中也有一些高收入者，但是，与前两种人群比，比例是明显下降的（参见表21–1和表21–2）。

表21–1 五个职业群体的个人年收入比较（%）

收入分组	私营企业主	高层管理者	中层管理者	专业技术人员	一般职员
5万元以下		1.3	6.1	33.3	38.9
5万—8万元	2.3	1.3	6.1	16.7	11.1
8万—10万元	2.3	5.1	15.2		11.1
10万—15万元	6.8	16.7	24.2	41.7	22.2
15万元以上	88.6	75.6	48.5	8.3	16.7
样本数（人）	44	80	33	12	18

表21–2 五个职业群体家庭年收入比较（%）

收入分组	私营企业主	高层管理者	中层管理者	专业技术人员	一般职员
20万元以下					
20万—30万元	11.4	25.0	60.6	91.7	55.6
30万—40万元	9.1	11.2	18.2	8.3	33.3

① 中国私营企业研究课题组:《第十次全国私营企业抽样调查综合分析报告》，载《中国私营经济年鉴》，中华工商联合出版社，2013年版，第57页。

续表

收入分组	私营企业主	高层管理者	中层管理者	专业技术人员	一般职员
40万—50万元	9.1	8.8	3.0		
50万元以上	70.5	55.0	18.2		11.1
样本数（人）	44	80	33	12	18

小样本的数据显示，私营企业主的88.6%和高层管理人员的75.6%，年收入是超过15万元的，而如果将10万—15万元的人也加上的话，两个数据分别达到了95.4%和92.3%，所以，私营企业主和高层管理人员确实属于高收入群体，这与我们一般的社会印象也是一致的。该比例与上述全国工商联关于中国私营企业抽样调查数据也相近，看来，国家的《个人所得税法》将年收入12万元以上的人视为高收入群体，还是有道理的。当然，上述小样本数据也显示，中层管理人员也有将近半数达到了年收入15万元以上的水平，要注意到，很多情况下，中层管理人员和高层管理人员的界限并不是壁垒分明的，所以，也可以将中高层管理者合在一起视为收入较高的群体。相比之下，专业技术人员的收入则明显不如中高层管理者，所以，虽然专业技术人员在90年代中期以后收入也有明显上升，但是，如果与中高层管理者比较，收入还是要低很多的，所以，专业技术人员在总体还算不上是高收入群体。

三、高收入群体的年龄、教育与社会来源

首先，我们看看高收入群体的年龄特征，也就是分析年龄对收入的影响，是年轻人收入高，还是老年人收入高？中国改革开放以前，资源配置和收入分配完全没有体现市场竞争的原则。当年，无论是国营单位还是集体单位，无论是事业单位还是国家机关，奉行的都是统一的等级工资制度，涨工资也要等国家颁布统一的命令。这样的体制类似于一种“年功制”，大家论资排辈，年轻人收入较

低，年龄越大、资历越老、收入越高。老的不退，后面的人就永远上不去。这样，收入与年龄的关系是正相关关系，用图像显示两者的关系，就是从左下到右上的不断攀升的一条斜线。老一代占据高位，年轻一代只能处于低位。其结果是年轻人长期受压，因而缺乏劳动积极性，多数人熬年头、混日子，劳动生产率低下。

到了90年代中期，笔者根据数据研究发现，年龄与收入的关系出现了一种十分奇特的变化，在一些大城市里居然出现了年轻人收入高，而中年人和老年人收入低的现象。该数据是采用严格的PPS抽样入户问卷调查方法，数据是有代表性的。该数据证明，一个由年轻人构成的新生代，他们的收入居然超过了其他各年龄层。[①]20—30岁年轻人的收入居然高于其他各年龄组，中年人组和老年人组的收入均低于年轻人组。与改革开放前比，这是一种完全逆转的变化。为什么会出现此种现象呢？笔者认为，这与90年代中期体制转型造成的大量中老年人的失业下岗密切相关。换言之，由于引入了市场机制，有竞争力的年轻人凸显出来，有学历、有文凭、会外语的年轻人进入高收入的外资外企或新型产业，而中老年人的技术老化，甚至被淘汰。总之，不能适应社会巨变的中老年人的相对收入剧减，于是出现了上述的情况。

那么，今天的状况如何呢？此次，小样本的数据显示，年轻人占据高收入位置的现象已经不复存在。在此次调查的高收入群体中，中年人占据了绝对的优势。30岁及以下的年轻人仅占13.2%，中年人的两个组：31至40岁的占35.0%，41至50岁39.6%，两组合计74.6%，占了绝大多数。而51—60岁组仅占11.7%。可见，高收入群体中，年轻人与老年人比例均很低。根据这种情况，我们可以判断，我国体制转型的特殊时期已经度过。我们知道，在奉行市场经济的国家，收入与年龄的关系一般是一条当中高两边低的倒U形曲线。

① 李强：《市场转型与我国中等阶层的代际更替》，载《战略与管理》1999年第3期。

也就是说，刚参加工作的年轻人收入较低，45 岁左右的中年人收入最高，老年人收入又有所下降。这反映了收入与人们在市场上的竞争力密切相关。中年人的经验丰富、竞争力最强，因此收入最高。所以，仅从年龄与收入的关系看，中国已经进入了由市场配置资源的阶段。此次调查的五个职业群体，年龄与收入的关系如下（见表 21–3）。

表 21–3　五个职业群体的按年龄分组（%）

年龄组（岁）	私营企业主	高层管理者	中层管理者	专业技术人员	一般职员
30 岁及以下	2.3	6.3	15.6	18.2	47.0
31—40	31.8	34.3	43.8	54.5	29.4
41—50	61.4	40.5	31.2	18.2	11.8
51—60	4.5	17.7	9.4	9.1	11.8
61 岁及以上	0	1.2	0	0	0
百分比合计	100.0	100.0	100.0	100.0	100.0
样本数（人）	44	80	33	12	18

其次，我们看看高收入与受教育程度的关系，是高教育水平的人收入高，还是低教育水平的人收入高？80 年代，改革开放初期的时候，个体户、“万元户”、私营业主刚刚崭露头角，社会上曾经出现过高收入与低教育的强烈反差现象。那时候，从事个体户、工商经营的多是一些受教育较低的社会群体，受教育较高的干部、知识分子等一般都还在体制内就业，收入反而比较低。由于“脑体倒挂”现象突出，受过较高教育的人当然对此不满，社会上流传着“不三不四挣大钱”的说法。到了 90 年代中期，教育与收入的关系发生了根本变化，高收入群体的受教育水平有了明显提高。

我们先看看最明显的高收入群体——私营企业主的受教育情况。90 年代末和 21 世纪初以来，我国私营企业主的受教育构成发生很大变化，这与过去那种私营企业主素质比较低的状况形成了鲜明的对比。80 年代初期，最早搞个体、私营经营的人群，确实受教育水平不高。邓小平南方谈话以后，这种状况有所改观，本书第五章中呈现了由中华全国工商业联合会组织的“中国私营企业主阶层研究课题组”于1993年所做的全国抽样调查，该调查结果证明，到了1993年，我国私营企业主的文化教育水平有了一定的提升，受过高等教育的人员有所增加，大学本科及以上学历的人员占了总样本的5.5%，读者可以参看本书第五章数据，此处不再赘述。在此后约20年时间里，私营企业负责人的受教育水平又有了明显提升。根据全国工商联2012年关于私营企业主的调查报告，在其所进行的4 980个有效样本的全国抽样调查中，全国私营业主的文化水平比1993年确实有了极大的提高。大学本科以上毕业的占32.0%，为1993年的5.82倍，研究生毕业的为8.1%，为1993年的10多倍，大学专科毕业的占33.2%，中等专业技术学校、职业高中和普通高中毕业的合计占25.4%，初中及以下的占9.4%，这种文化素质水平也大大高于我国在业人员的平均水平。[1]

笔者此次小样本调查，针对的对象都是收入比较高的人，从总体上看，这些人的受教育程度也比较高。但是，在这个高收入群体内部，如果比较不同的职业层，并不是收入越高的人受教育程度就越高，相反，收入最高的私营企业主，如果与其他职业层比较，反而是受教育程度比较低的（见表21–4）。

表21–4显示，在高收入群体内部，教育与收入并不是正比例关系，相关检验也不具备正相关的关系。与中层管理人员相比，高层管理人员的受教育程度反而要低一些，究其原因，恐怕是由于时代背景所致，即中国高等教育迅速发展是近年出现的，而占据高位的管理者多是过去受的教育，其学历往往比新一代人的要低。而专业技术人员的收入比私营企业主和中高层管理的明显地要低很多，但是其受教育水平却高很多。所以，在高收入群体内部相互比较，教

① 中华全国工商业联合会等主编:《中国私营经济年鉴（2010.6—2012.6）》，中华工商联合出版社，2013年版，第53页。

表 21–4 五个职业群体的受教育程度比较（%）

受教育程度	私营企业主	高层管理者	中层管理者	专业技术人员	一般职员
初中	2.3	0	0	0	0
高中 / 职高、技校	4.5	1.2	0	0	0
中专	4.5	5.0	0	0	5.5
大专 / 本科	61.4	55.0	39.4	41.7	66.7
研究生及以上	27.3	38.8	60.6	58.3	27.8
百分比合计	100.0	100.0	100.0	100.0	100.0
样本数（人）	44	80	33	12	18

育对收入的影响并不突出。

最后，我们看看私营企业主的社会来源，作为最高收入层的私营企业主，他们来源于什么样的社会阶层呢？如果比较私营企业主的社会来源，就会发现，改革开放以来，发生了很大变化。正如上面对教育的分析一样，改革开放初期，传统地位较高的群体很少有进入个体户和私营工商阶层中来的，最先敢于从事市场经营的多是社会的边缘群体。而这种情况到了 90 年代后期和 21 世纪以来，则发生了根本的改观。如本书第五章所述，到 1993 年全国工商联调查的时候，私营企业负责人中来自原体制内的管理人员、干部、专业人员、技术人员、知识分子的比例还很低，甚至还比较罕见。当时社会地位、声望地位甚至经济地位较高的群体，大都任职于党和政府的比较大的机构、地位较高的事业单位（包括高等教育院校、高等研究机构、大医院等）以及大的国有企业。当年，还盛行“分配工作”的体制，高级人才是由国家统一调配的，很多高级人才是不可能到个体私营企业去任职的，就业者自由流动的市场机制是到了 90 年代中后期才逐步建立起来的。直到 80 年代末、90 年代初，社会上比较流行的观念也仍然是看不起这些刚刚萌芽的、体制外的经营单位，尽管这些新的经营单位在市场上也赚了不少钱，但是，社会上流行着“不三不四的赚大钱”的说法。社会流行观念的重大转变是在邓小平南方谈话以后。市场机制从此全面启动，党中央的文件也明确为“市场经济”正名，市场经营者的地位也从此有了很大的提升。上文已经提到，从全国工商联2004年的调查中就已经可以看出，私营企业负责人的社会来源发生了很大变化，有各种管理经历的和有各种专业技术经历的人群比例已经占据了私营企业负责人总数的68%，私营企业经营者的内部构成已经发生了巨大变化。

那么，这些当过干部的私营企业主是来自什么样的干部群体呢？2011年的调查结果有了进一步的揭示[①]：大多数是普通干部，在828位有过体制内党政机关和事业单位工作经历的私营企业主中，县处级及以上干部不足10%，科级干部近20%，一般干部是41.2%，此外有14.5%的技术干部和14.9%的教师。当年，级别较高的干部下海的较少，一般都选择仕途。总之，上述数据显示了私营企业主的职业来源与变迁。

四、高收入群体与住房

21世纪以来，中国社会出现的一个重大变化就是老百姓开始有财产了。2007年中共十七大报告提出：要创造条件让更多群众拥有财产性收入，2017年的十九大报告仍然强调“拓宽居民劳动收入和财产性收入渠道”。2007年通过的《物权法》，也使老百姓的财产有了更加具体的法律保护。

什么是老百姓的财产呢？最主要的就是住房。我国城市居民的住房从改革前的公有住房为主体，改变为今天的住房私有化，经历了一个艰巨的转变过程。从改革初期的“试点售房”“提租补贴”，到后来的“以售代租”等政策，中央政府曾采取了多种措施推进城市居民的住房改革。但是，真正有实质意义的住房改革还是在1998

① 中华全国工商业联合会等主编：《中国私营经济年鉴（2010.6—2012.6）》，中华工商联合出版社，2013年版，第54页。

年。这一年，以国务院 23 号文件的出台为标志，明确提出了取消和停止福利分房，代之以货币分房，当然，由于体制的惯性，福利分房的真正刹车，在各地很不一致，又延迟了大约两年时间。总之，进入 21 世纪以后，传统的单位福利分房真的全面停止了。而原有的公有房屋、单位房屋，绝大部分被按照工龄和贡献的不同，折价卖给了单位职工或住房的居住者。从此，中国城市居民的住房从公有化时代进入了私有化时代。根据建设部公布的《2005 年城镇房屋概况统计公报》，中国城镇住宅的私有率，2002 年大约为 72%，到了 2005 年已高达 81.62%，那么，这些私有化的住房是被什么样的人占有呢？数据显示，多数还是通过房改卖给职工的“房改房”。据统计，到 2003 年底，中国的房改房面积约有 80 亿平方米，“房改房”占全部住房总量的 67.54%。在不同的城市，情况略有差别，但“房改房”至少占到住房总量的一半以上。换言之，今天大多数老百姓拥有的住房，是来自房改，也就是说，过去是公房，现在职工仅付了比较低的价格而成为住房的所有者。所以，住房体制改革的获益面还是比较广泛的。

当然，与此同时，人均住房面积也有了很大的上升。改革开放以前的 1978 年，城市居民人均住房建筑面积仅为 6.7 平方米，在住房体制没有变革的 80 年代，虽然也有增长，但是速度比较缓慢，到了 90 年代的住房体制市场化以后，人均住房面积有了很大增长，2000 年达到 20.3 平方米，2007 年达到 28.2 平方米，根据国家统计局数据，2016 年我国城镇居民人均住房建筑面积 36.6 平方米。同时，住房的质量、设施，也都有了翻天覆地的变化。

2003 年出台的国发 18 号文件中，提出住房基本供应结构变为“逐步实现多数家庭购买或承租普通商品房”。由此显示，将大部分居民家庭的住房需求推向由市场解决。于是，商品房逐渐成为居民获得住房的主要渠道，当然，这并不排斥“经济适用房”和“限价房”等半商品性质的房屋。这样，城镇居民的住宅就由过去的政府或单位提供，转变为居民个人购买。下面，表 21–5 显示了从 90 年代到21世纪，住房变为个人购买商品的迅速演变过程。

表21–5　我国私人购买商品房的情况[①]

年份	全国住宅商品房销售的总面积（万平方米）	个人购买住宅商品房的面积（万平方米）	个人购买所占比例（%）
1991	2 745	926	33.73
1992	3 812	1 456	38.20
1993	6 035	2 943	48.77
1994	6 118	3 344	54.66
1995	6 787	3 344	49.27
1996	6 898	3 666	53.15
1997	7 864	5 233	66.56
1998	10 827	7 792	71.97
1999	12 997	10 408	80.08
2000	16 570	14 464	87.29
2001	19 938	18 250	91.53
2002	23 702	22 793	96.16
2003	29 778	28 714	96.43

从表21–5可以清楚地看到，90年代以来，商品住宅越来越多地不是像过去那样被单位或政府购买，而是被居民私人买去。1991年在销售的住宅商品房中，个人购买的还仅占33.73%，而90年代中后期以来，个人购买的比例在一路飙升，上升到2003年的96.43%，也就是说，很少有单位或公家购买商品住宅的现象了。2004年以后，中国城市住房价格开始急剧上涨，目前像北京、上海、广州、深圳这样的大城市，一套单元房的价格动辄百万元以上，或数百万甚至上千万元，于是，私人购买的住房也价格飙升。对于绝大多数老百

① 根据国家统计局数据计算。参见中华人民共和国国家统计局编:《中国统计年鉴2004》，中国统计出版社，2004年版，第254页。

姓来说，虽然住房价格升了，但是，由于他们的住房不是用来炒作的，而仅仅用来自己居住的，所以，即使住房价格上升也与投资没有太大联系。然而，对于高收入者来说，他们可能购买了多套住房，这样，住房作为一种投资就可以带来巨大的商业利益。中国国情研究会与万事达卡国际组织发布的《中国生活报告（2006）》称，年收入超过 11 万元的高收入群体中，超过 40% 的人拥有两套以上住房，其中 22% 的人未来一年内还打算买房。[①] 那么，本次，笔者小样本的高收入者调查的情况如何呢？请见表 21–6。

表 21–6　五个职业群体家庭拥有房产的情况（%）

您家拥有几处房产	私营企业主	高层管理者	中层管理者	专业技术人员	一般职员
1 处	9.3	16.8	37.5	66.7	72.2
2 处	23.3	33.8	62.5	33.3	16.7
3 处	37.2	31.2			
4 处	9.3	9.1			11.1
5 处	11.6	7.8			
6 处	2.3	1.3			
8 处	2.3				
10 处	4.7				
百分比合计	100.0	100.0	100.0	100.0	100.0
样本数（人）#	43	77	32	12	18

有极个别样本没有回答此问题。

由表 21–6 可以看到，高收入群体中的两个最为突出的职业群体：私营企业主和高层管理者，在商品房的占有上具有明显的优势。私人企业主中，90% 以上都拥有 2 处及以上住房，67.4% 的人都拥有 3 处及以上住房，30.02% 的人都拥有 4 处及以上住房，个别的甚

① 中国国情研究会、万事达卡国际组织联合发布：《中国生活报告（2006）》，引自"百度文库"，https://wenku.baidu.com/view/983845ed4693daef5ef73db5.html。

至拥有 10 处住房。而高层管理人员中，83.2% 的人都拥有 2 处及以上住房，接近半数的人拥有 3 处及以上住房，拥有 4 处及以上住房的占 18.2%。而相比之下，专业技术人员的多数则除了自己的住房以外，并没有什么其他房产。

所以，此次小样本调研数据反映出，私营企业主等高收入阶层，在很短的时间里拥有了大量的住房。这样，前述的人均住房的数据就失去了意义，表面看来，目前，城镇居民人均住房建筑面积已达到 36.6 平方米，但如果巨富者拥有 10 处住房，而贫穷者一无所有，那么，讲人均就没有什么意义了。表面上看来，近年城市住房价格的暴涨，对于所有的房屋产权所有人都是有利的，但是，对于大多数获得“房改房”的职工来说，他们并不会交易自己的住房，因而也就谈不上获得什么利益。而对于拥有多处房屋的私营企业主和高层管理者来说，他们的多处房屋主要不是自己居住的，而是用来投资的，或用来交易的，住房价格的膨胀也就是他们的房屋交易额的膨胀，所以，目前，住房上反映出的贫富分化是比较突出的。

当然，笔者一再强调，从住房上看，造成普惠的和造成贫富分化的双重因素都是存在的，上文阐述了 90 年代的房改对于多数中老年职工来说，是有普惠意义的。但同时，私营企业主、高层管理人员等富裕阶层拥有大量房产以及住房价格的飙升，则又是催生贫富加速分化的重要因素。

第二十二章
转型时期城市“住房地位群体”

上一章剖析了高收入群体的住房现象，本章延续这个住房话题。住房的最初功能是为人类提供一个遮风挡雨、驱寒保暖、安全稳定的居住场所。然而，在社会分层的社会里，住房就具有了地位符号和地位象征的含义。中国在市场化的住房体制改革以后，对于多数城市居民来说，住房地位的最大变化就是从过去的住房承租者变成了今天的住房所有者。房屋或房产已成为广大居民的重要财产，或成为资产，出租和出售房屋成为居民营利的重要手段。于是，房屋所有者的经济地位含义就更为突出了。

社会学家雷克斯和墨尔曾经于1967年提出了“住房阶级”（housing class）的理论[①]，认为人们因住房的不同可以划分为多种阶级，有多少种获得和使用住房资源的途径，就有多少种潜在的住房阶级。然而，仅就住房来确定阶级，其标准显得单薄了一些。因此，住房阶级的理论也受到了诸多的批评。本章使用的是“住房地位群体”概念，就是为了避免阶级概念造成的混乱。

在社会按照常规运作的情况下，正如同人们的经济地位具有稳定性一样，人们的住房地位也具有相对的稳定性，大批人群的住房地位在短期内发生突变的可能性并不大。但是，中国的情况例外。近40年来，中国社会经历了重大的体制改革，特别是住房体制。可以说，几乎一夜之间，公房突然变成私房，房地产市场在短期内发

---

① Rex, j. and Moor, R., *Race, Community and Conflict,* Oxford University Press, 1967.

生飞跃式发展。这样与住房相联系的群体地位也就产生了骤变，有骤升的，也有骤降的现象，从社会分层角度看，这也是社会地位形成的重要时期。所以，对于转型时期“住房地位群体”进行研究也就具有了十分重要的意义。通过对住房地位群体的研究，可以发现很多社会问题。

一、怎样理解中国现阶段的住房地位群体

1. 什么是住房地位群体?

本书已经讲过，社会地位是个人或群体在社会结构中的特定位置，而地位群体当然就是指处在社会结构特定位置上的一群人。人们有多种地位，如收入地位、教育地位、职业地位等，因此，也就会组合成多种地位群体。地位群体对应的英文可以是 status groups，也可以是 groups with similar social position。总之，地位群体是强调这样一群人，处在社会结构的某一特定位置上，在这一特定位置上，他们具有“同一性”。倘若换一种角度，换一种特定的位置，人群又会有不同的组合。因此，地位群体是比较灵活的、比较宽泛的，不像阶级所指的群体界限那样严格。所以，住房地位群体是多种地位群体中的一种。所谓住房地位群体，指因受到他们所占有或居住的住房的影响而处于相似社会位置上的一群人；所谓影响他们的住房因素包括：住房的所有权、价格、地理位置、级差地租、社区环境、社区文化特征等多方面的因素。

住房地位只是人们的多种社会地位之一，只是从一个侧面反映人们的社会位置，正如具有同样教育地位的人也可能处于不同的收入地位上一样，具有同样住房地位的人也可能在其他方面存在差异。既然如此，为什么笔者在此特别强调住房地位呢？因为，住房是人们赖以栖息和生存的最重要“物质实体”。在人们不可或缺的物质实体中，住房往往体积最大、价值最高、对于人的庇护性最强，以及

耐久性强，甚至可能陪伴人的终生。从消费分层的角度看，虽然衣着、穿着、首饰、用具（大件的包括汽车等）也具有消费地位、社会地位的符号象征意义，但是，如果与住房比较起来，都只能屈居次要位置。因此，在与人相联系的物质实体方面，住房的社会地位象征意义恐怕是首屈一指的。

其实，住房、住宅显示社会身份、社会地位，有久远的历史。中国自古对于宅第的社会地位象征意义就特别重视。根据中国皇权社会的礼制，住宅的地位象征规矩十分繁杂，涉及大门的规格、门前台阶的层级、大门上的门钉、门档的大小和数目、门墩的设计和规格、门前雕刻的图案、影壁的规格与图案、院落的规格、房脊房沿上脊兽的类别和数目等。而这些均反映了与房屋相联系的各个阶层的尊卑、贵贱、权势、贫富等。当然，宅第显示社会地位不仅中国如此，世界各国也均有类似的现象。

2. 住房地位体现一种比较稳定的社会关系

人与多种社会要素相联系，但并不是每一种社会要素都可以形成比较稳定的地位标志。我们就以人们常说的“衣食住行”为例吧。近年来，穿戴名牌成为一些社会群体、社会阶层追逐的事情，不过这也造成了假名牌的泛滥，仅从穿戴的“假名牌”问题，就可以证明，穿戴与社会地位的联系不那样稳定。至于吃，富人也不能对美食专权，即使是价格昂贵的餐馆，中低收入层偶尔去撮上一顿也是有的。当然，与其他商品比较，小轿车的物质实体意义要更突出一些。也正因为如此，才出现了在豪华车展上，富商抢购高档轿车的事情。在这些购买豪华轿车的商人看来，轿车很可以展示其财富地位，价格千万元的轿车确实是一般人买不起的，而且轿车是随着人们出行的，可以随时展示财富地位。然而，从地位象征的意义看，倘若用豪华轿车与豪华住宅比较，还是无法相提并论的。

住宅或住房占有相对较大的空间、地域，这是任何其他商品所不能比拟的。空间地域首先与土地价格相联系，由于级差地租而具有了重要的经济含义。其次，空间地域与周围的环境相联结，从而产生了或者优势环境资源或劣势环境资源的差距。所以，住房的空间资源不仅仅指住房所直接占有的这一块空间，而且包括这一空间所联系的诸多“可及资源”。比如，在北京或上海的CBD占有一栋房子，或在纽约曼哈顿岛的商务区占有面积不很大的一个房间，都可以因此而联姻了社会资源或金融商贸的明显优势，其“可及资源”是十分可观的。于是，住房由于空间地域特征而具有阶级阶层身份的意义。相似阶级身份的人居住在某一个区域，使得住房者有了集群的特征，形成了所谓富人区或穷人区等。由于富人区或穷人区的出现，更导致居住社区内多方面社会要素差异的形成，比如：学校、医院、体育设施、服务设施等的档次、消费差异、文化模式与象征的差异等。相邻的住房组合在一起，居住者成为邻居，又具有社会互动的意义，可以形成不同的社会互动群体。所以，居住区也是促成阶级形成的要素之一。

总之，住房使人们进入了一个比较稳定的社会网络，邻居、居住的社区、孩子就近入学的学校、附近的医院、商店、有无娱乐体育休闲设施等，赋予了驻区内居民广泛的社会意义，形成了比较稳定的生活模式，而这种生活模式又具有社会经济和社会身份地位的符号意义。

3. 研究今日中国的住房地位群体具有重要意义

90年代后期和21世纪以来，中国城市住房体制发生了根本性变革，这种变革使得中国城市的住房地位群体凸显出来，住房地位的分化成为社会分层和社会分化的最主要内容之一，因此非常值得研究。

在改革以前，城市以公有住房为主体，谈不上有什么住房地位群体。1979年的改革以后，虽然一开始就确立了房改的目标，即改变城市公有住房为主体的现状和建立房地产的市场化机制，但是，直到90年代中期以前，其进展一直十分缓慢。90年代后期的房改政策比较激进，1998 年 7 月以后，国务院文件明令全国城镇停止福利分配住房，并且明确推行将原来属于单位的公房卖给职工的政策，短短的几年之内，城市就从以公有住房为主体的社会转变成以私有住房为主体的社会。21 世纪以来，房地产的市场化有了突飞猛进的发展，这导致了两种结果：一方面，全国各地出现了疯狂的“圈地运动”，出现了房地产的开发热；另一方面，由于堵死了分房的渠道，再加上开始实行新式的按揭买房的制度，房地产市场逐渐升温。老百姓突然意识到，越晚买房越吃亏，于是，房地产价格急剧上升。在一些大城市里，一套三居室楼房的价格动辄就在百万元以上，在多数城市里，住房突然成为老百姓的最主要的财产，当然，不同城市、不同区域房屋价格的差异是巨大的。总之，变革的结果是，多数城市居民突然从租住房屋的租户变成了住房的所有者，过去显示家庭经济地位差异的大件耐用消费品也就是彩电、冰箱、摄像机等一些电器，而现在，住房成为经济地位差异最重要的指标。所以，住房地位群体成为一种引人注目的现象。

应该说，直到 90 年代中期以前，绝大多数城市居民的住房地位还是比较相似的。之所以地位相似：一方面是因为房屋都是公家的，不管是领导还是普通职工都只是承租户；另一方面，单位建房、单位分房，虽然内部也有差异，但是，单位职工毕竟住在一起，即使照顾某些领导，一般也不敢与普通职工搞得差距太大。虽然也存在某些特殊的住房，比如，少数高级干部往往居住在一些特殊的大院里，但是，这种现象不具备普遍的意义。作为一种具有普遍意义的住房地位群体的产生，是到 90 年代后期，是城市住房体制改革和房地产市场化的结果。

本章试图对住房地位群体现象作一个探索。本章的研究方法是通过对北京市一些社区的调查，分析居住者住房地位的特点。此次调查发现了六个住房地位有明显差异的群体，即商品房户、回迁房户、单位房改房户、简易楼住户、廉租房户和传统私房户。虽然六种群体的内部也有差异，比如，商品房户也分为高档商品房户和低档商品房户，但是，研究的结果还是证明“组间差”明显大于“组内差”的。当然，本调查是有局限的，本调查是2005—2006年在北京市原崇文区一个街道辖区进行的，虽然该地区的社区类型还是比较多的，但是，该地区并不能囊括所有的住房类型，比如，这里并没有超豪华住宅小区、别墅区、外国人居住区以及社会名流或明星区等。因此，仅凭本调查，还不敢推论全国城市的情况。

二、多元社区与六个住房地位群体

如果与北京市大多数地区比较，原崇文区某街道还是具有典型意义的。该街道办事处下辖8个社区居委会，常住居民15 557户、41 279人。原有老楼房117栋，平房院子206个，90年代以后，新建楼房44栋。8个社区都各具特征，下面试作一简介。出于学术匿名的原则，各个社区名称均用英文字母代替。

社区A是商品房小区，档次属于比较高档的商品房，建筑时间为2004年，到今天，当地的商品房价格都普遍暴涨了，该小区为10万元/平方米（建筑面积[①]）左右。该小区采取新型物业管理方式，有围墙与外界完全隔离，形成了封闭的社区空间。

社区B也是商品房社区，档次是中高档，建筑时间在2003—2006年，也是采取新型物业管理方式。但与社区A不同的是，其内部由商品房住户和回迁户两种住房地位群体构成，最初在规划设计上是同一个小区，后来由于产生了一些矛盾，两个住房地位群体就在地理上和享有的社区资源上互相分隔开来，最后，两种不同的楼群已经用围墙隔离开来了，尽管在名义上还是同一个小区、归同一个物业公司管理。

社区C情况要复杂一些，有商品房户，有回迁户，有传统的单位住户区，还有生活水平比较低下的低保人员聚集的平房区。其中

① 本章以下关于商品房价格也均指建筑面积，不再标注。

属于商品房的楼房建筑时间也是2004年，目前价格大约9万元/平方米。

社区D和E的情况相似，住户居住的主要是商品化的单位房屋，过去都是单位的办公楼和宿舍楼，产权单位有30多个，现在宿舍楼绝大部分房屋的产权已经卖给居民家庭了，宿舍楼的档次有很大差异，其中1999年建成的宿舍楼档次是很高的，目前价格为8万—8.5万元/平方米。

社区F，房屋有多种类型，但主要是平房，所以，也还有继续改造的可能。社区内的楼房价格也在每平方米数万元，社区人口流动比较频繁，治安问题比较突出。

社区G，由两个高档的商品房小区和一个针对优抚对象的廉租房小区构成。其中，一个高档商品房是酒店服务式公寓，2005年建成，目前价格大约8.5万元/平方米；另一个是商品房小区，2004年建成，目前价格也是约9万元/平方米。

社区H，构成也比较复杂，有商品房小区，是不同年代建设的，目前价格在8万—8.5万元/平方米。该社区内也有部分“文化大革命”时期建的条件很差的简易楼，本研究于2005—2006年进行调查时，该简易楼还没有改造，所以调查到了简易楼住户的信息。笔者2008年再次调查时，原来的简易楼已经拆除，新的楼房正在施工中，新的住户也是分为回迁户和商品房户两种，楼房比较密集，属于中低档楼盘。

通过上面的简单介绍就可以看到，这8个社区的房屋构成十分复杂。当然，这作为研究对象很合适，因为在这些社区中，可以发现众多关系复杂、情况各异的住房地位群体。2005—2008年，笔者曾多次组织清华大学的学生对该小区进行调研，完成了一些问卷和个案访谈。本章所使用的数据是2005年在该地区8个社区完成的居民问卷调查，调查样本的选取是按照住户门牌随机抽样，但是，由于操作是依靠居委会工作人员实施，随机抽样操作得不是很严格。该问卷调研共完成有效样本981个，调查样本在各个社区的分布为：

社区 A：50 个，B：218 个，C：191 个，D：100 个，E：74 个，F：147 个，G：62 个，H：139 个。

对 981 个样本的分析显示，住户的住房类型虽然多样和复杂，但是，其中有六种住房类型的住户是最突出的：第一，购买商品房户（以下简称：商品房户）；第二，个人已购买单位房产权的住户（以下简称：已购单位房户）；第三，回迁房户；第四，廉租房户；第五，自住私房户；第六，简易楼住户。当然，除了六种住房群体以外，也还有其他一些类型的住户。所有这些住房群体的样本分布参见下表 22–1。

表 22–1　该地区调查的住房类型住户样本分布

住房类型	户数	比例（%）
商品房户	218	22.6
已购单位房户	210	21.8
回迁房户	307	31.9
廉租房户	29	3.0
自住私房户	33	3.4
简易楼住户	52	5.4
租用私房户	21	2.2
单位房户（没出售仍是公房）	33	3.4
直管公房户	25	2.6
自建房户	13	1.3
其他	22	2.3
合计	963	100.0

注：丢失样本 18 个，总共样本 981 个。

由表 22–1 可以看到，本次在该地区所调查的住房类型还是比较多的，除了前述的六种住房群体以外，也还有其他一些住房户。比如直管公房户，是指由街道房管所管理的国有房屋的住户，历史上曾经很多，但 90 年代房改以后大大减少了。又如单位房户（居住在未出售仍是单位公房的住户），这类住户的住房地位也并不稳定，房屋有可能将来会出售给他们，这样他们就成为个人购买单位房户，也可能离开单位房去买商品房，成为个人购买商品房户。再如租用私房户，租住房屋者当然也是不稳定的住房群体。还有少数自建房住户，而自建房是不正规的房屋，甚至是违章建筑。此外，表 22-1 中，“其他”类别还有 22 户，根据问卷记录，这 22 户的房屋类型很分散，如“住父母房的”“住亲戚房的”“借住的”“临时宿舍”等。总之，相比之下，上文所列出的六种住房群体，在所有住房群体中人数和比例都是比较突出的，与其他多种类型的住房户相比较，其住房地位也是比较稳定的，因此也是比较典型的六种住房群体。

三、六种住房地位群体在经济收入、生活水平和教育程度方面的差异

应该承认，与住房相联系的社会地位是比较复杂的，本章通过对该街道辖区的研究发现，有六种住房地位群体比较突出，那么，实证材料能否支撑笔者关于六种住房地位群体有重大差异的假设呢？下面，笔者就试从经济收入、教育程度、住房总面积和人均面积等方面来考查六种住房地位群体有明显社会差异的假设是否成立。

表 22-2 列出了三个方面的指标：家庭人均月收入、自我评价的家庭生活水平以及户主的受教育程度。下面，我们就分别分析一下对于这些指标的检验情况。

首先，我们考察一下家庭人均月收入。

可以看到，商品房户家庭人均月收入（3 138.15 元）明显高于其他群体，其他五种群体的家庭人均月收入，如果计算它们的均值的话，也仅仅是 1 052 元，所以，商品房户显示了一种相对较强的经济实力或经济地位。近年来，北京的商品房价格暴涨，本次调查的社区在北京也算是比较中心的区域，能够在这里购买商品房，确实也

表 22–2　六种住房地位群体的经济地位与受教育状况

	家庭人均月收入（元）	自我评价的家庭生活水平（等级指数均值）	平均受教育程度（指数）
商品房户	3 138.15	3.046 9	3.63
已购单位房户	1 694.99	2.620 2	3.10
回迁房户	1 086.76	2.105 1	2.86
廉租房户	873.33	2.000 0	2.41
自住私房户	753.91	1.787 9	2.76
简易楼住户	849.50	1.711 5	2.50
对六种群体的方差检验（ANOVA）	*F* 值 =44.370 Sig.=0.000	*F* 值 =51.112 Sig.=0.000	*F* 值 =22.441 Sig.=0.000

注：表中的方差分析是检验各分组样本均值差异的统计方法，表中方差检验的所有数据均显示，六种群体的均值差异具有显著性。

显示出了相当强的购买力。

收入排在第二位的是已购单位房户。这个群体的情况要复杂一些。90 年代后期单位房改以后，大部分职工购买了自己居住的、原来产权属于单位的住房，这部分人的生活水平与单位的经济状况或经济效益有很大联系，他们基本上属于传统职工，仅从这一点看，他们也具有很大的相似性，即还是能够享受到传统福利的群体。排在第三位的是回迁房户，家庭人均月收入 1 086.76 元，在六种群体里属于中等收入。回迁房户是个很特殊的群体，人们一般的印象是这个群体的经济地位不高，但是，这也要看是从哪个地方拆迁，如果是城市中心地区的拆迁，一般都是老居民户，收入不会很高，但也不是最低的，所以，本调查所显示的居于中等的收入地位，还是符合老城区拆迁户特征的。

收入排在后面的三种群体是：廉租房户、自住私房户和简易楼住户，三者的家庭人均月收入分别为：873.33 元、753.91 元和 849.50 元，三种群体的收入比较接近，属于低收入群体。对于廉租房户和简易楼住户的低收入，人们还比较好理解，这两种住房地位群体确实具有明显的低收入性质，但是，人们可能会提出疑问，自住私房户的收入为什么如此之低呢？人们一般会认为私房户应该是高收入，为什么本调查却得出了相反的结果呢？这里面有两点原因：第一，北京旧城区的传统房产主，在1956年的房改以后，人数已经很少了，根据当时的政策，大房产主的房子都交公了，只剩下少数面积较小的自住房屋没有交公，所以，剩余的多是面积不大的自有住房；到了90年代，这些面积很小的房屋，往往破旧不堪，条件很差，环境恶劣，居住者多是老年人，收入也不高。笔者在北京其他旧城调研时也发现过类似的情况。虽然不排除也有高收入的传统私房主，但是，这些高收入者往往早就把房子卖掉搬走了，到了90年代末甚至到了21世纪还住在这种旧房子里的私房主，一般都是生活比较贫困者了。第二，此次调查的是北京市原崇文区，北京老百姓早就有“穷崇文、破宣武”的说法，传统上北京南城多是低收入人群居住的地方。所以，此次调查数据反映的是这些地区的传统私房主的情况。

对六种住房地位群体收入的方差分析（ANOVA）也证明，区分六种经济地位群体的假设是成立的。家庭人均月收入的 F 检验值为44.370，大大高于显著度为0.001条件下的 F 值（4.10），所以，六种住房地位群体在家庭月收入上的均值差异是成立的。

其次，我们考察一下自我评价的家庭生活水平。

为了与经济收入相比较，本次调查问卷还设计了主观问题，原问题是：“您觉得您家的生活水平与别的北京城市居民相比较，属于哪个水平？”设计的选项是五等级：上等、中等偏上、中等、中等偏下、下等。回答的结果，从高到低排列的顺序，与上面的经济收入是相似的，依次为：商品房户（3.0）、已购单位房户（2.6）、回迁房户（2.1）、廉租房户（2.0）、自住私房户（1.8）和简易楼住户（1.7）。所以，这六种群体的经济位置，客观的经济收入与主观的自我评价是非常接近的。

对六种住房地位群体自我评价的家庭生活水平进行方差分析（ANOVA），结果显示自我评价的家庭生活水平 F 检验值为51.112，

Sig. 为 0.000，有明确显著度，所以，六种住房地位群体自我评价的家庭生活水平是有明显差异的。

最后，我们考察一下平均受教育程度。

平均受教育程度，由于问卷设计的是五个层次：（1）小学及以下，（2）初中，（3）高中 / 中专，（4）大专 / 本科，（5）研究生及以上，所以，就采用了这里的五级指数。从教育指数的结果上观察，六种住房群体的受教育指数的位次与收入的位次相似，商品房户最高为 3.63，已购单位房户次之为 3.10，其他四个群体为：回迁房户、廉租房户、自住私房户、简易楼住户，相互之间也有差异，但是均低于 3.0，分别为 2.86、2.41、2.76、2.50。对这六种群体受教育指数的方差分析的 *F* 检验值为 22.441，Sig. 为 0.000，所以，在受教育程度上的六种地位群体的区分也是成立的。

四、六种住房地位群体居住条件的差异

本章使用的概念是“住房地位群体”，顾名思义，首先突出的含义就是在住房上有明显的地位差异，而本章这一部分就是专门分析住房方面的差异。本次调查的结果证明，六种住房地位群体的居住条件也有明显差异。从调查的数据看，显示的仅仅是住房面积的差异，但是，在数据的背后隐含的是一种住房模式的差异。下面我们先看表 22–3。

我们先看第一种群体：商品房户，其住房面积雄居榜首，户均

表 22–3　六种住房群体的住房面积的差异　（单位：平方米）

	户均房屋建筑面积	户均房屋使用面积	户人均使用面积
商品房户	116.84	93.67	31.82
已购单位房户	91.06	69.98	23.12
回迁房户	73.64	55.07	18.54
廉租房户	60.29	42.82	12.06

续表

	户均房屋建筑面积	户均房屋使用面积	户人均使用面积
自住私房户	29.56	22.52	8.75
简易楼住户	11.54	9.47	4.38
对六个群体的方差检验	*F* 值 =86.417 Sig.=0.000	*F* 值 =99.293 Sig.=0.000	*F* 值 =64.337 Sig.=0.000

建筑面积 116.84 平方米，户均使用面积 93.67 平方米。户均建筑面积超过 100 平方米的住房，在北京是随着房地产市场化的步伐而发展起来的。这种面积比较大的住房的出现是住房商品化、市场化的结果。笔者以为这不仅仅是面积的扩大，而且显示了一种新式的住房模式和格局。其突出的特点有两点：一个是有比较大的“厅”，另一个是不止一个卫生间。“厅”是用来作为家庭成员共同活动、或招待客人的场所。这种住房的格局俗称“两室一厅”“两室两厅”或“三室两厅”。这个厅的作用很重要，厅不是用来睡觉的，也就是不摆床的，这种房屋在市场化以前是没有的，因为，那时候，住房紧张，如果用专门的房屋招待客人，是很奢侈的。所以，厅的出现是住房宽裕的结果。在商品房中，两个厅也成为比较普遍的格局了，一个餐厅、另一个客厅，这种格局如果与传统住房比较，是太奢侈了。而实际上，在家庭生活中使用率是最高的，一日三餐，大家一定要有专门吃饭的地方，客厅一般是人们看电视的地方。电视剧《我爱我家》，舞台展示最频繁的就是这两个厅。除了这两个厅以外，大面积商品房的房屋格局也还有其他一些厅，比如“门厅”或称“玄关”，即刚进门的地方也有一个厅。所以，100 平方米以上建筑面积不仅仅是面积的扩大，更主要的是显示了房屋功能的分化。更豪华的还有复式房屋，即两层楼房，楼下是客厅餐厅等，楼上是居住的房屋。至于不止一个卫生间的格局，体现的也是更注重个人隐私或私密的原则。所以，购买商品房，显示了一种新的生活方式的出现。从商品房的发展看，也有面积越来越扩大的趋势。在这种形势下，“国八条”“国六条”出台，政府试图控制商品房面积越来

越大的趋势，提出，新开工商品房建设，套型建筑面积 90 平方米以下住房面积所占比重，必须达到开发建设总面积的 70% 以上。

第二种群体：已购单位房户，户均建筑面积 91.06 平方米，户均使用面积 69.98 平方米。从表面上看，似乎仅仅是房屋的面积略小于商品房户，建筑面积比商品房户少大约 25 平方米，使用面积少了约 24 平方米，然而，这里面实际上有着房屋格局，甚至生活方式的不同。大部分单位房是传统格局，厅很小甚至没有，房屋设置主要是用来睡觉的，传统的所谓一居室、两居室和三居室，都是这样的格局。由于厅很小，接待客人或者共同活动就只能够在卧室内了，所以，往往是在放着床的房间里接待客人，或卧室同时也是一家人活动的地方。此类住房的社会效果是，很难有个人隐私，没有私密空间。当然，90 年代中期以后，一些新建的单位房屋，也开始设计新式格局的住房，一般是厅比较大甚至有两厅等，所以，从总的平均值上看，建筑面积和使用面积能够分别达到 91.06 和 69.98 平方米，是由于加上了这种新式的单位住房的结果，如果仅计算传统的单位房屋，面积还要小一些。当然，建设新式单位住房的时间毕竟很短，因为，到 2000 年，全国福利分房就停止了，所以，大部分单位房屋还是属于传统型的格局。

第三种群体：回迁房户，户均建筑面积 73.64 平方米，户均使用面积 55.07 平方米。此次所调查的回迁房户，在小区的分布上，其实往往与商品房是同一个小区，只不过由于回迁户的经济能力远远比不了商品房户，所以又为他们设计了一些小户型房屋，这种小户型住房不仅无法实现较大的商品房的那种新的生活方式，有些甚至是临时拼凑，设计很不合理，存在着很多造成生活不便的问题。本次所调查的同一个“社区 B”里面，就存在着商品房与回迁房两种住户，如果仅从房屋的外观上看，商品房与回迁房似乎是一样的，但是，如果进到房间里面去看，就会发现，商品房户与回迁房户的巨大区别。调研中，回迁房户反映有所谓“黑八户”的问题，即由于本来是按照商品房设计的较大的格局，但回迁户买不起大房屋，只好临时改造成小面积格局，于是，回迁户楼的每一个楼层就有八户被改造成了像通道一样的房屋格局，从一进门就黑乎乎的，一直向里走，最终才走到可以采光的窗户，整个房屋格局就像一条黑暗的小胡同。所以，这里回迁房的户均使用面积55.07平方米，这不仅仅是个面积的问题，还是一种不同的住房格局、不同的房屋价值、不同的生活方式的差异。

第四种群体：廉租房户。本次调查的廉租房是北京市政府于2002—2003年拨专款建造的，总面积3万平方米的高层楼房，共400多套，这是北京市当时唯一的大面积廉租房小区。本次调研得到的数据是户均建筑面积、户均使用面积和人均使用面积分别为60.29平方米、42.82平方米和12.06平方米。当然，与上面三种群体的房屋比，面积小了很多，但这正是受政府补贴的福利型房屋的特点。至于什么人才能申请到这种房屋，下文有进一步说明。

第五种群体：自住私房户，户均建筑面积29.56平方米，户均使用面积22.52平方米，人均使用面积只有8.75平方米。无论是户均建筑面积、户均使用面积还是人均使用面积，都比前面的几种住房小了很多。应该说，这是比较典型的北京老城区平房户的居住状况，笔者曾经长期在北京老城区调查，多数的老平房都是居住面积窄小。传统平房的所谓“间”是按照屋顶的大梁来算的，因此，平房的所谓几间房往往是联通在一起，譬如所谓“平房三间”往往也就是联通一起的一间大房，而无论是吃饭、来客人、摆床睡觉，其实都在一起。而且，平房的取暖、厕所等条件都很差，有些冬天还要烧蜂窝煤炉子，也是放在房子中间。甚至连做饭也常常在这间房子里，有些是在一间自搭的小棚子里。1976年唐山地震后，北京居民开始在平房院里搭建地震棚，后来就流行起自己搭建一些房屋了，结果原来宽敞的院落现在都被私搭乱建的房子占去，院子里剩下的只有窄小的通道，居住条件变得很差甚至有潜在危险。这种老房子也常常是破旧不堪，再加上存在基础设施陈旧、上下水道往往年久失修、电路老化、没有集中的取暖设施等问题，很多房主也认为，说不定哪天就会遇到城市拆迁改造，因此没有维修的动力。这类居住面积很小的自住私房户，即使遇到城市拆迁改造，也获得不了多大利益。因为面积小，拆迁给的补偿也就少，补偿少就难以购买新式的楼房，所以，这类房屋在城市改造中最容易引起各种矛盾。

第六种群体：简易楼住户，情况就更差了。上面说的平房尽管面积小，但是还可以在院子里搭建一些自用的建筑，而简易楼连私自扩展的机会都没有。此次调查数据显示，简易楼户均建筑面积、户均使用面积和人均使用面积分别只有 11.54 平方米、9.47 平方米和 4.38 平方米，居住面积确实是太窄小了。简易楼是特殊历史条件下的产物，当时提倡艰苦朴素，结果造的房子简单到了辅助设施几乎一无所有的地步：没有取暖设施、没有单独的洗澡间和厕所、没有阳台，当然更没有煤气管道等。有些简易楼为了节省用砖，墙体采用立砖砌墙的方式，目前，这些房屋大多属于危房。因此，如果住房排列等级，应该属于最差的了。

五、六种住房地位群体获得住房方式的差异

居住条件的差异仅仅是住房地位群体差异在一个方面的表现，更重要的差异还在于人们是通过何种渠道进入此种地位上来的。对这方面的研究，社会学将其称为地位获得（status attainment）研究。对地位获得的研究，社会学有久远的历史。虽然很多人将布劳和邓肯（P. M. Blau & O. D. Duncan）采用路径分析（path diagram）方法对于美国代际传递影响的探索视为地位获得研究的开端，[①] 但是，实际上，早在他们之前，李普塞特和本迪克斯（S. M. Lipset & R. Bendix）

① Peter M. Blau and Otis Dudley Duncan, *The American Occupational Structure,* New York: John Wiley & Sons, Inc, 1967.

的研究[①]以及米勒（S. M. Miller）的研究，[②]就在探索影响代际地位获得的因素。不过，本章讲的地位获得，不是注重两代人之间的地位的承继关系，而是探索人们进入特殊的住房地位或经济地位上的具体路径是什么？影响的因素是什么？下面试对六种住房地位群体作一个地位获得的分析。

第一，商品房户。广大中国老百姓真正开始购买商品房，是到了90年代后期甚至21世纪初期。根据国家统计局的数据，按照住宅商品房的总面积计算，全国住宅商品房销售中，老百姓个人购买住宅商品房的百分比，1991年仅占33.73%，到1996年上升到49.27%，1998年66.56%，2000年80.08%，2003年96.43%。所以，90年代以前，住宅商品房基本上是被国家或单位买去了，私人买的很少，然而到了2003年以后，基本上变为私人购房占主流，国家和单位购买的商品房所占百分比已经微乎其微了。当然，老百姓涌入住房市场根本动因是90年代后期的"房改"，福利分房停止了，老百姓只好通过市场获得住房。问题是什么样的老百姓买房子呢？这取决于两个因素：第一，有钱，买得起房；第二，对住房有需求或有比较迫切的需求。其实，在这两个因素中，最关键的还是第一个因素"有钱"，因为，住房市场化以后，需求就不仅是自家居住或使用的需求，更具有了投资、获利的需求，后一种需求是无止境的。近来的社会调查也已经证明，一些富有阶层购买的商品房，有的已经高达一家人有10处之多了。[③]总之，出于各种目的、有购买力的老百姓，突然涌入住房市场，更造成了城市商品房的价格在2003、2004年以后快速上涨的局面。2005—2008年笔者组织调查时，与今天2017年的价格还是不能比的，但是，在当时，每平方米价格就已在1万元以上或2万元，一套单元房都在百万人民币以上甚至几

---

① S. M. Lipset and R. Bendix, *Social Mobility in Industrial Society,* London: Heinemann, 1959.

② S. M. Miller, *Comparative Social Mobility*, *Current Sociology,* Vol. 9, 1960.

③ 李强:《论当前的高收入群体》，载《学海》2008年第5期，第115—116页。

百万元。从上文的收入调查就可以看到，当时，北京多数有工作的老百姓月收入也就是二三千元，普通老百姓见到这样价格的房屋当然是买不起的。所以，这类商品房的价格确实形成一种“社会筛选机制”，淘汰了众多的中低收入家庭。能够购买得起这类商品房的家庭，一般都是经济力量比较雄厚的家庭，在房价攀升的局面下，结果形成了突出的“马太效应”，越是买得起房子的积累的资本越多，于是就成为更有钱的人和住房地位更高的阶层。与之相反的群体，其落差就越来越大。

第二，已购单位房户。单位房户是城市中很大的一个群体。目前城市拥有住房的人群中，有将近五成是因单位房改而获得房屋的，对于这些人也可以称为是单位“房改房”户。这些人大多在过去的多年里是国有企业、事业单位、集体企业的老职工，或是政府的公务员、职工，曾经多年为单位服务，并且已经获得了单位的分房（购房前是承租关系）。90年代后期，在国家房改的大背景下，这些房屋按照比较低的成本价，再加上工龄等各种政策上的补贴，卖给了职工，付出的价格如果与今天的房屋价格比，确实是非常低的。在本次调查的案例中，当初卖给职工时，一般总价是几万块钱（3万—5万元），而今天，其市场价格均大大增加了，当年笔者调查时就达到百万元水平，今天已发展为数百万元了。所以，这个群体总的来说是单位房改的获益者。当然，从准入条件看，这是一个很特殊的群体，他们在低工资时期多年为单位做贡献，所以，较低房价也是对他们过去贡献的一种补偿。换言之，如果是没有长期历史贡献的新职工，就享受不到这种待遇。

当然，这个群体内部的住房条件也有很大的差异，比如一些高级干部的标准就要高些，本次调研的案例就显示有比较高档的单位“房改房”，而一些级别低的企业或集体企业的房屋就要差得多。当然，本次调查的这些原单位房，都是在北京二环以内，占据了城市中心区域的区位优势，几乎所有原单位房的市场价格都不低。所以，将已购单位房户视为同一个住房地位群体还是有道理的。更何况，该群体一般都是传统的单位职工，其生活方式甚至观念都有很大相似性，而且基本上能享受到医疗、养老等保障。正因为如此，上文的一些数据也显示，该群体与其他住房群体的差异远远大于该群体内部的差异。

第三，回迁房户。回迁房户基本上是该地区的老住户，其回迁以前大多住在该地区的平房院内。这里面也有四种不同情况：第一种是老私房户，即本章所说的“自住私房户”，很多家庭解放前就是房屋的产权人，此次调查的有些家庭甚至在此地已居住百年以上了。有些家庭由于有自己的平房院，有独立的产权空间，所以，往往希望保留旧宅，不愿意被拆迁，同时在拆迁时往往对于补偿有较高的期望。第二种的情况最为复杂：在1956年的“房改”以后，以及在“文化大革命”中，有一部分居民也被安置在“老私房户”的房屋和院落里了，可以称作是私房户的“老承租户”，他们是这里的老住户，并且是政府、街道按照当时的政策安置他们在这里居住的，因此也有“正式”的身份。对于“文化大革命”中安置进私房户的，“文化大革命”后曾有政策试图清退和另作安置，但是，由于街道房管所的房屋紧张，很难安置，有些一直拖到了拆迁才得到解决。这种私房户的“老承租户”在住房改造和拆迁时也得到了经济的补偿和回迁的权利。第三种也是“老承租户”，不过不是承租私房，而是住在街道房管所的公房里，称为“直管公房户”，这是1956年“房改”以后，城市普通居民承租房屋的主要形式。第四种是租住单位公房的职工户（称为“自管公房户”）。城市改造、更新、拆迁也常常会涉及各个单位的公房，这样就必须对于这些单位公房的居住者给予补偿和协助回迁，当然这常常需要由政府或工程方与单位之间协商解决。总之，回迁户的共同特点是，他们在该地区长期居住、有正式户口，有的是有房屋产权，有的是被安置进入的，都是通过合法的或正式的途径居住在该地区的住房里。由于有了这样的身份，他们才能够获得回迁和补偿的权利。所以，回迁的权利是一种很特殊的“历史身份权利”。

该地区回迁户得到补偿和回迁的政策依据，主要是两个文件：一个是2000年3月23日开始实施的《北京市加快城市危旧房改造实施办法（试行）》（19号文）；另一个是2001年11月1日起实施的《北京市城市房屋拆迁管理办法》（北京市人民政府令第87号）。这两个文件在补偿上的主要区别是，第一个文件对被拆迁者给予实物的住房安置，而第二个文件则采用货币补偿的办法。实际上，到2002年以后，“实物住房安置”的方式就越来越少了，基本上都采取了货币补偿和回迁的办法。2002—2004年时，按照当时的政策，补偿标准一般是每平方米8 000元到1万元的水平。但是，到了今天，由于房地产价格的暴涨，补偿的标准比起当年来也大多增加了，甚至翻了10倍，结果，这又造成了很多过去拆迁的老拆迁户和老回迁户的心理不平衡。

第四，廉租房户。廉租房的性质是政府租赁给城市低收入户、城市弱势群体的福利房。关于廉租房户的准入机制，已经有明确的文件规定，先后有过两个文件。先是2003年由建设部、财政部、民政部等联合签署的《城镇最低收入家庭廉租住房管理办法》（已废止），后来2007年9月又由建设部、发改委、监察部、民政部、财政部、国土资源部等联合签署了《廉租住房保障办法》。文件详细陈述了廉租房的进入机制。这些不用笔者赘言。本调研发现，文件是一回事情，而实际运作却是另一回事情。该廉租房的分配，按道理应该根据2003年颁布的《城镇最低收入家庭廉租住房管理办法》来运作实施。然而，实际情况要复杂得多。调查发现，这是当时北京市唯一集中兴建的廉租房小区。这里的廉租房是高层楼房，房屋的质量条件都比较好，从外观上看，与商品房也没有什么区别。廉租房的住户是从北京市全市选出的。在遴选廉租房住户时遇到的突出问题是：廉租房太少，而符合最低收入和居住困难条件的人太多。所以，廉租房就很难分配。在万般无奈的情况下，就只好是另外创造出了一套十分严格的标准。北京市政府在该房屋分配中实施的“廉租住房配租方案”，明确提出了申请家庭必须是持有证件的优抚对象家庭，这些证件包括："革命烈士证明书""革命军人因公牺牲证明书""革命军人病故证明书""革命伤残军人证""定期抚恤领取证""定期补助领取证"等，另外，在实际操作过程中，也批准了一部分住房困难的"劳动模范"（也是有证书的）。所以，最为关键的"准入条件"，从居住困难变成了曾经为革命与建设做出贡献的政治标准。当然，除了政治标准以外，也提出了人均住房面积低于10平方米的经济条件，不过在实际操作过程中，这个标准有所放宽，提出了"根据情况可放宽到人均使用面积15平方米"。当然，之所以最后变成了这样的选择是因为各方面都可以接受，因为，对于这些曾经做出很大贡献的家庭，谁也提不出什么意见。而且，这样的标准无法造假，都是实打实的有证书的家庭。总之，由于房源太少，其他标准都不足以缩小人群的数量，所以，这更体现了社会学的"社会屏蔽"原则。①

本次调查的该廉租房小区，到2005年6月入住的总户数为271户，其中伤残军人户占59.8%，军属烈属户占22.5%，劳模户占10.3%，三种政治特征的户已经占去了92.6%。所以，这就可以解释为什么廉租房户的家庭人均月收入和自我评价的家庭生活水平要明显高于"自主私房户"和"简易楼住户"。当然，随着政府扩大廉租房的投入，这类住户的准入条件，在将来也有可能发生变化。

第五，自住私房户。此次调查的自住私房户比例很低，在全部样本中仅占3.4%。本章第三节已经说明，此次调查的自住私房户，是1956年房改后剩余的住房面积不大的传统私房户。从地位获得的角度看，他们是住房的所有者，他们经历了住房公有化时期的多次风波，因此也多是一些老住户，户主的年龄往往很大。上文已述，由于该地区历史上就是穷人居住的地方，所以，这些住户继承的绝不是豪宅大院，实际调查也显示，住户的生活水平比较低下。所以，绝不要望文生义，以为"私房主"一定是高收入者，笔者在北京市

---

① 李强:《社会分层十讲》，社会科学文献出版社，2008年版，第110—111页。

老城区的很多调查都发现了类似的情况。这类住房由于年代已久，也往往比较破旧，有一些户主也希望政府出面改造、更新，当然，这就常常涉及拆迁与补偿的难题。

第六，简易楼住户。北京市的简易楼大多建于“文化大革命”时期，从性质上说，也是住房公有制时期的产物，居住者也都是通过分配体制而获得住房的，所以，表面上看似乎与传统的单位分房、房管所分房也没有区别。但是，建筑简易楼当初采取的建筑方式之所以尽量从简是因为缺乏资金，所以，往往是级别比较低的单位建的，而分得住房的也多是普通职工，更何况到了21世纪，改革开放40年了，多数人的住房状况已经有了很大改善，过去住过简易楼的，今天大多也搬出了。到了笔者调查的2005—2006年，仍然住在简易楼里的住户，确实是生活水平比较低下的居民。调查发现，这些住户有的是前些年的失业下岗人员，有的是原单位早已破产或不存在的人员，也有的是因病而长期在家的人员，多数住户居民都年龄较大，既没有在“房改”前得到新的分房机会，也根本没有能力购买市场性质的房屋。所以，他们唯一的希望就寄托在政府的身上，希望政府出面改造和重建。笔者调查看到，这些简易楼确实是破旧不堪，楼道里面十分昏暗，居民住户房间里面也十分拥挤。调查中，住户居民也纷纷倾诉居住条件的各种难题，希望政府出面改造。其实，在周边小区的改造中，政府也曾经筹划由某一个商品房小区改造时，将该简易楼小区连带改造了，但是，因房地产商方面顾虑负担太重而没有成功。可喜的是，2008年笔者再次调查时看到，这些简易楼的改造已经实现，新的楼房正在建设中，原居民的回迁率也比较高。所以，从住房地位群体的角度看，这是简易楼户转变为回迁户的案例。从建设中的新楼房外观看，属于略低档一些的楼房，当然与过去的简易楼比，真可谓是两重天地了。

以上关于住房地位群体地位获得的情况，还可以从时间上得到印证。住房地位群体也是我国不同时期政府政策的产物，因为不同时期的房屋政策产生了获取住房的不同筛选标准。商品房是市场和金钱筛选；单位“房改房”是职工的工龄、职务、资格等的筛选；回迁房、廉租房是各种政策认定的身份资格的筛选等。下表（表22–4）列出了本次调查中，各住房地位群体在该房居住的起始年份的平均数。

表 22–4　六种住房地位群体居住年限的差异

	从哪一年开始在此居住（平均数）
商品房户	2001
已购单位房户	1988
回迁房户	1981
廉租房户	1994
自住私房户	1950
简易楼住户	1971
对六种群体的方差检验（ANOVA）	*F* 值 =43.399 Sig.=0.000

对“从哪一年开始在此居住”的方差分析的 *F* 检验值为 43.399，Sig.=0.000，说明六种的差异是非常显著的。如果仔细观察该六种地位群体的居住起始年代均值，就会看到，六种群体的起始年代很有特色。商品房户迁入此地区的年代最晚（2001 年），是到了 21 世纪才开始进入，这与我国停止福利分房，由此促使一部分住户进入房地产市场的年代是吻合的。而个人购买产权的单位房住户，入住的均值时间为 1988 年，如果以 1988 年为中心往前后各推 10 年，即 1978 年至 1998 年，在全国这也恰恰是单位分房最突出的 20 年，也就是说，虽然福利分房的体制是改革以前确立的，但是，改革以前只有制度而没有充足的房源，各单位“大盖住房”还是改革以后发生的。所以，真正实施福利分房是改革以后的 20 年左右时间里，理论上福利分房止于 1998 年，因为该年国务院下达了停止福利分房的文件。表 22–4 还显示，简易楼居民的开始进入是在 1971 年，此时正值“文化大革命”的高潮时期，北京市的大部分简易楼也都是

在“文化大革命”时期建立的，所以这个入住时间对于印证这段历史很有意义。自住私房户的进入时间均值是1950年，也就是说这些住户大多是围绕着新中国成立前后这几年购买房屋的，按道理到1956年“房改”以后就不会发生新的私人购买房屋的现象了，但是，实际上，数据显示，1956年以后也有少数私人之间买卖房屋的交易。而回迁户的情况则比较复杂，出于想强调自己是此地老住户的心理原因，一些回迁户填答问卷时填写的是该户最早在此地居住的时间，而不是指回迁到新房子的时间，查了一下原始数据，有4人填答1800年，有2人填答1920年，填答1925—1949年之间的有17人，填答1950年的12人，当然，多数人还是按要求填答自己回迁到新房子的时间，其中填答2002—2005年的共99人。当然，由于回答中产生了歧义，这个数据的平均值是1981年，该数据没有分析的意义。

六、结论

作为总结，笔者试对于上述探讨做出以下几点结论：

1. 住房地位分化与社会分化

根据对于北京市某街道住房户的调研，本章提出，住房地位或住房地位群体成为一种明显的社会分层现象。中国曾经经历过住房一致化的时代。1956年城市住房体制改革以后，很多私房变成公房，自那时开始的社会和单位福利分房体制，也大体上是按照“均等化”的原则分配住房的。那时候，绝大多数城市居民的住房差异变得很小，虽然有少数干部大院的房子好一些，但所涉及的人数很少，而且也都是公房不能够继承，所以，直到90年代以前，城市里谈不上有稳定的住房地位群体。城市居民中，具有普遍意义的住房地位群体现象是90年代中期以后才浮出水面的。引发住房地位变化的几个最重要的制度变革的文件，包括1994年7月国务院颁发的《关于深化城镇住房制度改革的决定》，1998 年 7 月《国务院关于进一步深化城镇住房改革加快住房建设的通知》。更重要的是，1998 年下半年开始，国务院要求全国城镇停止单位福利分房，这样最迟到了 2000 年，传统的单位福利分房的做法终于退出历史舞台。与此同时，将原有公房出售给职工或住户，以及房地产市场化改革也在全面推进。这样，到了 21 世纪，城市住房的私有化和市场化已经成为城市管理体制改革中最引人注目的现象之一。

职工或住户成为房主以后，地位确实与过去不同，过去是公房，房屋的维修等与自己无关，而现在则要承担起住房的很多责任。当然，也可以获得住房的收益，出租房屋成为很多市民获取收入的重要手段；将“房改”得来的住房出售，也导致了目前城市里二手房市场的繁荣。

很多研究都已经证明，中国改革开放以来的经济分化现象比较突出。在改革开放 40 年以来的不同阶段，曾经有过不同的物质载体来体现这种分化现象。比如，在 80 年代的时候，人们开始在大件耐用消费品上表现出消费的差异，家具的多少、电视的黑白还是彩色、冰箱的单门双门、洗衣机的单缸双缸，以及是否有摄像机、“大哥大”等，成为表现刚刚富裕起来的人们消费差异的载体。到了 90 年代和 21 世纪，开始产生“有车族”和“无车族”的区分。但是，直到住房地位群体出现以后，社会地位分化才开始有了比较稳定的标准。

关于住房成为表现社会分化的重要载体，本章在一开始分析什么是住房地位群体时就有所说明。除此以外，还有下面一些原因也强化了住房作为社会分化载体的功能。首先，住房具有外显的特点，虽然改革开放以来的经济分化有多种表现，但是，住房的外显特点，如豪宅与简陋棚户的区别，使得这种分化更加引人注目。其次，由于城市级差地租和房地产价格对于住房群体的筛选，不同经济水平的人群被配置进了不同档次的住房，而不同经济层次的住房在区域上也逐渐分开，有人将此称为城市的“区隔”现象。这更强化了社会分化的外显特征。最后，在城市里，特别是大城市，人口密集、土地稀缺，任何一个区域的土地都具有“天下唯一”的特点，这样，占据了城市中心区域或CBD的住房就常常会出现价格超常倍增，因此，这些区域的住房与其他区域住房的分化常常会出现乘数效应。

当然，本章所列举住房地位群体的种类还是很有限的。本章仅仅分析了六种住房地位群体，笔者并不是说社会上仅仅有这六种地位群体，而是说，通过六种群体反映出住房地位分化在社会分化中的重要作用。住房地位群体的种类还有多种，比如仅仅是商品房，内部也有很多分化，比如高档别墅区、高档商品房、普通商品房、限价商品房等，而仅从商品房小区的物业管理上也可以分出很多档次，高档小区的物业收费与普通小区也是有很大区别的。

此外，本章所列出的住房地位群体，有些，比如简易楼住户，会由于城市改造而消失；但是，新的地位群体还会产生。所以，住房地位群体的现象会是持久的，而不是暂时的。特别是私有化住房以后，住房是可以继承的，这使得住房地位群体更具有了社会的传承的特点。

2. 住房地位骤变及其后果

虽然早在1978年，邓小平同志就提出了城镇住房改革的市场化思路，并且自80年代初就开始了住宅商品化的实验，但是，由于体制的惯性，单位福利分房的体制却一直延续着，直到90年代后期，在完成了国企改革以后，中央政府断然采取了停止福利分房的措施。对于绝大多数城市居民来说，是直到这时才意识到，住房市场化真正来临了。一方面，根据“房改”政策原有的公房突然变成了私房；另一方面，住房市场价格在十分短的时间内突然高涨。很多人甚至还没有醒悟过来，房屋价格就已经翻倍了。住房价格暴涨的结果是，城市形成了两种居民，侥幸早买商品房的人突然拥有了一笔巨大的财产，而没有买商品房的人就有被历史的车轮甩到了下层阶级的感觉。低价格时期买了商品房的人突然身价倍增，而没有买房子的人则一落千丈。而侥幸早买商品房的人，毕竟是少数人。所以，多数人产生了心理上的极大的不平衡感。

由于公房转成私房、房价暴涨和住房地位群体的形成，都是以骤变的方式出现的，住户的一个偶然决策就导致社会地位的突变，这自然导致一部分人的不适应和社会失衡的感觉。对于这种不适应，社会学常常用“相对剥夺”的理论做出解释，即虽然大家的经济状况都有改善，但是差距的扩大仍然是社会不满的主要来源。对于这一点，马克思有过精辟的解释，他说，起初周围都是小房子的时候，居住者也就满意了，但后来，住房的差异突然扩大，虽然随着文明进步大家住房都有改善，但是，较小房子的居住者就会越发不适应、越发不满意。[①] 所以，住房差异、地位群体差异，导致了对于社会公平、社会公正问题的不满。而住房政策的改革是政府整体运作的，所以，造成的地位群体具有非常突出的整体特征。于是造成了政策向谁倾斜，谁就富有的现象。

在对于住房公正问题的不满中，最突出的是对于住房腐败问题的不满。住房地位的短期形塑中，政府政策起到了非常巨大的作用。一些人钻政策空子而获得房地产上的巨大利益，于是投机、腐败频繁发生。短期内形成的住房政策、住房体制往往漏洞很多。比如，建房最主要是获得土地，而土地审批权掌握在政府手里，结果频繁发生权钱交易的腐败案件。每建一处住宅，房地产商常常用各种形式送房子给审批的官员，这已经成了公开的秘密。在笔者所调查的住宅小区里，许多老百姓就曾直言不讳地向我们反映和批评房地产商送房子给官员的腐败行为，愤怒地抨击某些楼房就是“腐败楼”。应该承认“群众的眼睛是雪亮的”。所以，一方面是相对剥夺感的强烈，另一方面是住房分化中的腐败问题，这些都成为住房地位群体

---

① 马克思:《雇佣劳动与资本》,《马克思恩格斯选集》第 1 卷，人民出版社，2012 年版，第 345 页。

形塑时期的最为突出的社会问题。

3. 产生住房地位群体的特殊机制

从社会分层研究的角度看，稳定的住房地位群体的形成需要有输送地位群体的特殊机制。本章论证了在制度转型的特殊时期，在各种政策变量的影响下，出现了高低不同的住房地位群体。现在的问题是，转型还在进行，制度还在变革，住房地位群体会是一种持久的现象吗？

仅从本章涉及的六种地位群体看，产生的机制是混合型的。随着改革的推进，有三种机制是会持续的：其一，房地产市场机制的持续毋庸置疑；其二，回迁房户也会长期存在，中国尚处在城市化的高速扩张期，城市改造与城市向周边扩张，是中国城市化的基本模式，所以，回迁户也有产生的稳定机制；其三，作为市场化房地产必要补充的廉租房，已经形成了其特有的机制，是中国福利制度的重要组成部分，中国各级政府都承诺，还要不断扩大廉租房的投入。当然，在西方国家，廉租房户是较低下的社会阶层，西方国家的一些学者也曾批判廉租房机制，认为它制造着社会下层阶级。但是，在中国的场景下，情况不一样，本调查的廉租房户，却是一个特殊的群体。当然，全国的廉租房户是一种什么情况，本章还不好判断，这要看中国廉租房运作的具体实践，但是，廉租房的住房地位具有特殊性，这一点是确定无疑的。

还有三种机制，从趋势上看，则会走向终止。其一，个人购买单位产权房的机制。虽然，迄今为止，在中国城镇拥有房屋产权的住户中，来自单位产权的比例还很高，估计占到将近50%，但是，由于单位福利分房的机制已经终止，所以，在商品房不断扩张的情况下，单位产权房的比例只能是越来越小。从长远的趋势看，单位房改房也最终会进入市场，比如，近来，进入二手房市场的原单位房比例就越来越高。因此，最终，这部分房屋会与市场并轨，其居住户的地位，会由市场决定，因为原单位房也是档次差异很大的。

其二，自住私房的机制。传统的自住私房户居住的都是平房院，这部分房屋是1956年“房改”的遗留物，本来数量就不多，随着城市的改造，也会逐渐萎缩以至于消失。当然，在北京市的中心区域，也产生了极少数的新式平房大院豪宅，这与传统的平房私房户不可同日而语，这部分住户应归入商品房的豪宅大户。其三，特殊年代产生的简易房，随着城市的改造会逐步消失，当然，原来的住户会转变为拆迁户、回迁户等。

总之，按照上述的分析，商品房户会成为未来城市住房地位群体的主流。我们知道，商品房户也不都是一样的地位群体，其内部也是大大分化的。商品房户产生于房地产市场机制，而我国房地产市场尚处在刚刚起步的阶段，发展空间巨大，中国人对于占有自己住房的需求又十分强烈，所以，可以预计，大部分市民会成为商品房户群体。对于商品房的高低档次，本调研没有区分，这是因为，本次调研的是北京市比较中心的区域，商品房的价格都比较昂贵，在北京市，商品房的档次与区域有密切联系。经济适用房、限价房往往都在距离市中心比较远的区域，地价便宜一些。所以，如果从未来的房地产市场机制看，它会筛选出多种住房地位群体，例如豪宅地位群体、高档商品房群体、中档商品房群体和低档商品房群体等。

制造出商品房地位群体的房地产市场，有着很强的运转动力。换言之，从中国商品房市场发展的买方动力看，中国尚有较强的驱动力。笔者以为，城市里有四种动力，是推动人们进入新式商品房的动力。第一，“新人动力”。每年有上千万的新人结婚，有近800万大学生毕业进入工作岗位，对于住房有需求，虽然他们不是都有能力买房，但是，买房的欲望是强烈的。第二，农村户籍进入城市或城镇的动力。虽然有买房能力的仅是其中的小部分人，但是，只要居住在城市城镇，就具有与不同住房相连接的住房地位。第三，从小城市到大城市，或不同城市之间迁移的动力。人们为寻找合适的工作而求得住房。第四，改变居住方式的动力。新式商品房成为一种新生活方式的象征，具有很大的吸引力。从国际经验看，当人均GDP

处在8 000—10 000美元以前的时期，属于房地产需求强烈时期，而中国在这个阶段的潜力是巨大的。所以，可以预计，住房地位群体的产生机制会长期存在。

4. 不同住房地位所塑造的生活方式

上文已经提到，新式商品房不仅仅是面积大了一些，更重要的是代表了一种新的生活方式的出现。相比之下，改革以前比较单一的住房格局，造就的是当时单一的生活方式。所以，今天，多元化的住房地位群体，显示出了多种不同的生活方式。笔者在分层研究中提出，目前，中国社会结构变迁的一个突出特征是，阶层结构出现了定型化的趋势，即阶层之间的界限形成、阶层内部认同加强、阶层特征的文化和生活方式形成。而这里所说的住房地位群体展现出多种生活方式，也正是阶层定型化的一个重要方面。怎样看待这种现象呢？任何市场经济的社会，经济分化、地位分层都是难以避免的。不同住房地位群体生活方式的形成，虽然也有保证社会秩序的功能，但是，不可否认它也会有负面的功能，比如，区隔就是个大问题。城市住房的区隔化，富人区与穷人区的分隔，不同阶层居住空间的区隔，与所谓生活方式的形成也是互相促进的。虽然这种现象在所谓经济发达的欧美国家已经是司空见惯的事实，但是，中国毕竟经历过阶层混杂居住的时期，所以，我们也面临一种抉择，究竟是任由市场的发展而从此形塑此种居住区隔，还是试图创造出与欧美不同的居住模式，这仍是摆在我们面前的一道难题。

第二十三章
贫富差距与社会公平

本书一开始就指出，社会分层与社会公平问题是密不可分的，而社会分层贫富差距与社会公平问题，历来是中国社会所关注的最热门话题之一。这个问题从改革开放一开始就争论得很激烈。对于收入分配、贫富差距问题的研究有多种角度，笔者是从社会学的角度研究收入分配的，因此，笔者先从社会学与收入分配的关系谈起，然后再分析贫富差距与社会公平的问题。

一、社会学与收入分配研究的关系

社会学这门学科，19 世纪 30 年代在法国创立，所以到现在也有近 190 年历史了。近 190 年来，社会学家也是能人辈出，社会学的学科贡献，主要是在两个大方面：

第一个贡献是在理论方面。近 190 年来社会学界创造了众多的理论，像比较为国内熟知的帕森斯、默顿、丹尼尔·贝尔、福科、吉登斯、大卫·哈维等，他们都有不少理论建树。这样的社会学理论人物有好几百人。他们所创造的众多理论，每一个理论细化起来讲，有点儿像数学、物理的公式，不过在表现形式上是用理论描述出来的。经济学也创造了很多模型，但社会学与经济学的模型有一点儿不同。比如经济学模型的供需曲线模型等，很注重量化分析；社会学也注重，不过社会因素比经济因素要复杂，所以建立模型难度更大一些。社会学这门学科往往是对比着经济学而言的，经济学抽象出了很多纯经济因素，社会学说你关心的还不够，还有很多因素你没有注意到或者不能解释，于是它提出的因素可能就更多一些。这就使得社会学在建立模型方面更困难一些。

第二个贡献主要是在方法方面。在社会科学的诸门学科中，在社会研究方法领域里，社会学是最有优势的。也就是说，基本的社会调查方法、社会统计方法、包括各种量化或者定性的研究方法，社会学在这方面是比较擅长的。在全部实证的社会科学中，社会学家应该是比较深入地做方法研究的，社会学学科的方法类课程，覆盖了社会科学方法研究的大部分领域。本书的主题是社会分层，探索人们的社会地位的差异性，研究收入分配、贫富差距，就离不开社会分层的方法研究。研究中国的收入分配、贫富差距，一定要有好的办法，要获得人们收入的真实数据，而在中国，收入的真实数据不是那么好获得的。所以，一定要先学会社会调查研究方法。这是社会学注重的一个很重要的方面。

社会学相对经济学而言，特点是什么呢？经济学是研究经济现象的，任何社会，经济都很重要。所以，邓小平同志也讲了要以经济建设为中心，实际上讲的是一个国家的物质支撑体系问题。所以经济学一定要在创造财富中发挥作用。经济学的核心概念，强调经济效益和利润。如果企业家不能创造利润，如果经济学家讲了半天，不能推进中国经济发展，那么他的经济学就不是好的经济学。社会学讲什么呢？社会学强调的是社会效益。社会学常常批评单纯经济观点，认为，固然创造利润是对的，但是一个社会仅靠创造利润就行吗？创造的利润归谁呢？到 2015 年底，中国城乡居民的存款余额已经超过 100 万亿了，民间聚集的财富是不小了，但问题是，低收入的人口还有不少，农村、农民，就总体而言还是比较贫穷，城乡居民之间无论是收入还是消费，差距还比较大。这就证明，仅仅能够创造利润还不行，后面还存在一个问题，即分配模式是否公平的问题。笔者以为，社会学基本上是在探索解决第二个问题，即公平和不公平的问题。总的来说社会学是在这个模式下探讨问题的，虽然社会学探讨的问题很多，但不管是社会建设、社会保障、社会福利制度、社会体制改革以及民生问题等，公平都是核心问题。

社会学在探讨公平不公平的问题上，研究的基本模型就是可以说是“社会分层模型”。众所周知，社会分层是人类社会的普遍现象。中国有文字（甲骨文）记载的历史也有 3 000 多年了，中华文明史号称有 5 000 年了，研究发现，还没有哪个历史时期没有分层现象的，社会分层是普遍存在的社会现象。凡是有社会的、群居的动物，就可以发现分层现象。比如大猩猩，也有分层，也有领袖人物，当然，往往是身体比较强壮的。据研究，大猩猩的首领衰老以后，群体里就会有其他大猩猩向它挑战。这时候，大猩猩之间就会发生一场非常残酷的厮杀，之后有一个非常强壮的大猩猩称王，大家都臣服于它了，它就成为领袖了。我们研究社会的这种方法叫作观察法和实验法。

从社会分层的角度看，有三个系列的社会层次地位指标是最重要的。第一个叫作经济地位，也可以叫作财产地位。有时候财产不好研究，我们就只好研究收入，用收入来折射财产，总之它们是反映人们经济地位的。以这个“向度”衡量，社会层次地位就分成了有钱、没钱，富有、贫穷，高收入层、中等收入层、低收入层，这是比较容易测量的。第二个指标，我们称作权力地位。权力是指控制他人的能力。权力分层在中国比较突出地表现为级别分层，比如，部级、副部级、局级、处级、科级、股级等。级别高的管控的人多，级别低的管控的人数少，可以用这个指标来测量权力的大小。第三个是“社会声望”。表面上看，社会声望没有经济地位那样实惠，但其实不然，所谓“名人”，比如名歌星、名演员、名教授，就是靠声望支撑着，如果失去声望就会一落千丈。财产、权力跟声望不是一回事，一个人有权、有财产，但他不一定社会声望高。我们知道美国过去有一个石油大王洛克菲勒，他很有钱，他当时的资产在世界排名前几位。他多次尝试竞选美国总统，但是，屡战屡败。他有财产、有权力，但是，怎么就没人投他的票呢？这没有办法，这是声望所致。声望高，别人就投你的票；声望低，别人就不投。所以，不能否认声望的重要性。但是“声望”这个东西比较奇怪，是指众人对于一个人的评价，完全是一个主观的东西。上述三者是不能互相等同的。但既然研究社会分层，可以从不同角度去观察，为什么我们在此主要谈收入分配、贫富差距呢？为什么不谈另外两个问题呢？因为，按照马克思主义经济学原理，经济是一个基础，你要是经济方面解释不清，其他方面就更不好解释。特别是像我们这样的发展中国家，经济地位尤为重要，因为财产、收入是人们赖以生存的基本条件。所以在三种地位中，贫富差距的问题或者是经济方面的差异，是人们首先关心的问题。

二、中国收入分配、贫富差距问题的现状

1. 怎样测量收入差距与贫富差距？

谈到收入分配、贫富差距，人们往往会问，中国的贫富差距究竟达到什么程度了？要想准确地回答这个问题，就必须先解释，怎样来测算贫富差距。国际上通用的一种测量方法，叫“基尼系数”（Ginicoefficient）的测量方法。其含义上文已经讲过了，最大值是 1，最小值是 0。它通过测量财产或收入在人群中是怎样分布的，来反映不平等程度。假设在一个国家中，有 100 个人，假设将这个国家的财产平均分成 100 份，那么绝对平均的分配当然是一人一份。这时候的基尼系数就是“0”。我们再看另一种完全对立的情况，就是绝对的不平均分配，还以这个假设为例，在这 100 个人中，有一个是国王，99 个是臣民，假设 99 个人的财产都是 0，只有国王一人得到了全部的财产，这时候的基尼系数是“1”。我们知道，实际上，无论绝对平等还是绝对不平等都是不可能的，这两种极端都几乎是不可能发生的，所以，反映收入分配的是一个大于 0 而小于 1 的数值，该数值越接近于 0 则表示越均等，而如果越接近于 1，则表示贫富差

距越大。根据基尼系数的原理，任何一个国家的不平等程度都可以通过 0 到 1 之间的一个数值表现出来。

2. 改革开放以前的收入差距状况

改革开放以前，中国的贫富差距究竟有多大呢？根据“世界银行经济考察团”的报告，1979 年，中国城市家庭人均收入的基尼系数为 0.16，这个数值在当时全世界几乎是最低的。世界上，即使是贫富差距小的国家和地区，一般也都超过 0.2 的水平。那么，为什么中国人能把城市居民之间的收入差距缩到这么小呢？仔细想想，当时城市里是低工资和票证制度，社会管理者实际上是通过粮票、布票等各种票证，平均地分配食品、物品和生活消费品等。所以，当时是通过计划经济体制、通过城市里非常发达的组织管理体系，把生活必需品平均地分配给每一个人，从而实现了几乎是完全平均的分配。

当然，以上说的是城市居民之间的差距，如果计算当时农民之间的差距，则要高一些。也是根据世界银行的数据，1979 年，中国农村家庭人均收入的基尼系数为 0.31，如果将城市与农村合在一起，计算全体城乡居民的基尼系数则更要高一些，是 0.33 的水平。这说明，中国城市与农村之间的差距，在改革开放以前也是很高的。不过，当时的全国贫富差距 0.33 的水平，在全世界比较起来，也还算是比较低的。

3. 改革开放之后，基尼系数的攀升

80 年代以后，中国贫富差距的指标就开始迅速上升了，1988 年中国社会科学院赵人伟等人的调研证明，当时中国城乡全体居民基尼系数指标上升到了 0.382 的水平。

1994 年，笔者通过一次全国性的大规模调查数据分析，证明当时中国城乡居民合计的基尼系数达到了 0.43—0.44 的水平。数据发表后，在当时引起了各界的普遍关注。为什么达到这样的水平会引起普遍关注呢？换言之，0.43—0.44究竟是一种什么样的程度呢？这就有必要与其他国家作个对比。我们知道，大多数发达国家，贫富差距不是特别大，一般都维持在基尼系数0.4以内的水平。北欧国家当然就更低，比如瑞典、丹麦都是0.25左右。基尼系数最高的是南美洲国家、一些非洲国家和南亚国家，像巴西、智利、秘鲁、阿根廷等，这些国家的基尼系数不少超过0.5，个别的甚至超过0.6。根据国际经验，系数维持在0.3—0.4的水平比较好，称作“中等不平等程度”。所以，我在1994年的研究中提出，中国的贫富差距开始超过国际中等不平等程度。如果说有警戒线的话，那么，基尼系数0.4可以认为是一道警戒线，超过了，就是贫富差距大了一些。在研究人员看来，1994年以后，关于重视贫富差距问题的呼声也确实高一些。另外，虽然中国的贫富差距还不是最高的，但是我们是从一个绝对平均主义的国家一下子跳跃到了贫富差距比较大的状况，如此快的增长速度是值得忧虑的。

4. 21世纪以来的贫富差距变化

到了21世纪中国贫富差距的情况如何呢？根据国家统计局的数据，到2008年我国城乡居民家庭人均收入的基尼系数为0.491，是一个高峰值。除了国家统计局的官方数据以外，近年来，中国的不少大学、研究机构、专家学者也进行了独立调研，这些民间的数据大体认为目前中国城乡居民人均收入的基尼系数达到了不低于0.5的水平。当然，个别数据也有很高的，比如，西南财大的“中国家庭金融调研中心”就发表调查报告，认为2010年中国城乡居民家庭人均收入基尼系数为0.61[①]，曾在国内引起很大争议。主持该调研的甘犁教授解释，他们测量的基尼系数之所以高，是因为他们采用了专门的调查方法，调查出了一些高收入户的真实的高收入数据。我们

① 潘寅茹、王一茹:《西南财大课题组详解基尼系数0.61调查过程》，载《第一财经日报》2013年4月11日。

知道，民间调查的基尼系数高于官方数据，这在世界各国也是常见的。不同的调查方法、不同的抽样方法也都会造成调查结果的某些差异，这不足为奇。近年的调查中，比较受到关注的还有北京大学中国社会科学调查中心公布的数据。该中心发表的《中国民生发展报告（2014）》，公布了关于中国财产分层的数据。我们知道，以往的分层研究多是集中于对收入的研究，财产研究确实难度很大，而且财产的基尼系数肯定会高于收入的基尼系数，因为财产是多年收入的积累。所以，该中心的研究也可以视为初次的探索。该中心公布的数据是：2012 年中国家庭财产分布的基尼系数为 0.73，更具体地展示了不同家庭组占有财产的情况是，最高 1% 家庭占有全部财产的 34.6%，最高 10% 家庭占有全部财产的 62.0%，最低 25% 家庭占有全部财产的 1.2%，最低 50% 家庭占有全部财产的 7.3%。[①] 总之，比较了官方的、民间的、收入的、财富的各种数据后，我们可以认识到，到了 21 世纪初叶，我国社会各个群体，在经济地位的社会分层方面，贫富差距处在了一种比较高的水平上。贫富差距的水平比较高，意味着我们的社会建设、民生建设方面还存在着很多问题。

5. 贫富差距的三个表现

尤其要考虑到改革开放以前，我们一直处于一种比较平均主义的经济分配状态，贫富差距拉大是在近 20 年的时间里发生的，这样一种迅速攀升的情况确实让我们担忧。笔者以为，这种上升的趋势在具体的资源分配中表现为三个特征：第一，财富集中化的程度有了较大的上升，即城市经济、特别是集中型大城市经济都比较繁荣，相比较之下，边缘地带的发展，特别是农村的发展、农民的生活状况，却令人堪忧。少数中心城市的富裕与多数小城镇和边远地区的贫穷形成了比较鲜明的对照。调研还显示，无论是城乡居民收

---

① 谢宇、张晓波等：《中国民生发展报告（2014）》，北京大学出版社，2014 年版，第 30 页。

入、财产，还是在银行的个人储蓄存款，都表现为，越是高端相对较小的高收入、高储蓄群体，占有的相对比例越高，上面北京大学的数据也显示了这一特征。第二，城乡分化和区域之间的分化问题比较突出，沿海的经济发达省份与内陆的经济不发达省份以及东部和西部地区的差距，十分明显。城市居民与农村居民生活水平的差距，无论按收入比较还是按消费比较都是很高的。第三，一些低收入群体、弱势群体与社会保障体系有脱节的现象，特别是在农村，主要还是"养儿防老"的模式，即基本上是通过家庭自保而实现保障的。不少农村地区、老少边穷地区，还存在着比较严重的贫困问题。当然，中央的"十三五"规划已经明确提出，要"实施精准扶贫、精准脱贫"，要建成覆盖城乡的社会保障体制，到 2020 年全面建成小康社会。

6. 怎样看待贫富差距拉大的现象？

改革开放以来中国取得了巨大的经济社会进步，改革开放的政策也得到了全国绝大多数人的拥护。但是，上面数据也确实显示，目前贫富差距比较大，所以，老百姓自然会提出疑问，究竟应该怎样看待、评价这种贫富差距的现象呢？那么，是不是说贫富差距拉大就是绝对的坏事情呢？如果是这样的话，那么，改革开放以前的贫富差距确实很小，但是，为什么多数人不愿意回到那种状况呢？从社会学的视角看，既然任何社会，都做不到财富的绝对平等分配，那么，我们就应该寻求一种合理的差距。什么是合理的差距呢？这就涉及财富分配与一个国家的经济效率之间的关系。收入差距太小，每个人都获得同样的份额，"干多干少一个样，干好干坏一个样"，社会就没有动力。就好比水没有"落差"，就不会流动一样，在这个意义上，基尼系数过小也不一定就好，这就是改革开放以前我们社会体制存在的问题。

让人惊讶的是，一个国家贫富差距拉大的时候，经济增长往往也比较快，中国 40 年来的经历证明了这一点，国际上的经验也是如此。这里面是有一定道理的。笔者以为，其基本原理在于，任何一个国家都要在两种策略中做出选择。一种策略是促进经济增长，为提高劳动生产效率，就要搞一些刺激生产的改革，就要裁员、拉开差距、强化奖励、高收入等刺激劳动积极性。而另一种策略是关注社会公平，认为社会上不应该有太多弱势群体，应该让多数人都保留在工作岗位上，降低失业率，鼓励企业为弱势群体做贡献，即使失业了也应该有维持生活的收入。于是就搞社会福利、社会保障。福利保障搞多了，既然不劳动也能有收入，劳动积极性就会下降，经济动力以及社会动力就会减弱。

近年来的欧洲债务危机也再次印证了这一原理，福利国家政策往往造成经济动力不足，希腊、葡萄牙以及西班牙等国为维持福利政策又造成政府债台高筑，核心问题还是如何在刺激发展动力与维持社会福利保障之间实现协调与平衡。总之，任何国家都要把刺激发展的动力机制和保障公平的福利机制调节好，否则要么出现经济动力不足的问题，要么出现贫富差距过大的情况。

三、贫富差距与社会稳定

贫富差距问题之所以特别引人关注，主要因为它关系社会稳定。社会学家更关心的是：这样一种贫富差距会不会引发社会问题？常常有人向我们询问，目前的贫富差距会不会造成社会不稳定呢？什么样的贫富差距会引发社会动荡？实际上，社会科学的复杂性就在于社会的客观事实与人们的主观心理、社会感受交织在一起，并且相互影响，所以，对于它的测量无法像物理学的试验那样精确。水烧到100摄氏度就沸腾了，社会科学现象却不是这样，贫富差距的客观指标也不是这样。如前面讲的基尼系数0.4为警戒线，也只是说一种可能性。有些人以为，有一个数值，达到这个数值社会就会出问题。其实，社会现象异常复杂，不像自然现象那么简单，并不存在这样一个绝对的客观指标。

一个社会稳定不稳定，会不会出事，有三个因素的影响十分明显，表现为三个指标。第一是失业率，如果大批人没有工作，甚至达到了很高的比例，社会就会出问题，有人预测，说失业率超过10% 就会出问题，其实欧洲一些国家就曾经达到过这样的水平，也并没有出大问题。我曾经做过全国的数据，发现，1998 年中国城市失业就达到过这样的水平。当时中国国企改革，大批人下岗，如果把下岗、失业和待业都计算在内的话，就超过了 10%，但当时也没有发生什么影响全社会的重大事件。笔者曾经提出“潜在就业”“家庭成员互相补偿”“生存机会”等观点，论证为什么不会出大问题。

第二个因素是通货膨胀率，通货膨胀使得货币贬值，它损害了社会中几乎所有群体和几乎每一个成员的利益，中国是巨型人口社会，通货膨胀造成受损人群巨大，再加上中国人好存钱，所以，对通货膨胀的容忍度不高。

第三个因素就是贫富差距。贫富差距对于社会稳定的影响情况更为复杂。它与人们的心理承受力也是紧密相关的。不同民族、不同文化对于贫富差距的承受力并不一样。像南美洲国家、非洲一些国家，贫富差距历来很高，有时失业率、通货膨胀也很高，但是，似乎文化上、心理上的承受力也很高。中国人对贫富差距承受力是高还是低呢？中华民族在文化传统上和社会心理上均比较复杂，不能简单地说高或低。就我的理解，中华民族是一个弹性很大的民族，有时承受力很低，不是特别能承受不平等的民族，历史上农民起义从来没有间断过，据统计中国是世界上农民起义次数最多的国家。农民起义都是出于经济原因。历史上中华文化中的“不患寡而患不均”的观念就一直很强。所以不能说中国是一个对于贫富差距心理承受力很高的民族。

中国哲学里有不容忍冒尖的一面。中国有句话叫作“木秀于林，风必摧之，堆出于岸，流必湍之”，就是说，你冒尖，我就把你干掉，中国人是有这个心理的，“枪打出头鸟”“出头椽子先烂”等，说明中国人确实有一套这样的哲学。在我们这里，主张“夹着尾巴做人”，这是中国人的基本日常哲学之一。中国的毛笔字，讲究藏锋不外露，总觉得张扬不是好事情，自己藏着、“猫着”会好一点。如果能容忍差异的话，大家就去竞争，就去冒尖，但是中国人认为冒尖不好，很危险。但有的时候，中国人对于差异又有极大的容忍力，所以，中华民族对于差异、差距的看法弹性很大，在某些情况下容忍力很强，有时候又很低，难以捉摸。因此在这种情况下分析中国就更要特别谨慎，要分析社会背景、要具体问题具体分析。

所谓稳定不稳定，最关键的，还是要使全体中国人的基本生活条件得到保障，要使这个民族多数人逐步富裕起来。从这一点上看，我们国家目前是稳定的。改革开放 40 年来，广大人民的物质生活水平有了很大提高。前些年，我曾经做过一个全国调查，并和美国加州大学洛杉矶分校一位教授就俄国、东欧的数据作对比。在调查中，我们都询问了同样一个问题，就是请被调查者回答，跟 10 年前比，他们自己的生活水平是上升了，还是下降了。结果发现，绝大多数中国人都认为自己的生活水平还是上升了，俄国、东欧的数据恰恰相反，多数人认为自己的生活水平下降了。中国人生活水平的上升，很好地解释了 90 年代到 21 世纪初叶中国社会的稳定发展。邓小平讲的经济发展是“硬道理”，非常正确，经济发展是维护社会稳定的重要基础。近来，中国经济有所下滑，我们也要对此保持高度警惕，如果经济下滑到影响了广大老百姓的日常生活，那就可能引发社会问题。对于这个原理，戴维斯（J. C. Davies）在他的 J 曲线理论中已经有充分的阐释。[①]

四、市场转型与贫富差距

以上分析我国贫富差距达到什么程度了，讲的是一种社会事实。

---

① James C. Davies: “Toward A Theory of Revolution”, *American Sociological Review*, Volume 27, Number 1, Feb. 1962.

下面，我们追寻一下原因，为什么会出现这样大的贫富差距，它是怎么形成的。研究发现，中国40年来贫富差距的扩大确实和中国引入市场机制有关系。所谓市场，讲的是三个方面：第一是商品市场，第二是劳动力市场，第三是金融信用市场。这是市场的三个最重要的方面。第一是商品市场的引入，中国从80年代开始做试验，80年代中后期，邓小平同志多次讲我们要闯关夺隘，要闯物价关，核心讲的就是商品市场问题。所谓商品市场，就是不再通过票证完成商品交换。我们过去能实行那么高度的平均主义，是通过票证体系实现的。当时虽然也有市场，但绝大部分商品的价格是由国家控制的，而不是由市场决定的。中国在改革开放以后，商品市场是什么局面呢？基本特征是“短缺”，匈牙利一个经济学家提出了一个概念叫“短缺经济”，1985年以前的中国就是短缺经济。1985年中国刚开始搞商品市场时，马上通货膨胀就十分严峻。因为商品的价格是由供需决定的，一个东西供不应求，价格必然上升。所以刚引进市场机制，商品价格就开始暴涨，自然就会产生通货膨胀。当时中国人的抢购心理特别强烈，抢购成风。所以中国在80年代闯物价关时，难度非常大。不过中国人民的创造力确实还是很强的，居然在短时期内就克服了这个危机，到了90年代中期，中国又突然变成一个商品过剩的市场了。由此可以看出，只要给一个缓冲期，勤劳的中国人民确实有无限的创造力。

第二是劳动力市场，这一关我们还没有闯过去。从90年代中期以后，我们开始做试验，比如，过去上大学，毕业后包分配，90年代初开始搞供需见面会，让学生尝试自己找工作，到现在大学都不包分配了。劳动力实现自由流动固然好，但中国是一个劳动力过剩的国家，劳动力市场一放开，马上就出现失业下岗问题。这是很大的危机。所以，最近我们也在做这方面的改革，包括加强就业信息的沟通，建造就业信息体系，推进就业培训，完善就业市场等。

第三个试验，是我们正在进行的，这就是金融信用市场改革，这个试验也是有风险的。因为金融市场允许资本的自由流动，国际资本流入、流出，银行不是完全由国家控制。这方面还要谨慎一些。

总之，40 年来，我们做了市场经济的试验。那么，为什么非要引进市场经济呢？道理并不复杂，从 1949 年到 1979 年，我们做了 30 年计划经济的试验，结果证明，不引入市场经济，就没有活力。1949 年的时候，中国人均 GNP 和当时的发达国家相差约 2 000 美元，到了 1979 年，已经差到 5 000 美元以上了。这样一种计划体制确实没有效率，这是我们一定要引入市场机制的根本原因。引入市场机制确实带来了一些问题，但是要知道，一种资源用市场来配置，确实比计划配置的能力强。过去我们总觉得政府的能力很强，毕业分配你们完全听政府指挥就行了，以为政府的配置是最优的。今天看来，劳动力的自由流动配置有巨大优势，所谓“人算不如天算”。然而，市场这个东西很无情的，过去不靠市场，国企可以得到国家的补贴，不按市场规律去办，“一平二调”，比如上海的企业有钱，你就多交上来一些，我去补那个穷的，当时大家都是接受的。可在市场经济下就不是这样了，一个企业，有本事就发展起来成为巨型企业，没本事就破产、垮台。从这个角度看，市场很残酷，通过市场这样一种残酷的分配，当然会形成贫富差距了。能够适应消费者需要的企业，自然就搞得好，能迅速发展起来，不适应的就濒临破产，大量工人下岗，市场就是这么残酷。所以在采用市场机制运行时，肯定会造成贫富差距的扩大。

在国际上解释贫富差距的时候，有一个理论，叫“库兹涅茨 – 倒 U 形曲线”理论。搞经济学的人都知道，库兹涅茨（Simon Kuznets）这个人获得过诺贝尔经济学奖，是俄国血统的美籍教授。他收集了很多国家的数据，来分析贫富差距的变化情况，结果他发现了这样一条曲线。假设用纵轴表示不平等，横轴表示人均 GDP。他发现一个国家的人均 GDP 和不平等的关系是一条拱形（倒 U 形）曲线的样子。即一些完全没有发展的贫穷国家贫富差距也不是特别大，然而在人均 GDP500—1 000 美元时，不平等程度会急剧上升，达到峰值以后，随着该国人均 GDP 的进一步增长，贫富差距指标又会逐渐下降。这个理论解释了世界上很多现代化国家的经济增长与贫富差距关系的历史进程。用这个理论来解释，为什么目前中国贫富差距上升较快呢，就是因为中国处在曲线的上升部分。按照这个理论的解释，将来人均 GDP 上升到比较高的水平贫富差距还会有所缩小。那么，是不是说我们只要等着就行了，按“库兹涅茨－倒 U 形曲线”的解释，到了一定时候就会自然缩小呢？笔者以为，事情并不是这么简单。这就需要对于库兹涅茨发现的“倒 U 形曲线”背后的机制做出解释。

一个国家的财富分配绝对不是通过市场一次完成的，而是要通过多次分配环节才能完成，市场只是分配的第一个环节，在其后还有多次分配。一个国家在建立市场机制的初期，市场机制肯定很不完善，漏洞很多，福利、保障制度建设很差。所以在这个阶段，贫富差距上升速度就会快一些。另一方面，一个国家富裕以后，就可以有更多的资金用于福利、保障，财富就会再次或多次转移分配。我们一定要意识到，市场确实很厉害，但市场完成的绝对不是最终的公平分配的结果，仅仅通过市场的一次分配肯定是不合理的，还需要多次分配调节。

过去，在改革开放以前，占上风的理论认为，市场很不公平，所以我们根本不经过市场，通过国家指令，一次完成平均分配。改革开放以后，人们认识到，否认市场分配是不对的。市场的第一次分配有没有道理呢？当然有。市场要分出胜负、分出强者弱者，我们从前的问题在于不承认这个强者、弱者，我们以为不应该有强者、弱者之分，以为就应该把强者的钱给弱者，这是不对的。你得让市场分出强者与弱者，让成功者有成就感，这样才能增强一个社会的效率和经济发展的动力。

另一方面，虽然优胜劣汰是必须的，但是，优胜者的收入太高，贫富差距太大，也不公平。所以，完善的市场机制还需要多次分配环节。比如税收就是最重要的再分配机制，高额累进税可以将富人的部分财富转移到穷人手中。捐款也是很重要的机制，经济学里讲

“边际效益”，对于巨富者来说，财富对于他们生活的边际效益已经大大下降了，而如果捐款给穷人则会有很高的边际效益，所以很多市场经济国家都建立鼓励捐款的财税制度。总之，在完善的市场体制下，分配是有很多环节的，包括税收调节、社会福利、社会保障、慈善、捐款等。政府在社会政策上应引导财富的多次分配。

根据国家统计局公布的数据，中国城乡居民家庭人均收入的基尼系数在 2008 年达到高峰值以后，近几年，出现了逐渐下降的趋势（见表 23–1）：

表 23–1　国家统计局公布的我国 2003—2012 年基尼系数 [①]

年份	2003	2004	2005	2006	2007	2008	2009	2010	2011	2012
基尼系数	0.479	0.473	0.485	0.487	0.484	0.491	0.490	0.481	0.477	0.474

这显然与中国近几年对于收入分配政策的调整，社会福利、社会保障制度的逐步完善有关。表 23–1 基尼系数的变化是否就是“库兹涅茨 – 倒 U 形曲线”的拐点呢？由于时间还比较短，还需要进一步观察。

五、贫富差距与社会公平

我在前面说过，经济学更多强调效率，社会学更多强调公平，实际上，这是对同一个问题的两种不同视角的分析。在效率与公平的问题上，基本可归结为三大理论流派：第一流派是以《资本主义与自由》的作者米尔顿 · 弗里德曼（Milton Friedman）为代表的自由主义派别，他主张效率优先，主张充分的自由竞争，他认为只有充分自由竞争的社会才能够体现出比较高的效率，而只有很高的效

① 《2012 年全国居民收入基尼系数 0.474，五年来逐步回落》，中国经济网，http://www.ce.cn/macro/more/201301/18/t20130118_24040989.shtml。

率才能创造出更多的财富，人们才能获得财富的分配。所以他主张充分的竞争和自由，主张废除集中管理的社会福利事业。他把效率放在了首位。第二流派以《正义论》一书作者、哈佛大学教授罗尔斯（John Rawls）为代表，他主张公平至上，他的正义论，含义是公平的意思，他认为如果不能做到使“不平等分配”对每个人都有利，那么一切社会资源就应平均分配。以上是两种完全对立的理论。第三流派的代表人物是阿瑟·奥肯（Arthur Okun），他主张在效率和公平之间找到一个平衡点。公平和效率两者虽有矛盾的，但是在某些情况下，可以找到一个平衡点。奥肯提出疑问：所有的不公平就一定促进效率吗？他认为不一定，不公平太大，引起了底层工人造反，就既没有公平也没有效率了。反之亦然，比如主张公平就过分地对企业主克以重税，这样的结果往往造成企业主投资、经营积极性的下降，整个社会生产也会随之下降，最终使人们获得的收入减少，这样在效率损失的情况下会损伤、破坏社会福利基金，最终也达不到公平。

现在，让我们回到中国的事情上来。我们碰到了两个基本群体：富人群体和穷人群体。我们要回答的问题是：怎样看待富人群体？怎样看待穷人群体？这两个群体的关系是否公平？从社会分层的角度去看，什么样的财富分配才公平呢？邓小平同志曾经说，要让那些辛勤劳动的先富起来。后来发现，光辛勤劳动也富不起来，辛勤很重要，农民劳动就很辛勤，但现在他们如果仅靠种粮食也挣不到很多钱。笔者以为，在研究不平等和分层问题上，人们要回答的问题是，既然不平等和分层是不可避免的，那什么样的分层才是可以接受的呢？最为一般的回答是：要让那些具有相应水平的人，到相应水平的分层位置上去。比如你经营企业成功，确实因为你有本事，不是因为你违法操作，所以你成功了，这样的分层位置，大家是能够接受的。如果不是凭你的本事，那么大家就会对你不满意。人们希望素质高的人在较高的位置上，你素质不高，那在低位置上也没有什么可埋怨的。人们看见富人时，提出的疑问往往是，你那么富有，是靠自己的本事吗？比如比尔·盖茨，虽然他当年上学没上完就退学了，但他市场看得很准，看准了一个很好的做软件的机会，于是他凭本事把这事儿做成了，目前在世界上，他的财富名列前茅。从比尔·盖茨的例子可以看出，他的素质很高，机会抓得好，有头脑、会运作，他拥有财富，一般人也不嫉妒他。不服气的话你也造一个微软去呀，是那么好造的吗？反之，倘若富有是靠贪污腐败、走私、贩毒、违法犯罪得来的，大家就觉得不公平了。

此外，如果一个富人仅仅是靠继承家庭遗产而获得的财富，那么人们一般也会认为不合理。近来的研究证明，我国改革 40 年以来，影响人们获得成功的血统因素、先天因素有所减少，后天因素有所增加，这是非常积极的变化。所谓“后天因素”或“自身努力因素”，比如说，你考大学、考证书、办企业、搞经营，这些都是自身努力因素。靠自身努力因素而获得的财富，人们一般认为是合理的。用这个指标来看，中国近年来，在财富积累过程中，富人的素质水平还是有提高的。根据国务院企业家调查系统的调查数据，中国私营企业主学历水平确实上升了，受过高水平教育的比例上升了。近来，中国私营企业主里面，大学毕业、研究生，受过较好教育的比例比较高。然而，80 年代的时候情况就完全相反，那时，收入较高的群体，素质是比较低的，数据表明那时私营企业主平均教育水平很低，甚至低于当时一般城市居民的水平。90 年代和 21 世纪初，私营企业主教育素质等有很大提高，如果不去看文凭而只是看行业，也能看出来，很多私营企业都属于新兴产业。80 年代所谓的万元户、先富起来的阶层，很多是做小买卖的人，当时的经济发展水平较低。但是到了 90 年代和 21 世纪，高素质群体中一部分人开始进入商界。这在社会上是一种积极的变化。

对于富翁层的分析，社会学也常常使用“精英理论”，精英是社会上非常强的一些人，改革开放 40 年来，中国实际上在培育经济精英集团。在这个意义上，我们不应该仇视富人集团。当然，富人集团必须是高素质的，如果是低素质的，就应该将其淘汰出这个集团。

对于这种淘汰机制，社会学称其为“精英循环”。精英循环理论认为，社会应该有一种制度体系，把不具备精英素质的人淘汰掉，让具备精英素质的人脱颖而出，进入上层。富人集团不是坏事情，但是应该有淘汰机制，让有本事的人上来、没本事的人下去。

中国自古就懂这个道理，比如科举制度就是为实现精英循环的。科举制度早在隋朝时期（587 年）就发明了，延续了 1 300 多年，这个制度在当时世界上是最优秀的制度。当时欧洲是等级身份制，贵族和富有阶级靠血统继承。我们考察了明、清两代的科举进士及第材料，发现贫寒家子弟靠科举成功的比例是相当高的，证明当时的科举制度确实实现了精英循环。后来，西方体制发生了变化，他们把科举制度学去了，英国建立了文官制度，也就相当于我们的考试取士。而且，西方人克服了科举制选拔精英人才范围太窄的缺点，普及了市场机制。“市场机制”这个东西确实要比科举好得多，相当于在全社会造了一个无所不包的经济考场，有经营本事的就来考吧，考上了就是精英。实际上，市场也是精英循环的场所。所以，放开市场，让企业实现精英循环，这是应该的。让真正有能力的企业家、让真正的精英人物能够实现地位上升。所以，要认识到，富裕并不是坏事情，中国总体上还很贫穷，中国的所谓富翁跟世界上的跨国公司企业家还没法比。要实现精英循环，就不能只重用自己亲近的人，要允许自己不熟悉的人也有竞争的机会，这才能形成真正的精英集团，在高级管理者中不是精英的，就应该淘汰，让有本事的人上来，这才是最核心的问题。所以，我们不应该一般地反对富有、反对财富、反对企业家。

另一方面，对于贫困者，当然应该采取扶助、帮助的政策。这里面，有两种贫困：即绝对贫困和相对贫困。绝对贫困，比较典型是在集中连片的贫困地区，往往在一些少数民族地区、边远地区、山区，像云南、贵州、西北地区等。根据《中国扶贫开发报告》，从

1978年到2015年，中国农村贫困人口减少了7.15亿。[①] 最近，中国的“十三五”规划提出到2020年争取做到现有的贫困人口都能够实现脱贫。当然，绝对贫困问题解决后，还会遇到相对贫困问题。相对贫困比较典型的，如城市里面的失业下岗人员。近年来，中国在城市和农村都实行了最低生活保障线制度，目前城乡还是两种标准，一些地方也开始尝试将城乡最低生活标准线并轨，所以，扶助、帮助贫困的标准也在逐步提升。在中国这样的近14亿人口的大国，解决贫困问题，特别是解决相对贫困问题，难度还是非常大的，对此应有充分的思想准备。

总的来看，贫困问题和贫富差距的解决，一方面要对高收入者收税，另一方面要通过保障制度给低收入者以补偿。然而，最近对税收的分析显示，中国个人所得税的纳税大户还是普通的职工层，高额累进税和个人所得税还没有真正起到平衡收入差距过大的作用。治理贫困的另一个方面就是要建立各种保障制度，像最近的医疗体制改革、住房体制改革、失业救济方面等，都应该主要考虑低收入者的利益。

此外，解决贫富差距问题，“反贪”也很重要。中国的贫富差距里面，确实有很多是违法违纪因素造成的。当然，这部分控制难度也相当大，因为市场转型过程中，在体制不健全的情况下，会出现很多违法、违规的现象。此外，教育解决贫富差距问题上也有作用。教育显在的功能是传播知识，传统的说法叫作“传道、授业、解惑”。但实际上，教育有很多潜在的功能，一是可以降低出生率，受教育水平越高，生育率越低，从所有的统计数据都可以证明这一点；二是可以减轻贫困，现代社会，贫困很大程度上是因为没有知识、没有文化、没有技术，实际上是“文化贫困”。在贵州和西北地区的山区、少数民族地区，我们曾动员很多人移出山区，帮他们解决贫

---

① 李培林、魏后凯:《中国扶贫开发报告（2016）》，社会科学文献出版社，2016年版。

困问题，结果他们后来又跑回山里去了，生活依然如故。所以，解决贫困问题的核心还是教育，得依靠基础教育、技术教育，传播知识技能，逐渐提高他们的文化、知识、技术含量，改变他们的观念，这样才能从根本上改变他们的贫困状况。

第二十四章
中国社会学界关于社会分层的研究

本书是笔者关于中国社会分层研究与思考，作为全书的结尾，本章特别介绍一下我国社会学界众多学者关于社会分层、社会结构的一些探讨。笔者以为，回顾改革开放以来中国社会的变化，意义最大的、最为根本的变化，莫过于社会结构的变迁。社会结构变迁的核心是社会分层结构的变迁。上文已述，社会分层的本质是关于人们之间的利益或资源占有的关系。而改革的本质也在于人们利益关系的变迁，因此，回顾社会分层的变化，也就是回顾改革开放中人们之间的利益关系发生了什么样的变化。

正因为社会分层与改革开放之间有着十分密切的联系，所以，在改革开放以来 40 年时间里，它始终是社会学界、社会学学者讨论的热门话题。本章并不是要全面介绍改革开放以来的社会分层研究，而是集中介绍 90 年代末以来，以及 21 世纪里中国社会学界关于社会分层的研究成果。主要谈四个问题，首先介绍社会分层总体研究的一些重要的理论观点，其次介绍在贫富差距问题上的主要观点，再次介绍对于中间阶层的研究，最后介绍近年的最新研究，并谈几点展望。

一、对现阶段中国社会分层结构的总体研究

社会分层是近年中国社会学研究关注的主要领域，之所以引人关注，与三方面社会现象有关：一是持续的社会贫富分化，造成社

会财富与发展机会明显地向少数人手中积聚；二是“权力”因素在社会资源分配及发展机会中，显现出其决定性的作用，这也是“十八大”以来中央高举反腐大旗的社会背景；三是在自上而下与自下而上的社会互动中，一些新的结构要素被“再生产”出来，影响和改变着社会利益关系及社会变迁的走势。这些观点在孙立平、陆学艺、李培林，以及笔者的著作中均有阐述。

对现阶段中国社会结构变迁机制及其阶级阶层结构变化的分析、解释，社会学界主要有四种不同的判断，第一种，是陆学艺教授任组长的“当代中国社会结构变迁研究”课题组提出的，可称为“层化论”；第二种，主要是笔者提出的“集团论”；第三种，也主要是由笔者提出的“碎片论”；第四种，是孙立平教授提出的“断裂论”。除上述四种理论以外，对中国社会分层机制中的一些重要问题，如阶级阶层关系的传递、阶层认知、性别分层等，一些社会学学者也提出了经相关实证研究初步验证了的一些命题，如“阶层关系双重再生产模式”“阶层认知的相对剥夺论”等。下面予以详述。

1.“层化论”

中国社会科学院社会学研究所研究员陆学艺主持的“当代中国社会结构变迁研究”课题组明确提出，一个现代化社会分层结构在现阶段的中国社会已现雏形：“当代中国社会阶层结构正在向与现代经济结构相适应的现代社会阶层结构方向转变；并且这种结构正在趋于稳定。”并做出了这样的基本判断：“中国城市的社会等级结构正在向‘橄榄型’现代社会阶层结构演变，而乡村地区或城乡结合的县级行政区的社会阶层结构要转变为现代社会阶层结构，则还要走很漫长的路。”[①] 他们依据对全国不同地区的典型调查、问卷调查、个案访谈等的经验资料（典型调查的 11 000 份样本和全国 6 000 份概率抽样问卷）和相关统计，提出了以职业分类为基础，

① 陆学艺主编:《当代中国社会阶层研究报告》，社会科学文献出版社，2002 年版。

以组织资源、经济资源和文化资源的占有状况为标准划分的当代中国社会阶层结构的理论框架，并据此勾画了当代中国社会十大阶层和五种社会地位等级组成的社会分层结构。此种论点被学界称为“层化论”。

他们勾画的当代中国社会十大阶层和五种社会地位等级组成的社会分层结构为：十个社会阶层（国家与社会管理者阶层、经理人员阶层、私营企业主阶层、专业技术人员阶层、办事人员阶层、个体工商户阶层、商业服务业员工阶层、产业工人阶层、农业劳动者阶层、城乡无业、失业、半失业者阶层）和五种社会等级（社会上层、中上层、中中层、中下层和底层）。

其中：

（1）国家与社会管理者阶层，指在党政、事业和社会团体机关单位中行使实际行政职权的领导干部。该阶层在整个社会阶层结构中约为2.1%。（1999年数据，下同）

（2）经理人员阶层，指在大中型企业中非业主身份的中高层管理人员。该阶层约占全部就业人口的1.5%。

（3）私营企业主阶层，指拥有私人资本和固定资产，并雇用职工进行经营以获取利润的人员，按现行政策，雇工在8人以上的企业主称私营企业主，他们是改革开放以后产生的一个阶层。从1981年的第一个私营企业主产生，到2001年已有私营企业202.85万户，投资者460.8万人，从业人员2 714万人，注册资金18 212亿元，实现营业收入11 484亿元。按1999年的数据，私营企业主阶层在整个社会阶层结构中占0.6%。

（4）专业技术人员阶层，在社会结构中占5.1%。

（5）办事人员阶层，指协助党政机关企事业单位的领导处理日常行政事务的专职办公人员。这个阶层在社会上被称为白领，主要有党政机关中的中低层公务员，各种所有制企事业单位中的基层管理人员和非专业性办事人员。在社会阶层结构中所占比例为4.8%。

（6）个体工商户阶层，指拥有少量私人资本，从事小规模生产、流通、服务业等经营活动，并以此为生的人，自己参加劳动和经营，有些还有专业的技术和手艺，有些还带一些徒弟，雇请少量帮工（不超过7人）。他们被称为小业主、小雇主、个体工商户，国外有称自雇佣者的。这个阶层到2000年有2 571万户，全部从业人员为5 071万人，在整个社会阶层结构中占4.2%。

（7）商业服务业员工阶层，指在商业、服务行业中从事非专业性的体力和非体力劳动的工作人员。现阶段这个阶层在社会阶层结构中的比例为12%，其中约1/3是农民工。

（8）产业工人阶层，指在第二产业（工业、建筑业）中从事直接和辅助性生产的体力、半体力劳动的人员。2000年全国第二产业就业人员为16 219万人，其中国有单位的职工只有7 640万人，只占47.1%，多数是在非公有制企业（如三资、股份制、私营企业、个体工商户等企业）里就业。目前产业工人阶层在整个社会阶层结构中占22.6%，其中30%左右是农民工。

（9）农业劳动者阶层，指承包集体所有的耕地，主要从事农（林、牧、渔）业生产经营，并以农（林、牧、渔）业为唯一或主要收入来源的劳动者，也就是通常所说的农民。据我们调查，主要从事农业劳动，并以农业为主要收入来源的农业劳动者阶层只占全部从业人员的44%。随着工业化、城市化的发展和相应的社会政策到位，这个阶层还会继续缩小。

（10）城乡无业、失业、半失业者阶层，指无固定职业的劳动年龄的人群，他们是这几年媒体所称的弱势群体，是社会的底层。目前这个阶层在整个社会阶层结构中的比例约占3.1%。①

2.“集团论”

“集团论”最初用的概念是“利益群体”，是笔者与孙立平教

① 陆学艺主编：《当代中国社会阶层研究报告》，社会科学文献出版社，2002年版。

授、沈原教授在讨论中提出的，[1] 后来笔者又重新撰文予以阐述。笔者认为，所谓利益集团或利益群体，是指“在物质利益上地位相近的人所构成的群体”或者说“在经济利益上地位相近的人所构成的群体”。物质利益上地位相近的群体，在中国，传统上称为“阶级”或“阶层”，为什么笔者不直接使用“阶级”或“阶层”，而采用“利益集团”或“利益群体”的说法呢？笔者解释有两点原因，一是由于受到“历史误区”和“大众心理”的影响，“阶级”一词在中国有了特殊的含义，特别是过去长期的“阶级斗争扩大化”的影响，使得人民大众对于“阶级”一词有厌恶的心理和态度。二是因为，阶级在含义上是指利益分化已经完成、物质利益地位已经相对稳定的集团。然而，当今中国社会，利益结构变迁十分迅速，各个社会利益群体正在分化、解组（disorganization）和重新整合（reintegration），因此，使用地位相对稳定的阶级阶层概念就不太符合中国的实际情况。在经验研究中，笔者曾经对90年代以及21世纪初的多种数据进行分析，结果发现社会群体出现了大范围的分化和组合，很难发现稳定的阶级阶层。因此，笔者根据改革开放以来人们利益获得和利益受损的状况，将现阶段中国社会成员分为四个利益群体或利益集团。

第一，特殊获益者群体，是在改革开放以来获益最大的人，如民营企业家、各种老板、公司董事长、高级经理、工程承包人、市场上的各种经纪人、歌星、影星、球星等明星，以及与外资、外企结合的外企管理层、技术层等。第二，普通获益者群体，是改革开放以来在经济以及各种社会资源方面获得了明显的利益群体，包括各个阶层的人，其中既有知识分子、干部，也有普通的经营管理者、办事员、店员、工人、农民等。第三，利益相对受损群体，是指在

---

① 四个利益群体观点的原型，最初是笔者与孙立平、沈原参加有关社会结构课题的讨论中共同提出的。参见中国战略与管理研究会社会结构转型课题组：《中国社会结构转型的中近期趋势与隐患》，载《战略与管理》1998年第5期。

改革开放以后的某个阶段利益受到损害者，包括传统的国企职工群体，在传统体制下是获益的，改革开放前期也是获益的，但是，国企转制过程中出现地位下降情况，尤其是城市中的下岗、离岗、买断工龄等失业人员。第四，社会底层群体，最初称为“利益绝对受损群体”。社会底层群体的说法听起来不那么悦耳，但是，这是我们不得不正视的一个社会事实。利益的获得与受损是一个过程，而底层、中层和上层是利益分化的一种结果。在此意义上，可以将第一个群体称为上层，第二个群体称为中层，第三个群体称为中下层，第四个群体称为底层。[①]

3.“碎片论”

“碎片论”也是由笔者首先提出的，[②] 与前面“集团论”分析社会分化、社会解组有关。笔者认为现阶段中国社会分化及社会分层结构呈现碎片化的特征。过去人们以为，分化只能带来社会的不稳定，其实不尽如此。社会分化如果是简单的两极分化，那当然会引发冲突，但如果社会分化是利益的“碎片化”，人们的利益是多元的，那样，反而不容易发生重大利益冲突。

笔者认为中国社会分层中，利益的碎片化、多元化表现为三个特点：第一，阶层分化与身份群体交织在一起产生了多元利益群体。阶层结构定型化与传统的身份制交织在一起。其结果是，阶层与身份并存，在阶层内部会有很多身份群体。第二，户籍、地域的差异与阶层差异交织在一起，而形成了利益多元化、碎片化的特点。不同区域经济地位的差异远远大于阶层的差异。第三，体制的差异与阶层的差异交织在一起，产生了多元化利益群体。由于体制的“碎片化”与阶层分化交织在一起，就形成了利益的碎片化。由

---

① 李强：《转型时期的中国社会分层结构》，黑龙江人民出版社，2002 年版，103—119 页。

② 李春玲：《断裂与碎片》，社会科学文献出版社，2005 年版，第 10 页。

于社会利益结构朝向多元化方向发展，使得社会的多重利益交织在一起，而不是壁垒森严的裂痕型分化。从社会学的角度来看，阶层利益的碎片化、社会利益的碎片化减小了社会震动，有利于社会稳定。这在一定程度上解释了，为什么一方面中国的贫富分化很严峻，但另一方面却又没有发生巨大的社会不稳定，没有表现出阶级行动。

4."断裂论"

"断裂论"是清华大学社会学系教授孙立平提出的一种对现阶段中国社会结构特征的认识。其基本论点是：20 世纪 90 年代以来的中国社会，出现了社会资源继 80 年代中后期的"社会扩散"而向少数人手中积聚的演变；在向工业化、城市化、市场化转型的过程中出现的那些弱势群体，如国企下岗失业工人、进城的"农民工"等，"被甩到社会结构之外"，很难实现由传统社会身份向现代社会身份的转变；经济改革的结果并未带来相应的社会发展结果，并未为广大的社会成员所分享，形成了一个断裂的社会。"什么是一个断裂的社会？就是在一个社会中，几个时代的成分同时并存，互相之间缺乏有机联系的社会发展阶段。"①

孙立平发现，90 年代中期以来，中国社会已经发生了一些非常重要的、根本性的变化：第一，出现了与原来的社会有着根本不同的社会的基本结构特征和运作逻辑。第二，这样的结构特征和运作逻辑已经开始定型和固化下来，可以影响和定型社会基本走势的主要社会力量集团开始生成并发挥作用。

由此变化，导致一个新的社会正在出现，与之相伴随的有如下特点：第一，经济增长和社会发展出现断裂，经济的增长在很大程度上已经不能导致社会状况的自然改善。第二，形成着一种新的经

① 孙立平：《断裂——20 世纪 90 年代以来的中国社会》，社会科学文献出版社，2003 年版，第 14 页。

济增长逻辑——一种耐人寻味的悖论：即使经济有一个较为快速的增长，然而社会中的大部分人不能从中受益；但如果没有一个较为快速的经济增长，社会中的大部分人却又会从经济停滞中受害。第三，社会力量的定型，即已经开始形成新的社会力量以及构成新的组合关系，并在强有力地影响着改革的方向和实际的进程。第四，改革逻辑的四点改变：其一，改革更多地具有利益博弈的内涵；其二，改革动力由初期的自上而下推行及收益大而很少需付代价，变化为多元化的社会力量开始影响改革的进程；其三，出现了扭曲改革措施及效果的机制，如一些旨在促进社会公平的改革措施，往往在实践中收到的是不公平的社会效果，甚至会被极端化为一种腐败的手段；其四，社会力量的不均衡与不平等机制的形成，特别表现在强势群体（既包括民间的经济力量，也包括一些重要的垄断部门）与弱势群体之间的力量对比上，无论是在对公共政策的影响方面，还是在利用社会机会的能力方面，都存在极大的差别，并开始成为加剧目前社会不平等的一个重要机制。①

孙立平认为，形塑90年代中期以来新社会的有三个基本背景：第一，90年代中期开始的中国社会，逐步由生活必需品时代进入耐用消费品时代；第二，社会中的资源配置从扩散到重新积聚的趋势，导致资源积聚背景下两极社会的形成；第三，全球化的趋势以及中国社会逐步加入全球化的过程。②

5.“阶层关系双重再生产模式”

该模式是中国人民大学教授李路路提出来的，他认为社会分层模式的构成及变化，并非简单地取决于经济机制或经济－技术理性的功能要求，而是在社会和政治的过程中被形塑，因此是特定制

① 孙立平：《转型与断裂——改革以来中国社会结构的变迁》，清华大学出版社，2004年版。

② 同上。

度环境和转型过程的结果。阶层相对关系模式在制度转型过程中以“再生产”为主要特征，有两个含义：一是阶层的继承关系占据主导地位；二是这一阶层再生产模式在中国城市社会的制度转型过程中依然会被持续地再生产出来，原有的相对流动机会的分布模式被延续下来。市场机制的发展，并没有导致相对关系模式的“重组”或阶层结构的更替。那些过去占有优势地位的群体，通过不同资本的交换、社会网络和人力资本的优势，使得他们的优势地位在经济体制的变革中得到保持或延续。这种特征可称之为“双重再生产模式”。

基此假设，该学者在参考了一些主要的阶层框架基础上，建构了一个包括五个阶层的分析框架，即：权力优势阶层、一般管理人员 / 办事人员阶层、专业技术人员阶层、工人 / 农民阶层和自雇佣者阶层。其中，权力优势阶层包括单位负责人和中高层管理人员，其特征是对于他人和资源拥有支配权力，而一般管理人员和专业技术人员则拥有相对的工作自主性。可以看出，权力支配关系在这一框架中占有核心地位，且阶层位置的界定标准是多元的。

阶层相对关系模式有如下基本特征：（1）权力、专业技术人员阶层的再生产性。（2）脑－体间隔，即在权力、专业技术人员和一般管理阶层与自雇佣者和工人 / 农民之间存在着明显的鸿沟——存在着明显的封闭性，这属于更大范围内阶层结构的再生产性质。（3）阶层再生产与相对流动性。[①]

6.“阶层认知的相对剥夺论”

提出该理论的是曾经在华中科技大学社会学系工作，现为复旦大学社会学系教授的刘欣博士。刘欣注意到“阶层意识”与揭示一个特定社会的社会阶层结构的认识关系：阶层地位的基础是多元的，

---

① 李路路：《制度转型与分层结构的变迁——阶层相对关系模式的“双重再生产”》，载《中国社会科学》2002 年第 6 期。

任何社会资源的不平等分配，都可以表现为阶层差异；而社会资源之有价性的程度，是同一定社会的制度安排和价值观念相联系的。人们观念中阶层划分的标准，体现着一个社会对不同资源重要性程度的评价。在进行阶层分析时，若将这些评价同那些客观分层指标结合起来，则会更准确地揭示一个社会的阶层结构。

基于这一认识，他提出了“阶层认知的相对剥夺论”命题，即分层机制的变化，必然使一部分人在社会经济地位或生活机遇上处于相对剥夺状态，即丧失传统体制下的既得利益或者未获得充分的改革新收益；而当人们处于相对剥夺地位时，无论其客观上占据的阶层地位是高还是低，都会倾向于做出社会不平等的判断。他以自己所做的武汉城市居民抽样调查的问卷资料为主要依据，对“阶层认知的相对剥夺论”命题进行了检验。结果表明，这一命题在很大程度上，是能够解释中国社会转型期人们阶层认知的差异的。无论是从拥有的人力资本方面来看，还是从占据的结构性地位来看，那些在中国社会转型中沦入相对剥夺地位的人，都比走向相对优势地位的人更有可能认为自己所处社会是分层的。此外，该项研究还提出了市场转型中，权力的经济回报在领导干部“个人层次上升值”而在权力机构“组织层次上贬值”的结论。①

二、对贫富差距问题的研究

贫富差距问题是社会分层研究中的焦点问题。学者们的贡献主要在四个方面：一是对中国城乡居民财富和收入差距状况的实证研究；二是对近年中国贫富差距扩大状况和社会后果的理论分析以及提出的对策；三是对富裕起来阶层的研究；四是对社会贫困层和社会弱势群体的研究。

---

① 刘欣：《转型期中国大陆城市居民的阶层意识》，载《社会学研究》2001 年第 3 期。

1. 对中国城乡居民财富和收入差距状况的实证研究

对于贫富差距的研究首先就是要搞清楚实际情况，社会学具有调查研究和计量分析的优势，许多社会学者在这方面做了大量调研。目前一般采用基尼系数测量贫富差距，测量的对象可以是财产，也可以是收入，测量财产比较复杂，测量收入简单一些，因此，这里采用测量家庭的人均年收入基尼系数的指标。可以用来作为基数比较的 1979 年改革开放以前的数据十分稀少，相对较好的数据来源于“世界银行经济考察团”1980 年对中国经济考察后所写的报告。根据该报告，1979 年，中国城市家庭人均收入的基尼系数为 0.16，中国农村家庭人均收入的基尼系数为 0.31，城乡合计家庭人均收入的基尼系数为 0.33。如果以此为基数的话，80 年代初以来，中国城乡居民人均收入的基尼系数上升速度是非常快的，根据中国社会科学院的数据，1988 年为 0.382；[①] 根据笔者的数据，1994 年为 0.43—0.44，1996—1997 年为 0.457 7；根据赵人伟、李实等人研究，1995 年为 0.46。[②] 到 2004 年，笔者根据多项抽样调查的数据计算，并且与其他一些学者的数据作了比较，认为中国城乡居民人均收入的基尼系数为不低于 0.5 的水平。[③] 此后，西南财大中国家庭金融调研中心发布了 2010 年中国城乡居民家庭基尼系数为 0.61，北京大学社会科学调查中心公布了 2012 年我国居民家庭财产分布的基尼系数为 0.73。[④] 所以，仅从基尼系数看，在近 40 年时间里，中国已经从一个经济平均主义盛行的国家，转变为国际上贫富差距较大的国家，贫富差

① 赵人伟、格里芬主编:《中国居民收入分配研究》，中国社会科学出版社，1993 年版。

② 赵人伟、李实和李思勤主编:《中国居民收入分配再研究》，中国财政经济出版社，1999 年版；李实、魏众和古斯塔夫森:《中国城镇居民的财产分配》，载《经济研究》2000 年第 4 期。

③ 李强:《当前我国社会分层结构变化的新趋势》，载《江苏社会科学》2004 年第 6 期。

④ 谢宇等:《中国民生发展报告（2014）》，北京大学出版社，2014 年版，第 30 页。

距在这样短的时期内迅速拉开，这样巨大的变化在全世界也是不多见的。

有的学者提出，贫富差距的心态也是一种社会事实。这方面的表现有三种，第一，该种心态会将现实中的贫富差距进一步放大；第二，在农民、下岗工人产生相对剥夺感的情况下，会形成集体行为；第三，在出现绝对收益下降和贫富两极分化的情况下会激化矛盾引发社会不稳定。[①]

2. 对贫富差距的理论解释和对策研究

对于中国贫富差距迅速扩大的现象，许多社会学学者用引入市场机制和市场转型做出解释。笔者以为，所谓市场包括三个方面，即商品市场、劳动力市场和金融信用市场。我国商品市场的发展是在改革初期，特别是 1987 年以后城市尝试价格改革，因商品供不应求而导致严重的通货膨胀。中国劳动力市场的推进是 90 年代中期，当时在城市里逐步废止了分配工作的体制，在企业中逐步废止了“铁饭碗”式的终身雇用制，代之以劳动力的自由雇用制度。由于中国总体上是劳动力供大于求，再加上就业结构的问题和就业服务体系的不健全，失业下岗问题曾一度变得十分严重，所以，劳动力市场推进的直接后果是大量失业人口的出现。而金融信用市场机制的推进是到了 21 世纪，近年来，我国证券股市的暴涨暴跌也反映了中国金融信用市场化的巨大风险。总之，三种市场机制的引入都造成了市场转型中的“阵痛”，而贫富差距扩大就是一种阵痛。[②] 不少人运用库兹涅茨（S. Kuznets）倒 U 形曲线理论加以解释，即库兹涅茨发现，在市场转型过程中，贫富差距的变化是有规律的，市场转型的初期，贫富差距会急剧上升，而当市场转型完成后，随着市

---

① 李培林：《中国贫富差距的心态影响和治理对策》，载“中国社会学网”，http://www.sociology.cass.cn/，2003 年 9 月 16 日。

② 李强：《社会分层与贫富差别》，鹭江出版社，2000 年版，第 79—80 页。

场体制的健全，贫富差距又会有较大的下降。具体到中国的情况，有学者认为，21世纪初期的10年到20年之间，随着我国进入中等发达国家水平，贫富差距会出现下降的趋势。当然，也有的学者认为，中国经验证明，中国的国情与其他国家不同，中国有劳动力无限供给的特殊情况，难以出现劳动力相对收益增长、资本相对收益下降的现象，所以，如果没有政府干预，贫富差距还会扩大、不会下降。①

对贫富差距的解释，中国学者提出了三种比较有特色的理论：第一种是本人提出的，即“市场转型两阶段理论”，认为，80年代是中国市场转型的第一个阶段，大批的原来处于边缘地位的体力劳动者迅速地参与到了市场经济中来，并立即从市场经济中获得了利益，所以，当时收入差距出现了“脑体倒挂”现象。90年代以后是中国市场转型的第二个阶段，社会中心群体进入市场，并立即获得较大利益，于是贫富差距迅速拉开。②第二种也是本人提出的，即“经济分层与政治分层理论”。该理论认为，改革开放以前，政治分层十分明显，政治不平等和政治歧视均比较严重；在市场引入以后，政治差别缩小了，但人们之间经济上的差别明显扩大，因此，取代政治不平等的是经济不平等。换言之，中国的分层差别一直就比较大，无论它体现为政治的不平等还是经济的不平等，由此提出，社会不平等是一种深藏在社会结构内部的社会群体之间的关系，政治分层与经济分层只不过是它的不同的表现形式。③第三种是孙立平、李强、沈原在合作文章中提出的“精英结盟理论”，即认为，90年代中期以后，中国社会出现精英结盟现象，政治、经济和技术精英的结盟使得他们在经济分配中的利益明显上升，从而拉大了与低收入层的经

---

① 李培林：《全球化和“中国经验”》，载“中国网”，http://www.chinagateway.com.cn/chinese/news/30068.htm，2004年7月13日。

② 李强：《社会分层与贫富差别》，鹭江出版社，2000年版，第60—76页。

③ 同上书，第39—59页。

济差距。[1]

关于如何解决贫富差距问题的对策，学者们的建议大体是五个方面：第一，加强税收调节，真正实现对高收入者个人所得税的征收，同时降低低收入者和普通工薪阶层的税负。第二，完善低收入者的社会保障、社会救济体系，在包括就业、医疗、住房、养老等方面，建设广覆盖的社会保障体系。第三，创造更多的、新的就业机会。现代社会人们的收入与就业密切相关，所以，实现充分就业可以缩小收入方面的差距。第四，提高义务教育年限。对国际上众多国家的研究发现，一个国家的平均受教育程度与该国的贫富差距是负相关的关系，即平均受教育程度越高，该国的贫富差距越小，所以，我们在能力许可的情况下，要不断提高中国义务教育的年限，目前是 9 年义务教育，将来争取实现 12 年的义务教育。第五，强化治理和惩治腐败。在法治体制和市场机制不健全的情况下，腐败有蔓延的趋势，近来的一些腐败大案涉及的金额触目惊心。腐败所造成的贫富差距是最不公正的，最容易激化社会矛盾的，所以必须对之严惩。

3. 对富裕起来的阶层的研究

张厚义对快速成长的中国私营企业主的研究指出，到 2004 年 6 月底，全国登记的私营企业已达 334 万户，从业人员 4 714 万人，注册资本总额 42 146 亿元。同 1994 年比，这三项指标分别增长了 5.96 倍、5.31 倍和 23.8 倍，认为私营企业主是当代中国成长最快的社会阶层。认为私营企业主的综合素质与社会地位逐步提高，经营规模扩大、经济实力增强，经济效益和社会效益显著、社会贡献突出。但是，调查显示，私营企业主自身有很多担心，特别是近年出现的“原罪论”“盗窃国家财产论”，即认为私营企业主的第一桶金来路不

① 孙立平、李强、沈原：《中国社会结构转型的中近期趋势和隐患》，载《战略与管理》1998 年第 5 期。

正当。张厚义认为，私营企业主的创业有两种类型：一为内生型，即在个体或家庭经营的基础上逐渐做大；二为外生型，即通过租赁、承包、收购公有企业等方式迅速扩张企业规模。对于情况要具体分析，笼统讲原罪是不对的。①

有的学者提出，从20世纪90年代中期起，私营企业主的社会来源发生变化，从过去的精英循环，即私营企业主来源于非精英群体，转变为现在的精英复制，即私营企业主来源于其他精英群体。认为此种变化对于这个阶层的发展产生了积极的、促进的作用。提出发生变化的原因是：（1）创办企业对业主个人人力资本的要求越来越高；（2）传统体制内的优势很容易转换为体制外的优势；（3）社会关系对各种社会地位获得具有重要作用；（4）国有体制单位的弱化，使得更多的精英游离出来了。②

4. 对社会贫困层和社会弱势群体的研究

由于继承了90年代初期以来对贫困问题研究的传统，90年代中后期以来，人们比较多地使用“社会弱势群体”的概念并进行研究。什么是弱势群体呢？郑杭生教授主编的《中国人民大学中国社会发展报告——弱势群体与社会支持》一书“将弱势群体界定为那些依靠自身的力量或能力无法保持个人及其家庭成员最基本的生活水准、需要国家和社会给予支持和帮助的社会群体”，并认为弱势群体具有三个特征：其一，社会弱势群体是其个人及家庭生活达不到社会认可的最基本标准的有困难的群体；其二，社会弱势群体依赖自己的力量无法改变目前的弱势地位；其三，要改变弱势群体的生存状况，

---

① 张厚义：《私营企业主是中国社会阶层结构的重要组成部分》，载陆学艺主编：《当代中国社会阶层研究报告》，社会科学文献出版社，2002年版；张厚义：《快速成长的中国私营企业主阶层》，载“中国社会学网”，http://www.sociology.cass.cn/，2005年1月17日。

② 陈光金：《私营企业主群体研究》，《社会学研究》编辑部：《2001：中国社会学前沿报告》，《社会学研究》2002年第2期；陈光金：《我国私营企业主阶层形成机制的演化》，载“中国社会学网”，http://www.sociology.cass.cn/，2005年1月26日。

需要国家和社会力量给予帮助。[①]

有的学者从全球化的角度探讨了我国的弱势群体，认为，改革开放所进行的资源重组带来的一个重大变化就是社会分化程度进一步拉大，这一变化在全球化的背景下又得到了进一步的强化，形成了一个具有相当规模的新生弱势群体。并分析了这个新生弱势群体的特点：第一，农民的“弱势”特征在全球化背景下将逐步显露；第二，城镇新生贫困群体将有进一步扩大趋势，除了原有的城镇“三无人员”以外，其还包括城镇新的待业人员、下岗失业人员、效益欠佳企业的职工及部分离退休职工和他们的赡养人口；第三，处于边缘状态的城市农民工生活状况会恶化。为适应 WTO 和全球化的需要，我国较高层次的劳动力需求可能会大幅度增长，但相对较底层次的就业空间将会进一步压缩，致使本身处于资源短缺和发展潜能有限的弱势群体的就业更加困难。[②] 还有人专门研究了某些弱势群体，比如处于边缘地位的“农转工”人员，即随着体制变迁，在逐渐失去国家的保护下，安置农转工人员政策也发生变化，该群体本来已经边缘化的地位被进一步边缘化。[③]

三、对改革开放以来新中间阶层的研究

对改革开放以来社会利益关系中焦点群体的研究，主要集中于因体制改革引发的现代化社会结构变迁中，新生者、受损者及获益者三个方面。怎样认识那些新兴社会利益群体（如私营企业主、白领等）的利益诉求及其社会功能？如何评价国企改革中下岗的职工

---

① 郑杭生：《中国人民大学中国社会发展报告——弱势群体与社会支持》，中国人民大学出版社，2003 年版。

② 文军：《弱势群体：从微观角度看全球化的影响与政策选择》，载“中国社会学网”，http://www.sociology.cass.cn/，2004 年 10 月 1 日。

③ 张汝立：《从主动边缘化到被动边缘化：农转工人员的进城行为研究》，载“中国社会学网”，http://www.sociology.cass.cn/，2004 年 9 月 23 日。

及其传统“工人阶级”的利益受损、地位下降的问题？以及“农民工”的社会定位及其利益保障问题。较一致的认识有三点：一是随着经济体制改革市场化的持续推进，社会结构利益主体的贫富分化加剧；二是在这一分化中，与改革开放前期的受益面相比，自20世纪90年代以来，越来越多的原受益者被抛向受损者群体中；三是出现了一些新兴社会阶层，他们的利益诉求不同于原计划经济体制中的利益群体。政府划分了中国新阶层的六个构成群体：“在社会变革中出现的民营科技企业的创业人员和技术人员、受聘于外资企业的管理技术人员、个体户、私营企业主、中介组织的从业人员、自由职业人员等社会阶层”。而社会学界则具体地分析和研究了这些新产生的群体。

对中国自改革开放以来出现的新中间阶层的研究，主要关注以下问题：是否出现了一个新中间阶层？其来源、构成、规模、行为特征及其发展前景等状况如何？

1. 是否出现了新中间阶层？

较普遍的观点认为，现阶段中国社会出现了一个新中间阶层。

陆学艺研究员主持的“当代中国社会结构变迁研究”课题组认为，一个类似于西方现代化社会中的中间阶层已在现阶段中国社会结构中见出雏形，但边界尚不很清晰。郑杭生教授主持的国家社科基金项目“当代中国社会结构：城市社会分层研究”的研究发现，现阶段在城市社会分层中出现了中等收入层及新老中间阶层的交替。本人在相关研究中，也提出了现阶段中国社会正在经历中间阶层新老更替；传统中间阶层解体表现为代际更替的形式，即年轻一代替代了中老年一代，占据了中等阶层的地位。仇立平教授在对上海现阶段社会分层结构所做的一项经验研究中，也发现以职业评价为基础可明显划分出五个阶层，而其中已有了中上阶层（以办事员或职员为主的职业群体）、中间阶层（以专业技术人员为主的职业群体）及中下阶层（以商业从业人员为主的职业群体）之分。吕大乐基于其在上海的访谈资料，也认为已经出现了一个有一定社会认可的新中产阶级。

2. 怎样界定现阶段中国社会的中间阶层？

近几年，“中产阶级”“中产阶层”的说法常常出现在一些媒体上，更有甚者将“高收入者”“中等收入者”“暴富者”简单地等同于“中产阶层”，以至于“中产阶层”成了一个时髦而混乱的称谓。大多数研究者均认为，现阶段中国社会的“中等收入群体”不能简单地等同于工业化社会中的“新中间阶层”，或曰“新中产阶级”。[①]

对工业化社会中的新中产阶层，在西方有关社会分层研究中并未形成统一的定义，这与“新中产阶级并未组成一个紧凑单纯的阶层”[②]有关。然而，研究者一般均认为，他们具有如下一些基本的阶层群体特征：第一，职业构成以各种工程技术人员、科学研究人员、包括政府雇员在内的各级政治和经济管理、技术工作者等的脑力劳动职业为主要成分；第二，除少数高级政府官员和高层企业管理人员外，他们已形成了一个由“靠工资谋生”的雇佣劳动者组成的集团；第三，他们的经济地位和政治待遇，一般来说明显优于体力劳动者——他们中的相当一部分人，都程度不同地拥有对劳动过程的直接控制权；第四，他们的政治态度、生活方式、个人素养、行为准则以及价值观念，不仅和普通的体力劳动者有着明显的区别，并且在相当程度上影响着社会意识形态；第五，他们积极参与社会公共事务，并对社会公共事务管理拥有一定的发言权及影响力。[③]

---

① 李培林:《社会学视野中的中等收入阶层》，载《湖南师范大学社会科学学报》2003 年第 4 期；李强:《中国中等收入阶层的构成》，载《湖南师范大学社会科学学报》2003 年第 4 期；张宛丽:《中国中间阶层研究报告》，见陆学艺主编:《当代中国社会阶层研究报告》，社会科学文献出版社，2002 年版。

② C. 赖特 · 米尔斯:《白领——美国的中产阶级》，第 84 页。

③ 张宛丽:《对现阶段中国中间阶层的初步研究》，载《江苏社会科学》2002 年第 4 期。

李培林研究员认为，社会学视野中的中等收入阶层不仅是一个反映收入水平的概念，而且也是一个反映生活质量、收入分配、城乡结构、职业结构和国情差异的概念。[①] 李强教授认为，直观地看，中产阶级或中间阶级是指生活水平、财产地位处于中等层次的社会群体，其与社会上层阶级和下层阶级之间并没有一条泾渭分明的界限。从世界近代史看，中产阶级曾发生过重大的结构变迁，即所谓的“旧中产阶级”与“新中产阶级”的区分。旧中产阶级是指由小企业主、小店主等小资产者构成的社会中间层。20世纪初以来，新中产阶级——从事管理、专业技术、商业、办公室工作的白领阶层，逐渐占据了中产阶级的主体地位，构成发达国家社会结构的最主要群体，起到了使社会上层与下层对立和冲突得到缓解的作用。[②] 仇立平认为，现在的办事员或职员、专业技术人员等职业群体，自然就是中间阶级或中产阶级；在市场经济条件下，组织对个人的控制、个人对组织的依附在弱化的同时，个人对组织权力的追求和崇拜却在强化。因此，那些本应为中产阶级主干的“经济精英”“知识精英”们，仍会对“当官”趋之若骛，也就只能附在某张“皮”上，很难独立生成为中产阶级。或许中国会产生大量的中产阶级职业，但不一定会形成一个独立的中产阶级。[③]

张宛丽依据近几年对中国社会结构变迁中社会分层结构的实证经验研究和思考，在陆学艺研究员主持的“当代中国社会结构变迁研究”课题组专题报告中，首次提出了对现阶段中国社会中间阶层的初步界定：所谓中间阶层，是指占有一定的知识资本及职业声望资本，以从事脑力劳动为主，主要靠工资及薪金谋生，具有谋取一份较高收入、较好工作环境及条件的职业就业能力及相应的家庭消

① 李培林:《社会学视野中的中等收入阶层》，载《湖南师范大学社会科学学报》2003年第4期。

② 李强:《关于中产阶级和中间阶层》，载《中国人民大学学报》2001年第2期。

③ 仇立平:《职业地位：社会分层的指示器——上海社会结构与社会分层研究》，载《社会学研究》2001年第3期。

费能力，有一定的闲暇；对其劳动、工作对象拥有一定的支配权；具有公民、公德意识及相应社会关怀的社会地位分层群体。换言之，从经济地位、政治地位、社会文化地位上看，他们均居于现阶段社会上层和下层的中间水平。依此定义，她还提出了衡量是否为中间阶层的七项操作指标。①

3. 中间阶层的规模、来源及构成是怎样的?

对其规模，目前尚无较规范的统计，大致有三种说法：第一种，认为中间阶层约占就业人口的 13%—15%；② 第二种，认为中间阶层约占总人口的 20%—25%；③ 第三种，认为中产阶级消费群已有 1 亿人口，在未来 5 年内将达 2 亿人口；④ 前对外贸易部副部长龙永图曾预测，在未来 10 年内，中国具有中等收入的群体将达 4 亿。⑤

对其来源及构成，张宛丽基于不同经济关系与新旧中间阶层两个维度，从结构成分上作了四类划分：第一，传统的"中产阶级"，包括小业主、小商贩等自营业者、个体户。第二，从计划经济体制下的"中间阶层"中分化出来的部分干部、知识分子。第三，改革开放以来新生的私营企业主、乡镇企业家。第四，由引进"外资"及高新技术人才而生的新型中间阶层，包括两大职业群体：一是现代企业家群体；二是应聘于外商独资、合资企业中的"白领"员工，其工作、劳动方式、职业声望及报酬均高于原国有企业及传统职业员工，这两类职业群体，可视为典型的现代"工业社会"中新型的

① 张宛丽:《中国中间阶层研究报告》，见陆学艺主编:《当代中国社会阶层研究报告》，社会科学文献出版社，2002 年版。

② 同上书，第 254—256 页。

③ 肖文涛:《中国中间阶层的现状与未来发展》，载《社会学研究》2001 年第 3 期。

④ 中国国家信息中心，见《中国信息报》2000 年 3 月 28 日。

⑤ 李成:《"中产"中国：超越经济转型的新兴中国中产阶级》，上海译文出版社，2013 年版，第 11 页。

中间阶层的代表群体。[①]

仇立平对上海的社会分层研究中，以“职业地位”作为社会分层的标准，认为现阶段上海存在界限分明的五大社会阶层：第一，上上阶层，以领导干部为主，包括私人企业主、外商代理人在内的职业群体；第二，中上阶层，以办事人员或职员为主的职业群体；第三，中间阶层，以各类专业技术人员为主的职业群体；第四，中下阶层，以商业从业人员为主的职业群体；第五，下下阶层，以工人、农民、居民生活服务业人员为主的职业群体。这五大社会阶层基本上是“金字塔型”结构。被调查者认同自己家庭属于上上层的占被调查者的 0.5%，中上阶层的占 5.6%，中间阶层的占 52.7%，中下阶层的占 35.8%，下下阶层的占 5.4%。大部分人将自己的家庭看作是中间或中间偏下的阶层。[②]

李强认为，在中国，中间阶层的演变有三个特点：第一，改革开放以前的旧中产阶级是由类似白领的干部、知识分子、国营企业职工构成的；而新中产阶级是由独立经营者构成的。第二，新、老中产阶级的更替是迅速发生的，因此，老中间阶层是一个由 40—50 岁的、同龄群体构成的；新中间阶层则是由一个 30 岁上下的年轻群体构成的。第三，传统中间阶级的衰落是整体性的，呈现为某一个巨大的“同质”社会群体，即人群比较集中的、主要是由国有企业职工组成的群体的衰落。由此，中国传统中间阶层地位下降所可能引发的社会后果会更为严峻。[③]

4. 中间阶层的行为特征是怎样的？

在结构特征上，张宛丽提出了“多重社会分割”观，主要表现

---

① 张宛丽：《中国中间阶层研究报告》，见陆学艺主编：《当代中国社会阶层研究报告》，社会科学文献出版社，2002 年版。

② 仇立平：《职业地位：社会分层的指示器——上海社会结构与社会分层研究》，载《社会学研究》2001 年第 3 期。

③ 李强：《社会分层与贫富差别》，鹭江出版社，2000 年版，第 90—91 页。

为：城乡二元分割、城市化发展水平不同的地域及城市社区分割、不同所有制经济关系的分割、不同社会价值观及行为方式的分割。[①]从群体特征上，李强提出了“代际更替”观，认为现阶段中国中间阶层出现了传统中间阶层解体，年轻一代替代了中老年一代，占据了中等阶层地位的“代际更替”。[②]于行为方式上，周晓虹提出了“政治后卫与消费前卫”观，即赞成以渐进而不是动荡的方式推进民主政治的政治后卫倾向，而在消费行为中表现出现代消费方式的消费前卫倾向。[③]

就其地位优势的获得机制而言，张宛丽认为，中间阶层中的干部和知识分子的地位优势，与他们在以市场经济为主导的社会结构中运用原有的社会关系资源、权力资源、知识资源有关。[④]戴维·古德曼在山西做的相关研究则发现，现阶段中国中产阶级，无论是私营企业主，还是国有企业的经理，都与国家及党的组织有着良好和密切的社会关系，这是他们获取经济资源的前提之一。

研究者发现，构成现阶段中间阶层的职业群体的教育回报率较其他职业群体要高，这与发达国家的现代化社会分层中的特定现象相似。原中国人民大学、现清华大学的刘精明教授以历史事件方法，探讨了在中国体制改革的不同时期，不同类型的教育文凭资格对人们流入中高级白领职业阶层的影响，发现两者关系密切；进入中高级白领职业阶层的教育标准，在改革过程中，经历了由中等职业技术教育向高等职业技术教育、再向正规高等教育

---

① 张宛丽：《中国中间阶层研究报告》，见陆学艺主编：《当代中国社会阶层研究报告》，社会科学文献出版社，2002 年版，第 261—264 页。

② 李强：《社会分层与贫富差别》，鹭江出版社，2000 年版，第 77—100 页。

③ 周晓虹：《中产阶级：何以可能与何以可为？》，载《当代中国社会分化与政策选择——全国学术研讨会论文集（2）》，2002 年 5 月。

④ 张宛丽：《中国中间阶层研究报告》，载陆学艺主编《当代中国社会阶层研究报告》，社会科学文献出版社，2002 年版，第 255 页。

逐步强化的过程。[①]

5. 新中间阶层的发展前景及其社会功能怎样?

关于新中间阶层的社会功能，较普遍的看法认为，从理论上讲，中间阶层应具有缓解社会利益冲突、稳定社会、促进消费，以及现代社会行为规范的示范功能，这种观点在很多学者的论著中都有表述。从一些初步的、小规模的经验研究结果看，现阶段中国中间阶层在促进消费方面表现较为突出，但其影响仅在某些大中城市；同时，对一般社会成员的社会价值观开始产生一定的“示范”作用。然而，在“多重社会分割”下，现阶段中国中间阶层有可能重蹈“民族资产阶级”的历史覆辙。其发展前景中所面临的挑战与危机主要有：第一，现阶段日益拉大的社会贫富两极分化的结构挤压；第二，转化农村富余劳动力和城市产业结构升级中的劳动力再就业压力的制约；第三，城乡二元分割及城市化发展程度的地区差异的影响；第四，来自意识形态及固有的“阶级分析 / 斗争”话语的潜在的社会禁忌与压力。[②]

另据陆学艺主持的“当代中国社会结构变迁研究”课题组测算，1999 年，在中国社会阶层结构中，中间社会阶层占 15%。此后几年，由于经济社会事业发展得比较快，私营企业主、专业科技人员，经理人员等增长得都比较多，到 2002 年，中间社会阶层的规模扩大到 18%。该课题组预测，如果能按这个发展速度，每年增长 1 个百分点，到 2020 年，在中国社会阶层结构中，中间社会阶层的规模达到 38%—40%的水平。[③]

---

① 刘精明:《教育与社会分层结构的变迁：关于中高级白领职业阶层的分析》，载《中国人民大学学报》2001 年第 2 期。

② 张宛丽:《中国中间阶层研究报告》，载陆学艺主编《当代中国社会阶层研究报告》，社会科学文献出版社，2002 年版；周晓虹:《中产阶级：何以可能与何以可为？》，载《当代中国社会分化与政策选择——全国学术研讨会论文集（2）》，2002 年 5 月。

③ 陆学艺主编:《当代中国社会阶层研究报告》，社会科学文献出版社，2002 年版。

6. 中间阶层的异质性与阶层认同

米尔斯等认为中产阶级/中间阶层是一个具有内部差异的异质性的阶级。而来自一项对中国台湾和香港地区，以及新加坡三个华人社会中产阶级的研究结果则认为，在这些东亚新兴工业社会里，中产阶级一方面具有内部区隔和差异性，另一方面又具备相当程度的阶级可辨识性。[①] 另据对“上海白领”的调查，发现现阶段多数受访者在言谈之间，对“白领”的称呼和身份，仍流露出一份保留、一种不确定的感觉，由此他认为：“白领”阶层尚属新兴的阶级，它的性质和位置还未完全得到政治确认。[②] 另据张宛丽在参加“当代中国社会结构变迁研究”课题组的相关调查结果亦如此，稍有不同的是，受访者对“中产阶级”的称谓比“白领”陌生些，并认为其比“白领”的含义要更大些。

一般而言，关注中产阶级/中间阶层的阶层认同与以下三个命题有关：一是中间阶层的地位焦虑和地位不一致命题，主要指涉的是下层中间阶层（亦称“低阶中间阶层”）的“政治保守性格”与其社会功能角色间的关系；二是中间阶层与新社会运动的命题，即认为他们所关心的政治，不是为了代表个别“阶级”的自身利益，而是较大、较宽广的社会问题——如新社会运动所诉求的对象：生态环境、人权、和平、女性运动等，并由此“建构出‘新中间阶级’的‘新政治’”；三是中间阶层与民主化的命题，主要关注“‘新中间阶级’在民主理念上的带动和对民主运动的积极领导作用”。[③]就此而言，现阶段中国中间阶层的发展及实践，是否会形成如此三个命题所表述的阶层认知及其社会功能？抑或形成其他的阶层认知及其

---

①③　萧新煌、尹宝珊：《台湾、香港和新加坡中产阶级的集体社会政治意识》，载刘兆佳、尹宝珊、李明堃、黄绍伦编《市场、阶级与政治：变迁中的华人社会》，香港中文大学香港亚太研究所，1999 年版。

②　吕大乐：《上海白领》，载《社会转型与文化变貌》，香港中文大学出版社，2001 年版。

独特的社会诉求？这些均为值得关注、研究的重要问题。[①]

四、2015—2016 年我国社会学界社会分层研究的新观点

上面是中国社会学界关于改革开放以来社会分层变化的一些讨论，那么，这种讨论又有什么最新的进展呢？下面特别介绍一下，2015—2016 年中国社会学界在社会分层研究上的一些新的观点。

国内一直以来就有很多有关社会分层的不同模式，一些学者尝试对他们的是非对错加以判断，试图辨析哪种更真实反映了中国的实际情况。北京大学谢立中对阎志民、吴波、陆学艺、杨继绳等人的中国社会分层模式的话语系统进行了梳理和分类，认为可以分为两大话语系统，一是阶级阶层分析话语系统，由马克思主义的阶级分析话语演化而来；二是社会分层话语系统，由韦伯的相关思想为基础演化而来。在对以上两种话语体系的观点总结分析后，他提出，无论从是否揭示了社会分层现象的"本质"这一方面来说，还是从是否"够用"或"适用"方面来说，传统马克思主义阶级分析理论和韦伯主义社会分层理论（以及由这两种理论演化出来的其他社会分层理论，如各种新马克思主义阶级分析理论、新韦伯主义社会分层理论等）两者之间都是难分伯仲的，用其中的一种去否定或贬斥另一种，都是不可取的态度。在任何时代，单纯只用传统马克思主义的阶级分析理论来描述和分析社会分层状况虽然也可以，但是不充分。反之，只用韦伯主义社会分层理论来分析社会现实，视野也会受限制。我们所能够做的，是将它们视为这些学者在不同社会分层话语系统的引导和约束下，对当代中国的社会分层状况所做的一种话语建构，对于引导和约束这些学者的话语系统，努力地去把握，

---

① 张宛丽：《对现阶段中国中间阶层的初步研究》，载《江苏社会科学》2002 年第 4 期。

以此来认识它们各自的价值和局限。[①]

2015—2016年，中国社会学者对社会分层中的中产阶级有着广泛的关注。从中产阶级形成渠道到自我认同、阶级意识和政治态度等。李强教授利用ISEI测量，发现农民群体、体力工人群体、技术工人和其他白领群体等各社会群体均有变化，中国中产阶层在过去的10余年中，比例有了明显上升。不过主要集中在中产的中下层，通过正规教育渠道、专业技术渠道、市场渠道，实现了中产阶层比例的增长。从决策角度看，应进一步拓宽中产社会的教育、专业技术和市场渠道。[②]

李春玲教授认为"中产人群"不认可中产身份，即被学界定义为中产的人群，将自己认同为中下阶层和下层阶层的比例相对较高。原因之一在于，高速的经济增长和急剧的社会变迁下，出现了一种社会心态，即极强的物质欲望追求以及由此导致的不满足感和缺乏安全感，这种心态使他们总觉得未达到理想的中产生活状态。[③]

赵竹茵认为，中国中产阶级的阶级意识在整体上具备了客观阶级阶段的"阶级认识"，呈现出一定相似性的价值体系和行为方式，仍处于认同阶级阶段的构建中，尚待发展到行动的阶级阶段。[④]石晨对我国中产阶级的社会政治态度及其社会政治功能进行了研究，认为中产阶级的组成比较复杂，阶级内部不同群体间的社会经济地位差异，决定了其社会政治态度和政治功能上的差异。新中产阶级社会政治态度兼具政治自由主义和保守主义；老中产阶级具有明显的政治保守主义；边缘中产阶级具有更强的民主意识，最具自由主义

① 谢立中:《当代中国的阶级或阶层结构：两种不同话语系统的"真实性"辨析》,《山东社会科学》2016年第3期。

② 李强:《中国中产社会形成的三条重要渠道》，载《学习与探索》2015年第2期。

③ 李春玲:《"中产人群"不认可中产身份》，载《理论与当代》2016年第2期。

④ 赵竹茵:《中国中产阶级的阶级意识及发展趋向》，载《湖北经济学院学报》2015年第6期。

倾向。[①] 张昊利用世界价值观调查 2007 的中国数据，运用 Logistic 模型量化分析了中国目前中产阶层的政治态度，认为中国中间阶层并未具备更加浓厚的政治兴趣与政治参与意识，但已形成了较显著的集体行动意识。[②] 熊易寒通过对上海 J 镇的田野调查发现，中产阶级在维护自身权益时，更倾向于采用协商的方式而非依法抗争。为了降低政治风险，中产阶级采取“忠诚呼吁”策略，即以基层政府作为忠诚对象和潜在的结盟对象，以地方政府的政绩作为谈判筹码。这种全新的维权模式完全不同于依法抗争的方式。[③]

而郭巍蓉、王正芬通过把医生作为体制内中产阶级，IT 从业者作为体制外中产阶级，投资银行从业者为依附于体制的中产阶级的代表，对三个专业技术中产群体的比较分析来探究体制位置对中产阶级的社会变迁观的影响。研究发现体制位置以“市场化程度”和“体制身份定义 – 利益获取形态”作为中间机制，导致了三个群体在对社会改革主要力量为何的看法、对社会未来的预期上，行为模式上的差异。按照“与体制关系”和“与体制的合作性”两个维度，将利益划分为四种类型，医生与体制是强关系，与体制的合作性较弱，带来的是委身型利益，他们对体制的态度很复杂；投行从业者与体制是强关系，与体制的合作性也强，带来的是寄生型利益，对未来的预期徘徊于乐观与悲观之间；IT 从业者与体制是弱关系，与体制的合作性也很弱，带来的是独立型利益，这种利益事实上与体制无关。因此可以说，体制位置是研究中产阶级的政治态度和行为的一个重要变量。[④]

---

① 石晨:《我国中产阶级的社会政治态度及其社会政治功能探析》，载《公共管理》2015 年第 33 期。

② 张昊:《中国中间阶层的政治态度——基于世界价值观调查数据的实证研究》，载《安徽行政学院学报》2016 年第 2 期。

③ 熊易寒:《忠诚呼吁：为什么中产阶级偏好协商而非抗争》，载《华中师范大学学报（人文社会科学版）》2015 年第 3 期。

④ 郭巍蓉、王正芬:《体制位置与社会变迁观——对三个专业技术中产群体的比较分析》，载《甘肃行政学院学报》2015 年第 6 期。

2015—2016年，社会学者们在社会分层与社会流动、社会再生产方面做了许多研究。李路路、朱斌利用三次中国综合社会调查数据，分析了60余年来中国社会阶层代际流动的基本状况及其变迁，并进行解释，通过“体制排斥”和“市场排斥”两个概念工具，认为我国总体社会流动率逐步提升，社会开放性呈波浪式变化，而代际继承在各个时期都是代际流动的主导模式。随着社会经济体制的转型，社会排斥的主要机制从“体制排斥”转向“市场排斥”，导致社会机会结构的变迁，代际流动形态表现为特定阶层的代际继承优势逐渐下降，跨阶层的循环流动越来越困难。① 张桂金、张东、周文发现，当前的代际流动研究通常局限于两代之间，忽视了祖代成员和其他成员的影响。他们利用中国劳动力调查2012年数据，检验了不同世代社会流动的多代效应模式，发现1980年以前出生的世代累积性的优势或劣势，主要表现在两代之间，多代的效应并不明显；但随着市场经济的确立，累积性不平等的效应从两代之间扩展到三代之间。此外，教育是个体实现向上流动的重要变量，但教育获得本身受家庭背景的影响。这也就意味着，多代的影响在最近的世代既有直接的职业代际传递效应，也有间接的通过提高孙代的教育水平进而提高其职业地位。②

此外，学者们还特别对青年和老年等特定群体的分层和再生产有所关注，秘舒、苏春艳基于对沈阳城市底层青年的质性研究，认为城市底层青年正是在洞察与文化生产的过程中，完成了阶层地位的再生产。他们基于对文凭和工厂的洞察，选择逃离学校和工厂，希望依靠经验和技能的积累弥补教育劣势，但又在对技能要求最低的服务行业工作。在技能最匮乏的领域寻求技能积累的悖论，使其落入不断变换工作、寻找可积累的经验的困境，职业轨迹最终呈现

① 李路路、朱斌:《当代中国的代际流动模式及其变迁》，载《中国社会科学》2015年第5期。

② 张桂金、张东、周文:《多代流动效应：来自中国的证据》，载《社会》2016年第3期。

出碎片化的趋势。他们选择的快速向上流动的方法，在客观上起到了强化社会再生产结果的作用。[①]汪华、汪润泉对中国因人而异的养老金制度的分层化特征进行研究，认为在一个人们因政治、经济、社会地位上的差异而表现出分层化的社会里，养老金制度的设计也体现出了同样的特点，而且制度的实践又在不断地强化着这一特点，不同人群的实际参保率有较大差距，养老金待遇水平也存在明显的垂直分化。通过群体间收入与养老金基尼系数的分析发现，养老金制度对收入差距起着逆向调节作用，制度本身成了不平等的根源。[②]

2015—2016 年，社会学界还关注了社会分层对社会心态、政治态度等的影响。林聚任、张月阳、向维借助 2003 年和 2013 年的中国综合社会调查（CGSS）数据，分析 10 年之间居民的社会分化和社会心态方面所出现的新变化及其问题。通过对经济收入、主观社会经济地位认知、主观阶层认同分化以及社会问题、政治、生活心态、社会公平感、社会道德状况满意度、人际关系满意度等指标进行了分析，发现社会分化使得社会日益复杂和多样化的同时，也为人们提供了更多的可能和方向。当前总体社会心态平稳，社会秩序良好，但人们对贫富分化、腐败等一些重大社会问题极为关注，部分群体的社会剥夺感和不公平感较强，对社会道德状况不满。[③]

雷开春、张文宏分析了上海大学社会学院国家社科基金重大项目课题“社会分层流动的和谐互动研究”的数据，该数据涉及东部（上海、广东）、中部（吉林、河南）和西部（甘肃、云南）六省市。问卷内容除了传统的社会分层相关指标，还特别加入了集体行动意愿、主观阶层变化与预期相关指标。研究发现，从总体比例来看，

① 秘舒、苏春艳:《“洞察”与文化生产：城市底层青年的社会再生产》，载《中国青年研究》2016 年第 8 期。

② 汪华、汪润泉:《社会分层、制度分割与社会不平等——一项关于中国养老金制度的福利社会学研究》，载《学术界》2015 年第 1 期。

③ 林聚任、张月阳、向维:《近十年来居民的社会分化和社会心态变化趋势与问题——基于 CGSS 有关数据的分析》，载《当代世界社会主义问题》2015 年第 3 期。

未来至少会参与一种或多种形式的集体行动的比例高达36.5%。社会冲突的心理机制主要表现为：民众需要平等，但更需要公正；民众关注改善，但更在乎丧失；中产阶层群体存在集体焦虑；心理优势群体易形成归因偏差。值得注意的是，主观阶层地位和预期阶层地位越高，行动者参与集体行动的意愿越高，主要体现在中层以上的阶层当中；同时，客观阶层向上流动，甚至预期向上流动者参与集体行动的意愿也高于其他人。这些更愿意参与集体行动的群体并不是客观阶层地位群体，而在主观上认为自己是高阶层或未来有可能进入高阶层的群体。①

黄嘉文立足于社会规范视角，以中国综合社会调查（CGSS）数据为基础，考察与分析区域层次的收入不平等对居民幸福感的影响及其机制。结果显示，当前中国的收入不平等会损害个人对幸福的积极体验。相对剥夺和关系信任构成的社会心理过程是影响收入不平等与个人幸福感关系的重要机制，资源供给机制未获调查数据的支持。在此基础上，发现国民幸福感的高低并非取决于收入不平等本身，而是分配体系构建的合理性。所以，建立具有公平正义价值导向的收入分配体系是提升中国居民幸福感的发展方向。②

2015—2016年中国社会学界对教育与社会分层和流动也开展了很多研究，虽所用数据和研究内容不同，但得出的部分研究结果比较一致，有很多相通之处。叶晓阳、丁延庆利用2011年首都高校生发展状况调查的数据，分析北京高校学生的分层现状，并讨论了1999年高等教育扩张对大学生入学和就业分层的影响，发现这一轮扩张强化了社会阶层的复制而非再生产。他们运用二元Logit模型和Logit多元模型分析了家庭社会经济背景对高等教育学生分层的影响，结果表明，在首都高校间出现了学生分层，来自社会优势阶层

① 雷开春、张文宏：《社会分层对集体行动意愿的影响效应分析——兼论社会冲突的心理机制》，载《国家行政学院学报》2015年第6期。

② 黄嘉文：《收入不平等对中国居民幸福感的影响及其机制研究》，载《社会》2016年第2期。

家庭的学生具有更大的概率进入精英学校。高考仍然是目前重要的教育阶层流动的工具，家庭的社会阶层对子女的教育分层的影响在中学教育阶段更明显。感到隐忧的是，如果高等教育扩张使高等教育更具有“合法性”而非“效率”，进而带来教育质量的下降，那么，高等教育对社会阶层流动的促进作用将会被削弱。这一轮的扩张实际上就削弱了高等教育对社会流动的作用，而强化了社会阶层的复制。①

高耀、刘志民分析了2010年“江苏省大学生就业情况调查”数据，认为社会经济分层除了对上大学机会的影响之外，还会在高等教育过程中产生影响：一方面，优势社会阶层的子女由于不存在经济方面的压力，而将更多的精力投入到学习、社交及发展自己的兴趣爱好，可以更好地实现其各种能力的提高；另一方面，优势社会阶层所通行的意识形态、价值规范及语言体系与大学中的文化环境、课程设计及交往规范非常吻合，从而使得优势社会阶层出身的子女更容易获得学业成功的机会。而优势社会阶层子女在高等教育过程中的优势又是构成其人力资本的主要内容和要素，从而在毕业后最终转换为其就业机会优势；此外，社会上层家庭可以利用其家庭资本优势，在其子女就业过程中通过直接影响和间接影响同样实现资源排斥，最终将家庭资本优势转化为其女子就业结果优势。②

吴晓刚基于对“首都大学生成长追踪调查”研究设计的介绍和首期数据的分析，揭示了中国高等教育内部的社会分层，即进入三种不同层次高校（清华大学、北京大学和中国人民大学等精英高校，“211大学”和其他非“211大学”）的决定因素，特别关注家庭背景、招生制度、重点中学制度等中间机制的共同作用。研究发现，家庭社会经济地位和居住地对于进入不同层次的高校仍然有直接的

① 叶晓阳、丁延庆：《扩张的中国高等教育：教育质量与社会分层》，载《社会》2015年第3期。

② 高耀、刘志民：《机会扩展、社会分层与高等教育公平——基于高校学生调查数据的实证研究》，载《教育科学》2015年第1期。

影响，而是否重点高中，以及是否获得高考特殊政策的照顾，对进入什么层次的大学作用更加明显。[①]

2015—2016年里，社会学者们在社会分层视角下做了一些新的研究。金卉基于对“中国社会综合调查”的数据分析，讨论社会阶层对城乡居民食品安全风险意识的影响。结果表明，城乡居民对食品安全的负面评价比例较高，阶层地位较高者对食品安全风险的情绪反应更为强烈，同时，城市居民更可能对食品安全持负面评价；人们对食品安全的担忧在城乡、体制和教育等方面存在差异，但各阶层成员普遍存在担忧，即便控制了其他变量，这种效应依然存在；在市场转型的大背景下，社会阶层对食品安全风险意识的影响在不断增强，开始从“碎片化”趋向“阶层化”。[②]陈茗、陈长龙、王海龙基于厦门市老年人的调查，发现经济分层对老年人幸福度具有更大的影响。根据经济收入划分的社会阶层是影响老年人生活幸福度的重要因素。影响老年人幸福度主要的还是客观经济收入。[③]李君甫、李阿琳利用第六次全国人口普查的长表数据，对北京社会阶层的区位分布进行了研究。研究发现，北京的社会空间分化为明显的中心、半边缘和边缘三个地带。但北京的社会上层、社会中层和社会下层，常住人口和常住外来人口的分布具有共生性。[④]

五、社会分层研究的前瞻

改革开放40年来，中国社会分层研究之所以十分活跃，是因为

---

① 吴晓刚：《中国当代的高等教育、精英形成与社会分层 来自“首都大学生成长追踪调查”的初步发现》，载《社会》2016年第3期。

② 金卉：《社会分层视角下的城乡居民食品安全风险意识——基于CGSS2006—2011数据的分析》，载《浙江树人大学学报》2016年第1期。

③ 陈茗、陈长龙、王海龙：《社会分层视野下的老年人幸福度研究——基于厦门市老年人的调查》，载《西北人口》2015年第2期。

④ 李君甫、李阿琳：《北京社会空间分化与隔离：基于社会阶层分布的研究》，载《北京工业大学学报（社会科学版）》2016年第2期。

现实中国社会分层结构发生了巨大变迁。所以，要展望分层研究未来的发展需要分析中国社会分层结构未来的走势。笔者以为社会分层结构的变迁会呈现出以下几方面重要趋势，因此，中国社会学者会对其进行深入研究。

第一，对于整体社会分层结构变迁的研究。在21世纪里，中国社会结构变迁的整体脉络会逐渐清晰，虽然中国社会要从“金字塔型”社会结构转变为“橄榄型”社会结构至少还需要二三十年时间，但是，底层不断缩小的趋势还是明显的，对此，社会学应提出具有中国特色的社会理论。

第二，阶层结构从剧烈变动到出现定型化的趋势。21世纪以来，中国社会阶层结构已经出现趋于稳定的现象，阶层之间的界限逐渐形成，阶层之间的流动率下降，阶层内部的认同强化，阶层内部特定的生活方式开始形成。因此，学者们会更关心层化模式的研究。

第三，由于贫富分化、贫富差距比较突出，对于该领域的研究会继续成为热点。人们会更加关注贫富分化的社会后果。财富分配的不平等历来是社会不稳定的潜在根源，尤其是中国社会，历史上就有“不患寡而患不均”以及“均贫富”的传统，所以，财富分配的不均等与社会不稳定是一对孪生姐妹。从决策咨询的角度看，更需要研究贫富分化引发社会不稳定的机制，从而及早采取措施避免不稳定的发生。

第四，根据学者的研究，当一个国家处在城市化率大约50%的时候，当一个国家从低收入发展到中等收入国家阶段的时候，往往会发生“中等收入陷阱”现象，这个阶段往往是社会结构高度紧张、社会矛盾最容易激化的高风险阶段。而我国又恰恰处在这样的阶段，所以，研究怎样从理论上和实践上解决这样的问题，是改革和建设的实践给我国社会学学者提出的新问题。

第五，从现在开始，在今后几十年的时间里，会是中国中间阶层发展比较快的时期。中国并不存在一个统一的中间阶层，中间阶层的各个构成部分具有巨大的差异性，各群体在经济利益、生活方式、文化程度等方面的差异性大于一致性。这意味着，对于中国来说，形成统一的中间阶层具有巨大的难度。换言之，中国中间阶层很难有所谓统一的利益要求。由于构成中国中间阶层内部的成分极其复杂，所以，对于中间阶层内部群体不同成分的研究会成为新的热点。

第六，多年来，一些社会学者始终在关注着中国富有阶层和私营企业主的研究。在社会主义国家，对于富有阶层的研究，涉及一个最为根本的问题，即关于财产、财富在社会不同阶层中的分配问题，什么样的分配是合理的、公正的分配。这个问题是中国社会学者持续关心的话题。改革开放已经 40 年了，老的一代富有阶层会将财产传给年轻的一代，所以，还会涉及遗产法、遗产税的研究。

第七，由于社会的分化，贫困层和低收入阶层的问题也比较突出。近来，这方面研究的重点在于建设覆盖面更广泛的社会保障体系，关注城乡低收入者、贫困者的社会保障问题。国家关于全面小康社会的战略，会在 2020 年实现覆盖全体城乡居民的社会保障体制，这就需要因地制宜地采用多元的社会保障战略，逐步实现建设城乡统筹的保障体系。该体系包括社会救济制度、社会保险制度、城镇职工基本养老保险和城乡居民基本养老保险制度、城乡居民的基本医疗保险制度和大病保险制度，以及城乡社会救助体系和最低生活保障制度等。总之，贫困层的社会保障体制机制建设，也会是社会学者长久关注的话题。